中华传世藏书

【图文珍藏版】

中华上下五千年

刘宇庚⊙主编

线装书局

任得敬"分国"

西夏仁宗李仁孝统治时期，贵族、官僚竞相奢侈，对百姓的剥削更加残酷。官员、军队人数激增，僧徒遍布境内。大庆元年，夏州统军萧合达叛乱，以复兴辽朝相号召，遣兵四出略地，游骑直逼贺兰山，都城震动。这次战乱虽然被静州统军任得敬平定，但对西夏国腹心地区造成了严重的破坏。大庆三年，饥荒四起，一升米上百钱，四年，兴庆府、夏州一带发生强烈地震，人畜死亡无数。地震加重了饥荒，百姓纷起暴动。威州的大斌、静州的埋庆、定州的笆浪、富儿等蕃部，多者万人，少者五六千，所在结集，攻城掠邑。州将出兵镇压，无不被起义者所败。起义最终被西平府都统军任得敬所剿灭。

任得敬原来是宋朝西安州判官，后归降了西夏。当时还是乾顺当政，为了得到皇上的器重，他挖空了心思，最后想到把自己的女儿献给乾顺为妃子，后来这位妃子荣升为皇后，后生子仁孝。这位岳父大人也跟着官运亨通，从静州防御史升为静州都统军。仁孝即位后，其母任氏升为太后，外祖父任得敬也随之升为国相高位，登上了一人之下万人之上的权力巅峰。

倚仗太后以及自己的国相之权，任得敬开始营建自己的权力集团，扩大自己的势力范围。他首先把自己的两个弟弟任得聪和任得恭分别提升为殿前太尉和兴庆府尹，这两个重要职务相当于为自己安设了左膀右臂，兴庆府尹相当于现在的北京市市长，掌管着国家心脏的脉动；殿前太尉直接听命于国相，有生杀予夺之权。任得敬还把侄儿任纯忠任命为枢密副都承旨，族弟任得仁为南院宣徽使。这些国家重要部门全都掌握在任氏集团手中，任得敬更加飞扬跋扈，恣意妄为。

1160年，任得敬又自封为楚王，权力更加膨胀，有伸手遮天之势，出则华盖罩头，前呼后拥；入则美女如云，歌舞糜烂。警卫仕从配戈挥剑林立，宅第大堂金碧辉煌，俨然皇家一般。群臣见了都畏惧三分，虽然都心存不满，但都敢怒不敢言，就连皇帝仁孝也对之畏惧三分。

　　随着官爵的攀升，权力的膨胀，加之任氏集团的扩大，任得敬不再满足于只做个楚王，他要向皇帝那样伸手遮天，一言九鼎。他开始一步步地实施他的计划，他找出各种理由说服仁孝皇帝使之移至瓜洲、沙洲，而自己独居灵州、夏州等中心城市。1165 年，他征调民夫十万人在灵州大兴土木，修筑庙堂殿宇，并在他直接管辖的翔庆军监司修建王宫大殿，其气势之辉煌俨然皇帝的王宫大殿。一切安排就绪，1170 年，任得敬在朝廷之上公然提出分一半西夏国给他，并要求自立为王。仁孝皇帝和几位大臣虽然心中愤慨，但知道他早有准备，只得迂回与之对抗，仁孝道："西夏自我祖拓跋思恭以来，无论国内发生何等大事，一直都为一个整体，您何来分国这样的想法？"

　　"皇上，您有所不知啊，目前西夏虽为一体，但意见争议颇大，很多地方百姓都要求自治，脱离西夏管辖，我这也是顺应民意啊！"

　　一位大臣愤怒地站出来说："皇上，西夏本为一体，怎能容忍他人分割，我看这是醉翁之意不在酒啊！"

　　"皇上，民意不可违，您看灵州百姓已经拥到宫殿之外要求分国自治了，军中将士也要求拥兵自立呢，不信您听听外面的声音。"

　　此时，王宫外呼喊之声响起，士兵手持利刃包围了王宫大殿，任得敬斜视着仁孝皇帝，轻蔑地笑着问："怎么样，皇上，我没有说错吧？"

　　仁孝皇帝早已吓得面如土灰，刚才那位痛斥任得敬的大臣被任得忠、任得恭押下了大殿，其他大臣见此情景都浑身瑟缩，连声说："圣上，楚王说得没错，顺从民意，顺从天意吧！"

　　仁孝无话可说，只好抖抖索索地应诺着，把西夏西南路和灵州罗庞岭划归任得敬，并封其为"楚国"。

　　这还不算，仁得敬还逼迫仁孝派使前去金国，为自己正式册封。

　　此时灭掉了辽国以及北宋的金国正雄视天下，见到盟邦西夏出现如此事态，金世宗完颜雍忙召集群臣商议如何应对。

　　"目前西夏的任得敬手握重权，逼迫仁孝分国自治，今前来我大金要求正式册封，你们看如何处理此事呀？"

"圣主，西夏一直以来与我大金联合灭辽、灭宋，且对我称蕃多年，今任得敬分去西夏，等于削弱了我金的藩属之地，这对我大金今后的行动不利。"

"圣主，我金国现在雄视天下，西夏为我近邻友邦，我们不能坐视不管！"

群臣大多主张出兵讨伐任得敬。

"是呀，有主之国，岂能分国与他人？这定是权臣所逼。夏王自乾顺以来就与我定为盟友，朕作为四海之主，怎能容忍如此卑劣之事发生。夏王可怜，无力左右时局，只有我们为之分忧了。来人哪，派出使臣告之任得敬，金国不承认所谓的'楚国'，更不能容忍他的分裂国土之举，要他马上停止，否则金国将发兵征讨之。"

任得敬的分国企图在金世宗这里碰了个钉子之后，暴跳如雷，更有了铤而走险的决心。八月，任得敬打起密通宋朝的主意，想利用宋、金世仇，附宋自立。宋朝宣抚使虞文派使者用蜡丸密书通知任得敬，约定联合夹攻金朝。不料，宋密使被西夏国捕获。西夏仁孝皇帝拿到证据后，于八月三十日命自己的弟弟仁友等设计杀死了任得敬，并诛其同党。仁孝力挽狂澜，及时彻底地粉碎了叛臣佞贼任得敬，使夏国免受了一场内乱和与邻国的战争。

任得敬多行不义，人心丧尽，臭名昭著，阻挡西夏历史发展潮流，篡权裂国，陷害忠良，终被历史唾弃。

蒙古灭西夏

当西夏的第六代君王纯祐即位时，西夏的国势已经不可避免地走向衰退，皇室之间为了王权的争斗从未停止过。而此时在漠北地区，铁木真统领的蒙古部正在悄然壮大，这个强悍的民族正雄视宇内，包括西夏。而此时为王权争夺正酣的西夏贵族们哪里会想到灭亡的命运这么快地到来呢。

1194年，在位55年的仁孝皇帝驾崩，他的儿子李纯祐继承王位。而此时的西夏已经从巅峰开始向下滑落，年纪尚轻的纯祐当然亦无力回天，而皇叔仁友的死使国内政权更加动荡不定，也使纯祐最终走向了可悲的命运。

皇叔仁友生前被封为越王，按西夏礼制，先王死后其爵位可由其子承袭，但越王的儿子安全素与纯祐不和，李纯祐视安全为宿敌，所以当李安全请求承袭父亲爵位时，遭到了李纯祐的拒绝。不仅如此，李纯祐还降了李安全的职位。此事使李安全怀恨在心，他想到要杀害纯祐，篡夺皇位。两个月后，李纯祐突然暴死，年仅30岁。

李安全成为继纯祐之后的西夏皇帝，但李安全的上任也并未能使西夏平安，在他当政伊始，就遭到蒙古金戈铁马的强大进攻，国寨城堡遭到践踏，人马牛羊遭到掠夺，这给刚刚称帝的李安全一个下马威，但这还只是个小小的演习。李安全当上皇帝第二年的夏天，成吉思汗以西夏不肯纳贡称臣为由，又调集铁骑兴师问罪，攻城略地，四处掳掠。

两年后，铁木真为了阻止西夏出兵援金，也为了得到闻名天下的"神臂弓""西夏剑"，第三次率兵入侵夏境，铁木真亲率大军从黑水城北兀剌海西关口杀入，直捣西夏都城中兴府，皇上李安全亲自登城督军御敌，双方相持有两个多月。

时至盛夏，天降大雨，多日不息，致使黄河河水暴涨，蒙古军见势，便引来黄河水灌入中兴府，城中居民淹死无数。无奈之下，西夏只好向金求援。

金帝接到夏的求援国书，召集重臣讨论，大臣李金说："夏乃是金的西进阻碍，如今夏受困于蒙古，自顾不暇，我金国正应乘势袭夏，拓土开疆，如此才能显示陛下神武之威！"参知政事韩天臣立刻反对说："蒙古崛起于大漠，数次袭扰边境，如今蒙古更出兵伐夏，如果夏国降服于蒙古，那么蒙古进攻金国的日子也就不远了，况且，夏国乃是我金国属邦，如果任属邦陷于敌手，不但不救援，还背约相攻，这不是置陛下于不义吗！到时，天下人又如何看待陛下，如何看待金国？所以，还请陛下立刻发兵，救援夏国，以全陛下的义名！"

金国皇帝考虑良久，说："蒙古自出兵攻夏以来，已经连续作战六七个月，军士仍不见疲惫。而蒙古一旦降服夏国，下一个目标会是哪里？夏与蒙古虽然都是金的敌人，不过，既然我们金国现在没有能力灭亡夏国，何不化敌为友，多个盟国来牵制蒙古呢？"于是做出决定，火速发兵救援西夏国。

很快，金国主帅完颜承晖就统率十万军队，取道凤翔入援西夏国，同时，韩天臣统率三万汉军，押送大量粮食，于援军身后百里机动。蒙古军得讯后，即命哲别统率蒙古军阻截。完颜承晖受到金帝严令，不计损失，攻击前进，每日都艰难地向前行进数里。十一月底，金军到达中兴府城外三十里，蒙古军不得已再分兵两万抗拒金军。

这时，相持已久的战局发生了变化。由于蒙古军不慎，造成外堤溃决，大水反淹铁木真所在主营。哲别军三万余众惊恐不安，铁木真不得已，只好暂时退兵而去，但却派使者留下了狠话。西夏王李安全知道自己不是铁木真的对手，只得忍痛把心爱的女儿察合公主嫁给铁木真，同时送去的，还有西夏盛产的白骆驼、毛毯、鹘鹰等贡品。

祸不单行，外患未解，内忧又至，在西夏面临生死存亡之时，皇室贵族齐王遵顼趁乱发动宫廷政变，废黜李安全，自立为帝。一个月后，42 岁的李安全突然死去，在位仅仅 5 年。

遵顼夺得王位后，彻底改变了李安全联金抗蒙的路线，转而依附于蒙古，蒙古也借此机会向西夏频频征兵，当蒙古攻打花剌子模，想再次向西夏征兵时，遭到了拒绝。见西夏不愿出兵，铁木真大怒，在西夏毫无防备的情况下突然攻夏，轻而易举地攻破了贺兰山关口，直驱都城，包围了中兴府。遵顼惊惶失措，命太子德仁守城，自己则仓皇逃命。见皇帝已逃走，铁木真挥师返回。

自西夏依附蒙古以来，每次蒙古对外用兵，西夏士兵都伤亡惨重，国人对遵顼依附蒙古攻打金国十分不满。1223 年，兴州、灵州一带发生旱灾，粮食颗粒无收，饥民相食，而此时的遵顼竟然不顾百姓死活，强行征兵伐金。太子德仁苦心劝阻，可是无效，一气之下，太子削发为僧。

连年与金作战，加上蒙古频繁征兵，西夏国力日渐不支，朝野上下怨声载道。无奈，遵顼只好退位，把帝位传于次子德旺。1226 年，在征战杀伐中度过一生的遵顼病逝，享年 64 岁。

德旺即位后，一改父王依蒙抗金策略，转而与金求和，共同对抗蒙古。

铁木真得知西夏已依附金国与自己作对时，便又派兵讨伐西夏，大军攻破

银州。夏兵奋起抵抗，但蒙古军凶猛异常，西夏兵不是对手，被斩杀者过万，人马羊骆驼被掠无数。

德旺求救于金国，此时金国也危在旦夕，自保性命还来不及呢。

1226年，铁木真亲率蒙古大军西征西夏，蒙古军攻破黑水，攻取了沙州、甘、肃各州，一路势如破竹，所到之处，夏城无一能保。蒙古军所到之处，挖坟掘墓，盗夺珍宝，烧杀抢掠，无所不为。可怜德旺皇上，生生被惊吓而死，在位仅仅4年。

德旺死后，他的侄子南平王即位，他是西夏最后一位皇帝。此时，西夏在蒙古大军的威逼之下已是危如累卵。尽管老将嵬名令公、前太子德旺、灵州守将佐里等率众奋死抵抗，但也无法阻拦住蒙古大军虎狼般的进攻。1227年，蒙古大军渡过黄河，攻破灵州，扫荡河东，又渡河西进，再次包围都城中兴府，懦弱无能的末帝眼看着越来越多的士兵和百姓的尸首，只有唉声叹气而别无他法。

这一年夏天，成吉思汗攻破金临洮、西宁等州，切断了西夏与金的联络要道，回师隆德。因为天气酷热，铁木真到六盘山避暑，他派出使者前往中兴府劝降，被末帝拒绝。

蒙古军围困中兴府达半年之外，久攻不下，铁木真又急又恼，遂引发旧疾。人祸天灾，六月，西夏末主李睍率西夏文武官员投降。七月，一代天骄成吉思汗病死，蒙军恐西夏有变，就在随军途中杀死李睍，从此，立国190年的西夏为蒙古所灭。西夏自李元昊始，共传十帝，历时190年。大体分三时期，开始的48年是建设期，阔张领土期；发展期，是西夏的鼎盛期，但国内的统治危机日趋激烈；衰弱期共34年，皇室腐败外部蒙古强敌威胁，至被蒙古所灭。

金朝

金帝系表

1115—1234

太祖（完颜旻，本名阿骨打）	收国（2）	1115
	天辅（7）	1117
太宗（完颜晟）	天会（15）	1123
熙宗（完颜亶）	天会	1135
	天眷（3）	1138
	皇统（9）	1141
海陵王（完颜亮）	天德（5）	1149
	贞元（4）	1153
	正隆（6）	1156
世宗（完颜雍）	大定（29）	1161
章宗（完颜璟）	明昌（7）	1190
	承安（5）	1196
	泰和（8）	1201
卫绍王（完颜永济）	大安（3）	1209
	崇庆（2）	1212
	至宁（1）	1213
宣宗（完颜珣）	贞祐（5）	1213
	兴定（6）	1217
	元光（2）	1222
哀宗（完颜守绪）	正大（9）	1224
	开兴（1）	1232
	天兴（3）	1232

女真先世与完颜部的兴起

女真族，别称女贞与女直，源自3000多年前的肃慎，汉至晋时期称挹娄，南北朝时期称勿吉，隋至唐时期称黑水靺鞨，辽朝时期称"女真""女直"（避辽兴宗耶律宗真讳）。基本形成民族形态的时期大约是在唐朝时。

女真的先世可以追溯到肃慎、挹娄、勿吉、靺鞨。

肃慎，又称息慎、稷慎，是东北地区有文献记载的最古老的居民。从虞舜历经夏、商、周、秦，直到西汉，都留下了肃慎在"白山黑水"间活动以及他们同中原保持联系的传说与记载。肃慎自虞舜以来，一直同中原有政治、经济联系，还被周人称为是周的"北土"。肃慎长期向中原贡纳一种"楛矢石砮"。自从西周武王克商以来，肃慎就以楛矢石砮为贡品献纳给周朝。周朝最高统治者对楛矢石砮十分珍爱，并把它分赐给诸侯。此后，楛矢石砮便成了肃慎及其后裔同中原保持联系的象征。

挹娄。东汉、魏晋时，肃慎除保留原名称之外，一般称作挹娄。挹娄大约活动在今南起长白山，北到黑龙江以至更远，西界今吉林、黑龙江两省中部的松花江一带，东到大海这一方位之内。东汉、魏晋时期的挹娄（亦即肃慎），已经进入氏族公社阶段。在婚姻家庭上，已向一夫一妻制过渡。挹娄不仅依然保持肃慎使用楛矢石砮射猎野兽的传统，而且其形制也与肃慎相同。

勿吉。南北朝时期，肃慎、挹娄改称为勿吉。勿吉的地理位置，大致在今松花江北段以东，长白山以北。社会经济较前有所发展，农业出现了"耦耕"（两人并耕），作物种类有粟、麦、穄，菜有葵。家畜饲养以猪为主。狩猎在生活中仍占有重要地位。还出现了简单的纺织手工业，妇女服布裙，男子衣皮裘。婚姻与家庭处在向一夫一妻制过渡的阶段。勿吉人多筑城穴居，屋形好像后世的坟茔，上面开口，架梯出入。人死后用土葬或天葬。有崇拜徒太山的原始信仰。经常向中原王朝贡纳楛矢和马匹等，同时也从那里得到"回赐"，这实际上是一种政治联系和经济交流的表现形式。

靺鞨。隋、唐时期，勿吉改称靺鞨。靺鞨各部以黑水靺鞨和粟末靺鞨两部最为强大，其中粟末靺鞨部后来建立渤海国，而黑水部则发展成为女真。据两《唐书》中《靺鞨传》《黑水靺鞨传》记载，他们善于步战，勇猛凶悍，对邻境造成很大威胁。他们善于射猎，依然用肃慎以来的"楛矢石砮"射猎禽兽。有原始农业，作物有粟、麦等。家畜饲养，以猪、马为多。居无室庐，通常依水掘地为穴，上面架起木棍，用土覆盖，犹如内地的坟冢。社会上已经出现私有财产和贫富差别，官人畜猪多达数百口。

从肃慎、挹娄、勿吉、黑水靺鞨一脉相承的发展历程来看，他们之间在活动地域、经济形态、生活习俗上，有许多共同之处，其中有些还被他们的后裔女真、满族承袭下来。肃慎——挹娄——勿吉——黑水靺鞨——女真——满族属同一族系。

完颜部的兴起与发展　女真本名朱理真，又称虑真、女质、女直等。后来，女真还被译作"朱理扯特""主儿扯惕""朱先"等。据《松漠记闻》《三朝北盟会编》《金史》等记载，称女真名称始见于五代。然而，据《文献通考·四夷考四》的相关记载推测，早在唐太宗时，至迟唐末昭宗时，中原已知女真之名了。

《辽史》和其他一些史料中，有关女真的称呼很多。有的统称"女直"或"女直国"；有的按其发展水平称"熟女直""生女直"；有的则按其方位称"北女直""南女直"；还有的按临近山、川、海或政区等，称"长白山三十部女直""鸭绿江女直""濒海女直""东海女直""南京女直国""黄龙府女直""东北路女直""奥衍女直""乙典女直""顺化国女直"，等等。这些称呼并不是处在一个层次之上的，有的则互相重合。

生女真完颜部，是后来建立金朝的主体。函普是完颜部第一个留下名字的酋长。

从函普到阿骨打建立金朝，大约经历两个世纪。在此期间，完颜部逐渐发展壮大起来。

函普到来之前，生女真相邻各部落间不断发生战争。函普首先在完颜部内进行整顿，不过大抵仅限于完颜部之内，而对于生女真的其他各部尚未能触动。昭祖石鲁时，为改变生女真各部毫无约束的状态，开始建立"条教"，当是一种不成文法。这一变革像历史上的许多改革一样，受到一些人的抵制，引起部人不悦，甚至有人想坑杀石鲁。此时，完颜部落已相当强大。各部落联盟为适应军事的需要，大约在景祖乌古乃时，形成了以完颜部为中心的生女真军事部落联盟。这时生女真从邻部购来大量甲胄、铁器，用来制造弓矢、器械，势力逐渐强大起来。生女真的军事联盟不断发展壮大，向女真族的形成迈出了一大步。世祖劾里钵、肃宗颇剌淑、穆宗盈歌时，又先后平息了来自完颜部内外的叛乱和侵扰，是女真族建国之前最为强盛的历史时期。

完颜阿骨打灭辽建金

女真族是中国东北部历史悠久的一个少数民族，是满族的祖先。女真族分布范围较广：南起鸭绿江、长白山一带，北至黑龙江中游，东女真武士抵日本海。居于咸州（今辽宁开原）东北至束沫江（今松花江）之间，以辉发河流域为中心的称之为"回跋"（回霸）；居于松花江以北、宁江州（今吉林夫余石头城子）东北，直至黑龙江中下游的称之为"生女真"；居乌苏里江以东而近东海（日本海）的称之为"东海女真"。五代时期，"女真"之名始见于典籍。契丹统治者对女真人采取分化和瓦解的统治政策，强迫一部分与契丹毗邻的女真人，南移到辽东半岛等地，编在契丹人的户籍之中。但是还有大部分女真人仍旧留居在东北，生活在白山黑水之间。

到了 11 世纪初，女真族完颜部在部落首领绥可的领导下，生产有了发展。除捕鱼射猎外，他们也开始种植粟、麦等农作物，开始饲养猪，还用麻和猪毛织成布。女真族逐渐形成以完颜部为核心的庞大部落联盟。11 世纪中，完颜部一边制造铁犁，一边制作兵器，促进了生产力的提高，又加强了武装力量。

完颜部在长期发展过程中，深受契丹贵族的种种奴役和残酷的压迫。女真人每年要向契丹贡纳大量的特产，如名马、良犬、珍珠、海东青（一种猎鹰）

之类。辽朝的军队也经常骚扰和破坏女真人民的生产和生活。到了辽朝的天祚帝耶律延禧统治时期（1101—1125），他们对女真人的压迫已到了无以复加的地步。契丹统治者和女真族人民之间的民族矛盾和阶级矛盾激化了。在这样的历史形势下，女真族出现了一位杰出的英雄——完颜阿骨打。

完颜阿骨打是女真族的一位杰出领袖。他的汉名叫完颜旻，是乌古迺的孙子。1113 年，46 岁的阿骨打继任完颜部的首领。

完颜阿骨打塑像

在契丹贵族长期残酷虐待下的女真人民，为了反抗辽朝的奴役，集结在阿骨打的周围。阿骨打为了使本族摆脱契丹的统治，发动女真人民"力农积谷，练兵牧马"，逐步统一了女真各部，增强了完颜部的武装力量。阿骨打的所作所为，符合女真族人民的利益，因而得到女真人的拥护。

经过了一年左右的准备，对辽朝内部的空虚情况也更加清楚了，1114 年，阿骨打会合各部的射手两千五百人，决心抗辽。在誓师时，阿骨打坚定地表示：女真人世世代代向辽进贡，受辽欺侮，是报仇的时候了。如今就要发兵问罪，希望上天保佑！

一场正义的抗辽战争就这样开始了。

战争开始时，辽朝的兵力远远超过女真人。但是阿骨打的抗辽斗争深得人心，女真骑兵为民族自卫而战，能忍受饥渴，英勇征战。女真士兵抱着拼死的决心，冲锋陷阵。抗辽斗争得到女真族各部和契丹族劳苦人民的广泛同情和支持。

1114 年秋冬间，阿骨打率领的勇士在江宁州（今吉林省五家站）以少数击败辽军。辽朝强迫人民当兵，以十万之众与女真会战于出河店（今吉林省扶余

市境）。战场上大风四起，沙尘蔽天。英勇的女真战士，趁着风势击败辽兵，俘获车马甲兵无数。女真骑兵以高昂的斗志，乘胜攻下宾州（今吉林德惠北）等好几个城市，在辽朝的东北边境建立了根据地。

女真族原有的部落组织叫"猛安""谋克"。猛安是部落的单位，谋克是氏族的单位，他们都是以血缘为纽带建立起来的。每一猛安包括八至十个谋克。猛安和谋克的首领称为"勃极烈"。随着女真族本身的发展，随着部落联盟统治地区的扩大，原来的猛安、谋克组织已经不能适应迅猛发展的新形势。阿骨打顺应女真族历史发展的必然趋势，于1114年改造原有的组织，突破了血缘关系，规定以户为计算单位，以三百户为一谋克，十个谋克编成一个猛安。他们的首领称"百夫长"和"千夫长"。这样，猛安、谋克成为军事性质的行政管

金代武士复原图

理组织，服从于对内实行阶级统治、对外进行战争的需要。

1115 年，宋徽宗政和五年，辽天祚帝天庆五年，阿骨打在汉族知识分子杨朴的谋划下，以会宁（今黑龙江省阿城区南自城）为都城，自己称帝，建立政权，称为"金"。这一年就是大金开国元年。阿骨打就是金太祖。

抗辽斗争迅速发展，阿骨打的武装不断扩大。同年（1115）九月，阿骨打的骑兵夺取了辽朝的重镇黄龙府（今吉林省农安县）。天祚帝惊惶失措，只得亲率各族混合兵，包括受奴役的汉人，以十万乌合之众，跟金军做最后的决战。辽军望风奔溃，终于大败。1116 年，阿骨打攻下辽的都城东京辽阳府，东北地区的女真人摆脱了契丹贵族的奴役。

阿骨打采取辽朝原来的封建制度，在黑龙江和乌苏里江以东、兴凯湖以南

地区，分别建立了蒲与路、胡里改路等地方行政组织，加强对边境地区的管辖，并且把大批汉人迁往东北。这些汉人虽然不可避免地要过奴隶式的生活，但他们进步的生产技术促进了当地生产的发展，使我国东北边疆地区进一步得到开发。

天辅四年（1120），金朝的统治势力已伸展到今内蒙古自治区，攻下了辽朝上京临潢府。女真人民大批南迁，使女真人的生产力水平不断提高。阿骨打又命完颜希尹仿照汉字的楷书和契丹文字，根据女真的语言特点，创制了女真文。阿骨打还发布了解放奴隶的命令，提倡农业生产，禁止军队骚扰人民和破坏农业生产。

阿骨打利用抗辽自卫战争取得胜利的大好时机，把兵力继续向南推进。天辅六年（1122）占领了辽朝中京大定府、西京大同府和南京析津府。辽朝天祚帝被迫逃奔夹山（今内蒙古自治区呼和浩特西北），金军已基本上摧毁了辽朝的统治。阿骨打在胜利地完成民族自卫的战争中，于1123年死去。

过了两年（1125），天祚帝在应州（今山西应县）被金朝的追兵俘获，1128年，天祚帝病故，遗臣萧术者对故主行人臣之礼，辽朝的统治从此结束。

成吉思汗灭夏亡金

1206年春，铁木真于在斡难河河源（今鄂嫩河）搭建大帐，召集所有部众，举行了规模浩大的忽里台大聚会。铁木真被推举为成吉思汗，意为"众汗之汗"，成为草原上的最高统治者。成吉思汗以本部落名称为国号，建立了大蒙古国。

大蒙古国建立后，成吉思汗为了对原来那些习惯于来去无阻、散乱无序的众多部族进行有序化管理，创立了千户授封制度。千户制按照十进制进行编组，把蒙古各部牧民统一划分为十户、百户、千户3级，一共划分出95个千户，并将千户以封赏的形式授予那些有功的贵族和大臣们。为了加强蒙古的兵力和大汗的权力，成吉思汗还特意挑选了一批身强力壮、武艺精良的青年，对原来的

护卫军加以扩充，形成了 1 万人的怯薛军。这支军队由成吉思汗直接统领，是蒙古军的精锐，也是控制地方的主要武装力量。此外，成吉思汗还命人创立了蒙古文字，制定了法令典制，逐渐形成了秩序化、规范化的管理。

随着国家政权的建立和国内统治秩序的逐渐确立，对外征服和扩张也就成了成吉思汗的下一个目标。大蒙古国在成吉思汗的带领下犹如一头雄狮，虎视眈眈地俯视着它周围的世界。

建国后的第二年（1207），成吉思汗就发动了对西夏的掳掠战争，却因粮草不济而退兵。1209 年，蒙古大军再次攻夏，双方相持两个月，最后以西夏纳女求和、年年进贡而告终。此后成吉思汗又先后两次发动对西夏的进攻，占领了西夏的大片土地。1226 年，成吉思汗以 65 岁高龄亲率大军发动了对西夏的最后一次战争，这一战使西夏政权走到了穷途末路，而成吉思汗也于 1227 年七月攻打西夏中兴府（今宁夏银川）时病逝于六盘山下。西夏投降后，蒙古诸将根据成吉思汗遗命，一举杀死所有西夏王室权贵，西夏就此灭亡。

在攻夏的同时，蒙古军也将矛头对准了金国。1211 年，成吉思汗在龙驹河誓师伐金，他亲率大军从东路进攻，其子术赤、察合台和窝阔台组成西路军。东、西两路军呈钳形对金中都形成包围之势，掳掠了大量的人口、牲畜和财物而退。此后，成吉思汗连续三年对金用兵，迫使金把都城从中都迁往开封，并向蒙古进献公主、金帛和马匹等。

此后，成吉思汗便把军队的主力转向西征。蒙古国建立后，西北部还有一些部落时而臣服时而反抗，或者一直进行消极抵抗；此外乃蛮部败亡后，太阳罕之子屈出律逃到了西辽，篡夺了西辽的政权，继续与蒙古对抗。1218 年，成吉思汗派长子术赤率兵征服了吉利吉斯部，术赤还顺路征服了谦河（今俄罗斯叶尼塞河上游）西至也儿的石河（今额尔齐斯河）的诸多部落。同年，成吉思汗派哲别率兵征讨西辽。屈出律在出逃后被当地人民抓住交给了蒙古兵，西辽国土从此也归属了蒙古国。

平定西北诸部打开了蒙古国入侵西亚、欧洲的通道；但同时，西亚强国花剌子模也有向东扩张领土的打算，接下来两个强国之间的较量已经不可避免了。

1219 年，成吉思汗亲率 20 万大军西征花剌子模。他运用迂回包抄战略，很快就攻下了不花剌（今布哈拉）城和旧都花剌子模城。此后，蒙古军又向新都撒马尔干发起了围攻，花剌子模国王摩诃末弃城而逃。被围五日后，城内守军献城投降，成吉思汗下令将投降的三万官兵全部杀掉。第二年，摩诃末病死于里海的一个小岛上，其子札兰丁即位，并先后两次打败前来追击的蒙古军。成吉思汗被迫亲征，札兰丁力不能敌，逃往印度，蒙古军最终吞并了花剌子模。

成吉思汗作为一位伟大的军事家，不但善于运用谋略，而且善于用兵，其精锐的蒙古骑兵，代表了当时世界上最先进的战斗方式，蒙古大军被称为“世界的征服者”。在他奠定的坚实基础上，他的后代建立了横跨亚欧大陆的世界性大帝国，为中西文化、宗教、经济等方面的交流开辟了畅通的渠道。成吉思汗被誉为“世界史上最伟大的军事家”，他一生打过 60 多场大战役，从未失败过，创下了奇迹。1998 年，《华盛顿邮报》评选出“千年伟人第一人”。

傀儡政权楚与齐

金灭掉北宋以后，女真统治者当时还无力对中原地区实行真正的统治，于是先后在中原建立了楚、齐两个附属政权。

张邦昌与楚国　张邦昌（1081—1127），中国北宋大臣。字子能。永静军东光（今河北东光）人。徽宗和钦宗时期，历任尚书右丞、左丞、礼部侍郎、少宰、太宰兼门下侍郎。靖康元年 1126)，金兵攻汴京（今河南开封），他力主议和，为河北路割地使，与康王赵构赴金作人质。以求割地赔款议和。靖康二年金兵陷汴京，掳去徽、钦二帝，金封他为帝，建国号楚，统治黄河以南地区。

张邦昌即位后，见百官称“予”，诏书称“手书”，圣旨称“面旨”“宣旨”，拜百官一律加“权”字。金人立张邦昌后，曾拟设金兵留守楚国，吕好问以“南北风俗各异，恐怕北兵不习风土，留在这里必不安心”为由劝阻，金人不留兵而去。

金人还师后，吕好问等劝张邦昌迎元祐皇后回宫，请康王早正大位。张邦

昌遂尊元祐皇后为宋太后，又请太后垂帘听政，张邦昌为太宰。康王即位后，以张邦昌为太保，封同安郡王。李纲为相，建议杀张邦昌以戒臣下。宋高宗说："邦昌称帝谋逆，照理该杀，但是考虑到他乃出于迫胁，可免一死，外放潭州（今湖南长沙）安置。"后来，以其"称帝"时秽乱宫闱的罪名，赐死潭州。

刘豫与齐国 刘豫，字彦游，景州阜城人。宣和末为河北西路提刑，后知济南府。金挞懒攻济南，刘豫出降，为中奉大夫，京东西、淮南等路安抚使，知东平府兼诸路马步军都总管，节制河外诸军。以刘豫子麟知济南府。挞懒屯兵要冲，镇抚其地。

宋处死张邦昌后，金太宗大怒，令元帅府攻宋，宋高宗自归德奔扬州。太宗说："等平宋以后，再建立一个像张邦昌楚国那样的藩辅，作为屏障。"宋高宗自明州（今浙江宁波）入海逃窜、宗弼北还后，金太宗着手物色代理人。许多大臣认为折可求和刘豫是合适的人选，刘豫也早有此意。金元帅左监军挞懒久在山东，刘豫巴结挞懒，挞懒也有立刘豫的意思。而云中留守高庆裔是宗翰的心腹，唯恐挞懒在立刘豫的事情上抢了头功，便劝宗翰遵循张邦昌故事，首创此议，以免功归别人。宗翰听从高庆裔的建议，并令右监军兀室（完颜希尹）禀告太宗，太宗于是决心册立刘豫。

天会八年（1130）九月，金立刘豫为大齐皇帝，都大名，号北京。以张孝纯为宰相，以刘豫子麟为尚书左丞相、诸路兵马大总管。改明年为阜昌元年。

刘豫在其辖境之内，依仿金国制度，乡各为寨，推土豪为寨长。五家为保，每家凡双丁，则征一人从军。凡军国事，以至赏罚斗讼，无论巨细，一律报元帅府裁决。沿黄河、淮河以及陕西、山东等路都有金军驻防。导致齐国赋敛繁重，刑法严峻，民不聊生。

刘豫政权对民众横征暴敛到了无以复加的地步。先是实行所谓"什一税法"，后又改为"五等税法"。境内之民，不论年长年幼，上自老人，下至孩童，以致地位低下的妓女艺人，都要日纳官钱。

刘豫不仅大肆聚敛财富，而且钳制舆论，实行恐怖统治。凡是有谁说了犯忌的话，告发者受赏。即便诬告别人，也不治告发者的罪。于是小人得志，甚至连父子竟不敢秘密谈话。如有两人在路上相遇，随便问"哪里去"，如果答应"南头去"，便以胡言乱语而把他杀掉。——因为宋在金国南边。倘若有人衣着稍显鲜丽，就被认定是宋的顽民留恋旧的风习，也要问斩，真是恐怖到了极点。

当金朝在北方的统治已经巩固地确立起来，附属政权即失去了存在的意义。天会十五年（1137）十一月，金熙宗以刘豫"道德不修，家室不保，并失去了当初存在的意义，不可坐视百姓遭受困苦"为由，诏令废掉齐国，降封刘豫为蜀王，后又晋封为曹王。

刘豫政权历时凡8年。皇统六年（1146），刘豫结束了他可耻的一生。

熙宗继位与统治集团内部之争　天会十三年（1135），太宗病死，谙班勃极烈完颜直即皇帝位，是为金熙宗。

完颜亶本名合剌，又作曷剌马，太祖阿骨打之孙，宗峻（本名绳果）之子，其母为蒲察氏。太宗即位之初，曾立太祖母弟完颜杲（斜也）为谙班勃极烈，与宗干共同辅政。因太宗曾任此职而登帝位，后来谙班勃极烈遂成储嗣的同义词。天会八年，斜也死，谙班勃极烈位空阙。宗磐、宗干、宗翰三人争立这个位置。太宗之子宗磐说他是元子，宗干称自己是太祖武元皇帝长子，宗翰（粘罕）则说于兄弟中年长功高，三人都认为自己应当为储嗣。究竟立何人为谙班勃极烈，太宗犹豫不决。

天会十年，左副元帅宗翰、右副元帅宗辅、左监军完颜希尹出于各自的考虑，入朝与宗干商议说："谙班勃极烈虚位已久，今不早定，恐怕授给外人。合剌，是先帝（太祖阿骨打）嫡孙，应当立他。"于是他们向太宗进言，立合剌为谙班勃极烈。太宗本无立完颜亶的意思，因宗翰、宗辅、希尹同宗干几位重臣力谏，而且也有道理，不能拒绝，于是立亶为谙班勃极烈。太宗诏书说："你为太祖嫡孙，所以立你为谙班勃极烈，你不要因为年龄幼小，整日贪玩，要注重你的品德修养。"当时，希尹以为完颜亶年纪幼小容易控制，而宗干则是他的伯父、养父，所以也赞成此事。

熙宗即位后，以国论右勃极烈、都元帅宗翰为太保，领三省事；以元帅左监军完颜希尹为尚书左丞相兼侍中；太子少保高庆裔为左丞，萧庆为右丞；以尚书令宋国王宗磐为太师。天会十四年，又以太保宗翰、太师宗磐、太傅宗干并领三省事。宗翰、希尹本为熙宗所忌，以他们领三省事或尚书左丞相，是以相位夺了他们的兵权；而以宗磐为"太师"，地位虽高，却是虚衔。

据《金房节要》载：开国之初，阿骨打与弟吴乞买约，子孙互相传位，所以阿骨打在位时，以吴乞买为谙班勃极烈；吴乞买继位，以阿骨打长孙完颜亶为谙班勃极烈。完颜亶即位后，按理应立吴乞买长子宗磐为谙班勃极烈，而完颜亶擅改旧制，以三公的职位换取宗磐的皇储（皇帝继承人）地位，导致宗磐不满及后来谋乱，成了上层统治集团内部出现频繁而激烈斗争的一个重要根源。至于被提升为左右丞的高庆裔、萧庆都是宗翰心腹，也是为了便于控制。

熙宗在位期间，金朝统治集团内部展开了错综复杂的斗争。

天会十五年，熙宗首先利用宗磐与宗翰的矛盾，以贪赃罪把宗翰的心腹高庆裔下大理寺问斩，以折其羽翼，此案株连了许多人。

天眷元年（1138），完颜希尹被罢相。希尹在太祖时即随宗翰攻辽，屡建战功。及宗翰入朝，希尹权西南、西北两路都统。太宗时，又随宗翰攻宋，追宋高宗至扬州，后来又与宗翰请立熙宗。希尹被罢相，是宗磐为削弱宗翰势力所采取的一个步骤。

宗翰死后，宗磐日益跋扈，与宗干的冲突更趋表面化。宗磐在熙宗面前与宗干发生争执，并上表求退，以相威胁。有一次竟在熙宗前持刀指向宗干，被熙宗近侍呵止。

挞懒、宗隽与宗磐一样，也是十分跋扈，另有异图。挞懒企图结交南宋以为外援，发展自己的势力。天会十五年，宋遣王伦使金，求还河南、陕西故地。次年，挞懒与东京留守宗隽入朝，建议以废齐收地河南、陕西与宋。熙宗让群臣集议此事，多数宗室大臣如宗干等都认为不妥，但是由于宗磐、挞懒、宗隽力主此议，加之宗磐为宰相，位在宗干之上，于是决定把河南、陕西之地给宋。

此后，宗磐跋扈尤甚，宗隽成为丞相，挞懒把持兵权，也有谋反迹象。这时，挞懒等人的密谋已被揭露出来，宗弼密奏熙宗说：挞懒、宗磐主张将河南地割让给宋，二人必私通宋国。宗干、希尹也告发其事。于是，熙宗下诏杀了宗磐、宗隽及其族人。

当时挞懒握兵在外，不便一并立即杀掉。为了稳住挞懒，熙宗说挞懒地位高，有大功，不予追究，改任燕京行台左丞相。同时，又任命签书杜充为右丞相，以完颜宗弼为都元帅。诏令下达后，挞懒对使者说："我是堂堂的开国元臣。有何罪竟让我与降奴杜充为伍？"于是与翼王鹘懒及活离胡土、挞懒子斡带、乌达补谋反。熙宗下诏处死挞懒，挞懒从燕京逃奔南宋，完颜宗弼追杀挞懒到祁州，并杀了翼王鹘懒、活离胡土及挞懒二子。熙宗在平息宗磐、宗隽、挞懒的谋反之后，又降封太宗诸子。

天眷三年（1140）九月，熙宗听信宗弼之言，处死左丞相完颜希尹和左丞萧庆。并且发布诏令，谴责希尹"奸状已萌"，心中无君，而且私下议论将来由谁来继承皇位。这是因当时熙宗没有皇子，所以嫉恨希尹，造出他议论谁来继承皇位的话。与希尹、萧庆同时被杀者，还有希尹子把搭、漫带，连坐者达数百人。

此案固然是宗弼弄权，加害希尹，同时也是因希尹才略过人，为群臣所忌，就连熙宗也有点畏惧他的过人智慧，深为忌恨。因此，当熙宗听了宗弼密奏之后说：我早就想杀这个老贼了。后来熙宗知希尹实无他心，而死非其罪，赠希尹仪同三司、邢国公，赠萧庆银青光禄大夫。

希尹被杀后，宗弼进为太傅、尚书左丞相，兼侍中、监修国史，领行台尚书省事，都元帅如故，逐渐总揽了军政大权。

皇统七年（1147）的田毂之狱，是熙宗时金朝统治集团内部斗争的又一冤案。

田毂、孟浩都是宗翰心腹韩企先为相时被提拔起来的官员，同在尚书省供职。田毂为吏部侍郎，孟浩为左司员外郎，执掌考核官吏大权。他们"分别贤否"，任用了一些贤能之士。而蔡松年、许霖、曹望之等人，想跟田毂交结，可田毂鄙薄他们的为人，说"蔡松年丧失气节，曹望之是俗吏，许霖是小人"，不肯重用。

宗弼独揽大权之后，蔡松年为刑部员外郎，曹望之为尚书省都事，许霖为

省令史。他们时常在宗弼面前诋毁田毂，凡与田毂友善者，都被指为朋党。正值韩企先病重，宗弼前往探视，问道："丞相年老，且患疾病，谁可继丞相？"韩企先举田毂，而宗弼听信蔡松年等对田毂的攻击和谗言，说："此人可杀。"当时田毂正在韩企先处，听宗弼来访而躲避起来，听了宗弼的话，汗流浃背。韩企先病死，田毂失势，为横田军节度使。蔡松年、曹望之、许霖唆使宗弼向熙宗诋毁田毂，说他们结党营私，图谋造反。于是收田毂等下狱，而且四方搜捕党羽。本案被杀者，除田毂外，还有多人。田毂妻、子及与他素有往来者 34 人，也被徙居海上，并不得赦免，天下都为他感到冤屈。

田毂之狱，直到世宗、章宗时才得到平反。

熙宗改制　熙宗即位后，为了巩固金朝的统治，实行了一系列的改革措施，主要有以下几个方面：

废除女真传统的勃极烈制，参照辽、宋制度，设置三师、三省。太宗天会十年（1132），以完颜亶为谙班勃极烈，皇子宗磐为国论忽鲁勃极烈，国论勃极烈宗干为国论左勃极烈，移赉勃极烈宗翰为右勃极烈。天会十三年，熙宗即位后，即以宗翰为太保，领三省事，以宗磐为太师。次年三月，以太保宗翰、太师宗磐、太傅宗干并领三省事。又令元帅府右监军完颜希尹为尚书左丞相。

废除齐国，设置行台尚书省。天会十五年，废除齐国，降封刘豫为蜀王。在汴京置行台尚书省，天眷元年（1138），又改燕京枢密院为行台尚书省。

颁行新官制，定封国制度。天眷元年八月，颁行官制和换官格，史称"天眷官制"，全面改行汉官制度，将女真内外职官，按汉官制换授相应的新职，制定勋封食邑制度，即按功勋等第授予封爵、勋级、食邑。同年十一月，颁布封国制度，所授国王封号，形同勋爵，并非真的就治其地，有些封国实际上并不在金朝管辖范围之内。

加强相权。尚书省在左、右丞相及左、右丞之下，分别增设平章政事和参知政事，作为宰相的副职和助手，以增强尚书省的权力。

颁行历法，创制文字。天会初。宗干即辅佐太宗，"治历明时"。天会五年，司天杨极始造《大明历》，至熙宗天会十五年正月，正式颁行。天眷元年，颁女

真小字，这是继太祖时创女真大字之后的又一种新文字，较之大字，笔画简省，易于书写。

修建都城。天眷元年四月，熙宗命少府监卢彦伦在会宁府（今黑龙江哈尔滨阿城）营建宫室，号上京。原上京改称北京。

定礼仪、服制。天眷二年，命百官评定仪制。六月初用冠服。

金宋和议　先谈绍兴八年和议。

金朝统治者在灭辽后的一段时间里，基本上把灭宋作为一致的目标。天会五年，金军俘宋徽、钦二帝北还和北宋灭亡后，金军进逼扬州，迫使新即位的宋高宗逃往江南，流亡海上。然而此后金军则在南宋军民奋力抵抗下，连遭挫败。金、宋双方的军事力量对比发生了有利于南宋的变化，就连金军将领也看出了这点。经常随同完颜宗弼转战南北的韩常说："敌我双方力量，今昔已经大不一样了。过去是我（金）强彼（宋）弱，如今则我弱彼强。所幸的是，宋人还不知我方的具体情况，没有看出这点。"

面对这一军事力量对比的转变，金朝统治者内部在对宋和、战问题的态度上出现了分歧。宗翰主张继续攻宋。当宋高宗被迫至海上后，即有宋阁门宣赞舍人徐文率船只、军兵至密州（今山东诸城）界降金，并密报南宋虚实，进献攻打江南之策。他说：宋高宗从杭州过钱塘江，入越州，从明州定海口前去海中昌国县。建议金军先往昌国县，攻取粮船，还趋明州城下，夺取高宗御船。宗翰主张采用徐文策，进攻江南。宗弼本来主战，这时从江南北还，认为江南地低潮湿，如今士马困乏、粮草不足，恐不易取胜，等战机成熟再攻江南。宗辅也反对宗翰继续攻宋的策略。

挞懒为结交南宋，主张议和，与宗磐、宗隽等力主以废齐旧地河南、陕西与宋。由于他们的坚持，金熙宗于天眷元年决定以河南、陕西地与宋，并派遣太原少尹乌陵思谋、太常少卿石庆偕王伦赴宋议事，宋高宗表示希望和议速成。同年七月，南宋主和派秦桧再请高宗遣王伦使金商定和议，并询问归还梓宫等事。金熙宗以张通古、萧哲为江南招谕使，偕王伦赴宋，签订和议。

虽然南宋朝廷主战派大臣纷纷上书，极言不可和，甚至声言"愿割断秦桧、王伦、孙近三人头，挂在街上"，然后扣留金使，兴师伐金。但是在宋高宗和秦桧的主持之下，达成议和。其内容大致如下：1. 宋向金纳贡称臣，贡岁币银绢25万两匹；2. 金将原伪齐管辖的陕西、河南与宋；3. 金归还宋徽宗梓宫及钦宗、高宗生母韦氏和宗室等。

天眷二年（绍兴九年，1139）三月，金右副元帅宗弼与南宋东京留守王伦交割地界。金宋实现了第一次和议。

再说金收复河南、陕西。

正当南宋主和派为实现宋、金和议，收回河南、陕西之地而庆幸时，金朝力主归还河南、陕西的宗磐、挞懒等以谋反被杀，而反对将河南、陕西归还宋朝的宗弼一派得势。天眷三年正月，宗弼为太保，领行台尚书省，都元帅如故。至此，宗弼总揽军政大权，再议南伐。宗干等也力主攻宋，说："今若不取，后恐难图。"

五月，熙宗诏元帅府收复河南、陕西，集举国之兵于祁州元帅府，分四路攻宋。命聂儿孛董攻山东，右副元帅完颜杲（撒离喝）攻陕西，骠骑大将军、知冀州李成攻河南，而宗弼亲率精兵十余万与知东平府孔彦舟等由黎阳直趋东京开封府。

宋岳飞、韩世忠分别守护河南州郡要害，又出兵过河东，驻岚、石、保德境，互相牵制。宗弼派孔彦舟攻入汴、郑两州，王伯龙取陈州，李成取洛阳。宗弼则率众取亳州（今安徽亳县）。在金军攻顺昌府（今安徽阜阳）时，遭到宋东京副留守刘锜的顽强抵抗。刘锜有兵10万8千人，金三路都统葛王褒及龙虎大王军凡3万人到达城下，有许多人被宋兵射杀及沉于河中，金军失利，向都元帅宗弼告急。宗弼率兵10万至顺昌。当时正炎夏季节，金兵远道而来，昼夜不能解甲，疲惫不堪，伤亡惨重。宋军取得保卫顺昌的胜利。宗弼还师于汴，并留屯于亳州，征两河汉军与女真军共十多万，准备待机再举。宋高宗则调集大量兵力，集中在淮西待命。

天眷三年十二月，宗弼上奏说，宋将岳飞、张俊、韩世忠率众渡江。熙宗诏命宗弼再次攻宋。以元帅左监军阿离补为左副元帅，右监军撒离合为右副元帅。皇统元年（1141）正月，金兵攻克寿春、庐州、和州。二月，在柘皋镇（在今安徽巢湖西北）与宋军杨沂中、刘锜、王德相遇。宗弼以铁骑十余万分为两部，夹道布阵。王德直击其前锋，诸军合击，金军大败，退保紫金山。在这次战役中，金军死者以万计，横尸十余里，臭不堪闻。宋军夺回庐州。

金军在柘皋战败后，北还攻陷濠州（今安徽临淮关）。宋将韩世忠等迎战金军。迫使金军渡淮北撤。张俊、杨沂中、韩世忠、刘锜等班师。

最后说绍兴十一年和议。

正当金军失利，宋军声势大振之际，南宋统治者却加紧了谋求与金议和的步伐。

韩世忠、岳飞、刘锜、张俊诸将节节制胜，而力主和议的秦桧为了独揽朝政，竭力排斥主战派。宋高宗为了保住皇位，希望金人继续羁留钦宗，并以此为让步的代价。金朝方面，开国时的名将相继死亡，统治集团内部争权夺利，攻守之势已不如从前，所以在连遭挫败之后，渐有和意。皇统元年九月，宗弼提出"以便宜画淮为界"，还放还了羁留于金的南宋使者莫将等，以表示和好之意。同时又引兵破泗州，致使淮南大震。十月，宋派魏良臣为禀议使，赴宗弼军前。金派萧毅、邢具瞻为审议使，与魏良臣赴宋，商议以淮水为界，求割唐、邓二州及陕西余地，岁币银绢25万两匹，许归还宋徽宗梓宫、太后。宋高宗对金国提出的条款一一应允，并派端明殿学士、签枢密院事何铸充任金国报谢使，赴金进誓表。十二月抵金上京，向熙宗递交誓表。

经双方商议，最后达成和议，其条款大要如下：1.金、宋间西起大散关，东以淮河为界。2.宋割京西唐（治今河南唐河）、邓（治今河南邓州市）二州和陕西商（治今商县）、秦（治今天水）之半，陇西、成纪余地，以及和尚原等地。3.宋向金奉表称臣，金主生辰、正旦，宋遣使称贺。4.宋每年向金贡纳银绢25万匹两。5.金归还宋徽宗棺椁与高宗生母韦氏。

这便是绍兴十一年和议。

根据这个和议，宋仅有两浙、两淮、江东、江西、湖南、湖北、四川、福建、广东、广西，共15路，而京西南路只有襄阳一府，陕西路只有阶、成、和、凤四州，共有府、州、军、监 185，县 703。金得割地后，建五京，置 14 总管府，凡 19 路，其间散府 9，节镇 36，守御郡 22，刺史郡 73，军 16，县 632。

皇统二年（绍兴十二年）金、宋和议生效。金遣左宣徽使刘筈以衮冕、圭册册宋高宗为大宋皇帝。因此年是壬戌年，又称"壬戌之盟"。

宋熙宗时实现了两次金、宋和议，是金、宋两国经过多年战争之后，都不愿再把战争继续进行下去的结果。自此后，金、宋便出现了相持之势。

海陵王迁都、攻宋

完颜亮篡位

完颜亮（1122—1161）金朝皇帝，女真完颜部人，本名迪古乃，字元功，后改名亮。辽王完颜宗干第二子。皇统九年，弑熙宗自立，当年改元天德，后改贞元、正隆。即位后以励官守，务农时等七事诏中外。迁都于燕，称中都，又改汴梁为南京。正隆末大举攻宋，败于采石，东至瓜洲，兵变被杀。在位十二年。世宗时降为海陵郡王，谥号炀，后再降为海陵庶人。

完颜亮在中京为留守时，便开始结纳党羽。当时萧裕（本名遥折，奚人）也在中京，完颜亮常常与他议论天下大事。萧裕知完颜亮有觊觎野心，便说："如果有志举大事，我愿意竭力跟随。"完颜亮遂把他视为心腹。

皇统七年（1147），完颜亮被召为同判大宗正事，加特进。十一月，拜尚书左丞。至此，愈加揽持权柄，扶植羽翼。熙宗对完颜亮的活动却毫无觉察。一日，君臣谈及太祖创业时的艰难，完颜亮呜咽流涕，熙宗以为他很有忠心。完颜亮接连升迁，拜平章政事、右丞相，兼都元帅。皇统九年三月，又拜太保、领三省事。

完颜亮生日，熙宗派大兴国赐礼物，悼后裴满氏也附赐生日礼物。熙宗得知后，非常愤怒，令大兴国索回所赐礼物。完颜亮本来就有异心，由此更加深了跟熙宗的猜忌和矛盾。

此后，完颜亮加快了篡夺皇位的步伐。这时，恰逢右丞相秉德、左丞相唐

括辩图谋废立。

秉德，本名乙辛，为平章政事。皇统九年四月，朝廷议徙辽阳渤海人屯燕南，秉德及左司郎中三合力主此议。熙宗近侍、渤海大族高寿星在所议当迁入之列，便将此事禀报悼后，悼后又以此事激怒熙宗。熙宗杖秉德，杀三合。

秉德遭此不白之冤，便与唐括辩、乌带等谋废立事。乌带曾将此谋报告完颜亮，完颜亮与秉德图谋杀害熙宗。皇统九年十二月九日，完颜亮与秉德、唐括辩、乌带、徒单贞、大兴国、李老僧等进入寝室，杀了熙宗。熙宗护卫十人长仆散忽土，旧日曾受宗干恩德，拥戴完颜亮为帝，其他人也随之三呼"万岁"，立完颜亮为帝。改皇统九年为天德元年，是为海陵王。

完颜亮篡位当日，以秉德为左丞相兼侍中、左副元帅，唐括辩为右丞相兼中书令，乌带为平章政事，忽土为左副点检，阿里虎为右副点检，徒单贞为左卫将军，大兴国为广宁尹。

镇压敌对势力　镇压敌对势力，这是许多新政权建立或新皇帝继位后所采取的政治措施。完颜亮通过宫廷政变登上皇帝宝座后，为了稳定局势，维护统治地位，大肆杀戮可能成为其敌对势力的宗室成员。

完颜亮在寝殿杀死熙宗之后，诈称熙宗欲立皇后，召诸大臣入殿，乘机杀了宗敏和宗贤。宗敏，本名阿鲁补，阿骨打之子，熙宗时官至太保，领三省事，兼左副元帅，领行台尚书省事，封曹国王。完颜亮蓄谋篡立之时，就畏惧宗敏，很想除掉他。于杀熙宗之后，首先令人杀了宗敏。宗贤，本名赛里，习不失之孙。熙宗时封豳国公，拜平章政事，后进太师，领三省事，左丞相，兼都元帅，是忠于社稷的重臣。完颜亮未篡立时，对宗贤也有几分畏惧，因此宗贤与宗敏同时被害。

完颜亮称帝后，有三次较大规模的杀戮：第一次，天德二年（1150）四月。被杀者有太宗之子宗本和其他宗室及有关人员一百五六十人；第二次，在同年十月。被杀者有太皇太妃萧氏及其子任王偎喝，以及杲（撒离喝）、宗义、谋里野、宗安等；第三次，贞元二年（1154）正月。被杀者有曾参与完颜亮密谋的萧裕及前真定尹萧冯家奴、前御史中丞萧招折、亳州同知遥设、萧裕婿遏刺补，

还有萧冯家奴妻、子等。

海陵王杀戮宗室及其他人员，情况不尽相同。有的确是谋反有状或行将对海陵王的统治形成威胁，如萧裕、萧冯家奴、萧招折、遥设等；有的是旧功大臣，海陵王唯恐他们成为敌对势力，危及自身的统治，如宗敏、宗贤等；有的是海陵王对他们心怀嫉恨或有宿怨，如宗本、萧氏等；还有的则是参与海陵王谋杀熙宗者，如唐括辩、秉德等。海陵王深知这些人反复无常，手段残忍，将来对自己未必不心怀二志，不如借故把他们杀了，免生不虞。海陵王大肆杀戮宗室及其他人员，大多是以维护和巩固自己的统治地位为出发点，杀了一些应该除掉的敌对分子，然而有的则是出于疑惧，妄杀无辜。至于那些被株连者，更是无辜的了。从而暴露了海陵王猜忌多疑和凶狠残暴的本性。

迁都燕京

海陵王即位之后，不顾旧臣的反对，毅然决定把金朝统治中心从女真肇兴之地上京迁往燕京（今北京），这是海陵王统治时期乃至金朝历史上的一件大事。

天德二年，朝廷围绕着迁都问题展开了激烈的争论。右丞相梁汉臣称"上都（上京）地寒"，"燕京地暖"，主张迁都。礼部尚书萧玉则坚决反对。他说："上都地方，我国旺气所在，况是根本，怎能放弃？"兵部侍郎何卜年却反驳说："燕京地广土坚，人物蕃息，又是礼义之地，郎主可以迁都。上都是黄沙之地，不是帝王所居的理想地方。"

天德三年十二月，海陵王颁议迁都燕京。海陵王既已决意迁都，遂遣张浩、张通古、蔡松年等调集诸路夫役修筑燕京宫室，贞元元年三月，以迁都诏中外，改燕京为中都。后于正隆二年十月，命令毁掉会宁府的旧宫殿，各大族第宅及储庆寺，也被夷为平地，种上庄稼。标志金朝的统治重心已完全从上京转移到中都。

海陵王将都城从上京迁往燕京，这是他接受汉文化与正统观念的必然结果。

南侵及其失败　海陵王自夺位以来，经过十多年的经营，镇压敌对势力，实行改革措施，迁都燕京，统治地位已经得到巩固，于是着手南下攻宋。

正隆三年（1158）正月，海陵王即为南侵制造舆论，使人对前来贺正旦的宋使说："回去后告诉你们的皇帝，侍奉我国，多有不诚。今举两件事：你们有人逃入我国境内的，边吏一律放还，我方逃进你们境内者，往往托词不放回来，这是一件；你们在沿边盗买鞍马，进行备战，这是第二件。"

海陵王早就酝酿把汴京作为南进的跳板，当迁都燕京的同时，即改汴京为南京。正隆三年五月，他对大臣说："朕欲迁都汴京，进而伐宋，使海内统一。"接着，诏左丞相张浩、参知政事敬嗣晖营建南京宫室。六年，正式迁都南京。

在营造南京宫室和迁都南京的同时，于通州造战舰，并调集各路猛安谋克部族及州、县渤海壮丁充军。凡20岁以上50岁以下者，一律征调，虽老丁也多不许留。还遣使分赴诸路总管府，督造兵器。

正隆六年九月，分兵四路大举攻宋。海陵王亲率32总管府攻宋，进军寿春。以太保、枢密使昂（奔睹）为左领军大都督，尚书右丞李通为副大都督，尚书左丞纥石烈良弼为右领军大都督，大宗正乌延蒲卢浑为副大都督，御史大夫德单贞、同判大宗正事徒单永年为左右监军，左宣徽使许霖、河南尹蒲察斡论为左右都监。以工部尚书苏保衡为浙东道水军都统制，益都尹完颜郑家奴为副都统制，由海道趋临安（今浙江杭州）。以太原尹刘萼为汉南道行营兵马都统制，济南尹仆散乌者为副都统制，自蔡州进发。以河南尹徒单合喜为西蜀道行营兵马都统制，平阳尹张中彦为副都统制，由凤翔取大散关，驻军以待后命。武胜、武平、武捷三军为前锋，徒单贞另率兵2万入淮阴。

九月，海陵王从南京出兵，以徒单皇后和太子光等居守南京，尚书省张浩、左丞相萧玉、参知政事敬嗣晖处理尚书省事。海陵王调动金兵60万，号称百万，大举南下。十月，海陵王渡淮，汉南道刘萼取通化军、蒋州、信阳军。徒单贞于盱眙大败宋将王权，进取扬州。前锋军至段寨，宋兵逃遁，金兵于蔚子桥及巢县败宋兵，至和州，王弘退保南岸。浙东道苏保衡与宋人战于海道，宋兵败金兵于胶西陈家岛，金副都统完颜郑家奴等战死，三千余人降宋。与此同时，唐、邓诸州相继被宋军收复。徒单合喜受阻，秦州腊家城、德顺州等被宋军克复。

此时，海陵王在前线听到东京留守曹国公乌禄（金世宗）已即位于辽阳，改元大定。海陵王叹道："我本打算灭宋后改元大定，莫非是天命吧！"

十一月，海陵王驻军江北，遣武平总管阿邻先渡江至南岸，失利。海陵王回到和州鸡冠山，临江筑坛，准备从采石渡江。他披甲登台，杀黑马祭天，以一羊一豕投入江中，召奔睹等，说："舟楫已经备好，可以渡江了！"蒲鲁浑说："臣看宋方舟船甚大，我们的船小而且速度慢，恐怕不可渡江。"海陵王听了大怒："你从前随从梁王追赶赵构入海岛，难道都是大船吗？明日必须渡江。先过江者可赏黄金一两。"并令蒲鲁浑与昂先渡江。昂听了十分恐惧，准备逃走。晚上，海陵王又使人对他们说："我那是一时气话，不用先渡江了。"次日，遣总管阿邻、阿散率舟先渡。

海陵王亲临指挥渡江。在两岸备好红旗、黄旗，红旗立则进，黄旗倒则退。这时对岸的宋中书舍人参谋军事虞允文已在采石矶（在今安徽马鞍山长江东岸）严阵以待。命诸将大阵不动，分戈船为五，其中两艘分别在东西岸而行，一艘停于江中，两艘藏于小港，以备不虞。海陵王操小旗指挥数百艘船只渡江而来，直逼宋军。虞允文命统制时俊迎战，中流宋军也以海鳅船冲击金军。这时又有从光州溃退下来的宋军加入虞允文的队伍。金军大败，被杀四千余人，被俘五百余人。虞允文又派舟师赴杨林口截击金兵。金舟被焚烧300艘，海陵王往瓜洲。虞允文上书，请聚精兵于瓜洲南岸的京口。当时宋将杨存中、成闵、邵宏渊诸军聚于京口，不下20万，并在那里冶铁造舰，扼守大江要冲。

海陵王不听部将暂驻扬州的劝告，召集诸将，命三日内渡江，否则一律杀头。并且下令："军士有逃亡者，杀其蒲里衍（首领名，统领50户）；蒲里衍有逃亡者，杀其谋克；谋克有逃亡者，杀其猛安；猛安有逃亡者，杀其总管。"于是军中愈加危惧。海陵王又令军中运鸦鹘船于瓜洲，次日渡江，敢有怠慢者处死，并增置浙西道都统制，以完颜元宜率诸军渡江。

诸将帅见宋军严阵以待，进有淹死之祸，退有被杀之忧，于是与元宜谋划，猛安唐括乌野说：听说辽阳新天子已经即位，"不如共行大事，然后举军北还"。元宜密召其子、骁骑副都指挥使王祥前来举事。元宜、王祥与武胜军都总管徒

单守素、猛安唐括乌野、谋克斡卢保、娄薛、温都长寿等率众袭击海陵王营帐，海陵王被乱箭射死。尚书右丞李通、浙西道副统制郭安国、监军徒单永年、近侍局使梁琉、副使大庆山等也被杀死。完颜元宜行左领军副大都督事，并使使者杀皇太子光英。大军北还。

完颜亮发动的不合时宜的南侵，以失败告终，他也命丧军中，时年40。大定二年，降封海陵王郡王，谥曰炀。二十年，又降为海陵庶人。

北方人民的反抗斗争　海陵王在位13年间，尤其是在迁都和南侵过程中，耗尽财力、物力、人力，加深了社会阶级矛盾。中都大内，累年营造，耗费财力，不可胜计。接着又毁拆南京大内，重新修盖，并且都是穷奢极侈，其豪华程度，前所未有。为了南侵，除修盖南京外，还大肆征调夫役、"签军"、括马，使得民不堪命。海陵王末年，世宗大定初年，各族人民纷纷亡命山泽，聚为盗寇，爆发了一起起的抗金斗争。

正隆五年（1160）三月，东海县张旺、徐元起义。州、府派兵镇压，历时三个月起义被平息。六年八月，南京路单州杜奎据城起义。同年九月，大名府王友直（又名王九）起义，众至数万，所到之处响应者蜂起，给官军造成很大威胁。义军攻克大名府后，用南宋"绍兴"年号，率部归宋。

世宗大定二年（1162），济南府耿京因金人横征暴敛，不能聊生，于是联络李铁枪等数十人，共同起事，攻取莱芜市。泰安军贾瑞率数十人投耿京。耿京起义军很快发展到数十万人，连王友直也遣人与耿京联络，表示愿意听其节制。与此同时，还有一支辛弃疾的义军，约2000人，在辛弃疾的率领下投归耿京，辛弃疾任掌书记。耿京派贾瑞、辛弃疾与南宋联络，共同抗金。在辛弃疾等南下后，耿京为部下张安国杀害，义军大部被遣散，张安国被任济南州知州。辛疾弃还至海州，闻知这一消息后，立即组合50名义军，直趋济州，将张安国擒还斩首。

在北方人民反抗斗争中，规模最大、持续时间最长的是契丹撒八、移剌窝斡起义。正隆五年，海陵王征调诸道兵伐宋，使牌印燥合、杨葛尽征西路契丹丁壮，契丹人听说男丁要一律从征，于是耶律撒八等杀招讨使，率众起义。议

立豫王耶律延禧子孙，推都监老和尚为招讨使，山后四群牧和山前诸群牧起而响应。海陵王派枢密使仆散忽土、西京留守萧怀忠率兵万余，会同右卫将军萧秃刺前往镇压。由于撒八恐镇压大军相继而至，拟西奔耶律大石。移剌窝斡先从撒八起义，任六院节度使。及撒八西行，移剌窝斡和兵官陈家杀撒八。窝斡自称都元帅，陈家为都监，率兵东还。

金世宗即位以后，移剌窝斡起义军还在继续活动，给金朝统治者以沉重的打击。

金朝的鼎盛

金世宗、金章宗在位的时候，金朝社会发展到了鼎盛阶段，所谓"治平日久，宇内小康"。然而金章宗后期起金朝社会的内外矛盾日益加剧，由盛转衰。

世宗完颜雍与大定之治

完颜雍称帝　完颜雍，字彦举，女真名完颜乌禄。金太祖完颜阿骨打之孙，金睿宗完颜宗辅之子，母贞懿皇后李氏，金朝第五位皇帝，1161 年到 1189 年在位，对金朝中期占有相当的重要地位。海陵王完颜亮征宋时为东京（辽阳）留守，后被拥立为帝。

其实，完颜雍称帝并非一桩富有戏剧性的偶然事件，而是预谋已久的，甚至连举义的时间也是经过深思熟虑的。正如独吉义所说："此举如果太早，则海陵王尚未渡过淮河；如果太迟，则窝斡（移剌窝斡，契丹起义军首领）的势力必然壮大起来。如今海陵已渡淮，窝斡还未十分强盛。"海陵已经渡淮，来不及回师，窝斡起义军的势力尚未太盛，便于应付。这应是完颜雍发动政变获取成功的重要原因。

稳定政局　完颜雍即位后，改元大定（1161），是为金世宗。世宗即位时，面临的是经过海陵王后期统治所造成的一片混乱局面，赋役繁重，盗贼遍野，兵甲并起，动荡不安，而他又是在海陵王南下攻宋时通过政变方式登上皇位的。因此，当务之急是拨乱反正、稳定政局。

一是暴扬海陵王过恶。完颜雍在即位大赦改元诏中，历数海陵王17条罪状，其大略为：大肆杀戮开国功臣、宗室及辽豫王子嗣、宋天水郡王子嗣；杀害嫡母太后徒单氏；无故拆毁上京会宁府所建宫殿；累年营造中都，"殚竭民财，不可胜计"，拆毁南京大内，再行修盖；金、宋讲和之后，无故兴兵，怨声载道。海陵王所做所为，招致天怒人怨，众叛亲离，将士吏民，满怀怨苦，无处控告。于是在数十万众拥戴之下，登上皇位。世宗的诏书既能顺应民心，又为其登基嗣统提供舆论依据，有利于社会局势的稳定。

二是迁都中都。世宗在东京即位之后，群臣多劝世宗还都上京，而李石奏曰："完颜亮远在江淮，寇盗蜂起，万姓盼望东归，因此这时应直赴中都，据腹心以号令天下，是万世的基业。"独吉义也劝世宗"早日亲临中都"。由于上京偏于一隅，而且女真旧贵族势力强大，显然不利于皇权的集中和对金朝全境的管辖与控制，世宗采纳李石、独吉义的建议，于十一月下诏迁都。十二月，抵达中都。

三是留用海陵王的上层官员。世宗即位后，在"量用新人"的同时。继续留用海陵王时期的部分上层官员。如以前临潢尹晏（本名斡论）为左丞相兼都元帅；以前肇州防御使神土懑为元帅右都监；以原尚书令、太傅张浩为太师，尚书令如故。世宗还安抚张浩说："你在正隆时为首相，不能匡正补救，怎能无罪。不过营建两宫，耗尽民力，你也曾进谏，所以天下并不怪罪于你，都怨正隆。而你在尚书省十余年，练达政务，因此继续用你为相，应当自勉，不要辜负朕意。"同时，世宗还起用了遭海陵王贬谪和反对过世宗的官员以及录用各族人参政，这对稳定局势和保证统治机器正常运转起了积极作用。

四是继续镇压契丹人移剌窝斡起义。世宗即位时，移剌窝斡起义军尚在活动。当月，世宗即诏遣移剌扎八等招降窝斡，窝斡不降，扎八也留在义军中。窝斡引兵攻临潢府，并于大定元年十二月称帝，改元天正。窝斡势力不断强大，屡败官军。大定二年正月，世宗派右副元帅完颜谋衍率兵征讨窝斡，纥石烈志宁都统右翼军。

二月，世宗发布诏书，瓦解义军。诏书说，凡能投降者，不追究首犯、从

犯及被威胁的缘由，奴婢、良人罪无轻重，一律放免。原有官职及率人来降者，给予奖赏，并量才任用。其他有才能者，也予录用。如能捕杀窝斡者，无论官民、奴婢，一律叙升或授予官阶。起义军在完颜谋衍、纥石烈志宁等追击下西逃。而这时完颜谋衍不想再继续追讨窝斡，逗留不前。世宗以完颜谋衍、完颜福寿追讨不力，改以右丞仆散忠义为平章政事兼右副元帅，取代完颜谋衍，以纥石烈志宁取代完颜福寿镇压义军，并与窝斡战于花道。窝斡自花道西走，仆散忠义、纥石烈志宁大败窝斡于袅岭西陷泉。起义军被俘、斩万计，窝斡弟裊也被俘获，窝斡仅与数骑逃脱。窝斡又收集散卒万余人入奚部，时时出兵速鲁古淀、古北口、兴化之间。世宗诏元帅右监军完颜思敬率部进入奚地，征讨窝斡。大定二年九月，窝斡被其部下送交完颜思敬，窝斡被杀。金世宗以平定移剌窝斡诏告中外。然而起义军的余部继续坚持斗争，直至大定四年五月，窝斡余部蒲速越被杀，这次声势浩大的起义终于被镇压下去。

金朝统治者为了加强对契丹人的统治，于大定三年罢契丹猛安谋克，其户分隶女直猛安谋克，加强了对契丹人的防范与统治。

金、宋议和　世宗即位后，面临海陵王发动不合时宜的侵宋战争给金朝社会带来的严重破坏，及契丹撒八、窝斡起义给金朝统治秩序造成的猛烈冲击，实现与南宋有条件的议和便提到议事日程上来。大定元年十一月．世宗即令大都督府移牒大宋三省枢密院，表明修好意愿。牒文称：金朝自太祖皇帝创业开基，据有天下，至今已有四十余年。在此期间，讲信修睦，兵革渐息，百姓安业。不料近来师出无名，使两国生灵涂炭。如今双方应该罢兵，以修旧好。同年十二月，世宗又遣元帅左监军高忠建、德昌军节度使张景仁出使宋朝，以新皇继位，以及罢兵、归还正隆所侵地，通报南宋。

为了实现有条件的议和，世宗一边向南宋表示和好意愿，一边调整军事部署，继续向南宋发动进攻。大定二年九月，把移剌窝斡起义镇压下去之后，便以元帅右都监完颜思敬为右副元帅，经略南边，元帅左监军徒单合喜败宋兵于德顺州，河南统军使宗尹复取汝州。十一月，又以右副元帅仆散忠义为尚书右丞相、都元帅，以左监军纥石烈志宁为左副元帅攻宋，并指令仆散忠义说：对

方如果归还所侵疆域，贡礼如旧，就可以罢兵。世宗又使纥石烈志宁致函宋枢密使张浚说："应归还所侵占本朝内地，各守以前划定的疆界，凡事一依熙宗皇统以来旧约。如果一定要继续抗衡，将兵戎相见。"

金以10万兵屯河南，严加守备，并声言明年渡淮。南宋张浚则以大兵屯盱眙、泗、濠、庐州，以防御金军的进犯。

大定三年正月，纥石烈志宁致书给宋三省枢密院，索要海、泗、唐、邓、商及岁币，南宋托辞不从。于是，纥石烈志宁遣蒲察徒穆、大周仁屯兵虹县，萧琦屯兵灵璧，储备粮草，修筑城防，为南攻做好准备。

南宋方面，自绍兴三十二年（1162）六月，高宗传位赵昚（孝宗）后，宋孝宗锐意恢复，以主战派张浚为江淮宣抚使，诏李显忠军马听张浚节制。大定三年（1163）五月，张浚遣李显忠、邵宏渊分别攻灵璧和虹县，并败金兵于宿州。

金左副元帅纥石烈志宁以精兵万人自睢阳攻宿州，孛撒又从汴率步骑10万来援。宋将李显忠、邵宏渊不能同心协力，抵挡不住，撤至符离，被金兵击溃，死者不可胜计。张浚北伐也就此告终，孝宗酝酿与金议和。

同年八月，纥石烈志宁再次致书南宋三省和枢密院，索要海、泗、唐、邓四州地及岁币，要宋称臣，还中原归正人。如若应允，即止兵；不然，当农闲时再战。张浚则对孝宗说："金国强就来，弱就止，不在和与不和。"而当时汤思退为右相，急于求和，遂派卢仲贤赴金营。孝宗告诫他不能答应割四州，而汤思退授意许割四州。卢仲贤在金帅仆散忠义威逼之下，答应割让四州，并带回仆散忠义致宋三省、枢密院书，提出四项要求，即通书称叔侄，得唐、邓、海、泗四州，岁币银绢之数如旧，归金叛臣及归正人。由于反复交涉，宋人议和不能决，而又不修边备，大定四年十一月，仆散忠义移大军压淮境，并派纥石烈志宁率偏师渡淮，取盱眙、濠、庐、和、滁等州。

在金军的强大攻势之下，宋方决议请和。遣国信所大通事王抃持周葵书赴金帅府，请正皇帝号，为叔侄国；改岁贡为岁币，减10万，为20万两匹；割商、秦地；归被俘人，惟叛亡者不与；地界大略如绍兴和议之时。闰十一月，宋孝宗再次遣王抃出使金朝议和，金世宗批准和议条款。次年正月，宋通问使魏杞等奉国书到金。书不称"大"，称"侄宋皇帝"，称名，"再拜奉书于叔大金皇帝"。至此，金宋和议成立。史称隆兴和议，又称乾道之盟。

此后，双方在 40 年间没有发生大的战事，基本保持了和平对峙局面，为金朝鼎盛时期的出现创造了一个良好的社会环境。

整顿吏治　世宗在位期间，重视整饬吏治，调整阶级关系。《金史·世宗本纪下》称赞他长期在外地任职，知晓祸乱的缘故和吏治的得失。还说他能谨慎地选任地方官，并严格地要求官吏清廉，可谓懂得为君之道。这一评价并非虚誉。

世宗经常以海陵王"不辨人材优劣，惟恂己欲"为戒，提倡选贤任能，唯才是举，不避亲疏。他提醒宰相说，"朝官当慎选其人"，"知人才优劣，举实才用之"，"进贤退不肖，宰相之职也"。世宗用人不拘资格，反对因循。他多次对宰臣说：应当选拔进士，虽然资历不深但确有政绩者，也要重用。还说地方官虽资历不深却十分廉洁，也要提升，以资鼓励，并借以教育别人。仅靠资历提拔官员，怎能得到人才。古有以布衣为相的，而且听说宋国也多用从外地流寓到山东、河南的人，并不拘远近贵贱。官员考核制度，只能对待庸常之人，若才行过人，怎能以常例。

世宗上述用人原则，在实践中也有所体现。他大批任用宗室以外的女真人及汉人、契丹人、渤海人参政，在大定间出现了如纥石烈志宁、纥石烈良弼、完颜守道（女真人）、石琚（汉人）、唐括安礼、移剌道（契丹人）等一批名相。其中纥石烈志宁，海陵时为兵部尚书、开封尹，曾与人联络攻打完颜雍，世宗即位后，他还杀过世宗使者。世宗以其才干仍予重用，官至右丞相。石琚为相时，奉命详定制度，选贤举能，最为知人，深得世宗赏识。纥石烈良弼，虽在海陵时官至尚书左丞，但海陵侵宋，不听良弼谏阻。移剌道，海陵知其有公辅之才，而不能用。而在世宗时，他们的才能都得以充分发挥。这批名相的出现，是同世宗的用人之道相联系的。

世宗重视对各级官员政绩的考核，赏罚分明。他还经常鼓励宰臣大胆谏言。

大定十七年六月，世宗对宰臣说："朕年老矣。恐因一时喜怒，处置有所不当。你们要立即奏报，不要当面顺从，导致朕的过失。"

与民休息　海陵王为营建两都及发动侵宋战争，缮治甲兵，调发军旅，赋役繁重，民人怨嗟，加之农业歉收，粮食储备匮乏，社会经济已濒临崩溃的边缘。

世宗即位后，以海陵为殷鉴，除尽早实现与宋讲和之外，还采取了一系列"与民休息"的措施。如禁营建、不扰民、裁减军兵、招抚流亡等，以保证社会稳定和经济发展。

大定元年，世宗在即位诏书中。宣布尽行放免南京等处修盖夫匠。十一月，又诏中都都转运使左渊说：凡宫殿设备不得增置，不要加重百姓的负担。并且把是否扰民作为考察官吏的主要内容。

世宗还在即位的诏书中称，"应征兵士中多有贫穷之人，他们欠官司钱、私债及典雇等，非常值得同情，赦书到日，不问新旧，一律免除"。大定二年正月，命河北、山东、陕西等路征南步军一并放还家。大定五年，在实现与宋议和后，立即大量裁军，并以宋朝的岁币赏给诸军。

此外，还实行了省徭役、废赋敛、倡节俭、重农桑等措施，保证了社会稳定，促进了经济发展。《金史·世宗本纪下》赞语称，世宗朝"群臣守职，上下相安。家给人足，仓廪有余，刑部岁断死罪，或十七人，或二十人，号称'小尧舜'"。虽有溢美，但大体上是近实的。

章宗与金朝由盛转衰

章宗与中央集权的加强　完颜璟，小字麻达葛，显宗允恭（本名胡土瓦）嫡子，世宗嫡孙。母孝懿皇后徒单氏。11岁封金源郡王。从小习女真语言文字及汉字经书。父允恭死后，进封原王，判大兴府事。因能熟悉女真语，受到世宗的称赞。大定二十六年，拜尚书右丞相。完颜璟是世宗明德皇后（乌林荅氏）的唯一嫡孙，从小深得世宗喜爱。次年，立为皇太孙。二十九年正月即位，明年（1190）改元明昌。

从阿骨打建国到章宗即位时的七十多年时间里，金代社会已发生了很大变

化。特别是世宗时期，社会安定，"治平日久，宇内小康"，北部中国社会经济文化都得到了较大发展。不过，到章宗即位时，金朝社会也出现了许多矛盾和问题。如土地兼并问题相当严重、猛安谋克渐趋衰落等。从章宗与臣僚的对话以及诸臣奏议中，还反映出吏治任人太杂，吏权过重，以及末作伤农，世俗侈靡等。

翰林侍讲学士兼御史中丞李晏在章宗时，便针对当时亟待解决的社会问题，提出十项建议：一曰。风俗奢侈，宜定制度；二曰，禁游手；三曰，宜停铸钱；四曰，免上户管库；五曰，太平宜兴礼、乐；六曰，量轻租税；七曰，减盐价；八曰，免监官陪纳亏欠；九曰，有司尚苟且，乞申明经久远图；十曰，禁网差密，尚宜宽大。太常卿、左谏议大夫黄久约也就国富民贫、本轻末重、任人太杂、吏权太重、官盐价高、坊场害民、与选左右、择守令八事向章宗进谏，希望获得解决。户部尚书邓俨在奏议中说：如今风俗侈靡，应定制度，辨别上下，使服饰居室，各有等级差别等。抑制婚丧过度的礼节，禁止追逐无名费用。如果用度有所节制，蓄积自然就多了。此外，还有人指出，当时除商贾外，又有佛、老与其他游食者，不仅不事生产活动，而且挥霍浪费，导致农业歉收，饿死的人到处都有，这是末作伤农者的缘故。这些都反映了当时的社会问题确实不少。

章宗基本继承了世宗的施政方针，并针对当时新出现的社会问题进行整顿和改革。尤其是整顿吏治、完善制度、加强中央集权统治，使金朝社会达到了强盛的顶峰。

章宗首先从整顿吏治入手，减少吏治上存在的弊端，采取具体措施。

一是减资考。官员循资之法，始于唐代，是一种按照年资升迁的制度。这一制度，过分拘于资历，按照章宗以前的规定，进士、军功最高，初除丞簿，第五任县令升正七品，两任正七品升六品，三任六品升从五品，两任从五品升正五品，两任正五品而后升刺史。这样需要四十余年的时间才能从丞簿升至刺史，其他资格出职者，所需时间更长。鉴于这一情况，章宗令提刑司采访可用之才，减资考而用之，使可用者不致到了老年才能升迁。

二是荐贤才。章宗以古人举贤不避亲、仇的故事，要求各级官员举贤荐能。规定官员到任之后，即可举荐自代者，并诏令内外五品以上官员每年限定所举之数，不举者按蔽贤"治罪"。

三是立赏罚。为防止荐举人徇私情，立赏罚条格，进贤有赏，进不肖受罚。如果所举是碌碌、无过人之处者，原举官要依例治罪。

四是裁冗员。明昌三年（1192），章宗说：以前诏令罢不急之役，省无名之赏，汰冗官，决滞狱四事，应该尽快施行。

此外，章宗还对吏治上存在的其他时弊，采取了一些限制措施。如：

制止对官员的频繁调动。明昌四年，章宗针对尚书省奏大兴府推官苏德秀为礼部主事一事指出：百官应当使他能较长时间固定在一个职位上。倘若频繁地调动，担任不同性质的职务，一个人哪能什么都会做？如果长期任一种职务，就是中才也胜于新人，有实践经验，必有利于工作，因此以后不要轻易调动职官。

扭转用人不重德行的弊端。章宗批评在任用、考核官吏时，"多责近效"，"先才而后德"，就是只看短期效应，不重德行。这样就容易使那些狡猾的人，虽有贪赃枉法的劣迹，一旦见用，还可以为官吏，这就是廉耻所以丧失的原因。因此，察举官吏，必须审察真伪，使有才无行的人没有机会升迁。

限制宰执、职官接受馈送。明昌元年，章宗谕尚书省，宰相等执掌国家政事的重臣担任管理朝廷的重任。不得受人馈赠。遇有生辰，受所献不得超过万钱。二年，又规定，禁职官元日、生辰受属下献赠，并作为长久制度。章宗即位后，继世宗之绪余，大力整顿吏治，收到一定的社会效果，并且出现了一些贤相、循吏。如张万公于明昌二年拜参知政事，颇能体恤民情，而且淳厚刚正，敢于犯颜直谏，批评章宗用人"邪正不分"，得到章宗的信任。宰执、臣属敢于犯颜直谏，并且得到君王的信任，循吏迭出，这是政治清明的反映。

章宗在大力整顿吏治的同时，还致力于各种制度的完善。

金朝自熙宗、海陵时开始接受中原王朝影响，在礼乐、刑法、官制等方面实行一系列重大改革，到章宗时，礼乐、刑法、官制等得到进一步完善。正如

《金史》卷12赞语所说：章宗在位20年，"正礼乐，修刑法，定官制，典章文物粲然成一代治规"，从而加强了中央集权的统治。

经略北方和开筑界壕 从唐代起，在我国北方活动着一个称为蒙兀的游牧民族，辽、宋、金时期，又有萌古、朦骨、盲骨子、萌古斯、蒙古里、蒙古等异译，或与其他部落一起被泛称为鞑靼，又称黑鞑靼，以别于漠南的白鞑靼。

金熙宗朝以来，蒙古部便不断骚扰金边。至世宗朝，蒙古继续滋扰金朝北边。《蒙鞑备录》载：大定间，燕京及契丹地有谣言云："鞑靼去，赶得官家没去处。"世宗说，一定是鞑人为患我国。于是下令出兵进剿。每三年派兵向北剿杀。大定十年（1170）闰七月，诏遣秘书监移剌子敬经略北边。十年八月，又遣参知政事宗叙北巡。十一年，遣纥石烈志宁代宗叙北征。

至世宗大定末、章宗明昌初，鞑靼势力愈益强大，成为金朝北边的一大边患。

明昌元年，朝廷初议出师，因许多人反对而作罢。五年九月，章宗又令尚书省召集百官商议备边事宜。次年正月，北边报警，庆州被围，于是派东北路招讨副使瑶里孛迭率兵前往救援，庆州围解。五月，为了加强北部边防，遣左丞相夹谷清臣行尚书省事于临潢府。夹谷清臣到任后，先令人侦察北阻恅虚实，继之以宣徽使移剌敏为都统、左卫将军（或作右卫将军）完颜充、招讨使完颜安国为左右翼，领8000轻骑为前队，夹谷清臣自选精兵1万人为后队，攻打北阻恅，屡屡获胜。但其属部掳获大批羊马物资而归，致使阻恅叛金而去。由于夹谷清臣此役处置不当，致使北边数年不得安宁，受到降职横海节度使的处分。改右丞相、内族完颜襄代清臣领尚书省事。完颜襄代清臣之后，北京、临潢间又有胡里紒起事，完颜襄派人将其招降，屯兵临潢。继之，他又率驸马都尉仆散揆等从临潢进军大盐泺，分兵攻取广吉剌诸营。次年（承安元年，1196）七月，章宗遣西北路招讨使完颜安国等趋多泉子，又密诏完颜襄进兵，命支军出东道，完颜襄由西道。而东军至龙驹河被阻恅所围，金兵奋力出战，阻恅败逃。完颜安国率万人进击，降其部长。

与此同时，承安元年（1196）十一月，契丹人德寿、陀锁等据信州起事，

建元身圣，众号数十万，令远近震骇。完颜襄遣临潢总管乌古论道远、咸平总管蒲察守纯分道进讨，将德寿等擒获送往京师。

完颜襄平息德寿、陀锁起义之后，屯兵北京，奏遣同判大睦亲府事宗浩出军泰州，左丞夹谷衡于抚州行枢密院；而自率兵出临潢。

在对待广吉剌和阻𤞤的问题上，完颜襄认为若攻破广吉剌，则阻𤞤无东顾之忧，会加紧对金的侵扰，不如以广吉剌牵制阻𤞤。而宗浩则主张先破广吉剌，然后北灭阻𤞤。章宗采纳了宗浩的建议，并令其率军北伐。承安三年，宗浩收降广吉剌部，败山只昆于忒里葛山，收降合底忻部长白古带、山只昆部长胡必剌，并大败婆速火等部，斩首、溺死者四千五百余人，获驼、马、牛、羊不可胜数，从此北部边陲安定下来。

大约从熙宗朝起已有界壕边堡之设，修筑之初并无周密计划，所以它们不在一条线上。世宗大定初，参知政事完颜守道经略北方，移剌按达摄咸平路屯军都统，并为兵部侍郎，迁徙西北、西南两路旧设堡戍接近内地者到远处边陲安置，并与泰州、临潢边堡相接。大定五年，又在泰州、临潢接境设边堡70，驻兵万三千。

几年后，朝廷有开壕之议。参知政事宗叙请置沿边壕堑，而左丞相纥石烈良弼、司徒李石则以为不可，说：自古筑长城防备北边，徒耗民力，无益于事。北人风俗无定居，出没不常，应当以德柔之。如果光靠挖掘深堑，塞北多风沙，不到一年，沟堑就被风沙吹平了。不可以中国有用之力，做此无益之事。于是此议遂罢。

至大定二十年（1180），世宗以东北路招讨司19堡在泰州境，及临潢路旧设24堡障参差不齐，遣大理司蒲察张家奴等前往视察处置，于是东北自达里带石堡子到鹤五河（今内蒙古科尔沁右翼中旗之霍勒河），临潢路自鹤五河堡子至撒里乃，将各段边堡大致连接在一条线上，并据评事移剌敏"开壕堑以备边"的建议，于同年四月，遣吏部郎中奚胡失海修筑壕堑，但很快就被沙雪堙塞，根本发挥不了防御的作用。

章宗明昌初，由于北方不平静而重提开壕之事。明昌五年（1194）三月，

章宗召集百官议北边开壕事。五月，罢北边开壕之役。事实上，关于开壕的争议一直没有停止，开壕之役也未罢废。大约在明昌五年诏"罢北边开壕之役"后到承安初，又出现了对开壕之事的不同议论。

承安初，章宗因旱灾，就开壕事宜询问张万公，万公认为，长期让民众修筑壕堑，恐伤和气，还是不修为好。然而丞相完颜襄却力主开筑，章宗采纳完颜襄的建议，并令完颜襄亲自督办此事。调动军民，又招募饥民参与修筑，经过五十多天完工，这便是临潢路界壕。

此后，西北、西南路也相继修筑壕堑。

承安三年（1198），独吉思忠任西北路招讨使，对大定间修筑的西北路界壕进行修缮。大定间，曾在西自坦舌，东到胡烈糺近600里边防修筑堡障，但是由于时间仓促，很不完善。独吉思忠到任后，在原来基础上进行增缮，用工75万，而且只用屯戍军卒，不用民工，受到章宗的嘉奖，入为签枢密院事，转吏部尚书，拜参知政事。仆散揆任西南路招讨使兼天德军节度使时，沿着边境筑垒穿堑，连亘900里，营栅相望，烽候相应，民众可以安心放牧耕田，保障了北边的安宁。

金、宋和战　自从大定间金、宋议和后，双方基本保持和平局面，加强了经济文化的交流。到章宗明昌、泰和间。金朝一方面要应对来自北方鞑靼的侵扰，另方面又要抵制南宋的北伐。

明昌五年（宋绍熙五年），宋太上皇孝宗死，在位的光宗称疾不能执丧。宗室、枢密使赵汝愚和外戚韩侂胄（光宗皇后韩氏季父）逼光宗退位，拥立皇子嘉王赵扩即皇帝位，是为宁宗。史称"绍熙内禅"。

宁宗即位后，韩侂胄以拥立宁宗有"定策功"自居，遭到赵汝愚的反对，汝愚说："我是宗室，你是外戚，如何可以言功。"于是引起韩侂胄的嫉恨。韩侂胄为排挤赵汝愚，令人上奏称"赵汝愚以与皇上同姓而居相位，将不利于社稷"，于是罢赵汝愚右相。有人劝韩侂胄建立盖世功名，以巩固自己的地位。韩侂胄趁金朝国势日弱，倡议伐金。为了激励将士，立抗金名将韩世忠庙于镇江，追封岳飞为鄂王。浙东安抚使辛弃疾也说"金国必乱必亡"，愿元老大臣备兵，以为应变之计。这时，有使者从金返宋，谈到金朝为鞑靼所困，饥馑连年，民不聊生，于是，韩侂胄决意北伐。

泰和五年（宋开禧元年，1205）七月，宋以韩侂胄为平章军国事，位在丞相之上，以苏师旦为安远军节度使，积极准备北伐。金朝方面得知南宋即将用兵的消息之后，章宗命平章政事仆散揆为河南宣抚使，征诸道兵，以防备南宋北伐。章宗当时并无南伐之意，认为"南北和好四十余年，民不知兵，不忍先发"。及至宋兵连续攻灵璧、围寿春，皇甫斌以4万兵分别攻取唐、邓，章宗遂于泰和六年（1206）四月诏平章政事仆散揆领行省于汴，并许以便宜从事。升诸道统军司为兵马都统府，以山东东、西路统军使纥石烈执中为山东西路兵马都统使，以陕西统军使充为陕西五路兵马都统使。河南皆听仆散揆节制如故，并尽征诸道籍兵。

五月，宋正式下诏伐金。

章宗以平章政事仆散揆兼左副元帅，陕西兵马都统使充为元帅右监军，知真定府乌古论谊为元帅左都监，以征南诏告中外。

十月，仆散揆督诸道兵分为九路大举攻宋。仆散揆以行省兵3万出颍、寿，河南路统军使纥石烈子仁以兵3万出涡口，元帅完颜匡以兵25000出唐、邓，左监军纥石烈执中以山东兵2万出清口，右监军充以关中兵1万出陈仓，右都监蒲察贞以岐、陇兵1万出成纪，蜀汉路安抚使完颜纲以汉、蕃步骑1万出临潭，临洮路兵马都总管石抹仲温以陇右步骑5000出盐川，陇州防御使完颜磷以本部兵5000出来远。

在金兵的强大攻势下，宋兵节节败退。金兵相继攻克光化、枣阳、江陵、信阳、襄阳、随州、安丰军、霍丘、滁州、成州等。

泰和六年底，当仆散揆节节胜利之时，章宗已料到南宋无力继续北伐，可能乞和，于是派人告诉仆散揆说："淮南既为我有，以长江为界，理所当然。如果能使赵扩（宋宁宗）奏表称臣，增加岁币，缚送北伐的罪魁祸首，归还所俘掠金人，一如所提出的条件，也可罢兵。"

韩侂胄在金兵强大攻势进逼之下，已悔北伐，让丘崇派人赴金营，说："用兵本是苏师旦、邓友龙、皇甫斌所为，并非朝廷意愿"，而且三人都已贬黜。金朝则要求南宋献北伐祸首韩侂胄。经过使者往复，宋许还被掠金人及当年岁币，仆散揆已有许和之意，自和州退屯下蔡。

泰和七年，正月，丘崇见金已有和意，上疏宁宗，请求移书金师，以成和议。四月，宋方信孺为国信所参议官往金。

方信孺从春至秋，三次使金。金人坚持以割两淮、增岁币、称藩、返还被俘金人、缚送韩侂胄五事为议和条件。方信孺据理力争，终未应允。十一月，礼部侍御史弥远请杀韩侂胄，皇后杨氏素与韩侂胄有怨，也称"侂胄再起兵端，将不利于社稷"，与其兄杨次山、史弥远等合谋杀韩侂胄。金人知韩侂胄已诛，和议遂决。

泰和八年（宋嘉定元年）三月，金、宋和议成。和议条件如下：1. 两国境界如前，金尽以所侵地归宋；2. 依靖康故事，金、宋世为伯侄之国；3. 增岁币银至 30 万两，绢至 30 万匹；4. 宋另以犒军银 300 万贯与金。

九月，史弥远按金人的要求，献韩侂胄、苏师旦函首（用匣子装人头）至金元帅府。五月，纥石烈贞将函首送至京师，章宗遂命完颜匡罢兵。七月，金将大散关、濠州归还给宋，并以双方实现和议诏告中外。金朝虽然抵御了南宋的北伐，并以较有利的条件实现和议，但是在这次作战中也付出了沉重的代价。

金朝社会危机的加剧 章宗在位 20 年间，上层统治阶级内部的矛盾与斗争日趋激烈与表面化，加速了金朝统治从鼎盛走向衰落的进程。

金章宗以世宗嫡孙继承皇位，常常疑忌叔辈诸王有轻慢之心。明昌二年（1191）正月，章宗孝懿皇后死，其叔父吴王永成、隋王永升都迟到奔丧，永中则因病未到，章宗大怒。一个月后的"禫祭"（祭名），永中与隋王虽然及时参与了，然而章宗对他们的嫌忌也从此开始。

明昌三年，为了加紧对诸王的钳制，初置王傅、府尉官，名为官属，实际是借此监视诸王的行动，引起诸王不满。

郑王永蹈曾召郭谏为自己和妻子看相，又与崔温、马太初论谶记天象，郭、崔、马等人说丑年（明昌四年）有病灾，属兔者当得大位。永蹈深信其说，于

是私结章宗内侍留意章宗起居，又以崔温为谋主，郭、马到处游说，图谋反叛。事泄后，此案久不能决。章宗采纳"事贵速绝，以安人心"的建议，于明昌四年十二月，赐永蹈及妃卞玉，二子按春、阿辛，公主长乐自尽。与此案有关者崔温、郭谏、马太初等处死。

郑王事件后，章宗对诸王监视与限制愈加严密。增置诸王司马一员，检察门户出入，秋猎游宴均有限制，家人出入皆有禁防。河东提刑判官把里海因私谒永中，杖一百，解职。故尚书张汝弼（永中舅父）妻高陀斡自大定间画永中母像，供奉甚谨，并为永中祈福，希望他能得高位。高陀斡因诅祝罪被杀。章宗当时怀疑与永中有关，但无证据。明昌六年，镐王傅尉奏永中第四子阿离合懑因防禁严密，"语涉不轨"，而第二子神徒门所撰词曲也有不逊之词，都被拘押审讯。家奴又告永中曾与侍妾说："我得天下，立你为妃，子为大王。"章宗遂诏礼部审讯。诏赐永中死，二子神徒门、阿离合懑等死刑，并禁锢家中子孙，自明昌到正大末，近40年。

后妃参政，宰相擅权，武将跋扈，是导致金朝上层统治集团内部矛盾激化的又一诱因。

章宗元妃李师儿以监户（平民被没入官府者称宫籍监户，简称监户，地位低于平民而高于奴隶）女子入宫，以其性情聪慧狡黠，能作字，知文义，尤善伺候颜色，迎皇上旨意，因此深得章宗宠幸。李师儿被封淑妃后，从曾祖到父皆受追赠，其兄弟也都升任高官，一些趋炎附势者纷纷投靠攀附。经童出身的胥持国"为人柔佞有智术"，又善贿赂后妃，深得章宗重用。而李师儿又因出身微贱，想借重胥持国巩固自己的地位，在章宗面前一再称赞胥持国，由是大得章宗信任，胥持国与李师儿互为表里，掌管朝政。诛郑王永蹈、镐王永中等事，都是起于李师儿与胥持国，朝野流行有"经童作相、监婢为妃"之语。胥持国又结党营私，有右司谏张复亨、右拾遗张嘉贞、同知安军节度使事赵枢、同知定海军节度使事张光庭、户部主事高元甫、刑部员外郎张岩叟、尚书省令史傅汝梅、张翰、裴元、郭郢等趋走权门，追随胥持国，被人戏称"胥门十哲"。

章宗钦怀皇后死后，中宫虚位，章宗想立李师儿为后，但因为她的出身微

贱，遭到大臣的反对。章宗不得已封李师儿为元妃，然而其势位显赫，与皇后相近。章宗晚年，李师儿又与平章政事完颜匡定策立卫王。

武将专恣跋扈，使朝廷政令不得顺利推行。如知大兴府事纥石烈执中（胡沙虎）便是如此。朝廷诏令时被搁置，拒不执行。这样的跋扈之臣，虽谏官屡有弹劾，却常被章宗偏袒，对他的恩宠不衰。既反映了章宗的不察，也是对悍将无可奈何的表现。

金章宗时期，面对来自南、北两方面的侵扰，金朝内部的政治危机不断加深，金朝从此便走向衰亡。

完颜希尹冤死

完颜希尹（？—1140）本名谷神，又译作兀室、悟室、胡舍，女真完颜部人，金朝宰相，女真文字的创制者。完颜希尹随金太祖完颜旻兴兵，参预攻辽、建国等重大事件。女真原无文字，他受命创制女真字，依据契丹字、汉字制造新字，以拼写女真语言。天辅三年（1119）制成，被定为金国官方通用的文字。后被称为女真大字。天辅五年，随金军大举灭辽。

完颜希尹的父亲欢都是开国名将，他又娶了权臣挞懒的女儿，使他的仕途一开始就站在一个很高的起点上。

完颜希尹年轻时就跟随太祖完颜阿骨打南征北战，屡建战功，深得器重。天会四年（1126），阿骨打在宁江州大败辽军，他力劝阿骨打称帝。阿骨打却推辞："刚打了一个胜仗，就要称大号，岂不显得太浅薄了。"尽管如此，阿骨打还是在次年称帝，定都上京，国号大金。完颜希尹最早提出称帝的建议，太祖阿骨打对他更加信任。

金朝刚刚建立，太祖就命完颜希尹创造属于女真人的文字。金朝建国之前，女真人无文字，记事、传令以刻木为契。与辽朝交往，也借用契丹字。博学多才的完颜希尹，依据由汉字改制的契丹字，拼写女真语言，制成了女真文字。天辅三年（1119）八月，字成颁行，这就是女真大字，颁行后成为金朝官方通用的文字。

　　女真文字创制成功，呈报朝廷，太祖大喜，赐给完颜希尹御马一匹，衣一袭。

　　接着，太祖又命他制订礼仪制度。他对朝廷礼乐制度总是因袭辽朝旧制的做法颇不以为然。他说："当今有辽、宋之法都可以借鉴，也可以援引古代制度，应该因时制宜，成一代之法，何以仅取辽人制度呢？"这是他所表现出的继承与创新并举的进步思想。

　　金朝建立后，曾对辽朝发动猛烈的进攻。完颜希尹率军征战，所到之处，他采取战抚相济的策略，一些部落望风而逃。一次，他与主帅宗翰率兵追击辽天祚帝。在古北口与辽重兵相遇。宗翰想亲自督战，完颜希尹主动请缨，说："不过是小股贼寇，不劳将军亲自前往，请拨精兵千人，保证破贼！"果然，完颜希尹大破辽军，斩首数人，获得大量辎重甲胄。

　　1122年，太祖阿骨打去世。太宗即位。完颜希尹继续率军追击辽天祚帝。天会三年（1125）二月，终于擒获天祚帝，辽灭亡。

　　辽金之战刚刚落下战幕，完颜希尹又和其他大将一起开赴攻宋战场。天会五年，即宋靖康二年（1127），完颜希尹率军进入临安，掳走徽、钦二宗以及皇室、宫妃、仆从，还有大批财宝而回。北宋至此灭亡。

　　完颜希尹不愧为金朝的开国大臣，他功勋卓著，深得人们的敬重。

　　天会十三年，太宗驾崩。17岁的熙宗即位。完颜希尹以元帅右监军的身份晋升为尚书左丞相兼侍中，权同宰相。

　　但不久，完颜希尹就卷入一场皇族内部的权力争夺之中。

　　1140年的一天，完颜希尹应约赴完颜宗弼的酒宴。完颜宗弼就是我们熟悉的金兀术，论功劳，他远在完颜希尹之下，但仗着皇帝的信任，竟目中无人。完颜希尹酒喝多了，就瞪着眼对宗弼大怒道："你只不过是鼠窃之辈，岂是我的对手！你有多少兵马？天下的兵马都是我的！"宗弼随后就向熙宗添油加醋地转述完颜希尹的话："皇帝是我一手扶植起来的，没有我，他哪能坐上龙椅！"熙宗一听，就火了，说："朕欲杀老贼久矣！"随即，下了一道密诏，云："帅臣密

奏，奸状已萌，心在无君，言宣不道。"

就这样，完颜希尹被诬陷而死。他的儿子和僚属数人同难。

皇统三年（1143），完颜希尹被害后的第四年，熙宗发现完颜希尹并没有谋反之心，他的死实属冤枉，才为他平反。

名将完颜宗翰

完颜宗翰（1080—1137）女真名黏没喝，汉名粘罕，小字鸟家奴，虎水（今黑龙江省哈尔滨市阿城区）人。金朝宗室名将，国相完颜撒改长子。他17岁的时候，就参与拥立金太祖完颜旻称帝，备受信任。

那时，金太祖和左右商议灭辽之事，宗翰极力赞成。太祖果然击败辽军，宗翰的父亲撒改派宗翰和完颜希尹前往祝贺。大家都劝太祖称帝，太祖谦让。宗翰说："如果不及时建号立国，就无法维系天下人心。"太祖这才下决心称帝。

天辅五年（1121），宗翰上奏金太祖说："辽主失德，中外离心，我朝兴师，虽然大业已定，但如果根本不除，必为后患。现在辽兵前来挑衅，我们刚好可以借机打败他们。天时人事都对我们有利，不可错过良机呀！"太祖说："你的想法多合我意，宗室中虽然有比你年长的，但如果作元帅，没人能比得上你。你应该训练兵马，等待出征。"

宗翰被任为移赉勃极烈、副都统，与都统国论忽鲁勃极烈完颜杲（斜也）率军攻辽。次年，金军攻克辽中京（今辽宁宁城西大名城）后，率部攻北安州（今河北承德西），大败辽奚王霞末。复领精兵六千追袭辽天祚帝耶律延禧。后参与攻取辽西京大同府（今山西大同）、南京析津府（今北京）等战役。天辅七年，太祖因身体不适，将回京师，以宗翰为都统，镇守西京大同府。

同年，完颜晟即位，是为太宗。宗翰上书说："过去先皇帝征辽时，和宋有盟约，'不纳逃亡，不诱扰边民。'可是，现在宋几路人马招纳叛亡，还给他们厚赏。我们屡次书写叛亡者名单，向童贯索取，甚至约了日期，结果他们一次也没送来。结盟还不到一年，就这样了，难道还能指望他们万事守约吗？"

太宗对宗翰的分析深为赞许，于是，命宗翰为左副元帅，率西路军攻宋。天会四年（1126）攻占太原、隆德府（今山西长治）、泽州（今山西晋城）等地，与完颜宗望统领的东路军会师于宋东京开封府（今河南开封）。次年，俘宋徽、钦二帝及其宗族470多人，连同玺印及各种财宝北还。

为了表彰宗翰的功绩，太宗特赐铁券，除叛逆外，都不可以问罪，还给予很多赏赐。

天会六年，宗翰奉命率军继续南下攻宋，派兵把宋高宗赵构一直追到扬州。因高宗吓得下海逃走，而没有追到。

天会十年，宗翰还朝。正赶上太宗面临立储问题。完颜亶是太祖的嫡孙，权臣宗干没有想太宗立他为皇储，太宗也没有立他的意思。宗翰就对宗干说："储嗣虚位已久，完颜亶是先帝嫡孙，当立。这件事不早定下来，恐怕授非所人。我日夜都惦记着这件事。"宗翰和宗干、希尹商议后，对太宗说了他们的意见，再三请求，太宗因为宗翰等都是大臣，没有理由反对，才立完颜亶为储君，就是后来的金熙宗。

金熙宗即位，免去宗翰都元帅的职位，拜太保、尚书令，领三省事，封晋国王。等于是"以相位易其兵柄"，宗翰被剥夺了兵权。天会十五年六月，金熙宗处死宗翰的亲信——尚书左丞高庆裔等人。宗翰悲愤抑郁交加，不久就死了。年58岁。

完颜宗翰攻辽伐宋，南征北战，被金朝历代君主视为开国第一功臣。

王重阳和全真道

在中国，很多人都知道有个著名的道教流派——全真道，并且还知道，全真道有个著名的掌门人叫丘处机。全真道和丘处机在元朝曾盛极一时。可是，很少有人知道，全真道的创始人是王重阳，是丘处机的师傅。

全真道创立于金代初年，创始人王重阳（1112—1169），全真道开创者，咸阳（今陕西咸阳）人，原名中孚，字允卿，入道后改名嚞（或喆），字知明，号

重阳子，以"害风"为自称。

金海陵王正隆四年（南宋高宗绍兴二十九年，1159），王喆已经48岁了。一天，他忽然发出感想："孔子四十而不惑，孟子四十而不动心。我九岁才懂事，祖父享年八十二岁，伯父享年七十三岁，由此推算，我能活到七十岁的古稀之年，还有多少时日呢？"

这年的六月十五日，王喆在一个酒肆忽然遇到两个老道，都是蓬头垢面，身着白衣，但那精神却是十分饱满，一股仙风道骨之气。王重阳急忙上前和他们搭话，果然，这两人说的都是出世语，令王喆如梦方醒，恳求他们赐教。两人看看王喆，骨木雄壮，气象浑厚，眼大于口，髯过于腹，声如钟，面如玉，清风飘飘，紫气郁郁，便说："此子可教。"于是，向他传授道法，赐号重阳子。然后，两人问："你看东方有何物？"重阳回首望去，答："七朵金莲结子。"两人又说："岂止七朵，万朵金莲开了。"说完，两人便消失了。据说，这两个老道是吕洞宾的化身。自此以后，王喆更加疯癫了，穿着破旧的短袄，到处要饭，经常在冰雪地里睡觉。有一首诗就是说王喆的：

> 四十八上始遭逢，口诀传来便有功。
>
> 一粒金丹色愈好，玉京山上显殷红。

转眼就到了第二年，一天晚上，王喆和一个老道在月下相谈。老道说："我住在西北大山中，听说那里有个人精通《道德》，你为何不去拜访呢？"王喆听了还有点犹豫，那老道忽然站了起来，扔了竹杖乘风而去。王喆大声呼唤，怎么也唤不回。到了中秋，王喆又遇到了这个老道，老道为王喆写下了五篇秘语，告诉他："天机不可泄露，悟后即焚之。"又说："速往东海邱刘潭中，有一骏马，可以擒之。"说完，老道又消失了。

王喆是聪明人，读了五篇秘语，顿悟其理，把秘语书稿烧了，就回到终南山，在终南山南时村挖了一个洞，住了进去，还自称是"活死人墓"，整天在里边修炼金丹，出外就装疯。一天，他又带着一瓢酒要回墓里，遇到一个道人，对他说："害风，把你的酒给我喝吧！"王喆就把酒给他了，道人一饮而尽，又用瓢到河里舀水送给王喆，王喆喝了，如甘霖般。这时候，那道人又不见了。

自此以后。王喆就不喝酒了，常常喝水，就是喝水，也常有醉意。他已经领悟了道家的真谛了。

这些可以说是后世为增加王重阳的神性，附会于他的事迹。从今天的角度看，当时社会继承了北宋奢靡浮华的风气，道士也整天沉迷于丹铅金汞、符咒斋醮，一切都为了羽化成仙。普通老百姓对这种事越来越不满，对道教就渐渐失去了兴趣。道教如果还这样沿袭下去，生存就困难了。王喆也许认识了这一点，所以，他在终南山修炼没多久，就下山了。

大定七年（1167），王重阳放火烧掉所住茅庵，东出潼关，云游至山东半岛，马钰、孙不二夫妇筑庵侍奉他，庵名"全真"。王重阳正式打出了"全真道教"的旗号，并先后收了七个徒弟，他们是：丹阳子马钰、长真子谭处端、长生子刘处玄、长春子丘处机、玉阳子王处一、广宁真人郝大通、清净散人孙不二。这七大弟子成为全真道兴旺发展的骨干，各自形成门派，后称"北七真"。

王重阳雕像

什么是"全真"呢？据李道纯在《全真活法》中解释，所谓"全真"，就是"全其本质"，也就是保全和滋养精、气、神这三种生命的要素，以此达到身安、心敬、意诚的境界。具体到现实中来说，就是在女真人的统治下，抑制一切心理冲动，摒除一切爱欲，清静无为，闲适自在地度过一生。如果谁老是为自己的命运担忧，甚至拼着性命去奋斗，那就是欲念缠身，永远在苦海里挣扎了。

王重阳创立的全真道教在道教日益没落的情况下，呼唤道教的回归，老庄传统哲学再一次闪现着火花。不过，老庄思想强调自然界和人类社会的普遍规律，强调人应适应自然之法，而全真教则强调具体的自我，从范围上，比他们

尊奉的祖师要狭隘一些。

全真道抛弃了传统的丹铅斋醮，使一般百姓也可以方便信教，同时，王重阳还树立了一系列理论学说。比如，他在老庄清静无为思想的基础上，加进了儒学的忠孝节义和佛教的禅法戒律，提倡读《孝经》和禅学著作，把儒学和佛学引入道教之中，明确声称"儒门释户道相通，三教从来一祖风"。

实际上，由三教精髓融合而成的全真教是不可能取代儒和佛两家的显赫地位的，但它以高雅的生活情趣，渐渐获得了一批士大夫的支持，并且在元朝达到了黄金时代。

王重阳被全真道视为"北五祖"之一，上承东华帝君王玄甫、正阳帝君钟离权、纯阳帝君吕喦、海蟾帝君刘操的法脉。他在世时创立了全真道，传教足迹遍及陕西、山东、河南地区。其门下弟子甚众，当中最著名的七位是马丹阳、谭处端、刘处玄、丘处机、王处一、郝大通、孙不二，后世尊称为"北七真"。

海陵王

皇统元年（1141），完颜宗弼金兀术领兵南下侵宋，南宋请和。金宋议定以淮水为界，宋向金纳币称臣。这年，完颜宗翰病死。金兀术进拜太傅，仍为尚书左丞相、都元帅，并领行台尚书省，掌握了军政大权，七年，进为太师，领三省事，都元帅，领行台尚书省。次年，病死。

金兀术死后，熙宗无力控驭朝政，皇后裴满氏结纳朝臣干预政事，帝后之间与贵族朝臣之间相互倾轧。熙宗一再杀逐大臣，朝政日益混乱。皇统九年初，完颜宗翰次子完颜亮为都元帅；三月，拜太保，领三省事，五月，被逐出朝，领行台尚书省事，中途又召还，为平章政事。十二月，完颜亮与左丞相完颜秉德等杀熙宗。完颜亮篡夺帝位，改年号为天德，完颜亮就是海陵王。

海陵王即位后，杀完颜秉德等同谋者，又诛杀金太宗子孙七十余人。以弟完颜兖领三省事，不任宗室。又任用渤海人大昊、张浩，汉人张通古，奚人萧裕等入尚书省执政。海陵王削弱女真皇室贵族势力，组成多民族的集团，以巩固其统治。

天德二年（1150），海陵王废除汴京行台尚书省，政令统一于朝廷。正隆元年（1156），又废除附于尚书省形同虚设的中书、门下两省，由尚书省专理政务，直属于皇帝。金朝军事原统于都元帅府，设都元帅及左、右副元帅等。海陵王废都元帅府，改依汉制设枢密院，由枢密使、副使统军。尚书省与枢密院成为政治和军事最高机构，形似北宋旧制，但枢密院仍由尚书省节制。海陵王改订的官制，成为此后金朝的定制。

海陵王又命渤海人张浩在燕京营建都城。贞元元年（1153），自上京会宁府迁都燕京，定为中都。金太祖、太宗的陵寝也自上京迁至中都附近的大房山。

海陵王迁都燕京后，继续进行一系列改革。他下令东北的女真族人内迁到河北、河南一带地区。为了压制贵族，他干脆下令将上京的宫殿和贵族富户的住宅拆掉，将之夷为耕地，分给农民耕种。他还规定，凡搬到燕京的贵族，为他们造好住宅，分给他们上好的土地，对迁移南来的民众也给予妥善安置。从此，女真人大量进入中原地区。

海陵王的统治巩固后，随即策划进兵江南，消灭南宋。正隆六年六月，海陵王至南京开封府（今河南省开封市），作为京都。绍兴三十一年（1161），海陵王发动对南宋的进攻。

海陵王督兵由采石（今安徽省马鞍山市）渡长江，虞允文领导宋军，在采石重创金军。这就是有名的采石之战。

海陵王统治残暴，加之南侵，金朝内部矛盾进一步发展，皇室发生争斗。1161 年十月，随从海陵王南下的女真猛安完颜福寿，率领辽东征调的兵士万余人，返回辽阳，发动政变，拥立完颜雍为帝，即金世宗。金世宗下诏废黜海陵王。同年十月，苏保衡水军在胶西附近海面（今山东省青岛市附近）被宋海军歼灭。十一月，海陵王亲率军渡江受挫，在扬州被部将杀死。

海陵王的文化修养比较高，擅长诗文。他的作品在质朴苍劲之中带有一股上层阶级雄心勃勃、踌躇满志的气概，充满了征服者乖戾凶悍的杀伐之气。《大金国志》称其"一吟一咏冠绝当时"，正道出了他的作品所代表的时代意义。早在做藩王时，他就以"大柄若在手，清风满天下"的诗句书扇，即位后更以"中原天子"自居，伐宋时他先后作《鹊桥仙·待月》词及《南征至维阳诗》：

停杯不举，停歌不发，等候银蟾出海。不知何处片云来，做许大、通天障碍。　　虬髯拈断，星眸睁裂，唯恨剑锋不快。一挥截断紫云腰，仔细看、嫦娥体态。

——《鹊桥仙·待月》

万里车书尽会同，江南岂有别疆封。提兵百万西湖上，立马吴山第一峰。

——《南征至维阳诗》

完颜亮既是一世雄杰，又好诗词，所作出语倔强，格调豪壮，这两首词便具有这一特色，那恣横粗犷、咄咄逼人的形象宛然如现。尽管在艺术上，本色中还存俚俗，奇壮中还露粗糙，但无疑已使充满纤柔之习、脂粉之气的同类作品相形失色。

一代诗宗元好问

元好问（1190—1257），字裕之，号遗山，太原秀容（今山西忻州）人；系出北魏鲜卑族拓跋氏，元好问过继叔父元格；七岁能诗，十四岁从学郝天挺，六载而业成；兴定五年（1221）进士，不就选；正大元年（1224），中博学宏词科，授儒林郎，充国史院编修，历镇平、南阳、内乡县令。八年（1231）秋，受诏入都，除尚书省掾、左司都事，转员外郎；金亡不仕，元宪宗七年卒于获鹿寓舍；工诗文，在金元之际颇负重望；诗词风格沉郁，并多伤时感事之作。其《论诗》绝句三十首在中国文学批评史上颇有地位；作有《遗山集》又名《遗山先生文集》，编有《中州集》。

元好问的祖先是北魏鲜卑贵族拓跋氏。其父元德明以诗知名，然累举不第，放浪山水间。他从小过继给叔父元格，尝随继父赴任居掖县、陵川、略阳等地。曾师事著名学者郝天挺，潜心经传，留意百家，金宣宗贞祐元年（1213），蒙古军侵扰河东（今山西），他携家逃离家乡，一度寓居河南福昌三乡镇，后又移居

登封。

这段时间，元好问的诗已流露出关心现实的强烈倾向，并写了著名的《论诗绝句三十首》。哀宗正大元年（1224），元好问中博学宏词科，授儒林郎，充国史馆编修，开始了仕宦生涯。

哀宗天兴元年（1232），蒙古军围汴京，元好问时任左司都事，困在城中达十个月之久。二年正月，京城降。五月，元好问被俘，被迫北渡黄河，被羁管于聊城（今属山东）。蒙古太宗七年（1235）解除羁管，移居冠氏（今山东冠县），三年后回到了他的故乡秀容，长期过着遗民生活。

元好问

从入仕起，特别是金亡前后的 10 余年间，元好问目睹了金朝政治的腐败和蒙古军的暴行，经历了被围困、羁管和亡国的巨大打击，对民间疾苦、社会矛盾都多有感受，故其诗歌多丧乱之音，反映出金元之际动乱的现实，表现了对人民痛苦生活的真挚同情，可以说是这一历史巨变时期我国中原地区的"诗史"。

元好问的晚年，即他回到故乡秀容后的 8 年间，主要致力于保存金代文化，曾编成《壬辰杂编》《金源君臣言行录》（均佚）。又纂成金诗总集《中州集》十卷及金词总集《中州乐府》（附《中州集》后），许多金代作家的生平资料和作品全赖此书保存。其诗作内容亦有所变化，大部分作品转向描绘山水和唱和应酬，反映现实之作减少，自称"衰年哪与世相关"（《己卯端阳日感怀》），诗风亦趋于平淡。

元好问诗文兼擅，其论诗诸作，尤为世所称。他论诗主张"正"与"本"，这主要表现在"近风雅""中和平正""美教化""见真淳"；重视生活，反对模拟；主张天成，反对侈靡；提倡高雅，反对险怪；推崇豪壮，反对纤弱等方面。他所著的《论诗绝句三十首》，被"金元两代谈艺者奉为大宗"。

元好问的诗歌创作与其诗歌理论相符，"上薄风雅，中规李杜，猝然一出于正，直配苏黄氏。"特别是那些表现金亡前后的丧乱诗，内容充实，现实性强，感情饱满，风格沉郁，颇具老杜之风。

元好问的词与他的诗也有相同之处，内容广泛，风格多样，但终以内容上描写国事、风格上豪放雄劲的词成就为高，并使这类词在苏辛之后再放异彩。

元好问的散文也有很高的成就。纡徐委备，条达舒畅，有欧、曾之风。即使表现亡国之痛，也写得不疾不徐，深沉含蓄，与其诗词呈现出不同风格。

元好问的诗歌理想和创作主张，集中体现在早年所写的《论诗绝句三十首》中。

> 慷慨歌谣绝不传，穹庐一曲本天然。
> 中州万古英雄气，也到阴山敕勒川。

> 沈宋横驰翰墨场，风流初不废齐梁。
> 论功若准平吴例，合着黄金铸子昂。

> "望帝春心托杜鹃"，佳人锦瑟怨华年。
> 诗家总爱西昆好，独恨无人作郑笺。

他在这组诗中对建安以来直到宋代的诗人诗作做了比较系统的论述品评，目的是区分诗歌发展中的正体和伪体，进而阐明自己对诗歌创作的主张。

他提倡建安以来的优良传统，认为好诗应以清新自然、刚健慷慨的风格表现高情壮怀。这样的诗脱离现实的人自然写不出来，所以他高吟道：

> 眼处心生句自神，暗中摸索总非真。
> 画图临出秦川景，亲到长安有几人？

他否定了齐梁诗风、西昆体和江西派。对这些流派的讲求声韵、堆砌辞藻、风格纤巧给予批评，并且表彰了变革这些风气的作家。例如，他评论唐代陈子昂说："论功若准平吴例，合着黄金铸子昂。"由于他论诗以内容为主，并注重艺术和作家的品德，能从大处着眼，不像王若虚那样偏激，所以他对于李商隐、

苏轼、黄庭坚等都有褒有贬，比较公允。下面一首诗很有见地：

> 古雅难将子美亲，精纯全失义山真。
>
> 论诗宁下涪翁拜，未做江西社里人。

他既指出江西派已远离杜甫的道路，也指出他们没有掌握李商隐诗歌的优点，所以他佩服尚有造诣的黄庭坚，对江西派则表示轻蔑。

元好问存诗一千三百余首，蔚为大观。这些诗作实践了他的论诗主张，内容充实，现实性强，感情饱满，华实两茂，文质相兼，风格由中期的清雄奔放，发展为晚期的更兼沉郁苍健，尤以七律的成就最高。特别是身历亡国的丧乱诗更"豪情胜概，壮色沉声，直欲跨苏黄，攀李杜矣"，堪称少陵之后，四百年来一人而已。这些诗生动地描绘出"高原水出山河改，战地风来草木腥"的动乱时代，不愧为杜诗之后的又一部"诗史"；这些诗还深刻地表现了"秋风一掬孤臣泪，叫断苍梧日暮云"的亡国之痛，堪和宋、明等遗民诗并列，构成一部亡国的"痛史"。正像赵翼《题遗山集》所云："国家不幸诗家幸，赋到沧桑句便工。"这是元好问诗最高成就所在。

> 憔悴南冠一楚囚，归心江汉日东流。
>
> 青山历历乡国梦，黄叶萧萧风雨秋。
>
> 贫里有诗工作祟，乱来无泪可供愁。
>
> 残年兄弟相逢在，随分斋盐万事休。
>
> ——《梦归》

这是汴京沦陷前后的作品。描写了战争的惨状，控诉了蒙古贵族军队的残杀罪行，表现了作者的深切悲痛。尤其可贵的是这些作品中饱含着深沉的感情。亡国的惨祸步步逼近，使诗人感到问天无路，含冤难伸，甚至于欲哭无泪，这些表现使作品的思想性得到了提高。

元好问的词作中也有热情讴歌坚贞不渝的爱情的，如《摸鱼儿·雁丘词》：

问世间，情为何物，直教生死相许。天南地北双飞客，老翅几回寒暑。欢乐趣，离别苦，就中更有痴儿女。君应有语。渺万里层云，千山暮雪，只影向谁去？ 横汾路，寂寞当年箫鼓。荒烟依旧平楚。招魂楚些何嗟及，山鬼暗啼风雨。天也妒，未信与，莺儿燕子俱黄土。千秋万古。为留待骚人，狂歌痛饮，来访雁丘处。

此词为咏叹大雁殉情而作。在古往今来人们的心目中，大雁是最具人情味的、富有灵性的禽类，因而人们也常把自己的诸般情感附丽在大雁身上，这种情感的共鸣常形诸诗人的篇章。词人在这里礼赞的是一种生死不渝的爱情，扩而大之，更是对坚贞情操的热烈颂扬。

元好问的短篇小说《包女得嫁》《狐锯树》和《戴十妻梁氏》等，也很优秀。他还著有笔记小说集《续夷坚志》，并有散曲九首传世，是我国文学史上第一批写作散曲的作家之一。

总之，元好问不仅是金源一代的伟大诗人，而且是著名的诗论家。在金代文学思想史上，他有着集大成的重要历史地位，同时，在中国诗论史上，也因其独特的理论贡献而令人瞩目。

北曲之祖董西厢

金文学的另一个重大成就，是《西厢记诸宫调》的出现。

诸宫调是以一人且说且唱、以唱为主的表演形式。因唱的部分用多种宫调的曲子联套演唱而得名。这种形式大约起自北宋时期，据王灼的《碧鸡漫志》及吴自牧的《梦粱录》载，北宋熙丰年间就有艺人孔三传首创诸宫调形式，"编成传奇灵怪，入曲说唱"，且有广泛的影响："士大夫皆能诵之。"后来分化成北南两派，南派主要以笛伴奏，北派以琵琶和筝伴奏，故又称"弦索"或"挡弹"，《西厢记诸宫调》又称《西厢挡弹词》或《弦索西厢》。

现存的诸宫调作品有三种，即董解元的《西厢记诸宫调》、无名氏的《刘知远诸宫调》、王伯成的《天宝遗事诸宫调》。后一种为元人作品，前两种为金人作品。

《刘知远诸宫调》写后汉高祖刘知远与其结发妻子李三娘悲欢离合的故事，

可能是民间艺人的作品，成就较差。《西厢记诸宫调》成就最高，为董解元所作。"解元"是当时对读书人的敬称，董解元的生平事迹，据钟嗣成《录鬼簿》、陶宗仪《辍耕录》及朱权《太和正音谱》等书记载，仅知其为"金章宗（1190—1208）时人"，"仕于金"，余皆不可考。

《西厢记诸宫调》是宋金元时期中国民间流行的说唱体文字形式之一。它取同一宫调的若干曲牌联成短套，首尾一韵，再用若干宫调的许多短套联成长篇，杂以简短叙述，用来说唱长篇故事，故称诸宫调。演唱时采取歌唱和说白相间的方式。诸宫调在北宋就已出现。北宋以后，诸宫调继续流传于中原和南宋临安等地方，又有南北之分，北方用琵琶和筝伴奏，南方则用笛子。北方的诸宫调又称"弹词"或"弦索"。董解元《西厢记诸宫调》又称为《西厢记弹词》或《弦索西厢》，通称《董西厢》。

《西厢记诸宫调》共用宫调一百八十八套，五万余言，是今存宋金诸宫调中唯一完整的全本，也是思想、艺术价值最高的一种，它代表了宋金时代讲唱文学的最高水平。其题材来源于唐元稹《莺莺传》。它不但把一篇不足三千字的传奇改为五万多字的讲唱文学作品，而且从主题思想、人物形象、艺术结构、表现手法和语言特点等方面都做了根本性的改编，成为具有创造性的文学作品。

《莺莺传》写张生和莺莺的恋爱故事。元稹对莺莺的描写虽有一些情致，但他所欣赏的不过是张生的风流韵事，所宣扬的不过是女色祸水的思想，这就掩盖了这个社会悲剧的现实意义，成了作品的致命弱点。后来咏唱崔、张故事的作品大都没有突破《莺莺传》的窠臼。

直到《西厢记诸宫调》出现，才在几个重要的方面做了根本的改变。它通过揭露礼教的罪恶，包办婚姻的不得人心，歌颂了青年男女要求婚姻自由的斗争，突出了反封建的主题，这是董解元在作品的思想内容上的重大贡献。

在表现这种新主题的时候，作者成功地塑造了两组有着复杂联系而又互相对立的人物形象。他不但描写他们之间外形的美与丑，还集中地通过婚姻斗争，表现了他们品质的高尚或低下，倾向性是鲜明的。

莺莺依然温柔美丽，但却不再是一个屈从于命运，只会委曲求全的柔弱女

子，她的自许婚事和私奔行为都相当激烈大胆，是一个敢于追求爱情和美满婚姻的、具有反抗性的女性形象。张生也不再是传奇中那个始乱终弃的薄幸文人，而是一个执着追求爱情、甚至为忠于爱情、不惜一死的正面形象。

红娘由原作中一个毫不起眼的普通奴婢变成一个富有正义感、热情助人而又机灵勇敢的俏丫头，成为在崔、张斗争中起着关键作用的、光彩夺目的少女形象。此外，崔、张爱情的同情者和支持者法聪和尚和白马将军，也写得有血有肉，各具特征。红娘等人物形象的出现，既突出了崔、张斗争的正义性，也使美好结局颇具说服力。

与上述人物相对立的崔老夫人、郑恒和孙飞虎则作为反面形象出现，特别是老夫人，已不是个无足轻重的人物，她背信弃义、冷酷虚伪，是封建势力的代表。这两组人物，既具有较高的概括性，又各有其鲜明的性格特征。通过他们之间的对立，展示了进步势力对落后势力的斗争，从而使反封建主题得到深刻表现。

卢沟桥

卢沟就是永定河，在很长的一段时间内，这条河浑浊而湍急，使燕京地区与华北的交通很不便利。1153年，海陵王完颜亮把都城从会宁府迁到燕京。为了进一步加强与华北地区的联系，完颜亮决定在卢沟上建造一座永久性的石桥，以取代原有的浮桥。1189年，新桥开始施工，1192年正式建成。

卢沟桥亦称芦沟桥，在北京市西南约15公里处，丰台区永定河上。因横跨卢沟河（即永定河）而得名，是北京市现存最古老的石造联拱桥。卢沟桥为十一孔联拱桥，拱洞由两岸向桥中心逐渐增大，拱券跨径从12.35米至13.42米不等，桥身中央微微突起93.5厘米，坡势平缓。河面桥长213.15米，加上两端的引桥，总长266.5米。桥身总宽9.3米。桥面宽7.5米。桥两侧雁翅桥面呈喇叭口状，入口处宽32米。桥面两侧设置石栏，南侧有望柱140根，北侧有141根。望柱间距约1.8米至2米，柱高1.4米。柱间各嵌石栏板，栏高约0.

85 米。整个桥身都是石体结构，关键部位均有银锭铁榫连接，为华北最长的古代石桥。在《马可·波罗游记》中它被形容为一座巨丽的石桥，后来外国人都称它为"马可波罗桥"。1937 年 7 月 7 日，日本帝国主义在此发动全面侵华战争。宛平城的中国驻军奋起抵抗，史称"卢沟桥事变"（亦称"七七事变"）。中国抗日军队在卢沟桥打响了全面抗战的第一枪。

卢沟桥的狮子为 501 个。除狮子外，还有"卢沟晓月"颇为有名，乾隆亲题"卢沟晓月"四字，一度成为燕京八景之一。

北京卢沟桥石狮子（局部）

卢沟晓月的名字又是怎么来的呢？

在古代，卢沟桥作为南北交通要道，是进京与出京的必由之路，那时交通不发达，人们出行，或步行，或骑着毛驴，赶着马车，到了卢沟桥这里，差不多快晚上了。于是这些旅人不得不在此打间儿投宿休息，准备来日早行。留宿的客人，一觉醒来，已鸡鸣三遍，洗漱登程，首先感觉是晓月当空，东方露出鱼肚白色，天空残月倒挂，大地似银，"卢沟桥上月如霜"，此时方可真正体会到"卢沟晓月"之意。金朝礼部尚书、翰林学士赵秉文的一首卢沟诗尤有风韵：

河分桥柱如瓜蔓，路入都门似犬牙。

落日卢沟桥上柳，送人几度出京华。

此处逐渐发展为京西南的客栈。早在元代，就有《卢沟伐木图》描绘卢沟河畔茶肆酒馆、招商旅店之繁华及策马驱车、步行担担、风尘仆仆客人之景象。

历代文人骚客更是留下不少赞美卢沟晓月的诗作。元代陈孚所作《卢沟晓月》诗：

长桥弯弯抵海鲸，河水不溅永峥嵘；

远鸡数声灯火杳，残蟾犹映长庚月。

道上征车铎声急，霜花如钱马鬃湿；

忽惊沙际影摇金，白鸥飞下黄芦立。

清代，乾隆皇帝曾到过卢沟桥，对卢沟桥美景赞誉有加，还亲自写过一首《过卢沟桥》诗：

薄雾轻霜凑凛秋，行旌复此渡卢沟。

感深风木睽逾岁，望切鼎湖巍易州。

晓月苍凉谁逸句，浑流萦带自沧州。

西成景象今年好，又见芃芃满绿畴。

1937 年 7 月 7 日，日本军国主义者发动全面侵华战争的第一枪在卢沟桥畔打响，从此，卢沟桥作为历史的见证再次被世人所知。1937 年 7 月 7 日夜，卢沟桥的日本驻军在未通知中国地方当局的情况下，径自在中国驻军阵地附近举行所谓军事演习，并诡称有一名日本士兵失踪，要求进入北平西南的宛平县城搜查，中国守军拒绝了这一无理的要求。日军开枪开炮猛轰卢沟桥，向城内的中国守军进攻。中国守军第 29 军 37 师 219 团奋起还击，掀开了全民族抗日的序幕。经过艰苦抗战，中国人民终于击败了日本侵略者，取得了抗日战争的全面胜利。

中国人民抗日战争纪念馆坐落在七七事变发生地——北京市卢沟桥旁原宛平县城内，警示子孙后代不忘国耻，自立自强。卢沟桥上的弹孔，作为历史的见证，永远铭刻着那段悲壮的历史。

元朝

元朝帝系表

1206（或 1271）—1368

太祖(孛儿只斤·铁木真)（成吉思汗）	一（22）	1206	英宗（硕德八剌）	至治（3）	1321
拖雷（监国）	一（1）	1228	泰定帝（也孙铁木儿）	泰定（5）	1324
太宗（窝阔台）	一（13）	1229		致和（1）	1328
乃马真后（称制）	一（5）	1242	天顺帝（阿速吉八）	天顺（1）	1328
定宗（贵由）	一（3）	1246	文宗（图帖睦尔）	天历（3）	1328
海迷失后（称制）	一（3）	1249	明宗（和世㻋）		1329
宪宗（蒙哥）	一（9）	1251		至顺（4）	1330
世祖（忽必烈）	中统（5）	1260	宁宗（懿璘质班）	至顺	1332
	至元（31）	1264		至顺	1333
成宗（铁穆耳）	元贞（3）	1295	顺帝（妥懽帖睦尔）	元统（3）	1333
	大德（11）	1297		（后）至元（6）	1335
武宗（海山）	至大（4）	1308		至正（28）	1341
仁宗（受育黎拔力八达）	皇庆（2）	1312			
	延祐（7）	1314			

"蒙兀" 和 "鞑靼"

在我们谈起元朝历史的时候，总是要首先谈起蒙古族的起源和它的早期活动。因为，中国封建社会历史中的元朝是由蒙古族的领袖建立的。

蒙古族自古以来就有着十分浓厚的民族色彩和文化，在传说之中，蒙古族的历史十分久远，长达三千多年，就光是记载在文献中的历史就已经长达一千多年之久。

蒙古族的祖先是中国境内东胡语系室韦的一支。唐朝时，人们称他们为"蒙兀室韦"。"蒙兀"就是蒙古部祖先最早的称号，他们是室韦部落联盟诸部之一。当时，"蒙兀室韦"人已经驯养马牛，有了初步的畜牧业。社会发展正处于原始社会的末期，氏族制开始瓦解。

到了公元7世纪时，蒙古部人在他们的首领孛儿帖赤那（成吉思汗的始祖）率领下，渡过俱伦泊西迁，来到今天蒙古高原的克鲁伦河和鄂尔浑河流域驻牧。从此，肯特山地区成了蒙古部活动的中心。

在蒙古部来到蒙古高原之前，这里一直是北方游牧民族生息和劳动的地区。早在公元前3世纪时，匈奴族就统一了大漠南北，建立了奴隶制政权。匈奴人善于畜牧，常以数以万计的牛马和中原地区进行交易；匈奴政权瓦解后，鲜卑、柔然、突厥、回鹘等少数民族又先后控制大漠南北，这些民族和匈奴一样，都建立过政权，也都从事畜牧经济，他们与中原地区关系密切，中原地区的先进生产工具和产品丰富了草原地区的经济生活。因此，西迁到蒙古高原来驻牧的蒙古部人，在与突厥、鲜卑、回鹘各族人民相处过程中，不断接受原有这些民族的政治、文化等方面的影响，走上了不断发展的道路。

呼伦贝尔富饶的草原在唐朝中期以前，一直是蒙古各部放牧的地方。除了7世纪时蒙古部西迁以外，在呼伦贝尔南部还居住着鞑靼部落。到了唐中期以后，这个部落也逐渐壮大起来，历史上开始有了关于他们活动的记载。公元9世纪时，回鹘政权被黠戛斯人所灭，这时鞑靼人开始大规模西迁，占领了回鹘的故

地，并与大漠南北的各族人民杂居，其势力一直扩展到阴山、贺兰山和鄂尔浑河、克鲁伦河流域。显然，到了唐后期鞑靼联盟已经形成。在鞑靼联盟中，居住在今土拉河、鄂尔浑河一带驻牧的"九姓鞑靼"，就是后来的克烈部；在阴山以北驻牧的"阴山鞑靼"就是后来的汪古部；留在东部鞑靼发源地呼伦贝尔草原的称"三十姓鞑靼"，就是后来的塔塔儿部。由于鞑靼联盟势力很大，"鞑靼"的名声也随之传播。于是，大漠南北的所有蒙古部落都统称为鞑靼，连最早进入漠北高原的蒙古部，到辽、金时也被称为"黑鞑靼"。

从臣属关系上看，大漠南北的所有少数民族都是唐朝政府的属部。公元 630年（唐贞观四年），东突厥灭亡后，唐太宗又击败了薛延陀，于是铁勒、回鹘等十余部落归附唐朝。公元 647 年（贞观二十一年），唐朝特设燕然都护府（后改为瀚海都护府和安北都护府），下辖六府七州，以管理大漠南北，蒙古各部亦在其管辖之内。唐末，阴山鞑靼曾随沙陀首领进入内地镇压庞勋起义，后来又随李克用镇压黄巢起义。作为唐朝政府的属部，有的蒙古部落已经卷入了国内战争。

公元 10 世纪，契丹人崛起于辽河上游的西拉木伦河流域，并于公元 916 年建立契丹（后改为辽）政权。契丹人把蒙古各部称为"达怛"或称为"阻卜"。他们不断对蒙古各部用兵，并征服了蒙古各部，后来设府、卫、司等机构进行管辖。

10 世纪上半叶，蒙古各部处于"人多散居，无所统一"的状况下，鞑靼部落联盟是很松弛的。当时较大的部落有：在阴山一带的"阴山阻卜"（即"白鞑靼"），在肯特山一带的蒙古部（即"黑鞑靼"），在呼伦泊至哈拉哈河一带的乌古部（即后来的翁吉剌部），在克鲁伦河中下游一带的敌烈部（即塔塔儿六部之一），在土拉河、鄂尔浑河一带的"北阻卜"（即"北鞑靼"，后来的克烈部），力量最强大的当然是在呼伦贝尔草原的鞑靼本部。公元 919 年（神册四年），辽太祖耶律阿保机大举北征，征服乌古部；后来辽太宗耶律德光又征服了敌烈部。辽政府专门设立了乌古敌烈统军司来统辖这两个部。同时，辽政府还派兵征服了西北的蒙古各部，专门设立西北路招讨司管辖各属部。这样，鞑靼

的部落联盟就瓦解了。

西北路招讨司和乌古敌烈统军司是辽政府管辖大漠南北的最高军政机构，它负责镇守边区，向各部征税和代表中央向各部颁发赏赐。其所辖各部，设置节度使、详稳等官职，由契丹人和本部酋长担任。各部人民必须向辽政府缴纳马、驼等牲畜，遇有战争，还要从这些部落中征兵。各部人民由于不堪契丹统治者的压迫，特别是乌古、敌烈两部人民经常开展反抗辽统治者的斗争。

自从唐中期蒙古各部大批西迁以后，从事游牧经济的蒙古人，放牧的范围更加广阔了，畜牧业有了迅速的发展。10世纪初，阿保机北征乌古部时，一次就俘获牲口14 200余头，牛马车辆、庐帐器物20余万件；辽天祚帝时，仅鞑靼部贡的马驼就有2万匹之多。畜牧业的发展是与牧业技术的提高分不开的。早在成吉思汗十二世祖脱罗豁勒真时代（约9世纪末）就有了"好骟马"，马匹品种有骟马、骒马等；牧人也有了分工，有放马人、放羊人、放羔儿人、放骆驼人等。随着畜牧业的发展，畜产品加工也发达起来，他们不但加工皮毛、皮革，而且用它制成甲胄、衣着、毛毡、弓弦、器皿等。蒙古各部人民用他们自己的牲畜、畜产品与中原人民进行互市，从中原人民那里获得铁器等生产工具和生活必需品。

公元10世纪以后，蒙古社会的私有制已经产生，牲畜和其他财产成为各个家庭的私有物，游牧也以家庭为单位进行，氏族内部发生了严重的分化。富裕的家族拥有越来越多的财产，他们被辽政府任命为令稳、详稳或太师、大王等官职，成了本部的统治者，本部的贫困成员，则变成他们的臣民。《蒙古秘史》记载了这样一个故事：

大约10世纪中叶，成吉思汗十世祖孛端察儿的母亲阿阑果阿死了，弟兄分家。四个哥哥把家里的牲口、食物都分掉了，因为孛端察儿是小弟弟，他们欺侮他，一份也不给他。孛端察儿只好骑着自己仅有的一匹烂脊梁、断尾巴的青白马，离开哥哥们到别处谋生。在鄂尔浑河上游的巴勒谆阿懒地方，他遇到一群从远处来的兀良哈氏族，他们每天供给他马奶，不但不要报酬，甚至连姓名也不曾过问。后来孛端察儿的哥哥们找到了他，带他回去。孛端察儿对哥哥们

说："人要有头，衣要有领。刚才那些百姓，不分尊卑，不别贤愚，没有上下之分，是多么平庸的百姓！咱们可以把他们全部掳来。"于是弟兄们合伙把这群兀良哈人连同他们的牲畜都掳来，做了自己的奴隶和财产。

这个故事告诉我们：在成吉思汗祖先的蒙古部里已经有了上下尊卑，并以掳掠较落后部落的人做奴隶为荣。这就清楚地表明，蒙古部社会已经具有奴隶制因素。而比蒙古部更发达的一些部，也许已经进入了奴隶制社会。

到了 11 世纪初，这种财产集中、掠人为奴的情况有了进一步的发展。成吉思汗的八世祖母莫拏伦是一个大奴隶主。她拥有的马匹不计其数，当这些牲畜站立起来时，从山顶到山脚大河边，大片草地全被马蹄覆盖。一次，游牧于克鲁伦河上的札剌亦儿部被辽军打败，退到莫拏伦的牧地上，在那里放牧，莫拏伦要把他们赶走。札剌亦儿部的一些人气极了，就把莫拏伦杀死了。后来，莫拏伦的孙子海都长大了，攻灭札剌亦儿部，把他们的妇幼都掠来做奴隶。从此以后，被俘的札剌亦儿人就世代成为蒙古部的奴隶。

12 世纪的蒙古各部

蒙古族是一个世界民族，在世界各地（主要是亚欧大陆）都散落着蒙古部族。各部分布的情况大体是这样的：

塔塔儿部落联盟（即鞑靼联盟）解体后，塔塔儿部本身的力量仍很强大，他们的活动范围在今呼伦贝尔市一带，主帐设在贝尔湖。这时塔塔儿部分成六个小部，这就是：都答兀惕部、阿勒赤部、察罕部、忽因部、迪列土部、备鲁兀惕部。这六部之间经常互相争斗，但当他们与其他部发生战争时，则团结一致对敌。金灭辽后，他们曾献羊于金，与金保持了长期的臣属关系。

克烈部，其牧地在今蒙古国境内的鄂尔浑河与土拉河之间。他们也分衍出许多小部。后来与成吉思汗争雄的克烈部首领王汗的祖父马儿忽思，曾被塔塔儿部的首领诺儿·杯禄·汗俘送金朝，被处死了。

乃蛮部是当时蒙古各部中人数最多的一部，居住在杭爱山与阿尔泰山之间。

乃蛮人大部分是突厥人种，又与文化发达的畏兀儿人为邻，因而继承了水平较高的突厥文化。他们有自己的文字，出现了农耕地区。有自己的管理机构，设有掌印官。

汪古部，游牧于今内蒙古自治区的阴山一带，他们替金朝政权守护长城。"汪古"就是蒙古语"守护"的意思。

札剌亦儿部居今蒙古国鄂嫩河一带，这个部也分衍成察惕等 10 个小部。

斡亦剌部居住在今叶尼塞河上游，此部也分衍成许多小部。

蔑儿乞部分布于今贝加尔湖西南岸、色楞格河及鄂尔浑河下游。

蒙古部西迁到漠北高原后发展得也很快。公元 10 世纪时，成吉思汗十一世祖母阿阑果阿丈夫死后，传说因感受了灵光生了三个儿子，他们的后裔称为尼伦部。"尼伦"是蒙古语"腰脊"的意思，转意为山脊、山顶之意。在尼伦部里又有许多小部，如：乞颜、别速惕、哈塔斤、泰赤乌、阿答儿斤、札答剌等等。到 12 世纪初，成吉思汗的曾祖合不勒时，统一尼伦各部，开始称"汗"，后来多次进攻金朝的边境。合不勒汗死后，其堂弟俺巴孩继立。有一次，俺巴孩汗送女出嫁，途中被塔塔儿人抓获，送到金朝，金朝皇帝残酷地把他钉死在木驴上。俺巴孩汗死后，尼伦部推选合不勒汗之子忽图剌为汗。忽图剌是尼伦部人民酷爱的英雄，据说，他歌声嘹亮，犹如山中雷鸣；他力大无穷，能像折断弓箭那样把人一截为二；他胃口很大，一天能吃掉一只羊。于是，忽图剌联合俺巴孩的儿子合丹太师、侄儿也速该等攻打塔塔儿人，双方打了 13 仗，但还是没能打败塔塔儿，替俺巴孩汗报仇。金朝统治者就是用这种办法，挑拨蒙古各部之间的关系，让他们互相仇杀。由于也速该作战勇敢，他继忽图剌之后成为尼伦诸部的首领。也速该就是成吉思汗的父亲，他自己的这一氏族称为孛儿只斤氏，即后来著名的"黄金家族"。

蒙古部中除了属于尼伦的各部外，还有非尼伦的普通部落——迭列列斤，蒙古语是山岭下的意思。迭列列斤蒙古人有捏古思、兀良哈、翁吉剌、亦乞剌思等氏族。其中翁吉剌部居塔塔儿部之南、今哈尔哈河一带，这个部也是很大的；兀良哈则属于"林木中百姓"，住在今贝加尔湖以东地区，过着比较原始的生活。

总之，到 12 世纪末时，居住在蒙古高原上的部落差不多有 100 个左右。这些部落强弱不一、大小不一，就是语言、宗教、民族、文化水平也不完全相同。不过，这时已形成了几个大的集团：蒙古部集团、塔塔儿集团、克烈集团、蔑儿乞集团.以及乃蛮政权。

这些部落当时都受金朝管辖。公元 1125 年金朝推翻辽政权后，即派兵北上，漠北各部相继归金，金置西北、西南、东北三路招讨司管辖。金朝统治者向蒙古各部宣扬说："金国像大海，属部像一掬沙，岂能动摇！"蒙古各部的首领接受金朝的封职，直到公元 1210 年时，成吉思汗才正式起兵反金。

12 世纪时，蒙古的社会生产力有了进一步的发展。他们通过与中原地区的贸易，获得了大量的铁器和丝、绨等生活必需品，因而大大促进了手工业的发展。到 12 世纪下半叶，已经有了铁匠、木匠等手工业工人，说明当时已有了这类手工业部门；打铁时已使用风箱，说明手工业技术大大提高了。其产品除了铁镫、铁蹄、铁索、铁锅、铁锹、铁斧等外，还有刀、箭等武器，金银饰品，车辆等运输工具。蒙古诸部中，有不少部从事农业生产。像接近汉地的汪古、翁吉剌等部能种粮食，以稻米为食，过着"筑室而居"的生活；甚至连漠北的蔑儿乞等部也有农业生产。至于畜牧业，则在原有基础上有了更大的发展，以致到成吉思汗与札木合发生"十三翼之战"时，双方出动 6 万人、近 20 万匹马之多。

蒙古的社会形态也有了进一步发展，阶级分化更加明显。蒙古社会是由这些阶级构成的：

奴隶主（"那颜"）：蒙古各部的奴隶主拥有许多尊贵的称号，如把阿秃儿（勇士）、蔑儿干（善射者）、薛禅（贤者）等；有中原皇帝的封号，如令稳（成吉思汗六世祖海都的次子叫察剌孩·领稳，"领稳"即"令稳"）、详稳（察剌孩·领稳生子名想昆·必勒格，"想昆"即"详稳"）、太师（俺巴孩的儿子合丹太师）、大王（乃蛮部塔阳汗、克烈部王汗）等。这些有尊贵称号的奴隶主称为"那颜"，即"官人"之意。那颜阶级拥有大量牲畜和财富，役使奴隶

从事各种生产劳动；他们还向本部落属民征收赋税，分派劳役和军役。

奴隶（"孛斡勒"）：奴隶的来源主要来自战争中的俘虏和被征服部落或氏族。如前面说的孛端察儿兄弟把兀良哈部的一些人掳来做奴隶，海都征服札剌亦儿部，让该部妇幼世代为奴等等。奴隶的地位很卑下，如成吉思汗十一世祖朵奔蔑儿干只用了一些鹿肉就换来了一个贫穷的伯牙兀部的小孩做奴隶；成吉思汗手下最著名的大将木华黎，原是札剌亦儿人的后代，当他还在幼年时就成了成吉思汗家里的奴隶，木华黎的父亲把他送到成吉思汗家里时说："教他永远做你们的奴隶，要是离开了你们的门户啊，就把他的脚筋挑了，心肝割了。"奴隶是世袭的，一旦进了主人的家门，就任凭主人处置，甚至施以刑罚和处死。奴隶们从事生产劳动和家内劳动，如放牧、剪毛、送奶、看门、备鞍、屠宰，等等。克烈部的王汗7岁时被蔑儿乞人抓去舂米，13岁时又被塔塔儿人抓去放骆驼。奴隶长大后可以娶妻成家，拥有自己的牲畜，不过仍附在主人的门下。

属民（"哈剌抽"）：这些人本是个体自由牧民，但随着奴隶主贵族财富与权力的增长，原来的各氏族成员的平等地位日益消失，成了贵族的属民。另有一部分奴隶在奴隶主互相争斗的动乱中，挣脱了奴隶主的枷锁，逃亡到其他地方去，寻求新的部族领袖去谋生，这些原来是奴隶的人也成了属民。属民也是蒙古社会的基本劳动者，他们不但要受奴隶主贵族的剥削，向他们的统治者交纳赋税，服军役和劳役，而且不能随便离开或背叛自己的主人。部族首领和奴隶主为了战争的需要，也要拉拢他们中的一部分人成为自己的伴当（"那可儿"）。那可儿是部族首领的侍从，负责保卫和随从他们的领袖，并外出征战。这部分人后来上升为统治阶级。而广大的属民则依然处于被剥削、被压迫的地位，有的还沦落为奴隶。

在蒙古各部的奴隶制中，奴隶主借助氏族血缘关系统治着世世代代被奴役的部落奴隶。由于氏族血缘关系十分牢固，一直保留着氏族组织，因此，不论奴隶主、奴隶和自由民，他们都清楚地知道自己出身的家族系统。奴隶主就利用这一特点，把奴隶和属民束缚在自己的统治下。当然，要巩固自己的统治，更重要的是依靠镇压奴隶的工具——政权和军队。

蒙古各部的政权，最早出现在 11 世纪末和 12 世纪初，最高统治者称"汗"。11 世纪末，塔塔儿部有诺儿·杯禄·汗，克烈部有马儿忽思·杯禄·汗，乃蛮部有亦难赤·卜古·必勒格·汗。蒙古部则在 12 世纪 20 年代时，由合不勒统一起来。合不勒也称汗。这些奴隶主政权是依靠他们掌握的武装力量维持的。例如成吉思汗兴起之前，统治着蒙古部的泰赤兀氏奴隶主就拥有一支护卫军，蔑儿乞部、克烈部、乃蛮部等也都有护卫军。这些护卫军主要由忠诚地为奴隶主效劳的"那可儿"所组成。各部奴隶主依靠这些武装力量互相攻掠，把抢劫、掠夺作为他们的职责，因此，无休止的战争持续了很长时间，使广大蒙古牧民遭受了极大的灾难。12 世纪末蒙古社会的情景，《蒙古秘史》的这首诗把它如实地反映了出来：

有星的天，

旋转着。

众百姓反了，

不进自己的卧内，

互相抢掠财物。

有草皮的地，

翻转着。

全部百姓反了，

不卧自己被儿里，

互相攻打。

这种情景的出现，不仅是蒙古各部奴隶主互相残杀造成的，也是金朝反动统治的结果。金朝统治者为了防止蒙古的强大和侵扰内地，采取了挑拨蒙古各部关系、使之互相残杀和直接派兵镇压两种办法来对付。他们先是利用塔塔儿部去攻击蒙古部，后来又联合蒙古、克烈部去攻打塔塔儿部，使蒙古各部之间本来就存在的血族复仇战争，连续不断地打下去。金世宗大定年间，金朝统治者还派兵剿杀蒙古人，称为"减丁"，出征的金军大肆掳掠蒙古人民，并把掳掠来的蒙古孩子充当奴婢卖给山东、河北的地主和官僚。在贸易上，金朝统治者

对他们也有很多歧视和限制。因此，蒙古人民对金朝统治者恨入骨髓。

综上所述，12世纪末蒙古社会的图景——清晰地展现在我们面前。一代天骄成吉思汗就是在这样的历史背景中登上历史舞台的。

成吉思汗统一蒙古

成吉思汗（1162—1227年），原名铁木真，蒙古族乞颜部人。大蒙古国可汗，世界史上杰出的政治家、军事家。是蒙古历史上的民族英雄，是对蒙古历史、中国历史乃至世界历史都产生过重要影响的人物。

公元1162年一个风雪交加的冬日，成吉思汗出生于漠北的一个温暖的蒙古包中。据说，他降生时"眼神如火，容颜生光"，手里握着血块，有吉祥之象。当时正好他的父亲率领乞颜部落征讨塔塔尔部落获胜，俘虏了该部的首领铁木真，"铁木真"在蒙语中就是"精钢"的意思。为了纪念出征的胜利，庆贺儿子的诞生，他的父亲就为他起名铁木真，希望他将来能够坚强勇武。铁木真九岁的时候，他的父亲被塔塔尔部落的人毒死，他的家境骤然败落，陷入了悲

成吉思汗

苦的境地。原来的部众见状都纷纷叛离，只剩下孤儿寡母相依为命。铁木真的母亲性格刚强，她忍住悲伤，毅然带着孩子们迁徙他乡，靠采集野果、草根，捕食野鼠等活了下来。备受凌辱的处境和艰苦的生活，使铁木真深受母亲的影响，从小就养成了不畏艰险的性格。

日月如梭，铁木真逐渐长成了一个体格魁梧健壮、智勇双全的小伙子，声望日高。这时，他父亲的旧部也逐渐归附于他的周围。公元1186年，铁木真被

众人推举为"合罕"，成为小部落的首领。三年后，铁木真又被拥戴为"汗"，成为一个更大部落的首领。从此，铁木真大展宏图的时代开始了。为了实现自己的理想，体魄魁伟、相貌威严、气宇轩昂的铁木真逐渐显露出自己的雄才大略。在广袤的草原上，经过接连出击征战，铁木真收服了塔塔尔、克烈、乃蛮、老阳罕等各部落，终于在公元1206年统一了蒙古。这一年，铁木真在斡难河畔大会诸侯群臣，诸侯群臣共同推举铁木真为全蒙古的大汗，并向他献上了"成吉思汗"的尊号，成吉思汗成为蒙古族历史上第一位全族公认的帝王。

大蒙古国的建立，标志着蒙古民族共同体的形成，标志着当时的蒙古高原各部进入了早期游牧封建社会。过去各部落散居四方，语言、文化、种族都有差别，彼此纷争不断，严重地破坏了社会生产和种族的繁衍。成吉思汗统一蒙古后，建立起行政和军事合一的政治机构，实行领户分封制，按等级分封功臣。他还建立了司法部门，颁布了初步成文的法律"扎撒黑"，确定了蒙古的通行文字，并且使宗教也为他的统治服务。确立了蒙古汗国的规模后，成吉思汗又凭借其强大的骑兵，展开了大规模的军事行动。

成吉思汗说过："朕长生天命，一定要统治世界。"一个小小的蒙古汗国，远非成吉思汗的目标，他的目标是称雄世界。从公元1205年起，成吉思汗开始了对蒙古高原周围地区的征服活动。公元1211年和公元1215年，成吉思汗两次大举进攻金国，直到黄河北岸，并占领了金国的中都。进入中原地区以后，成吉思汗得到了大量的人力、物力与先进的军事技术装备，加强了自己的军事力量。从公元1219年起，成吉思汗亲率大军向西大举进攻，攻取了现在的中亚、西亚，并侵入俄罗斯平原，一直打到欧洲中部的多瑙河流域，建立了横跨欧、亚两洲的蒙古大汗国。此时的大蒙古国已经成了地域广袤、民族众多、社会形态多样的大帝国。成吉思汗把这些地区分封给他的四个儿子：术赤、察合台、窝阔台和拖雷，形成后来四大汗国的基础。此外，他对立有功勋的将领也赐予一定的人口和土地。成吉思汗的军事活动沟通了东西交通，促进了中西交流，但在征战过程中，也给这些地区的经济文化造成了严重的破坏。

公元1225年，成吉思汗因西夏国王违约，没有派兵从征中亚，再度亲征西

夏。公元 1227 年，成吉思汗率军强渡黄河，将西夏都城中兴团团包围，西夏政权岌岌可危。正赶上这年六月，这里发生强烈地震，瘟疫流行，病殍遍地，西夏已无力抵抗蒙军。西夏国王被迫乞降，成吉思汗应允，并将部队从六盘山移到清水县的西江。然而，就在这时，成吉思汗本已因长年劳累病弱的身体，因出猎坠马而雪上加霜，危在旦夕。为了防止西夏国听到自己去世的消息会反戈一击，成吉思汗在临终前留下遗嘱："自己死后密不发丧，蒙古大军要一举攻进中兴城，并采取屠城措施，决不留下任何反抗的余地。"公元 1227 年秋天，成吉思汗病逝在渭河边清水县的行宫中，他的儿子强忍悲痛，按照父亲的嘱托一举消灭了西夏。虽然成吉思汗没有来得及实现征服金国的夙愿，但他在遗嘱中也留下了灭金的战略部署："金精兵驻守东潼关，地势险要，难以遽破。若假道于宋，宋、金世仇，必能许我，则军出唐、邓，直捣大梁。金急，必调潼关之兵。然而，以数万之众，千里赴援，人马疲惫，虽至，亦不能战，破之必矣。"这个战略设想，后来由他的儿子窝阔台付诸实施，公元 1232 年，蒙古军果然一举打败金兵。

成吉思汗的战争格言是："对于国家的敌人来说，没有比坟墓更好的地方了。"成吉思汗的一生是叱咤风云、建功立业的一生，换句话说，也是蒙古族的兴起、横跨欧亚的大蒙古帝国建立和发展的过程，是同绵延几十年的军事行动联系在一起的。成吉思汗"深沉有大略，用兵如神"，是组织和指挥这一系列军事活动的最高统帅。应该说，他是 13 世纪世界上无与伦比的军事战略家。他统帅的蒙古铁骑，震撼了 13 世纪的欧亚大陆，甚至在世界历史上都有"黄祸"之称。总之，成吉思汗是古今中外著名的历史人物，同时又是最有争议的人物。七八百年来，中外各国的政治家、军事家和名人学者从不同角度研究和探讨成吉思汗。

臣服"林木中百姓"

成吉思汗虽然建立了蒙古国，但并不等于所有的蒙古部落都已向他低头了。

在辽阔的西伯利亚地区还居住着许多依靠狩猎为生的蒙古部落和属于突厥语族的吉利吉思人。这些蒙古部落由于生活在无边无际的森林中，被称为"林木中百姓"。成吉思汗对"林木中百姓"的征服，是蒙古各部统一的继续。

"林木中百姓"主要生活在今叶尼塞河以东、贝加尔湖周围地区，他们人数较少，经济和文化水平比蒙古高原上的草原部落落后。他们住在白桦树皮覆盖的棚屋里，从事猎兽和捕鱼，以兽皮为衣，桦树汁为饮料。"林木中百姓"的主要部落有：贝加尔湖周围的不里牙惕部（即后来的布里亚特），叶尼塞河上游的斡亦剌部（即后来的瓦剌），靠近吉利吉思部的秃马惕部、巴儿忽惕部等。

成吉思汗等奴隶主对西伯利亚出产的珍贵毛皮是十分羡慕的。因此决定于1207年派他的长子术赤出兵征服林木中百姓。不里牙惕、秃马惕、斡亦剌等部纷纷投降。接着又进兵吉利吉思部。吉利吉思部是突厥语族人，是唐朝时黠戛斯人的后代。公元840年，黠戛斯曾击败回鹘，统治大漠南北，后来臣服于唐朝，部分黠戛斯人退居叶尼塞河上游。蒙古军队来后，吉利吉思的首领表示臣服，将白海青（鹰）、白骟马、黑貂鼠等名贵动物献给术赤。这样，西伯利亚地区的各部落都接受了蒙古国的统治。

蒙古统治者对各部的统治是很残酷的。成吉思汗为了自己的享受，派豁儿赤到秃马惕部去挑选30名美女，引起秃马惕人的极大愤慨，他们把豁儿赤抓了起来；成吉思汗只好派忽都合别乞去镇压，结果又被抓了起来。成吉思汗不得不派他的心腹"四杰"之一的博尔忽领兵前往，不料博尔忽进入秃马惕境内后，被秃马惕人截断去路，抓住杀了。连续损兵折将，使成吉思汗大为恼火，他决定亲征，诸将竭力劝阻，改派朵儿伯领兵马出征，这样才把秃马惕人的反抗镇压下去，并把秃马惕人分给有功人员为奴隶。

畏兀儿、哈剌鲁的归附和西辽之亡

成吉思汗为了使自己的统治范围进一步扩大，攻金灭夏，为元朝的建立奠定了基础。他军事才能卓越，战略上重视联远攻近，力避树敌过多。用兵注重

详探敌情、分割包围、远程奇袭、佯退诱敌、运动中歼敌等战法，史称"深沉有大略，用兵如神"。另一方面，他作战具有野蛮残酷的特点，大规模屠杀居民，毁灭城镇田舍，破坏性很大，另外13世纪主要封建国家社会危机深重，为成吉思汗实行大规模军事扩张提供了有利条件。

13世纪初蒙古周围的形势大体上是这样的：在它的西部有畏兀儿和西辽，在它的南部有西夏和金朝。成吉思汗在征服畏兀儿和西辽的同时，对西夏和金朝进行了骚扰和攻掠。

畏兀儿是突厥语系中文化比较发达的一个古老民族。唐朝时先称回纥，后称回鹘，曾在蒙古高原建立过回鹘汗国，后被黠戛斯击败，被迫西迁。其中有一支迁到今新疆吐鲁番盆地一带，到公元10世纪末期时，地域已扩大到西抵葱岭，东达甘（今甘肃张掖）、肃（今甘肃酒泉）二州，北界天山，南越戈壁，并建立了高昌回鹘政权。其都城在高昌（今新疆吐鲁番东），或称"哈拉和卓"；其首领称"亦都护"。公元12世纪初西辽建立后，畏兀儿臣属于西辽，西辽于畏兀儿境内设立了一个专门监管畏兀儿事务的官员——少监，他像太上皇一样，为所欲为，骄恣用权，激起了广大畏兀儿人民的极端不满。所以，自从畏兀儿沦为西辽的藩属后，境内的社会矛盾十分尖锐，不仅广大畏兀儿人民和西辽统治者之间的矛盾很尖锐，就是畏兀儿统治者与西辽统治者之间的矛盾也很尖锐。

西辽是契丹贵族耶律大石建立的。公元1124年契丹族建立的辽王朝在各族人民反抗斗争的冲击下，在女真军队的打击下，正处于灭亡的前夕。这时辽宗室耶律大石自立为王，率其部众西迁，在我国今天的新疆西部及中亚一带建立了政权，历史上称为西辽，也称"黑契丹""哈剌契丹"。其都城在虎思斡耳朵（在今吉尔吉斯斯坦托克马克以东楚河南岸）。西辽建立后不久便控制了畏兀儿，战败了中亚大国花剌子模，势力扩展到巴尔喀什湖以西的两河流域，成为中亚地区势力强大的政权。

成吉思汗称汗后，虽然统一了蒙古各部，但是蔑儿乞部的首领脱脱和他的两个儿子——忽秃、赤老温，乃蛮部塔阳汗的儿子屈出律，依然盘踞在也儿的石河（今额尔齐斯河）一带。1208年，成吉思汗命速不台和者别分别追袭脱脱

和屈出律。结果，脱脱战死，其子率残部逃奔畏兀儿，当时畏兀儿的亦都护叫巴而术阿而忒的斤，他没有收容他们，还把他们打败后驱逐走了，又派人向成吉思汗通好。1209 年，巴而术阿而忒的斤不满西辽少监的横征暴敛，杀了西辽少监。这时，成吉思汗已派使臣到达畏兀儿，巴而术阿而忒的斤立即向蒙古臣服。1210 年，巴而术阿而忒的斤亲至蒙古朝见成吉思汗，成吉思汗因他主动归附，将女儿也立可敦嫁给他，并给他享有"第五子"的待遇。

在畏兀儿的西部，今巴尔喀什湖东南伊犁河、楚河一带居住着哈剌鲁人。哈剌鲁，唐朝时译为葛逻禄，本来是西突厥的一个部落。公元 9 世纪中叶，回鹘汗国解体后，一部分回鹘人西迁到葱岭以西、葛逻禄人居住的地域，建立了喀喇汗朝，并使葛逻禄人臣服，使他们成为王朝军队的主要支柱，但葛逻禄人常起来反抗。西辽建立后，耶律大石把哈剌鲁人与喀喇汗朝分开，使他们成为单独的汗国，建立汗庭于海押立（今巴尔喀什湖之南塔尔迪库尔干东），西辽派少监监护，与畏兀儿一样成为藩属。西辽少监专横暴虐。欺压人民，再加上哈剌鲁人信奉伊斯兰教，与西辽崇信佛教又有矛盾。1211 年，成吉思汗大将忽必来曾因追击乃蛮残部进入西辽境内，哈剌鲁统治者阿儿思兰汗乘机杀西辽少监归附蒙古。阿儿思兰汗亲赴蒙古朝见成吉思汗，成吉思汗也把公主嫁给他，给予优厚待遇。随后，居住在阿力麻里（今新疆霍城西）的哈剌鲁另一个领袖斡匝儿也归附蒙古。

再说乃蛮部塔阳汗的儿子屈出律，他在蒙古军队的追击下逃奔到西辽。当时西辽的大汗叫直鲁古，他是一个昏庸无能、不理政事的统治者。屈出律奔西辽后，直鲁古对他毫无警惕，反而将女儿嫁给他，并供应他费用去招集乃蛮和蔑儿乞残部，使屈出律势力渐渐增强起来。屈出律为了达到篡夺西辽政权的目的，先是挑起花剌子模与西辽互斗，继而于 1211 年抓获直鲁古，夺取西辽大汗位。屈出律统治下的西辽，阶级矛盾、民族矛盾、宗教矛盾都十分尖锐，政权是极不稳固的。1218 年，成吉思汗命大将者别率两万人进军西辽，讨伐屈出律。者别利用西辽境内的民族矛盾和宗教矛盾，宣布信教自由，并保证对居民不干涉，立即赢得了广大穆斯林的支持，他们纷纷起来杀掉住在老百姓家里的屈出

律的兵士，使蒙古军队很快就占领了西辽都城，屈出律仓皇出逃，者别追至巴达哈伤（今阿富汗巴达克山）地区，屈出律被当地山民擒获，后被者别处死，西辽终于被蒙古军队征服。因此说，西辽的灭亡为蒙古军队的西征扫除了障碍。

灭亡西夏和金朝

众所周知，蒙古国的南方有两个政权：一个是西夏，另一个是金朝。当成吉思汗统一了蒙古各部后，就不断派兵南下。他的主要目的也是两个：一是掠夺财物，供蒙古奴隶主享受；一是灭亡夏、金，达到为其祖先复仇和扩大统治区的目的。西夏地处今天的甘肃、宁夏、陕西北部地区，与金朝成犄角之势，是成吉思汗灭亡金朝的障碍，而且它的力量比较弱，所以，成吉思汗要灭金朝，首先灭西夏。

西夏政权是党项贵族建立的。蒙古兴起时，西夏国王是桓宗李纯佑。当时，西夏名义上称臣于金，但与金的矛盾很深。西夏政权内部也是矛盾重重，贵族之间互相钩心斗角，争权夺利，国力日渐衰落。但西夏的物产很丰富，稻麦五谷、手工业产品特别是铁器很著名。早在 1205 年，成吉思汗的军队就袭击过西夏，大肆掠夺而还。1206 年，西夏镇夷郡王李安全废桓王，即位称帝，是为襄宗。1207 年秋，成吉思汗又以西夏不肯纳贡为借口，再次派兵大肆掳掠。1209 年秋，成吉思汗第三次派兵进入西夏，蒙古军队击败了西夏军队，西夏向金朝求援，金朝却坐视不救，以致蒙古军长驱直入，包围西夏京城中兴府（今宁夏银川）。蒙古军引黄河水灌城，由于堤决，水向外灌，反淹了蒙古军队的阵地，只好撤围。李安全纳女请和，双方达成协议，规定西夏每年向蒙古纳贡。成吉思汗通过三次征西夏，大大削弱了西夏的力量，不仅使西夏不能成为支援金朝的力量，而且加深了金夏之间的矛盾，有利于蒙古对他们的各个击破。

接着，成吉思汗就开始筹划对金朝的进攻。

蒙古反对金朝，在开始时是带有反抗民族压迫的正义性质。如前面所说的，女真统治者为了加强对蒙古地区的统治，对蒙古各部采取了分化瓦解，挑拨离间的政策，并不断派兵屠杀蒙古人民、掠夺子女，经济上又进行了残酷的剥削。因此摆脱女真贵族的压迫和统治是蒙古各部的强烈愿望。

1208年，金章宗完颜璟死，卫绍王完颜永济即位。1210年，完颜永济遣使到蒙古下诏书，要成吉思汗拜受。成吉思汗问道："金朝的新皇帝是谁？"金使说："卫王也。"成吉思汗面向南方吐了一口唾沫，轻蔑地说道："我原来以为中原皇帝是天上人做的，像卫王这样平庸懦弱的人居然也做了中原皇帝，叫我怎么为他下拜呢？"说罢，上马挥鞭北去了。原来，成吉思汗与卫王完颜永济曾经有过一段交往。那是几年前的事情：有一次成吉思汗按照金朝的规定，将贡品送到净州（今内蒙古呼和浩特东北），接受贡品的金朝官吏就是完颜永济，成吉思汗见了他没有按规矩行礼。完颜永济大怒，回朝后曾要求派兵攻打蒙古。他们的关系本来就很不好，现在完颜永济当了金朝皇帝，成吉思汗决心与金朝闹翻，先发制人，派兵攻金。

蒙古灭金的战争前后经过三个阶段：1211年至1217年为成吉思汗攻金时期；1217年至1223年为木华黎攻金时期；1229年至1234年是窝阔台灭金时期。

1211年3月，成吉思汗率领他的四个儿子（术赤、察合台、窝阔台、拖雷）和者别、速不台、木华黎等将领发兵进攻金朝。在发兵前，他登上克鲁伦河畔的一座高山，对天祈祷道："长生之苍天啊！金朝皇帝辱杀了我的祖先俺巴孩等人，假如您允许我去复仇，就助我一臂之力，并让已经死去的人和各位神仙来帮助我。"就这样，蒙古军队在"复仇"的鼓动下，越过大漠南下。事先，成吉思汗从为金朝守长城的汪古人、到中国经商的回回商人那里了解了金朝境内的通道、城市、财产等状况，掌握了金朝统治下各民族之间的矛盾和人民群众反对女真统治的情况。蒙古军队首先进入今河北境内。金将完颜承裕（胡沙）率30万金军于野狐岭（今河北万全南）拒战，成吉思汗率军进攻，金军大败，蒙古军追至浍河堡（今河北怀安东），金朝的主力部队几乎全部被歼。蒙古军乘胜突入居庸关，进攻中都（今北京），不克。另一路蒙古军在术赤、察合台、窝阔台率领下攻取净、丰（今内蒙古呼和浩特东）、云内（今内蒙古托克托东北）、武（今山西五寨北）、朔（今山西朔州）等州，金将纥石烈执中（胡沙虎）弃

西京逃到中都。1212 年，蒙古军队攻破宣德（今河北宣化）、兴德（今河北涿鹿）诸要塞。1213 年秋，蒙金双方激战于怀来（今河北怀来），金将术虎高琪大败，蒙军乘胜攻破紫荆关，夺长城，占南口、居庸关，进而围攻金中都。成吉思汗深知中都城防坚固，不易攻克，决定除继续围中都外，分兵三路深入中原腹地：术赤、察合台、窝阔台率右路军沿太行山南下，抵黄河北岸再折向西北，大掠平阳（今山西临汾）、太原等地；合撒儿（成吉思汗弟）率左路军攻占滦州（今河北滦县）、蓟州（今河北蓟州区），进入东北辽西地区；成吉思汗和拖雷率主力军南下，攻破河间（今河北河间）、济南、益都（今山东益都），前锋直抵邳州（今江苏邳州市）。1214 年春，成吉思汗回到中都城下，准备返回蒙古。这时金宣宗完颜珣派宰相完颜襄为使，向成吉思汗求和。金朝将公主嫁给成吉思汗，并献了大量金帛、马匹、童男女，蒙古军队满载战利品，离开中都北去。

蒙古军队退走后，金宣宗异常惶恐，怕蒙古军队再次南下包围中都，决定迁都汴京（今河南开封）。驻扎在鱼儿泺（今内蒙古达尔泊）的成吉思汗得知这个消息后，借口金朝缺乏诚意，再次发兵南下攻围中都。次年五月，蒙古军占领中都，金朝中都留守完颜福兴自杀。接着，成吉思汗又派兵进攻汴京，直抵杏花营（在开封西 12 里），大掠河南后北去。

成吉思汗的第一次攻金战争，是以反对女真贵族的民族压迫战争开始，以转变成掠夺性战争告终的。蒙古军队所过之处，民舍被毁，人民被杀，金帛人畜被掳。特别是当蒙古军队占领中都后，纵兵掳掠，大火月余不灭，给中都人民带来了无穷的灾难。因此，北方各族人民对蒙古军队的反抗也是十分强烈的。当时山东地方正爆发红袄军农民起义，红袄军本来是反对金朝黑暗统治的，但他们也痛恨蒙古铁蹄的踩蹋，所以当 1214 年蒙古军队再次南下时，红袄军曾奔赴潼关阻击蒙古军队。1216 年，蒙古军队进入河南后，也受到金朝军民的顽强抵抗，迫使蒙古军队撤走。

成吉思汗的攻金战争对蒙古本身也带来了巨大的影响。由于蒙古国的统治地区扩大到黄河流域，使蒙古国的经济基础由畜牧经济逐步转变为农业经济，中原地区的封建政治、经济制度促使蒙古国的奴隶制开始演变，特别是汉化很深的契丹人耶律楚材等知识分子投靠蒙古后，大大加速了蒙古政权采用封建制度的过程。蒙古国占领黄河流域后不仅增强了经济实力，还获得了许多先进的军事知识和武器。

1226 年春，成吉思汗以西夏拒绝派兵参加西征和迟迟不履行交纳质子为理由，发动对西夏的两路进攻。十一月，蒙古军包围中兴。成吉思汗围而不攻，清除周围未下州县，切断西夏退路。1227 年闰五月，成吉思汗到六盘山（今宁夏固原南）避暑。中兴府被围半年，粮尽援绝，军民病困。六月，中兴发生强烈地震，城内房屋倒塌，瘟疫流行，西夏迫遣使请降，称："为了准备贡物，迁民户，请宽限一月，到时亲来朝谒。"成吉思汗同意了。

成吉思汗自六盘山移至清水县的西江（今属甘肃），因染上斑疹伤寒，于七月己丑（公历 8 月 25 日）病死，终年 66 岁。遵照成吉思汗遗嘱，死后秘不发丧，待西夏国主出城来降时，执而杀之。不久，西夏国主李睍投降，被杀，中兴城居民也惨遭杀戮，西夏亡。

成吉思汗在他临死之前，虽然统一了全蒙古，虽然取得了西征的重大胜利，并且即将灭亡西夏，却没有能亲自把金朝灭亡。这是他深为不安的大事。因此，临终前还念念不忘把灭金的战略嘱咐给他的儿子们："金精兵在潼关，南据连山，北限大河（黄河），难以遽破。若假道于宋，宋金世仇，必能许我。则下兵唐（今河南唐河）、邓（今河南邓州市），直捣大梁（即汴京）。金急，必征兵潼关，然以数万之众，千里赴援，人马凋敝，虽至弗能战，破之必矣！"这就是联宋灭金的战略。他还指定第三子窝阔台为他的大汗继承人。

窝阔台即大汗位后，即执行成吉思汗遗愿，一面大举出兵攻金，一面联宋假道灭金。

南宋对蒙古的情况，本来一无所知。1211 年，南宋派使臣出使金朝，方才知道蒙古已经强大起来。于是，南宋朝廷内联金还是联蒙议论不休，举棋不定。到 1221 年时，终于决定采取联蒙灭金的方针。在这之前，蒙古曾派使臣到南宋通好，因此，南宋也于 1221 年、1223 年又两次派使臣出使蒙古，秘密定下了联

合灭金的默契。由于这一默契并未公开，1227 年底蒙古军队突入四川北部诸关隘和 1231 年拖雷入川都是依靠武力夺取的，并遭到南宋军民的反抗。宋蒙双方正式达成灭金协议，那是 1233 年的事。

从 1229 年到 1231 年的 3 年间，蒙金战争并不激烈。1231 年四月窝阔台分军三道，大举伐金。其中拖雷所率右路军先取宝鸡（今属陕西），然后遣使赴宋，要求假道宋境，包抄汴京，结果蒙使被宋将张宣所杀，于是拖雷攻入大散关（在今陕西宝鸡西南），经凤州（今陕西凤县东），进入南宋境内之洋州（今陕西洋县），围攻兴元（今陕西汉中），进取四川北部。十一月，拖雷夺饶风关，取金州（今陕西安康），蒙古军沿汉水东下，直抵邓州（今河南邓州市），终于实现了假道宋境包抄汴京的战略。

但是，金朝虽然腐败，却还有防守能力。特别是归德（今河南商丘）、洛阳、汴京等城市还在坚守，山寨、城堡中还屯聚了不少地方武装。1232 年二月，蒙古军包围汴京。猛攻了 3 个月还是攻不下来。原来，汴京城墙特别坚固，蒙古军用大炮轰击，汴京城墙只是凹下一块，而守城的金兵却用震天雷、飞火枪大量杀伤蒙古军队，蒙古军十分害怕。震天雷是铁罐装的火药，击发后其声如雷，杀伤范围达半亩以上，连铁甲都能击穿；飞火枪是把火药装进火枪内，点着后射程有十余步，也很有威胁。1232 年年底，金哀宗完颜守绪因汴京粮绝，逃奔归德。

蒙古军队虽然取得了不少胜利，但伤亡很大，粮饷十分紧张，一时还灭不了金朝。1232 年十二月，窝阔台派人使南宋，商议夹攻金朝事宜，双方达成协议，蒙古答应灭金后以河南地归宋。1233 年四月，南宋遵约派孟珙进攻唐、邓，击败金将武仙。五月，金哀宗逃奔蔡州（今河南汝南）。蒙古军进而围攻蔡州。八月，蒙古以蔡州城坚池深，久攻不下，又派人使宋，要求发兵运粮支援。同时，金哀宗也从蔡州遣使以唇亡齿寒的道理，要求南宋援助粮食，被南宋拒绝。十月，正当蒙古军队进攻蔡州很不顺利的时候，孟珙率兵 2 万、运粮 30 万石来支援。1234 年正月，宋蒙联合攻破蔡州，金哀宗自缢于幽兰轩，时年三十七岁。至此，立国一百二十年的金朝宣告灭亡。

蒙古进攻南宋和统一吐蕃、大理

宋蒙联合灭金后，蒙古却没有实现将河南地归宋的诺言，反而迫使宋朝将陈州、蔡州西北的大片土地归蒙古占有。蒙宋开始对峙。历史又开始重演了：一百多年前，当女真进攻辽朝时，约北宋联合灭辽，结果辽被灭后女真大举进攻北宋；现在宋蒙联合灭金后，蒙古又大举进攻南宋。

这时的南宋政权已经腐朽到极点。宋理宗赵昀在位达 40 年（1225—1264）之久。他重用丁大全、贾似道等奸臣，面对蒙古的日益强大，不仅不加强国防，坚决抵抗，反而过着纸醉金迷的腐朽生活，对蒙古进攻束手无策，和战不定，把希望寄托在委曲求和、蒙古自动退兵上。

金朝灭亡后，蒙古主力军北还，河南处于空虚状态下，南宋乘机出兵，企图收复洛阳（南京）、汴京（东京）、归德（南京）三京和河南其他地方。1234 年六月，宋理宗赵昀命全子才等出兵汴京，汴京蒙古守将杀长官崔立降宋，宋将赵葵自滁州（今安徽滁县）取泗州（今江苏盱眙北），至汴京会师。七月，宋军入洛阳，洛阳已经近乎一座空城，宋军军饷无着，蒙古闻讯后派军南下，包围洛阳，双方交战后宋军虽然未败，却因严重缺粮，只好弃城而归。在汴京的宋军，也因朝廷不供应粮饷，无法坚守。蒙古军决黄河水淹城，宋军只好退走。

1234 年底，王楫再次出使南宋，责怪南宋当权者破坏协议。

1235 年初，窝阔台大举进攻南宋。蒙古军队分兵三路：西路由窝阔台次子阔端等率领攻取四川；中路由窝阔台第三子阔出等率领，进犯汉水流域和长江中下游；东路由宗王口温不花等率领入侵江淮。

1235 年十月，阔端率领的西路军到达巩昌（今甘肃陇西），原金守将汪世显投降。又攻下沔州（今甘肃略阳）。1236 年九月，蒙古军入蜀，大败宋军，占领成都、利州、潼川三路二十余州。阔端大肆掳掠后，于 1237 年初返回陕西。宋军于公元 1238 年收复成都。

1236 年三月，阔出率领的中路军，进攻郢州（今湖北钟祥）。四月，襄阳宋

将叛降蒙古。十月，阔出在进攻江陵（今湖北江陵）时死去。

　　口温不花、察罕等率领东路军，先于1235年七月攻唐州（今河南唐河），不胜。1236年十一月，口温不花入淮西蕲（今湖北蕲春）、舒（今安徽舒城）、光（今河南潢川）三州，进攻黄州（今湖北黄冈）、庐州（今安徽合肥）等地。1237年十月，宋命孟珙前往援助。

　　1238年十月，宋以孟珙为荆湖制置使，收复荆、襄。孟珙连战皆捷，复信阳、光化、襄阳、樊城，荆襄形势扭转。蒙宋双方曾互派使臣，但未达成协议。1241年，窝阔台死，蒙宋战争暂时休止。

　　蒙古军退后，南宋开始在四川部署防御。孟珙、余玠等先后主持屯田积粮，立寨筑城等，卓有成效。特别是合州（今四川合川）钓鱼山城的修筑，有效地抵制了日后蒙古军的进攻。

　　1251年，蒙哥即大汗位，开始做进攻南宋的新的部署。由于四川宋军防守严密，蒙古军队不敢轻易进攻，便采取绕道吐蕃，进攻云南的大理，然后南北合兵进攻南宋的战略。

《人马图》（元代任人发绘局部）

　　1252年，蒙哥的弟弟忽必烈、老将速不台子兀良哈台奉命出征。1253年秋，忽必烈取道吐蕃向大理进发。当时吐蕃正处于四分五裂的状态。蒙古强大起来后，还在灭西夏之前，有的吐蕃地方势力就已向蒙古表示臣服。后来，窝阔台派阔端和掌握吐蕃地方实权的萨斯迦派宗教首领萨迦班智达在凉州达成协议，吐蕃正式接受蒙古大汗规定的各项制度。忽必烈入藏后，击败了反抗的吐蕃军队，吐蕃归于统一。

1253年十月，忽必烈和兀良哈台率军进入大理境，在金沙江附近降服了大理以北的么些蛮各部，酋长唆火脱因、塔里马等投降。忽必烈遣使入大理招降，结果，使臣被杀。

大理建于五代后晋天福二年（937），缔造者是白蛮首领段思平，辖今云南全境及四川西南境，当时的国王是段兴智，高祥、高和兄弟操纵大权，忽必烈的使臣就是被高祥杀死的。1253年十二月，忽必烈攻占大理城，段兴智逃奔善阐（今云南昆明），高祥逃奔姚州（今云南姚安），蒙古军追至姚州，杀高祥。忽必烈留兀良哈台继续平定大理国境的未征服各部，自己返回蒙古。兀良哈台攻占善阐，获段兴智。自1254年至1256年，兀良哈台先后平定了乌蛮、白蛮、罗罗、金齿、白衣等部，大理国八府四郡内附。

1258年初，蒙哥再次发动三路大军进攻南宋。他亲自率领主力军进入四川；命忽必烈攻打鄂州（今湖北武昌）；又命兀良哈台从云南北上攻潭州（今湖南湘潭），然后在鄂州与忽必烈会师，准备三路军会师后同时东进，直抵临安，灭亡南宋。

蒙哥先派纽磷占领成都，自己率大军攻下利州（今四川广元）及其附近地方，然后沿嘉陵江南下，准备进攻重庆。

1258年底，蒙古军到达合州。合州在嘉陵江东岸，地势险要，是重庆的北边门户。合州宋将王坚调集十七万人增筑钓鱼城御敌，军民抗蒙情绪高涨。

1259年春，蒙宋双方在合州及其周围展开了激烈的攻守战，蒙军始终未能攻破钓鱼城。入夏后，天气炎热，疾病流行，被阻在合州城外的蒙古军病倒很多。随后，蒙哥等率大军攻城，宋军发炮石，蒙哥被击中负重伤，回营后终因伤势严重，死于军中。大汗一死，蒙古军只好撤退。

忽必烈一路于1259年八月渡淮河，入大胜关，抵黄陂（今湖北黄陂北），向鄂州推进。九月，蒙哥死讯传来，忽必烈企图攻下鄂州后再北上夺取汗位，

攻城更加激烈。由于南宋援兵来到，忽必烈一直未能取胜。十二月，在汉阳声援鄂州的南宋右丞相兼枢密使贾似道向忽必烈求和。这时，忽必烈已得知其弟阿里不哥准备在和林（今蒙古人民共和国乌兰巴托西南）即大汗位，于是便采纳谋臣郝经的计策，匆匆与贾似道签订密约：双方以长江为界，南宋每年献银二十万两、绢二十万匹给蒙古。然后，忽必烈急速撤兵北上争夺汗位。

兀良哈台一支军队到达潭州后，因南宋军民奋战抵抗，未能攻下，兀良哈台便绕道北上与忽必烈会师。

成吉思汗西征

成吉思汗为了确定谁当他的继承人，有一天他把4个儿子叫来。当着成吉思汗的面，术赤和察合台发生了争执。成吉思汗对他们说："世界广大，江河众多。使你们攻占外国，去各自分配，扩大自己的牧地。"这段话，就是以成吉思汗为首的蒙古奴隶主阶级的哲学：要想富贵，就去抢掠；要想称王，就去攻占外国。这也是成吉思汗和他的继承者为什么连年累月发动对外战争的原因。

成吉思汗及其继承者对西部的战争，在1218年成吉思汗击败乃蛮的屈出律灭亡西辽以前属于国内民族战争，从1219年成吉思汗亲自率军侵入花剌子模开始，则属于向国外的侵略扩张战争。

蒙古奴隶主早就闻知花剌子模是一个广袤富饶的国家。这个国家原是阿姆河下游的一个古国，到13世纪初花剌子模沙摩诃末时，已控制今天的中亚各国、阿富汗、伊朗这些地方，都城在玉龙杰赤（今乌兹别克斯坦郭耳加纳契），是中亚的一个大国。1218年，有一队四五百个穆斯林商人组成的蒙古商队，受成吉思汗委托，带了500只骆驼运载的金银、皮毛、纺织品等到西方去经商。行至花剌子模边境的讹答剌城（在今哈萨克斯坦奇姆肯特西北），该城守将亦纳勒赤黑以为是间谍，将这个商队全部洗劫，商人被杀。成吉思汗得知后即派专使前往交涉，要求交出亦纳勒赤黑，花剌子模沙摩诃末不但拒绝要求，还把成吉思汗的使者杀了。成吉思汗闻讯后，又是震惊，又是愤怒，气得眼泪也淌了下来。

他一口气登上附近一座山的山顶，脱下帽子，跪在地上求老天保佑。不饮不食，祈祷了三天三夜，方始下山。于是便抓住讹答剌事件，发动了对花剌子模的战争。

1219年秋，成吉思汗率20万军队侵入花剌子模。花剌子模虽然拥有40万军队，又有精良的武器和充足的财富，但是这个国家民族复杂，人心不齐，加上摩诃末独断独行，战斗力很弱。蒙古军队首先围攻讹答剌城，但久不能下。成吉思汗留下察合台、窝阔台攻城，另派术赤率一支军队进攻锡尔河下游各城镇，派阿剌黑等进攻别纳客忒和忽毡（今塔吉克斯坦列宁纳巴德），自率主力进攻不花剌（今乌兹别克斯坦布哈拉）。

1220年二月，成吉思汗到达不花剌。经过三天围城后，守城的将领眼看有城破的危险，无心坚守，只想逃跑，他们乘夜率2万士兵突围。蒙古军毫无准备，只得慌忙撤退。可是，这些一心逃跑的花剌子模将领们不但没有乘势进攻，反而溜之大吉。成吉思汗率军回过头来追击，一直追到阿姆河畔终于歼灭了这支军队。次日，不花剌投降。城中内堡尚有400士兵坚守，12天后也被消灭。蒙古军队在不花剌掠取所有财物后，把它付之一炬。与此同时，察合台、窝阔台攻下了讹答剌，为报复杀害穆斯林商人之仇，他们大肆杀戮；术赤和阿剌黑军所攻占的城池，也遭到了大屠杀。

接着，成吉思汗进攻花剌子模的新都撒麻耳干（今乌兹别克斯坦撒马尔罕）。尽管摩诃末增修了工程浩大的壁垒，调集了波斯、突厥兵4万，还有20只战象，但是腐败的花剌子模统治者毫无抵抗的勇气。初战失利后，城中属于突厥人种的康里士兵纷纷携眷属及辎重出降，法官、僧侣也到成吉思汗军营中商洽投降条件，并开城投降。成吉思汗入城后照样屠杀，连康里士兵也不例外。只留下了3万工匠，把他们押到蒙古军营供驱使。

昏庸无能的摩诃末，眼看自己的城池或被攻破，或不战而降，弄得他神志沮丧，一筹莫展，也不知往哪里逃才好。后来决定采取逃奔哥疾宁（今阿富汗加兹尼）以纠集残兵作抵抗的计划。但是，他的儿子札兰丁坚决反对，力主坚守阿姆河以遏止蒙古兵南下，反而受到摩诃末的训斥。成吉思汗为了生擒摩诃末，派者别和速不台追击。摩诃末只好逃到宽田吉思海（今里海）的一个小岛上，1220 年十二月病死在这里，札兰丁继承花剌子模沙。

札兰丁是花剌子模统治集团中抗蒙很坚决的统治者，他坚定勇敢，有计谋。摩诃末死后，札兰丁决心以旧都玉龙杰赤为基地，抗蒙复国。这时成吉思汗已命术赤、察合台、窝阔台等追来。守卫玉龙杰赤的花剌子模将领帖木儿蔑里，指挥 3 万士兵英勇地击退了术赤的军队。但是，由于花剌子模统治集团发生内讧，一些将领准备谋杀札兰丁，札兰丁只好带着帖木儿蔑里等 300 人逃奔呼罗珊（今土库曼斯坦南部、伊朗东北部和阿富汗的西北部一带），在玉龙杰赤的反札兰丁的势力则拥忽马儿为新沙。札兰丁走后，蒙古军进而围攻玉龙杰赤，忽马儿出城投降。但城中军民继续抗战，蒙古军围城 6 个月付出了极大的伤亡，至 1221 年四月破城。城中军民继续巷战，直到最后牺牲为止。蒙古军除将 10 万工匠遣送军中外，居民大部分被杀。最后，蒙古军队引阿姆河水灌城，将玉龙杰赤城变为一片汪洋。与此同时，拖雷的一支蒙古军队攻占了马鲁（今土库曼斯坦马里）。

这时，花剌子模的力量只存下札兰丁的残余部队。札兰丁在呼罗珊避开了蒙古军队的追击，进入哥疾宁，收集余部，图谋反攻。成吉思汗决定亲自率军追击。其先锋在八鲁湾（今阿富汗喀布尔北）与札兰丁军相遇，被击败。但每当胜利的时候，花剌子模统治集团就发生内讧，札兰丁的部将们为争夺战利品发生争执，纷纷离去。蒙古军队再次发起进攻，札兰丁被迫于 1221 年四月逃到忻都（今印度），在申河（今印度河）被蒙古军打败。札兰丁弃家室辎重，跃马投入申河，游至对岸，后来在外高加索一带继续与蒙古军队作战。

1223 年春，成吉思汗准备进攻印度然后越过雪山（今喜马拉雅山）从吐蕃返回蒙古。由于道路崎岖，气候炎热，只好改由原路退回蒙古。

前面提到，1220 年摩诃末逃跑时，成吉思汗曾派者别、速不台去追赶。现在再把这支蒙古军队的活动告诉读者。

者别和速不台一直追到宽田吉思海西岸，然后攻破阿哲儿拜占（今阿塞尔拜疆）各地。阿哲儿拜占的都城在帖必力思（今第比利斯），当时的阿塔卑叫月

即伯。蒙古大军压境后，年老而嗜酒的月即伯以货币、衣服、马畜等物赠献蒙古，作赎城费，才免遭劫掠。

1222 年初，蒙古军侵入谷儿只（今格鲁吉亚），击败谷儿只王阔儿吉·剌沙。随即逾越太和岭（今高加索岭），侵入阿速部（其驻地在今俄罗斯境内）及钦察草原（波罗夫赤草原），迫使钦察人迁至亦的勒（伏尔加）、涅卜儿（第聂伯）两河之间，与该地之钦察人联合。钦察人也是突厥人种，已经在这里生活了 2 个世纪之久。

蒙古军队追击至克里木，占领速答黑城（今俄罗斯萨波罗什）。钦察部的忽滩汗向南斡罗思（俄罗斯）的伽里赤大公密赤思老求援，于是密赤思老联合南斡罗思诸大公，推乞瓦（今乌克兰基辅）大公罗曼诺维赤为盟主，决定迎击蒙古军于斡罗思境外。

斡罗思和钦察联军虽然人数众多，但缺乏统一指挥，步调不一。1223 年五月，联军与蒙古军激战于迦勒迦河（在今乌克兰境内），联军大败，6 个斡罗思大公阵亡。罗曼诺维赤乞降，结果斡罗思军全被屠杀。蒙古军长驱直入斡罗思境。这年冬，者别和速不台率军经过现在的哈萨克草原东返，与成吉思汗的主力军会合，经撒马尔罕回到蒙古本土。1225 年成吉思汗西征至此结束。

西征结束后，成吉思汗把术赤留在被占领的钦察等地，不久，术赤病死。成吉思汗在中亚各地置达鲁花赤（镇守官），命回回商人牙剌瓦赤总督一切军政事宜。后来又改命牙剌瓦赤的儿子马思忽惕代其父职。

"长子西征" 和钦察汗国的建立

蒙古军队虽然取得一定的战绩，但是并没有完全征服钦察人，更没有使斡罗思人屈服。所以，当窝阔台即位后就考虑再次出兵征服西方诸国的问题了。

在 1235 年的忽里勒台上，决定派遣成吉思汗 4 个儿子的长子、长孙或儿孙率领军队西征。他们是：术赤的次子拔都，察合台的长子拜答儿、孙不里，窝阔台的长子贵由，拖雷的长子蒙哥等，而以长房的拔都作统帅，由老将速不台

任先锋，蒙古军队万户长以下军官的长子也都从军。历史学家把这次西征叫作"长子西征"。其实参加西征的不仅有各系的长子，还有各系长子的弟弟；不仅有蒙古军队，还有许多被征服的各族、各国的部队。

1236 年春，蒙古军队抵达亦的勒河中游，击败不里阿耳人。1237 年春，蒙古军队进击钦察。当时钦察人在"有胆勇"的领袖八赤蛮领导下进行了灵活机动的游击战，他们出没于亦的勒河两岸的森林中，使蒙古军队受到不少损失。后来八赤蛮被俘身死。

蒙古军队在击败了钦察、波尔塔斯、毛而杜诸部族后，进入斡罗思的也烈赞公国。拔都命令也烈赞王献出所有财产的十分之一，也烈赞王不允，求援于兀剌的迷儿公国，遭拒绝。结果也烈赞全境被屠。1238 年初，蒙古军破兀剌的迷儿公国。

由于斡罗思军民的英勇抵抗，蒙古军的伤亡也很重。在攻占兀剌的迷儿公国后，蒙古军折回亦的勒河上游，继续征服太和岭以北的薛儿客速、马里木等部，再破钦察部忽滩汗的军队，忽滩汗被迫率所部逃徙到匈牙利。1238 年冬，蒙古军攻陷长期坚持抗蒙的阿速部人的蔑怯思城。1239 年春，取打耳班，再入南斡罗思境。

1239 年秋，贵由、蒙哥奉命返回蒙古。等他们回到蒙古时，窝阔台已于 1241 年十一月去世。皇后乃马贞氏监国。

侵入斡罗思的军队在拔都率领下继续攻打各公国。当时诸大公之间纷争不已，大敌临头，也不能团结抵抗，纷纷溃逃至匈牙利境。1240 年蒙古军进一步蹂躏斡罗思的伽里赤公国，尽管伽里赤是一个富庶强大的公国，大公答尼勒竟不敢抵抗，也逃奔匈牙利。1241 年侵入东欧的蒙古军队分成两支：一支进入波兰（中国史籍称"昔烈儿"）；一支在拔都、速不台率领下进入匈牙利（中国史籍称"马札儿"）。进入波兰的一支蒙古军摧毁了波兰的守军，接着又在里格尼志堡附近击溃波兰和德国诸侯的联军，进入莫剌维亚，然后进入匈牙利与拔都军会合。匈牙利国由于收容了钦察人，内部矛盾非常严重。后来匈牙利王别剌袭杀钦察汗忽滩，引起钦察人骚乱。拔都率领的蒙古军进入匈牙利后，匈牙

利王连战皆败，蒙古军攻陷佩斯城（今布达佩斯之佩斯），匈牙利全境遭到蹂躏。后来，蒙古军队又进入奥地利及亚得里亚海东岸。

蒙古军队征服斡罗思，侵入奥匈，大大震动了西欧各国，他们惊呼"黄祸"来了。西欧许多城市修筑工事，罗马教皇也发出号召准备组织十字军。但是，由于斡罗思和东欧各国人民的奋勇抵抗，蒙古军队已经无力西进了。1242 年四月窝阔台去世的消息传到蒙古军营，拔都率军东撤。1243 年，拔都在亦的勒河下游的东岸，建筑了萨莱城（今俄罗斯阿斯特拉罕附近），并以此为都城来统治他占领的地域，拔都的统治区叫钦察汗国，也叫金帐汗国。其疆域东起也儿的石河（今额尔齐斯河），西包斡罗思诸公国。

窝阔台死后，汗位争夺很激烈。在 1246 年春召开的忽里勒台大会上，窝阔台之子贵由被推为大汗（定宗）。但拔都拒不参加忽里勒台大会，与贵由关系十分紧张。1248 年初，贵由以养病名义，率军西行，意欲突然袭击拔都。三月，途经横相乙儿之地（今新疆青河东南），得病死。在 1251 年召开的忽里勒台大会上，由于拔都的支持，蒙古诸王共推拖雷的儿子蒙哥为汗（宪宗），从此大汗位由窝阔台系转到了拖雷系的手里。

旭烈兀西征和伊利汗国的建立

成吉思汗西征时，并没有征服花剌子模沙札兰丁。花剌子模王国原是里海之东的小国，都城兀笼格赤（原名花剌模，一作乌尔达赤，蒙古人称玉龙杰赤，在今土库曼斯坦乌尔根奇）。因此，在他返回蒙古时留下绰儿罕继续追击札兰丁。1231 年，札兰丁败亡。后来绰儿罕和拜住继续率领蒙古军队在西亚和波斯用兵 20 年，却并没有全部征服这些地区。

1252 年，蒙哥决定派其弟旭烈兀发动一次新的西征。这次西征除了动用诸王的士兵外，还抽调了 1000 多名中国的工匠从征，其中包括著名的火器专家郭侃。

1256 年，旭烈兀进兵木剌夷国。木剌夷地处里海之南，11 世纪末建国，统

治祃拶答而（今伊朗马赞德兰省）诸山城，为伊斯兰亦思马因派。蒙古军入境后攻陷许多城堡，国主兀鲁兀投降，木剌夷人民遭到残酷屠杀。

1257年，蒙古军队开始进攻报达（今伊拉克巴格达）。报达是黑衣大食阿拔斯王朝首都。黑衣大食建国已500年，一度虽为塞尔柱突厥人占领，但名义上仍为阿拔斯王朝哈里发统治。蒙古入侵时，哈里发穆斯塔辛是一个怯懦无能、只知享乐的统治者。旭烈兀致书哈里发，要他投降。哈里发自认为是"穆斯林国家的共主"，回书拒绝，但又不认真备战。1258年初，旭烈兀用火炮攻陷报达，哈里发投降，被杀。蒙古军队入城后劫掠7天，居民被屠杀的有数十万人之多，阿拔斯王朝的艺术珍品和华丽的建筑物遭焚毁，这座著名的古城被彻底破坏。

旭烈兀继续率军西进，蹂躏了美索不达米亚，侵入叙利亚，逼近埃及。1260年，蒙古军攻陷阿勒波和大马士革，但埃及马穆鲁克苏丹的军队在大马士革以南阿音札鲁特地方大败蒙古军，阻止了蒙古向埃及和非洲的扩张。

1260年忽必烈即大汗位，封旭烈兀于波斯，旭烈兀在自己的封地内建立了伊利汗国。伊利汗国东起阿姆河，西迄小亚细亚，北接钦察汗国，南至印度洋，都城蔑剌哈（今伊朗马腊格），后来移至桃里寺（今伊朗大不里士）。

除了上述钦察、伊利两个汗国外，窝阔台后裔的封地是以塔尔巴哈台为中心的阿尔泰山地区，称窝阔台汗国；察合台后裔的封地是包括阿姆河以东的中亚细亚、谢米列契和今天的新疆天山南北，称察合台汗国。四大汗国名义上是元朝皇帝的藩属，但后来钦察汗国和伊利汗国却成为实际上的独立国家。

东侵高丽

高丽（918—1392），又称高丽王朝，是朝鲜半岛古代国家之一。成吉思汗向外扩张时，高丽由王氏所统治。1216年，契丹人金山、元帅六哥因不满蒙古的统治，率9万人进入高丽。1217年金山等攻占江东城作为据点，金山自称辽东王。不久，统古杀金山，喊舍又杀统古。1218年，蒙古借口讨伐契丹人，遣哈只吉、札剌等侵入高丽，与高丽军合作攻破江东城，喊舍自杀。高丽王王曒称臣，并纳贡方物。1224年，由于蒙古使臣被高丽人杀，两国关系开始恶化。

1231年，窝阔台命撒礼塔率军进攻高丽，华裔高丽人洪福源投降，并协同蒙古军攻克许多州郡。王皞被迫投降。撒礼塔在高丽安插京、府、县达鲁花赤72人实行监督。

1232年，高丽爆发了大规模的反蒙斗争。王皞杀蒙古达鲁花赤，倾朝徙居江华岛抗敌。蒙古再派撒礼塔前往镇压，为高丽军击毙，高丽军收复西京（今平壤）等地。从1233—1241年，蒙古虽多次派军联合洪福源入侵高丽，王皞却始终没有投降。

1241年，王皞派族子王綧入质。贵由、蒙哥统治时期，又以"岁贡不入"为由，四次派兵入侵，对高丽人民进行残酷的屠杀，迫使王皞又派子王倎入朝。直到忽必烈上台后，两国关系方有好转。当时王皞已死，子王供继位，蒙古以高丽"永为东藩"，令其每岁入贡。两国使臣和商旅往来频繁，经济和文化联系也很密切。

元朝建立后，利用高丽做侵略日本的基地，对高丽人民的剥削日益加重，因此，高丽人民曾多次举行反元的武装斗争。

榻前诛天下

成吉思汗的军队回到首都和林后。把当时据有的土地全部分封给四个儿子：今巴尔喀什湖以西至咸海和黑海的广大地区封给术赤；今阿尔泰山以西、阿姆河以东的广大地区，外加上天山南北的西辽河地封给察合台；今巴尔喀什湖以东及鄂华河上游的地区封给窝阔台；剩下的鄂尔浑河和克鲁伦河一带则留给小儿子拖雷。

休整了一年，成吉思汗于公元1226年准备进军西夏。他打算先灭西夏，再灭金和南宋，平定天下，成就大业。谁知人算不如天算，正当成吉思汗踌躇满志地带军队刚离开和林，他的坐骑不知为何突然受惊，将成吉思汗摔下马来。成吉思汗此时已60多岁，被摔得头破血流，当晚就发高烧，说胡话，只得又退回和林。

但是他并不想就此收兵，而是命他的三儿子窝阔台立即派使者到西夏见西夏国王赵德旺，命其投降俯首称臣。赵德旺虽然害怕，但他手下的将士却誓死不降。成吉思汗闻之大怒，带病发兵西夏，西夏大将阿沙敢钵也即刻前往贺兰山阻击。

成吉思汗深懂用兵之道，虽然病重，打起仗来却一点也不含糊。阿沙敢钵有勇无谋，几天时间便败下阵来，只好退守贺兰山寨。蒙古军围攻贺兰山寨，阿沙敢钵几次突围，均未成功。公元 1227 年成吉思汗拿下西凉府、灵叫等地，直取中兴府，同时又分别进攻金和宋。

赵德旺听说阿沙敢钵败守贺兰山寨，急需救援时，连惊带吓，一病不起，没几天就呜呼哀哉了。皇位传于 3 岁的儿子赵睍。兵荒马乱之时，3 岁的孩子哪能稳住阵势，中兴府矛盾重重，一片混乱。

正当征战节节胜利时，成吉思汗又从马上摔了下来，新伤添旧伤，比上次还厉害，摔伤未好，又中了暑气。面对疾病，这位草原巨人显得无能为力，只好把队伍开往六盘山，消避暑气，调治伤病。

无奈，成吉思汗本来已是上了年纪的人，加上新伤旧病，一起攻来，他渐渐失去了往日的风采。他深感自己不行了，忙派密使快马去召几位皇子。当时术赤已经病死，窝阔台正在花剌子模国处理大哥后事，察合台在中原作战，拖雷留守和林。他们都没在父王身边。但听到消息，都飞马赶来，成吉思汗在病榻上看到三个儿了赶来，强打精神，嘴唇抖了抖，刚要说话，忽有人报："启禀大汗，西夏国派使者前来投降。"

成吉思汗闻听此言，猛地坐起，二目如电，病态一扫而光，仿佛变成另外一个人，他沉稳地说道："让他进来见我!"

而西夏使者本来是来探听虚实，进帐一看，成吉思汗威然而坐，哪像有病的样子？他不敢直视成吉思汗，忙低下头，颤声说道："我奉西夏王赵睍之命特来向大汗请……请降，请……请大汗收……收降书。"

成吉思汗冷笑一声，厉声喝道："你岂能代表赵睍？赶紧回去告诉赵睍，让

他手捧传国玉玺亲自来六盘山请降，否则休怪本大汗无情，滚吧！"

西夏国使者吓得屁滚尿流，二话不敢说，回去复命。使者一走，成吉思汗便昏倒在地。拖雷兄弟三人连忙扶他上床，连呼带喊，半晌成吉思汗方苏醒过来。也许他已预感到什么了吧，命拖雷备马随他到帐外看看。拖雷不敢违拗，只得依从。

荒凉大漠的落日下，成吉思汗望着万座军帐，感慨万千。他忽然勒马，回头问他这个最宠爱的小儿子拖雷："拖雷，什么人配称英雄？"

拖雷一怔，随后回答道："父王，当世除了您恐怕没有第二个人配称英雄了。"

成吉思汗听了苦笑着摇了摇头，长叹一声喃喃道："英雄，英雄……"

当晚，一代天骄——成吉思汗病死营中，临终前他嘱咐儿子们，他死后不要发丧，严密封锁消息，提防西夏变卦。汗位由窝阔台继承，察合台和拖雷辅佐。先灭金，后灭宋，万不可同时并举，至于西夏，不可饶。设伏兵在中兴府外，赵睍出来便乘机杀入。切记鸡犬不留，蒙古战刀必诛天下各国矣。

公元 1227 年，一代天骄成吉思汗在六盘山下清水县（今属甘肃）病逝，时年 66 岁。临终之时，仍不忘霸业，指挥若定，威仪天下。

祸起萧墙

历朝历代的帝王之后无不对最高统治者的地位垂涎三尺，成吉思汗的后人也不能免俗。

成吉思汗有四个儿子，大儿子术赤已病死在花剌子模国。剩下的三个儿子中，他最喜欢的是小儿子拖雷，但也正是他对拖雷的喜爱给拖雷招来了杀身之祸。

话说皇子窝阔台趁赵睍出城时，冲入中兴府，大肆屠杀，灭了西夏，又联宋攻金，节节胜利。然后只派速不台带两万军士去追击残兵，自己却带着大部队班师回到了和林。究竟是什么原因让他如此呢？原来成吉思汗这三个儿子中就

数窝阔台最为狡猾。他虽然继承了汗位，却迟迟不愿召开蒙古贵族大会，就是怕二哥察合台、四弟拖雷从中作梗。于是他一定要等到带大部队回到和林，做好周密的计划之后，才召开大会。如果察合台和拖雷稍有不从，便将他们铲除。

公元1229年，窝阔台在和林召开贵族大会。出乎意料的是，大会开得相当成功，强大的察合台和拖雷并没有反对自己，只不过拖雷态度比较暧昧而已。也正因如此，窝阔台便起了杀机。他将二哥察合台支走，派他去治理其封地，然后将四弟拖雷带在身边，伺机下手。

尽管拖雷聪慧，但他怎么也想不到，亲哥哥窝阔台竟忍心对自己下毒手。其实，拖雷并没有非分之想。当初，择定皇储之时，自己年纪尚幼，只知遵从父命。后来想起，也确曾后悔过。但他深爱着父亲，既然父亲如此决定，他便去掉非分之想，一心辅佐三哥，更何况上头还有二哥察合台呢。他也不想兄弟之间互相残杀，岂料三哥窝阔台还是不容他。

窝阔台怎肯让手执重兵的拖雷留在自己身边呢。他想铲除拖雷，只是苦于没有机会。他只好带着拖雷挥师攻金南下，伺机动手。

名将速不台的确厉害，连攻几座城池。金朝的凤翔、长安相继失守，退至潼关黄河一带。拖雷深知潼关险要，非常难打，于是与速不台商议绕道而行，直取金国汴梁。汴梁孤城一座，窝阔台没把它放在心上，对拖雷说："四弟，完颜守绪那小子是个废物，他坚持不了多久，咱们北回吧。"

拖雷点头同意，但出乎意料的是，战无不胜的速不台竟攻不下汴梁。窝阔台表现得很惊讶，连忙带着拖雷又往回返。完颜守绪得知蒙军增援，只得逃离了汴梁，留大将崔立留守。窝阔台闻讯，心放下了不少。一路上与四弟有说有笑，谁知，就在一天夜里，窝阔台忽然病重。蒙古大军只好就地扎营，手足情深，拖雷得知三哥病重，不疑有他，忙来探视。只见军医进进出出，似乎很忙碌，走进帐内，看见窝阔台脸色淡黄，神情有些憔悴，但两只眼睛却很明亮，除说话有气无力外，也看不出有什么病。善良的拖雷除了心疼三哥，丝毫也没有往别的地方想。半个月后，窝阔台病情仍不见好转，他非常生气，斥走军医。他以为自己是中了魔，找来一个神秘的巫师为他降邪。拖雷见了那个巫师心里

很不舒服，但他也不敢说什么。

　　从此，那个巫师每天在窝阔台帐里蹦来跳去，疯疯癫癫，喊些谁也听不懂的话。有时还将窝阔台的大帐捂得严严实实，不知搞些什么鬼。拖雷虽然反感，也不便说什么。这一天，拖雷正在巡营，忽然有一士兵来报，说窝阔台请他到大帐前去议事。拖雷唯恐三哥有什么闪失，慌忙向三哥的大帐跑去。来到大帐，见四周异常安静，只有那个巫师托着个酒瓶站在帐外。拖雷一惊，以为三哥出了什么事，一头钻进大帐。却见三哥端坐在榻上，病虽未大好，但气色比先前好了许多。拖雷施礼问道："大汗，您有什么吩咐吗？"窝阔台看了拖雷一眼，脸上似有不忍之色。半晌方说道："拖雷，你知道，我为何这几日身体一直不适吗？"拖雷以为三哥有了什么别的想头，忙安慰他道："三哥，你可能是太累了，休息几天，就会好的。"

　　"唉——"窝阔台长叹一声，道："四弟，你有所不知。这连日来，我一直与先皇在梦中相会。先皇一心惦记着我们的统一大业，见汴梁久攻不下，甚是担忧。指点我去天神那里请命。可是，军中又怎能离得开我呢？"

　　拖雷一听，心中一动，忙施礼道："大汗，不如臣弟代您去请命。如果大汗信得过我，我即刻前往。"

　　"好！四弟，也只有你前去了，你是我最信得过的人。"窝阔台见自己不费吹灰之力，就让拖雷上钩，嘴角露出了一丝不易觉察的微笑。但他立刻收敛起笑容，着重说道："请法师进来。"

　　帐帘一挑，门口那个披头散发的巫师幽灵般闪了进来。手拿桃木剑在帐内念念有词，片刻之后，只见拖雷竟然脸色惨绿地走出大帐。谁也不知帐内发生了什么。

　　拖雷手下有个亲兵叫乌达，对拖雷忠心耿耿。一见拖雷进了窝阔台的大帐，便有些担心，这时见拖雷出来，忙迎上去。一看拖雷脸色惨绿，走路跟跟跄跄的样子，不由得大吃一惊，扶住拖雷失声道："将军，你，你怎么了？"

　　拖雷软软地靠在他肩上，道："快，快扶我回帐。"此刻他的神智还很清醒。

　　乌达将拖雷扶回大帐，见拖雷神情越来越古怪，急忙问道："将军，你，你到底怎么了？"

"大汗让，让我喝——喝了一杯酒，代他到，到天神那里请命……"拖雷胸部起伏剧烈，呼吸粗重，已是十分无力。

"什么酒？"乌达神情紧张地问。

"不知道，是，是巫师给的……"话未说完，拖雷便沉沉睡去。任凭乌达怎么呼唤，他再也没睁开眼。此时乌达已明白八九分，但他却不明白，以拖雷的才智，窝阔台怎能如此轻易地就骗他喝下那杯酒呢？

其实，拖雷一听三哥向天神请命的话，已明白三哥窝阔台是什么意思。但他觉得三哥只不过是试探自己，所以当即表示愿代他去请命，以消除三哥对自己的疑心，哪知窝阔台竟如此狠毒，连自己的亲弟弟也不放过，待要反悔，已经晚了，拖雷为此葬送了自己的性命。

再说，拖雷死后，那个巫师忽然神秘地失踪了。窝阔台的病也随后恢复。他自己认为做得神不知鬼不觉，却不想，要想人不知除非己莫为。虽然他做得周密，却还是走漏了风声。杀了拖雷，他自以为能稳坐大汗之位，却为自己的儿子树立了强敌，在他死后，也很快受到了同样的惩罚。

初露头角

拖雷死得不明不白，这下可激怒了拖雷的四个儿子，蒙哥、木哥、旭烈兀、忽必烈。四个孩子除四子忽必烈性格深沉外，个个性如烈火，又有武艺在身，经常打架生事。拖雷这一死，他们哪肯罢休？刚听到消息就要拔刀弄剑去与窝阔台理论。拖雷的妻子唆鲁禾帖尼却是一个很有心计的女子。她一下子挡在儿子们面前说："都给我回去，不然就先杀了我，你们再去送死。"

四子一听，垂下头，乖乖回到帐内。唆鲁禾帖尼在帐外察看了一下，走入帐内，长叹一声，小声但却无比严厉地斥道："小不忍，则乱大谋。你们这样鲁莽，你们死去的父亲会放心跟神走吗？"说罢，流下泪来。

四个孩子见母亲如此，都老实了。

日子就这样看似平静的一天天过去。不久，窝阔台收到拔都的一封加急信。大意是钦察草原局势紧张，经常爆发起义，请叔叔出师西征。窝阔台见信大惊，赶忙调兵遣将，派经验丰富的速不台带领皇族长子们出征钦察草原。皇族长子即成吉思汗四个儿子的长子们。术赤的长子叫鄂尔达，但他终年重病，便让嗣位于弟弟拔都；拔都精明能干，因承袭父亲封地，算作长子；察合台长子拜答儿；窝阔台的长子贵由；拖雷的长子蒙哥。他们共带兵 10 万，前线指挥为速不台。

公元 1235 年，大军启程。从北面渡札牙黑河直接杀向钦察草原。15 年前，名将速不台与神箭将军哲别率军从宽田吉思海以西翻越太和岭西征钦察草原。太和岭一战，至今想起仍令人心悸。而神箭大将哲别已客死他乡。15 年过去了，自己也已是一个两鬓斑白的老人。旧地重游，望着广袤无垠的青青草原，老将速不台不禁感慨万千。

但速不台并不是一个轻易服老的人。一路上的胜利，特别是在花剌子模城镇压马合木义军的漂亮仗，使蒙古军军威大振。速不台更是求胜心切，亲身冲锋在前。铁骑飞奔，蹄声如雷，蒙古军闯入钦察部落时，只见茅屋仍在，却不见一个人影，速不台以为钦察人都吓跑了，不禁哈哈大笑。他哪里知道自己此时的处境竟是十分的危险呢？

曾经历过 15 年前那场战争的钦察族老人十分恐惧蒙古大军的再次入侵，但年轻人却是不怕的。特别是钦察族首领八赤蛮武艺出众，有胆有识，机敏过人。年纪虽轻，却名望极高。闻蒙军来犯，早已集结大军 10 万准备与之拼死一搏。

而速不台所进入的无人之境，正是八赤蛮布置的一计。此时他见速不台得意忘形，便瞅准时机，带领伏兵从路边杀出。速不台毫无防备，慌忙应战，结果大败而逃。从未如此惨败的速不台不愧为一名老将，很快扎住阵脚。但他又岂能饶过八赤蛮？这一战，他亲自拎刀与八赤蛮打在一处，但是直到天黑也没分出胜负。回到营中，速不台特别苦闷，心想，难道自己真的老了吗？

恰好蒙哥带的第二队人马赶到。看到速不台闷闷不乐的样子，就给他出主意说："老将军，八赤蛮是员虎将，不要跟他硬拼，要用计谋。我们趁他筋疲力尽，今晚前去偷袭。全力以赴，必会胜利。"

　　速不台看着拖雷这个长子，不禁赞许地点点头。深夜，他们趁八赤蛮尚在熟睡之中，兵分四路，铺天盖地杀向钦察族大营。由于毫无防备，应战仓促，钦察族军队几乎全军覆没。八赤蛮光着脚，拼命杀出一条血路，一个人逃走了。但不久，他便在宽田吉思海边被俘，誓死不屈而英勇就义。蒙哥接到消息，与速不台商量，边围剿钦察族残部边挥师杀进俄罗斯境内。速不台欣然同意，同时也在心中暗暗佩服蒙哥的远大志向。

　　蒙军一路胜利，很快就杀入弗拉基米尔大公国，直扑北俄罗斯名城莫斯科。莫斯科守军头领是弗拉基米尔大公攸利第二的长孙。此人惯会用兵，风闻蒙军来犯，早已准备极多的守城器械。他亲自指挥，拼死作战。蒙军多次强攻，均遭失败。蒙哥与速不台一听大怒，奔到城下，看到蒙军的尸体堆积如山，血流成河，眼睛都红了。从士兵手中抢过绳子，亲自攻城，杀出一条血路，士兵们也顺势杀了上去。莫斯科沦陷，蒙军在城内大肆屠杀。蒙哥傲立在城头，望着远方，威严地说："好，稍做整顿就向俄罗斯首府弗拉基米尔城进军。"速不台闻听此言，再次向这位少年英雄投去赞赏的目光。

　　攸利第二听说莫斯科失守，孙子被擒，发誓一定要讨还血债。他准备前后夹击蒙军。谁料，人算不如天算，他在弗拉基米尔死守，可援军却迟迟未到。七天七夜后，弗拉基米尔城被攻破，两军展开巷战。最后，守军无路可逃，退到一座大教堂内，顽强守战，宁死不降。速不台大怒，放火将敌人全部烧成灰烬。攸利第二非但没有报仇，反而死于乱军之中。蒙军攻克弗拉基米尔之后又疯狂地展开了屠杀，从此，莫斯科的大地上被鲜血染红。

为父报仇

　　成吉思汗的"四獒"之一速不台带领四位皇族长子杀入钦察草原，正取得节节胜利之际，窝阔台忽然来信，要求三位皇族长子贵由、拜答儿、蒙哥速回国，拔都仍为西征统帅，速不台为前线总指挥。信中原因说得明白：只因四位

皇子常私下闹矛盾各自为政，不共患难，十分担忧。速不台看罢，虽觉得三人一走，军中又少了几员虎将，但也不敢违命，只得让三人回去。

蒙哥、拜答儿、贵由三人早已不满拔都的傲气十足，看到大汗的信，也都吵着要回国。而拔都也怕三子争功，战后与他平分战果，反而希望他们越早走越好。留也没留，便高高兴兴地把他们送走了。

蒙哥三人走后，老将速不台带领大军继续西进，无往不胜，很快拿下了所有的城池。拔都大喜，于公元1243年来到亦的勒河，即今天的伏尔加河。以其下游的萨莱城为都，正式建立了钦察汗国。半年后，老将速不台病死，入土安葬时，手中仍握着神箭将军哲别的一支短箭，可见，二人在长年的南征北战、共同患难中结下了多么深厚的友谊。

再说窝阔台，他本来也是一个聪明人，做事坚决果断，做事勇敢。可是继承汗位后，他就逐渐地变了，变得纵情酒色，安于享乐。他非常能喝酒，每天都要喝上几十坛好酒；他又在和林大修宫殿，广选美女。由于纵欲过度，身体很快垮了下来。斗志也就随之而减，每天只知吃喝玩乐，连政务也荒疏下来。大臣们开始时还劝劝，后来一劝他就暴跳如雷，大家也都不敢言了。公元1243年，窝阔台终因酒精中毒而死在他温暖如春的内帐中。

此时，他的儿子贵由尚处在西征归途中。他的妻子乃马真皇后暂时执政。乃马真皇后为了儿子能稳坐汗位，极力笼络人心。她最担心的便是拖雷的遗孀和儿子们。于是她送给拖雷之妻唆鲁禾帖尼一批极其贵重的礼物，想笼络住她。聪明的唆鲁禾帖尼自然明白她的意思，便与儿子们秘密商量对策。深沉而又精明的四子忽必烈劝母亲先收下礼物，稳住乃马真皇后。贵由还未回来，不可贸然行动，否则后患无穷。唆鲁禾帖尼见儿子说得有理，便依计而行。

乃马真皇后见唆鲁禾帖尼收下了礼物，悬着的一颗心才放了下来。公元1246年，乃马真皇后决定召开贵族大会，推举贵由为大汗。而拔都却称病没来。乃马真皇后知道，那一帮人均成不了气候，于是大会在唆鲁禾帖尼等人的支持下顺利举行。贵由如愿坐上了大汗的宝座。可是3个月后，他的母亲却因劳累过度，心力交瘁而死。

乃马真皇后死了，贵由失去一个有力的帮手。唆鲁禾帖尼依然不动声色，因此也就没有引起贵由的警惕。倒是拔都不来参加贵族大会，让贵由怀恨在心。第二年，他便开始削减拔都的兵权，矛头直指钦察汗草原。拔都自然不服，抵触情绪很大。于是公元 1248 年，贵由便以怀念西征岁月，祭拜老将速不台为由，离开和林，率军西行，实际上是想伺机除掉拔都。

忽必烈一见贵由离开了和林，立刻对母亲说："母亲，时机已到，我们可以动手了。"

拖雷死得不明不白，蒙哥兄弟一直耿耿于怀。只是唆鲁禾帖尼唯恐再枉送了四个爱子的性命，便假装顺从，以转移贵由等人的注意力。现在贵由与拔都斗争激烈，正可利用。于是她写了一封亲笔信派心腹快马抄近路送到拔都的钦察汗国，提醒拔都准备应付意外情况。

拔都的弟弟昔班是个血性汉子，见信大怒。而拔都只是嘴角挂着一丝阴冷的笑，因为，他早已想好了一条毒计。他立刻调动人马，做了详细而周密的布置，然后派弟弟昔班前去迎接贵由。

昔班的队伍和贵由的队伍在今乌伦古河上游河曲处相遇了。昔班血气方刚，大老远就扯着嗓门大喊："哎哟，大汗哥哥，我在此等候您多时了，萨业城的子民热烈欢迎您。赶紧带着您的大军进城吧！哈哈哈。"

贵由见他对自己夹枪带棒，大呼小叫，丝毫不客气，不由得非常生气。但他强自忍住，因为他知道昔班性子烈，不好惹。便打着哈哈道："原来是昔班兄弟，好长时间没见，我真是想念你呀！怎么样，今晚陪我喝几杯吧。"

果然，当夜贵由请昔班喝酒。两人喝得大醉，同帐而眠。但是谁也没想到，天亮之后，侍从竟发现二人都死了。全蒙为之震惊。两人到底怎么死的？帐中究竟发生了什么事，恐怕永远也没人能回答了，此桩历史疑案至今仍没有弄清楚。

纷争再起

公元 1248 年，蒙古帝国第三任大汗——贵由离奇诡秘地死于异乡。消息传

到和林，蒙哥兄弟均知计谋得逞，迅速做出反应，着手争夺汗位。

拔都以长门长孙的身份邀集各部召开选汗大会。唆鲁禾帖尼抓住时机，让儿子们都去参加。而成吉思汗家族四个支系中的另外两个支系——察合台系和窝阔台系则以会议召开地点不在和林为由，拒绝参加大会，并且对大会推举蒙哥为汗不予承认。

公元1251年，蒙哥回到和林，再次召开族会。察合台系和窝阔台系仍然没有参加，原因只有他们自己最清楚，那就是他们觉得自己的实力不如另外两系。而术赤系和拖雷系也并不把他们放在眼里，在没有两系参加的情况下，强行通过蒙哥为汗。并且符合族法，即日生效。

察合台系和窝阔台系自知实力不济不去参加族会，并不意味着他们彻底的臣服。而蒙哥他们虽不把他们放在眼里，却对他们此举甚为反感。矛盾逐渐升级。察合台、窝阔台两系知道来明的不行，便来暗的，意欲行刺蒙哥。

一天，失烈门、脑忽、也孙脱等一干人正在密谋怎样暗杀蒙哥，这时蒙哥的弟弟旭烈兀突然带人破门而入。原来蒙哥早已派人监视他们，发现情况，立刻派人前来捉拿，几个人还要反抗。早有七八个小伙子上来将他们按住捆绑起来。当晚，他们便被秘密处死。几天后，连支持他们的海迷失皇后也被旭烈兀装入布口袋，扔进大江。自古皇位争夺都是残酷而无情的，蒙哥也不例外。他很快就将反对自己的势力一一铲除掉，家族内部也死了许多人。就连自己的亲兄弟，他也不放心。怕手足间为此闹分裂，他便将四弟忽必烈派去攻打南宋，派三弟旭烈兀进军西南亚，以分解和林矛盾，巩固自己的政权。

单说蒙哥的三弟旭烈兀。他于公元1252年应蒙哥汗之命前去攻打西南亚。西南亚是指宽田吉思海以南的国家。旭烈兀深知那里地势险恶，城堡都建在半山腰，易守难攻。为确保胜利，他带了许多工匠和汉人发明的新武器——大炮。然后挥师进入西南亚。

公元1253年，旭烈兀率军进入宽田吉思海以南信仰宗教的木剌夷境内。他先派猛将怯的不花带领千人打先锋。刚开始的时候，还很顺利，火炮十分厉害，敌人闻风而逃。可是在攻打地势险要的吉儿都苦堡一战中却损伤惨重，久攻不

下，一连打了九个月都无丝毫进展。

旭烈兀为此忧心忡忡，这时一位谋士向他悄说一计。旭烈兀听了不由得心花怒放。他立刻派人潜入木剌夷都城阿拉模城，全力了解其上层情况。暗地买通木剌夷朝内数名大臣进行挑拨，怂恿木剌夷王之子兀鲁兀发动政变，杀父夺位。旭烈兀趁其内乱之时发起进攻，连取 16 城。兀鲁兀迁都梅迭堡。旭烈兀久攻不下。或许是天意，兀鲁兀弑父难逃罪责。忽然天降大雪，旭烈兀雪后攻城，木剌夷全线崩溃。旭烈兀活捉兀鲁兀及其亲众，押往和林。

平定木剌夷之后，旭烈兀率军向西南方向推进，打入阿拔斯王朝都城报达。此国国王荒淫好色，但他手下却有两名大将，素里曼沙和宰相哀信克。素里曼沙善于作战，多次打退旭烈兀的进攻。后来旭烈兀截断其粮草才使他撤兵。突破素里曼沙所设防线，旭烈兀长驱直入，进军报达城。在底格里斯河东部遭到了宰相哀信克的反抗。旭烈兀派大将只住和怯的不花分上下游偷渡，自己从中路进军。只住偷渡成功，但是却打不过哀信克，只好暂且败退，伺机再攻。当夜，哀信克在低洼处扎营，只住扒开底格里斯河河堤，水淹报达兵，随后出战，大获全胜。怯的不花也偷渡成功，三路军会合后，包围报达城。阿拔斯王朝的君主胆小如鼠，吓的跑进教堂，请求上帝的庇护。旭烈兀将火炮架入战船中，炮轰城墙，那位荒淫的君主只好战兢兢下令投降。旭烈兀最瞧不起这种人，一进城就将他宰了。

木剌夷就是今天的伊朗，阿拔斯王朝报达城就是今天伊拉克的巴格达。蒙古大军已将这两个国家征服，不久又继续向西南推进，占据叙利亚，打到了埃及。

但是，令旭烈兀头疼的是：埃及国王马穆鲁克是个不好对付的人物，反倒将旭烈兀打得惨败，元气大伤，蒙古军被迫暂停西征的脚步。

大理秋歌

元太祖成吉思汗之孙、拖雷长子蒙哥继承汗位后，派四弟忽必烈驻守漠南，

伺机与南宋开战。忽必烈大肆操兵演练，专等蒙哥汗一声令下，便大举攻宋。

但是，蒙哥汗觉得要想征服南宋，最好的办法就是南北夹击。而要这样就必须首先征服地理位置优越的大理国。大理国始建于唐代宗末年，都城在今云南大理县，是个少数民族国家，国土面积只有今云南省和四川西南大。大理国的国君段兴智是个傀儡，政权不在他手中，而是被高祥和高和兄弟俩把持。

忽必烈奉蒙哥汗之命从甘肃进入西藏，以闪电般的速度扑向大理，高氏兄弟对此不以为意，认为蒙军不过是一群乌合之众，没什么好怕的。忽必烈大军渡过大江曾派三位使者前去劝降，结果都被高氏兄弟杀害。忽必烈闻之大怒，于公元1253年农历十二月以猛虎下山之势带兵扑到大理都城下。

本来忽必烈以为，高氏兄弟如此狂妄，必有什么过人之处，哪知一见之下，不过是两个酒囊饭袋。仅仅半天功夫，就将高和斩首。高祥见兄弟死了，城池被打得摇摇欲坠，危在旦夕，他抱着脑袋趁着混乱，惊惶失措地逃往姚州。大理兵一见主帅逃走，退潮似的败下阵来。高祥一路快马加鞭，恨不得肋生双翅，边跑边想："哼，我骑的是宝马良驹，蒙古人除非长了翅膀，否则甭想追上我。"跑出好几百里，马也累得遍体流汗，高祥便下马让马歇歇腿，自己也靠在路边的树下打个盹儿。谁知眼皮一合竟呼呼睡去。睡梦中只觉蹄声如雷，睁眼一看，蒙军已追到跟前。他吓得魂飞魄散，连挣扎也没挣扎一下就被俘虏了。忽必烈看着这个杀了自己三位使者的人，不禁冷笑一声，喝道："来人，给我带回去！"高祥一听忽必烈那冰冷的声音，吓得不禁一哆嗦，一泡尿早尿在了裤裆里。

第二天，高祥被带回大理遭酷刑而死。再说大理那个废物国君段兴智，本来就被高氏兄弟所左右，蒙军一来，攻克大理，高氏兄弟逃走，他更不敢稍做反抗。惶惶如丧家之犬逃往善阐，即现在的昆明。蒙军早已打探清楚回禀忽必烈。忽必烈派人去捉，谁知这个废物皇帝在逃跑这件事上倒是有一些手段。他化装成老百姓，混在其中，竟一时蒙过了蒙古军。他正暗自庆幸，忽见一路蒙古骑兵冲过来，忙向山上跑去，随人流一起躲入一个山洞。蒙古骑兵来到附近，仿佛已觉察到什么，开始仔细搜山。一个骑兵无意中发现了这个山洞。几个骑兵立即点起火把扔进山洞，随着一阵厮打声和惨叫声，几个老百姓模样的人被

拖出洞来。

"将军,你看——"一个骑兵手指着那几个百姓中的一个中年人说:"那个人太像大理皇帝段兴智了!我在他的皇宫中看到过他的画像。"

被称作将军的人是蒙军大将兀良哈台。他闻听此言,顺着士兵手指的方向望去。一看之下,不禁哈哈大笑,道:"大理皇帝段兴智,你,你怎么这副模样,可不让天下人笑煞吗?哈……"

兀良哈台抓获了窝囊皇帝段兴智。忽必烈命人将他带往和林,送交蒙哥汗处理。段兴智一路哀叹,心想自己必死无疑。岂料到了和林,蒙哥汗只是让他缴了降书纳了顺表,却并不想杀他,而是让他继续回大理做他的皇帝。

蒙哥汗这样做也有他的道理。段兴智本来就是一个傀儡,杀了他也没用,与其杀了他,倒不如留着。大理国少数民族多,不易管制,留着段兴智没准能派上用场。况且,留着他总比大理再出一个大有作为的皇帝好。段兴智哪知道蒙哥汗想些什么,还以为蒙哥汗大发慈悲呢,不禁对他感恩戴德。

大理的皇帝虽废物,大理人却不是好惹的。特别是那些彪悍的少数民族英勇地与蒙军展开战斗,忽必烈南征北战,整整用了两年的时间才在大理站住脚。

忽必烈是拖雷四个儿子中最小的一个,也是最像他父王的一个。他武艺高强,聪颖好学。不仅善于用兵打仗,而且深谙治国之道。在大理站住脚后,他就开始张榜安民,并不大肆屠杀,极受百姓拥护。也许正是由于他太出众了,所以遭到了与父亲拖雷同样的命运——受到哥哥的猜忌。

蒙哥汗见忽必烈越来越有威信,深感不安。他疑心忽必烈有谋反之心。派亲王阿兰答儿一干人审查忽必烈手下的官员,甚至动用酷刑。忽必烈闻之大惊,忙赶回和林,把妻儿留下,以示诚心。蒙哥汗见他如此也不好再说什么。

过了半年后,蒙哥汗写信召忽必烈回和林,二人共谋攻宋之大计。从此,蒙宋之战不可避免了。

蒙哥汗归天

过去宋联金灭辽,企图想依靠金朝夺回幽云十六州。谁料,金朝却暗藏心

机，却将矛头直指宋朝，屡次派军南侵，北宋皇帝才知上了当。

吃一堑，长一智，这是中国的古话。南宋当权者却没有遵从这句古话，吸取教训。公元1233年，蒙古统治者提出与南宋联合抗金，南宋欣然应允。在两国夹击下，金亡。然而没过多久，蒙古兵就化友为敌，将矛头指向了南宋，很快攻到洛阳城下，想吞并大宋江山，使宋朝再次上当。

公元1258年，也就是在蒙哥汗平定了大理，为攻宋扫清障碍之后，便开始积极准备攻打南宋了。为了便于指挥，蒙哥汗在桓利滦水的卧龙山，即今内蒙古多伦县北方一带，修建了一座豪华宫殿，不久成为正式的新都。

一切准备就绪。蒙哥汗兵分三路，向南宋大举进攻。第一路是兀良哈台将军率领留在大理的蒙军由南向北；第二路由塔察儿将军带领5万骑兵东下直抵江淮；蒙哥汗亲率第三路军绕过关中，杀进四川，顺江与第二路军和兀良哈台于襄阳城至长沙一线会师，再直捣南宋都城临安。

这次派兵，没有忽必烈什么事。他知道大汗是有意的，他仍在疑心自己。所以忽必烈闷闷不乐地回到帐中。谋士都来劝他，让他少安毋躁，等候时机。果然第二路军在河南大胜关遭到宋军的顽强反抗，蒙军死伤惨重，连主将塔察儿将军也战死了。蒙哥汗率领第一路军快速攻下长沙，但是在合州却遇到南宋的一员名将。在此情况下，蒙哥汗只好派忽必烈去统领第二路军南下。

你道蒙哥汗在合州遇到的是谁？那就是历史上非常有名的王坚。王坚是一位有胆有识之士。蒙军刚刚攻入南京，理宗和部分大臣们有的准备逃走，有的准备投降。只有王坚誓死抵抗。他带领合州军民做了周密的计划，积极备战。他大义凛然地说："生是大宋人，死为大宋鬼，决不卖国求荣！"

果然，蒙哥汗很快便攻到合州城下。蒙军气势汹汹，杀气腾腾。但合州将军王坚却毫无惧色，只是站在城头，仔细观察着蒙军的情况。

"攻城！"蒙哥汗一声令下，蒙军如狼似虎扑向合州城。城上的王坚不慌不忙，看蒙军架着云梯，快要爬上来了，方大喊一声："泼热水！"几百桶滚烫的开水泼下去，纵是铁打的汉子，也禁不住。只听蒙军中一片哭爹喊娘之声。正在云梯上向上爬的士兵把持不住，摔下去，登时脑浆迸裂。一时，蒙军死伤无

数。蒙哥汗见状组织军士头顶硬牛皮甲继续冲锋。谁知，这次宋军不倒开水了，扔下滚木雷石，又砸死许多蒙军。蒙哥汗见状双眼喷火，令蒙军大将纽林亲自上阵督战。岂料宋军又改变了策略，改为放箭，纽森肩膀中箭，狼狈逃回。

蒙军自侵入大宋以来，从未遭此挫折。一时士气大落。蒙哥汗见群情低落，再战无益，急令收兵回营。更令他料想不到的是：当晚王坚竟率众劫营，一把火烧了蒙军无数营帐。蒙哥汗只好后撤10里，两军对峙。

不管蒙哥汗发动多么凌厉的进攻，合州城就如同一只铁桶，纹丝不动。蒙哥汗见来硬的不行，便想来软的。恰好此时有个叫晋宝国的宋将投降了蒙军，而且听说他又与王坚关系不错，于是蒙哥汗便派晋宝国前去劝降王坚。晋宝国自恃与王坚交好，谅他也不能把自己怎么样，欣然前往，对其许以高官厚禄，以诱之。岂料王坚精忠报国，软硬不吃，而且痛恨晋宝国做了叛贼，竟一刀将他杀了，割下头颅挂在城楼上向蒙军示威。

蒙哥汗见晋宝国的头被挂在了城楼上，气极之余，也就死了劝降的心，一门心思攻城。但是合州军民在王坚的指挥下，团结一致，共同御敌，使超过宋军兵力20倍的无敌蒙军整整6个月未能前进半步。

数次强攻失败，使蒙哥汗失去了冷静。这一天，他率蒙军攻城又遇挫折，伤亡惨重。不禁大怒。他脱去袍帽，光着膀子亲自攻城。而王坚在城上看得真切，见蒙哥汗亲自上阵，急令打开城门，意欲活捉蒙哥汗。不料，混乱之际不知从哪飞来一支冷箭，正中蒙哥汗左胸。蒙哥汗登时摔下马去。

蒙哥汗被抢救回营，终因伤势沉重，这位蒙古大汗一命归西了。

争夺汗位

蒙哥汗在攻打合州城时，中箭身亡。消息很快由蒙哥的弟弟木哥传给了忽必烈和旭烈兀。

忽必烈闻讯大惊失色，心知新一轮的汗位之争又将开始，而自己究竟何去何从呢？这一晚，他正在帐内沉思，他的老谋士姚枢走了进来，缓慢而又坚定

地说道："机不可失，时不再来。将军可要三思而后行啊！"

"你是说……让我争夺汗位？"忽必烈闻听此言，心头不免一跳。其实，忽必烈尽管文武双全，在军中颇有威望，又几次受到蒙哥汗的猜忌，但他一直忠心耿耿，从未想过要争夺汗位。这突然的变故，让他一时拿不定主意。但他也真不愧为一代英雄，一听姚枢要他争夺汗位，立刻下定了决心，并且迅速开始着手准备。

蒙哥汗离开和林时并没有确定继嗣，只是留下七弟阿里不哥负责和林安全。阿里不哥为人狡诈。他为拖雷之妾所生之子，早有不轨之心，只是表面上顺从蒙哥而已。此次接到蒙哥死讯，大喜过望，立刻蠢蠢欲动，也准备争夺汗位。他深知木哥和旭烈兀只是一介武夫，不值一提，只有忽必烈是一个难对付的主儿。于是他找来老亲王阿兰答儿商量。阿兰答儿知道阿里不哥没有主心骨，觉得与其让忽必烈继位不如让他继位，这样自己也可从中捞到些好处。于是给他出主意：趁忽必烈围困鄂州未归，派大军占领新都开平，迫使忽必烈称臣。如果他敢反抗，就杀他全家。

阿里不哥一听此计甚好，当即就调 5 万军队，派阿兰答儿去占领开平。这下，阿兰答儿可是骑虎难下了。他知道忽必烈的厉害，心里想要不去，可主意是他出的，只好硬着头皮上。窝阔台系与察合台系素来与拖雷系结怨很深，他们无力争夺汗位，但也不愿意看到强大而英明的忽必烈登上汗位，乐得看他们兄弟自相残杀，好取渔翁之利，因此竟对阿里不哥的反叛行为予以默认。

再说阿兰答儿行军至半路，便得知忽必烈之子真金已做好军事防御准备，而忽必烈也已从鄂州返回，正在归途中。吓得他立刻就地扎营，不敢再去攻占开平。一个月后，灰溜溜地撤军回到和林。阿里不哥非常生气，但也没有办法。

公元 1260 年中旬，忽必烈回到开平，笼络王族，调集军队，没有召开贵族大会便登上了汗位。与此同时，阿里不哥在和林也宣布继位。两人集结军队，准备开战。

忽必烈为人精明，不仅会打仗，而且会治国，他受到许多人的拥护。他仿照中原封建社会的君主制，定立年号为中统。为了战胜阿里不哥，他将中原大

队人马调往函谷关以西，设营于京兆。而阿里不哥为避免被忽必烈包围，将军队也派往函谷关，设营于六盘山。

阿里不哥哪里是忽必烈的对手。不久，兵败的消息传到了和林，阿里不哥大怒。但他除了大骂忽必烈，却没想出好的办法去对付他。骂着骂着，他一眼瞥见旁边的阿兰答儿眯着眼在那儿一副事不关己、高高挂起的样子，不禁生气地说："本汗认为当务之急，就是挽回败局，老亲王德高望重，就替本汗去增援六盘山吧！"

老阿兰答儿本想推辞，却又想起上次自己攻打开平，中途收兵引起阿里不哥盛怒的样子，至今想来，仍心有余悸。于是硬着头皮带兵前往六盘山。军队还没到六盘山，前方的军队已退了下来。随着忽必烈的亲征和林与阿里不哥的逃亡，阿兰答儿的增援全线崩溃。阿兰答儿也落了个被俘身亡的悲惨下场。

至元元年七月（公元 1264 年 7 月），逃亡三年的阿里不哥无处投奔，便向忽必烈投降。从此便确立了忽必烈的霸主地位。

"箭镞" 哲别

哲别是蒙古汗国开国元老，成吉思汗麾下四大名将之一。哲别英勇善战，箭法精准，被誉为"蒙古的后羿"，也被称为"成吉思汗的神箭"。他东征西讨，出征欧洲，直至多瑙河畔，展现了过人的胆识和卓越的军事才能的。那时的欧洲人谈起东方游牧民族的骑射技术，第一个联想到的就是哲别。后来，哲别因为年龄太大和长年征战、鞍马劳顿，于军中病逝。

1201 年铁木真与札木合所率联军会战时，哲别射伤了铁木真的白嘴黄马。泰赤乌部衰落后，哲别投靠铁木真。铁木真将他改名为哲别（意为箭镞），要他"像我跟前的哲别似的保护我"。从此，哲别真的成为铁木真麾下的一员勇将。

从 1211 年起，哲别在征伐全国的战事中屡建奇功。1211 年冬，哲别采用佯败反击的战术攻入居庸关，游骑进入金中都城外。金军来援，哲别返回去又偷袭了金朝的群牧监，把那里的马赶了回来。1212 年冬，哲别攻金东京（今辽宁辽阳），又施退兵回袭之计，连退五十程，而后留下辎重，挑选快马，日夜急驰，突然袭击成功。次年七月，哲别攻取居庸关，成吉思汗遂兵分三路，大举伐金。

1218 年，哲别奉汗命进击据有西辽国土的屈出律。针对屈出律强迫伊斯兰教徒改宗的做法，哲别宣布"每个人都可以有自己的信仰，保持自己祖先的宗教规矩"，因此赢得了当地居民的支持。屈出律从可失哈耳（今喀什）出逃，哲别追上他并将其歼灭。哲别让人拿着屈出律的头传示各地，可失哈耳、押儿牵（今新疆莎车）等城的首领于是都望风归附。凯旋归来，哲别将掳获的 1000 匹白嘴黄马献给成吉思汗，实现了他的一个诺言。因为他当年投奔铁木真，承认射伤白嘴黄马一事时曾说过："对我开恩，我将带来很多这样的马。"

1220 年春，成吉思汗兵锋指向撒马尔干，闻知摩诃末南逃，就命哲别等率领三万精兵追击。哲别挥军渡过阿姆河的主源必阳札卜河，先进抵巴里黑（今阿富汗北境的巴尔赫），随即紧迫到你沙不儿……一路穷追不舍。摩诃末感到厄运难免，不久忧病而死。此后，哲别与速不台继续率军抄掠伊剌克阿只迷诸州和阿哲尔拜占（今阿塞拜疆）、谷儿只（今格鲁吉亚）等国。1222 年春，他们与谷儿只军队遭遇，一举歼灭了三万谷儿只人。

大胜谷儿只军后，哲别和速不台越过太和岭（今高加索山）。北高加索的阿兰人与黑海、里海北边草原的钦察人联合起来抵抗蒙古人。哲别和速不台派人对钦察人说："我们是同一部落的人，阿兰人则是我们的异己，我们之间应该互不侵犯。"同时，还给钦察人送去许多财物。钦察人信以为真，撤了回去，这样，蒙古人战胜了阿兰人。哲别在这次西征班师后不久去世。

忽必烈建元

据《元史》宗室世系表记载，成吉思汗有六个儿子，长子术赤，二子察合台，三子窝阔台，四子拖雷，五子兀鲁赤，六子阔列坚。继成吉思汗成为蒙古可汗的是他的第三子窝阔台。窝阔台死于 1242 年，其后即位的是他的长子贵由。

贵由汗即位后，蒙古帝国内部分裂倾向更为明显，政治动荡，社会经济日益衰败。1248 年贵由汗去世后，他的两个儿子展开了激烈的皇位之争，这就给了拖雷系以可乘之机。这时，术赤家族拥立拖雷的长子蒙哥，派军队护送蒙哥回归蒙古草原，用武力胁迫亲贵们召开"忽里台大会"，推选蒙哥为汗。

1251 年，蒙哥继承汗位，开始大规模削除异己，窝阔台、察合台两系的亲

忽必烈

王们及其亲信大多被杀或被幽禁。蒙哥对自己的兄弟们也不大放心。其弟忽必烈受命经营中原地区，用汉法治理汉地，不但招致蒙古游牧贵族的不满，也使蒙哥大为惊惧。他怕忽必烈的威望日重，会威胁到自己的汗位，就于 1257 年解除忽必烈的兵权，并派人大肆迫害忽必烈的亲信。忽必烈急忙把妻子、女儿送到汗廷作人质，表明自己的忠心，蒙哥这才暂时罢手。

忽必烈主管整个北方地区的军事、行政事务，因此有机会结识了一批有学问的汉族知识分子。像僧侣刘秉忠，学者张文谦、王鹗、郝经、姚枢等，都是忽必烈最亲信的谋士。刘秉忠对忽必烈说："古人说，'以马上取天下，不可以马上治。'成吉思汗皇帝骑马挥鞭，叱咤风云，灭国四十，没几年就取了天下。但是治理国家还要靠典章制度、三纲五常。"

1260 年初，从蒙、宋前线匆匆北返的忽必烈抵达燕京。他在燕京附近驻扎了将近三个月。蒙哥汗亲征时留镇漠北的阿里不哥，竭力诱使忽必烈回到草地，好逼迫他就范，再名正言顺地登上大汗宝座。忽必烈则清楚地意识到，在阿里不哥鞭长莫及的情况下，自己在控制和调动进入汉地的蒙古军及汉军方面拥有莫大的优势与便利，因此他不肯轻易离开经营有年的中原而贸然北上。双方间使臣往返，交涉不断，矛盾日趋激化。1260 年 4 月中，忽必烈拘禁阿里不哥派往燕京的心腹脱里赤，先发制人，在新筑成不久的开平城宣布即大汗位。

拥戴忽必烈最积极的宗王，是成吉思汗幼弟斡赤斤的孙子、在东道诸侯中居长的塔察儿。他曾因攻宋无功而返，受到蒙哥汗的严厉训斥。早在事态还相当微妙时，忽必烈就派廉希宪到军前结欢于塔察儿，相约"若至开平，首当推戴，无为他人所先"。这为日后由塔察儿"率先"，从而诱逼在场的其他宗室"相继劝进"安排了最关键的一着。合辞推戴的诸王，还包括移相哥（哈撒儿子）、忽剌忽儿（合赤温孙）、合丹（窝阔台子）、阿只吉（察合台曾孙）等。一度滞留于汉地军中的蒙哥子阿速台这时已北投阿里不哥，没有与会。

　　践祚次月，忽必烈以《即位诏》颁行天下。诏书明确宣布："祖述变通，正在今日"。它表明了新政权参用中原王朝的传统体制以改变"文治多缺"局面的决心。又次月，复以建元中统诏天下，更明确地强调新政权之为中朝正统、"天下一家"的地位。

　　建国之始最早的新行政机构，是统辖中原汉地政事的燕京路宣慰司。翌月，以王文统、赵璧为中书省平章政事，但这时候的"中书省"似乎还不像是国家正式的中枢机构，建制也极不完备。倒是燕京宣慰司所属的各路宣抚司则渐次创置；不久就进一步完善为十路宣抚司的建制。主持各路宣抚司的官员，大多是汉人（包括祖居中原的契丹人）出身的政治家，少数是汉化程度很高的色目人如廉希宪、赛典赤等。中统元年七月，升燕京宣慰司为燕京行中书省，王文统、赵璧并以中书省平章领行省事，它实际上承担了当时朝廷临时行政中枢的职能。中统二年敦促南宋履行鄂州城下之盟的移宋三省牒文，就是以燕京行中书省的名义颁布的。

　　与此同时，忽必烈又毫不迟疑地着手征调和组编忠于他个人的精锐部队，用以保卫大汗，戍守北方各地，尤其是燕京、开平一线心腹地区。由于蒙哥的怯薛大军在扶枢北归后大都滞留于漠北，忽必烈便在潜邸宿卫的基础上迅速扩充、重建大汗的怯薛部队。此外他还多次征集各地兵员，很快组建起拱卫京畿的侍卫亲军。统领侍卫亲军的，是多年跟随他出生入死的亲信董文炳等将领。立国之初，"目前之急虽纾，境外之兵未戢"（《元史·世祖纪一》）。为防范阿里不哥，朝廷亟命"诸路市马万匹送开平府"，"诏燕京、西京、北京三路宣抚

司运米十万石"至漠南沿线，很快完成了扼守大漠南缘、伺机渡漠远征的战前部署。为了集中力量首先征服阿里不哥，忽必烈在中统头两年对南宋的背约行为也采取极为克制的态度。他虽在蒙宋交界线"置江淮、江汉两大都督，东则李璮，开府益都；西则史权，开府邓州，与宋扬州、襄阳两别帅掎角"。但他的意图只在镇边，并不急于攻宋。国信使郝经被拘，不过遣官诘问而已；宋私商违禁越境买卖，"诏宥之，还其货，听榷场贸易"；甚至当南边将士求战心切，"皆以举兵南伐为请"时，忽必烈也只是下一纸诏文，虚称当待"秋高马肥，水陆分道而进，以为问罪之举"，借以慰抚军心。

忽必烈在漠南抢先即位，完全打乱了阿里不哥的预谋。后者只得匆匆于1260年夏季，在驻夏据地阿勒泰山中，召集留守漠北份地的诸王宗戚，举行大会，并在会上被拥立为大汗。出席大会的，有察合台子哈剌旭烈的寡妻兀鲁忽乃妃子、察合台孙阿鲁忽、窝阔台孙睹尔赤（合丹子）、海都（合失子）、术赤孙忽里迷失和合剌察儿、蒙哥子阿速台和玉龙答失、塔察儿子乃马台、别勒古台之子等。这样就出现了两大汗相抗衡的局面。站在阿里不哥一方的有影响的东道诸王似乎很少，但他从西道诸王那里获得的支持，又要多于忽必烈。尽管当时正在经营西亚的皇弟旭烈兀和立国伏尔加河流域的拔都后王别儿哥，态度都不无暧昧之处，然而替旭烈兀留守漠北份地的他的儿子药木忽儿，最初是支持阿里不哥的。而别儿哥冲制的钱币上刻有阿里不哥的名字，更表明钦察汗国在阿里不哥失败前一直认为只有后者才真正代表了蒙古大汗的统系。

成吉思汗直系各支宗王的政治态度对忽必烈颇为不利。为改变此种局面，忽必烈先派支持自己的察合台后王阿必失哈（阿只吉长兄）急驰西北，企图用他控制察合台兀鲁思的政局，使之与中原汉地势力为掎角，钳制漠北。阿必失哈一行在途经河西时为阿里不哥的军队截留，察合台兀鲁思落入阿里不哥派去的阿鲁忽之手。不久，阿鲁忽和旭烈兀渐与阿里不哥生隙。忽必烈抓住时机，以明确承认二者在各自势力范围内的既有权益为条件，争取他们对自己的支持。他宣布，自阿姆河西至马木鲁克疆界的塔吉克地面当归旭烈兀统治守卫，自阿勒泰山至阿姆河之地则由阿鲁忽镇守。至此，除术赤后王早已分治于钦察草原之外，突厥斯坦西部及河中地区、波斯和呼罗珊也正式从大汗直接领有的国土中分立出来，成为中央汗廷的守藩之国。建国次年，忽必烈与西道诸王的关系基本和解，遂使他得以全力对付阿里不哥。

1260 年秋，阿里不哥兵分两路，大举南下。东路军由旭烈兀子药木忽儿、术赤后王合剌察儿统率，自和林逾漠南进。西路军由阿兰答儿统领，直指六盘山，意在接应从四川前线退屯该地的蒙哥攻宋主力，这支军队在蒙哥死后曾归阿速台节制，阿速台投奔漠北后，一直控制在阿里不哥的大将浑都海和哈剌不华手里。阿里不哥的左路军以宗王为帅，而且直接威胁汉地政治经济中心燕京，因此忽必烈亲自领军逆之，而以移相哥、纳邻合丹（当为合赤温孙）为其前部。移相哥军击溃药木忽儿和合剌察儿，阿里不哥难以继续立足和林，匆匆退到由他继承的拖雷分地吉里吉思。忽必烈大概是循帖里干道，顺利进至和林。其时约在当年初冬。当时和林城的残破或许相当严重，所以到达不久，忽必烈便南至汪吉河（今翁金河）冬营地，以为短期休整。阿里不哥生恐忽必烈乘胜追击，乃遣使假意求宥，并称待马力稍复，再赴阙谢罪。忽必烈深以汉地政局为念，遂留移相哥镇漠北，自己冒严寒逾漠南返。

南指六盘山的西路军虽为偏师，但它牵动川蜀关陕，使那里本已化险为夷的形势又紧张起来。原来早在廉希宪受命宣抚京兆、四川时，屯兵观望于六盘山的浑都海就企图联络阿里不哥遣往关中的刘太平、霍鲁怀及川蜀军中亲阿里不哥的将领发难。廉希宪当机立断，捕杀刘太平、霍鲁怀，以处于弱势的秦巩世侯汪家的军队拒阻浑都海，"但张声势，使不得东"。浑都海果然中计，"闻京兆有备，遂西渡河，趋甘州"，采取了"重装北归，以应和林"的下策。关陕之危竟得安然解脱。可是当阿兰答儿提兵与北归途中的浑都海会师之后，这支军队重又折返东向，并派人约结陇蜀诸将，一时"人心危疑"，朝士至有捐弃两川、退守兴元之议。两军兵锋初接，朝廷方面又先失利，遂愈使"河右大震"。这时候，忽必烈增派的诸王合丹（窝阔台子）、哈必赤（合撒儿子）等率师与汪惟良、八春等"合兵复战西凉，大败之，俘斩略尽"。阿兰答儿、浑都海被擒杀。关陇遂安。

中统二年二月，诏命燕京行省及各路宣抚使北上开平，会议军国大政。三月末，燕京省官毕集开平。本年夏季，除检核钱谷、充实省部、擢用辅弼外，朝廷还为中央和地方官府制定了若干具体的行政条款，行政中枢既经调整扩充，更明确地分为两个班子，以史天泽、张文谦等人留中，王文统、廉希宪等行省事于燕。秋，又置大司农官，并置十道劝农使司，"为之使者，皆取于故国老人、君子长者，亲行田里，谕以安辑，教之树艺"。

溃败远遁的阿里不哥，歇息于吉利吉思；至1261年秋天，元气稍有规复，又举兵东来。他事先遣使向移相哥伪称率众来归，使移相哥疏于防备，因而突袭成功。移相哥大军溃散，和林城再次失守。十月，忽必烈率诸路汉军与蒙古诸王所部再度北征。两军相遇于昔木土脑儿之西，阿里不哥先因所部外剌军队溃败撤兵。待阿速台率领的后继部队赶到，阿里不哥回军再战。其右翼被击败，左、中两翼与忽必烈军鏖战至夜仍不分胜负。自是双方引军后退，相峙于大碛南缘。是年冬末，忽必烈师还，"诏撤所在戍兵，放民间新签军"（《元史·世祖纪一》）。形势似乎缓和下来。1262年，据守和林的阿里不哥因粮饷不继，而由他派往察合台兀鲁思的阿鲁忽又拒绝听命，截留他征集的货物，因此愤而移兵西讨阿鲁忽。阿里不哥自知一旦挥兵西指，和林终将不守，所以临行指令和林城诸长老，许其举城归降忽必烈军。阿里不哥西徙后，忽必烈所部果然不战而收复和林。

1262年冬，阿里不哥在击败阿鲁忽后驻营于阿力麻里。他肆行杀掠，伊犁河流域为之残破不堪。1264年春，阿力麻里大饥，军心愈亦涣散。阿里不哥计出无奈，被迫向忽必烈输诚。长达五年的汗位纠纷由此结束。这次纷争，客观上为蒙古军事贵族中主张"祖述变通"以"补偏救弊"的一派把统治中心从碛北移至漠南，从而更加便利于他们采纳汉法，加强对中原的统治，提供了一个适逢其时的契机。

平定叛乱

忽必烈夺取汗位后，并不等于万事大吉了。是统一还是分裂？是行"汉法"

还是反"汉法"？在统治集团内部发生了长期的争斗。这种争斗发展到一定程度时就出现了武装叛乱。对这些叛乱势力是坚决镇压还是妥协投降？这是摆在忽必烈面前的一个严峻问题。

忽必烈即位后，除了前面讲过的阿里不哥武装叛乱外，较大的叛乱是李璮之叛和海都、乃颜之乱。

李璮之叛

李璮是金末红袄军领袖李全的儿子。红袄军起义最早爆发于 1211 年，他们在杨安儿、刘二祖等领导下曾与金朝统治者进行过英勇斗争，后来杨安儿、刘二祖等先后牺牲，余部由杨安儿妹杨妙真和李全领导，两人结合后队伍逐渐壮大。1218 年，李全降宋，他一面火并其他红袄军，一面在金宋之间要挟，博取高官厚禄。1226 年，李全投降蒙古，换取了"山东淮南行省"的官职。1230 年十月，李全发兵突然袭击南宋的扬州，次年败死。杨妙真逃回山东，李璮承袭益都行省职。

从那以后，李璮在山东擅权达 30 余年之久。他继承其父的衣钵，或假名攻宋，向蒙古要钱要粮要官，或联宋反蒙，发动叛乱。其真正目的是要把山东变成他割据一方的独立王国。

1260 年，忽必烈即位后不久，加封李璮为江淮大都督。李璮乘机谎报敌情，大修益都城堑，骗取赐银、军饷、军械。他的岳丈王文统这时已当上了中书平章政事，他们内外勾结，互为表里，选择时机，准备叛乱。

1262 年（中统三年）二月，作为朝廷质子的李璮之子李彦简溜回山东传递消息，这时阿里不哥的叛乱尚未平定，李璮以为时机已到，遂攻占益都、济南，发动武装叛乱。他将涟（今江苏涟水）、海（今江苏连云港）等三州献给南宋，南宋封他为保信宁武军节度使。其实，这是李璮害怕蒙宋联合夹攻所要的花招。因为在这以前，李璮攻宋都是不遗余力的，这次叛乱又未事先与南宋联系。为了壮大叛乱力量，李璮四处联络汉族地主武装，但几乎无人响应，山东人民也纷纷逃避，叛乱势力十分孤立。

忽必烈得知李璮叛乱后，立即杀了王文统，命诸王合必赤总督各路军马，进攻李璮，来自河南、河北、山东各地的蒙古军、汉军围攻济南，困守在济南的李璮无计可施，被迫投大明湖自杀，由于水浅未死。后被俘杀。1264 年（至元元年），李璮余党毛璋再次发动叛乱，结果兵败被杀。

忽必烈迅速平定李璮叛乱，对于巩固刚夺取的政权、对于巩固蒙汉各族地主阶级的联合统治、对于避免出现分裂割据的局面具有很大作用。李璮之死还有杀鸡儆猴的作用，投降蒙古拥有武装的北方汉族军阀，从此更加死心塌地为新王朝服务了。

海都、乃颜之乱

中统建元和平定阿里不哥后，守旧的蒙古贵族对忽必烈推行"汉法"依然强烈反对。西北藩王遣使到朝廷来，气势汹汹地责问忽必烈："蒙古风俗制度与汉法素不相同，现在你竟留居汉地，建都邑城郭，仪文制度全都遵用汉法，到底是什么原因？"因此，守旧与推行汉法的矛盾，在蒙古统治集团内部依旧很尖锐。

阿里不哥投降后，守旧的藩王以争夺汗位的名义，继续发动叛乱。其中以窝阔台的孙子海都的势力最大，叛乱的时间也最长。

海都以其父合失未能承袭汗位，即自己未能袭汗位为由，一直心怀不满，但苦于兵力不足，只好等待时机。当阿里不哥在和林称大汗并发动叛乱时，他竭力支持阿里不哥。阿里不哥兵败投降后，海都即返还其在叶密立（今新疆额敏东南）的封地，勾结术赤后裔诸王，占有窝阔台汗国封地，组织叛军，时时企图南下。忽必烈为了阻止海都势力的扩张，册封八剌为察合台汗国之汗，以争取察合台汗国服从中央夹击海都。察合台汗国军队在锡尔河南击败海都，海都又求助术赤后王忙哥帖木儿，击败八剌。后来，海都请窝阔台孙乞卜察克调解，双方结盟，海都势力反而伸展到察合台汗国境内。八剌死后，海都于1272年（至元九年）立八剌子笃哇为汗。海都与笃哇勾结在一起，在西北地区不断进行骚扰。

1275 年（至元十二年），忽必烈命皇子北平王那木罕率诸王镇守西北，蒙哥子昔里吉、诸王脱脱木等随行。那木罕驻守阿力麻里（今新疆霍城西北）。脱脱木是成吉思汗弟帖木格斡赤斤的后裔，与忽必烈一直不和，蓄谋叛乱已久。1277 年（至元十四年），脱脱木勾结阿里不哥子药木忽儿、察合台子撒儿班等，劫持北平王那木罕，立昔里吉为帝，率叛军进攻和林。忽必烈急命正在进攻南宋的主帅伯颜率土土哈等北征。伯颜用断绝粮道的办法阻困聚集在鄂尔浑河的诸叛王。土土哈在土拉河和鄂尔浑河两次大捷。1278 年（至元十五年），昔里吉败走也儿的石河，叛军内讧，脱脱木又立撒儿班为帝，药木忽儿不服，执送脱脱木至昔里吉处，脱脱木被杀。撒儿班又执昔里吉押送至忽必烈处，忽必烈将昔里吉流放至海南岛，后来死于该地。

在昔里吉等发动叛乱时，海都又乘机占领阿力麻里，骚扰天山南北。忽必烈特置别失八里和州等处宣慰司，派兵戍守。

为了防止西北藩王的叛乱势力与东北藩王的叛乱势力相联结，1286 年（至元二十三年）忽必烈改山北辽东道宣慰司为东京行省，加强对东北地区的控制。早与海都有勾结的帖木格斡赤斤的后裔乃颜，立即纠集合撒儿后王势都儿、合赤温后裔哈丹等发动叛乱。海都闻讯后，答允率 10 万军队前来汇合。忽必烈一面让伯颜驻军和林，阻止海都东来，一面率军镇压乃颜。1287 年（至元二十四年）乃颜被俘，忽必烈将其处死。1288 年（至元二十五年），忽必烈命皇孙铁木耳率军镇压哈丹，哈丹逃至高丽。1292 年（至元二十九年），在高丽军民的配合进攻下，哈丹兵败自杀。

忽必烈在平定东北诸王叛乱后，置辽阳行省统辖各路，并在叛王封地内设万户府。这些措施大大削弱了藩王的权力，巩固了东北地区的统一。

正当忽必烈镇压东北叛乱诸王时，海都、笃哇等气焰更加嚣张了。1289 年（至元二十六年），74 岁高龄的忽必烈决定再次亲征。海都得知忽必烈亲征，急忙逃遁。忽必烈仍命伯颜负责西北军事。到忽必烈去世前，海都的势力已被逐出金山之外，平定西北叛王的战争基本上取得了胜利。

忽必烈在位 30 多年中，与分裂割据势力和叛乱势力进行了十分激烈的斗争。在军事上对叛乱势力的坚决镇压，对巩固元代多民族国家的统一起了很大作用。

灭亡南宋

　　忽必烈自鄂州撤围北上夺位后，贾似道以"再造之功"班师回朝。为了掩盖那个见不得人的密约，他把忽必烈的使臣郝经长期拘留在真州（今江苏仪征）。昏庸透顶的宋理宗赵昀竟下诏褒扬贾似道，加封少师、卫国公。贾似道更加飞扬跋扈，将左丞相吴潜逐出朝外，贬到循州（今广东龙川西南），曾在潭州、鄂州等地与蒙古军浴血奋战过的向士璧、曹世雄则因"侵盗官钱"的罪名庾死于狱中，曾出兵收复三京的赵葵等人也被罢官。守卫四川的骁将刘整因与主帅俞兴不和，以泸州等15郡，户30万投降蒙古。南宋政权在贾似道等人的把持下，覆亡的命运已经注定了。

　　1267年（至元四年），忽必烈在平定了阿里不哥和李璮的叛乱后，以南宋扣留郝经为理由，再次大规模发兵进攻南宋。忽必烈用阿术为主帅，采用南宋降将刘整"先事襄阳，浮汉入江"的建议，把攻击目标直指南宋防御蒙古最重要的据点——襄阳。

　　襄阳地处汉水中游南岸，与北岸的樊城相对，是扼守长江的屏障。金亡后，宋蒙多次争夺襄阳，但自1239年孟珙收复襄阳以来，蒙古军一直未能攻下。襄樊两城城防坚固，兵储足够支持10年，特别是广大守城军民有着决心与来犯之敌决一死战的大无畏英雄气概。这次阿术、刘整等率蒙古军再次来攻后，虽然用了筑堡、封锁、强攻等方法，使襄樊处于孤立无援的境地，但一直未能攻陷。

　　1271年（至元八年）五月，蒙古又调四川等地军队，水陆并进，加紧包围襄樊。在形势十分危急的情况下，襄樊城内的广大军民依然斗志高昂。这时，由于两城已被围5年，城里特别缺少盐、柴、布匹等物。1272年（至元九年），南宋援军李庭芝驻郢州（今湖北钟祥），招募民兵三千，由张顺、张贵率领，沿清泥河乘船运送物资，强行突破元军封锁去襄阳。张顺号称"竹园张"，张贵号称"矮张"，都是智勇双全的勇将。这3000民兵明知此去九死一生，但人人感奋，决不动摇。元军为封锁襄樊，用铁链、木筏填塞江口，简直无隙可通。张

顺、张贵率轻舟百艘，顺流而下，元军见张顺、张贵突如其来，夜中不敢交锋，张顺、张贵转战120里，黎明抵达襄阳。城中宋军久不见援军，此时欢欣鼓舞，勇气百倍。但这时独不见张顺，数日后张顺尸体在江中浮起，身中4枪6箭，手执弓矢，怒气勃勃如生，南宋军民惊叹不已。几天后，张贵又带领能浮水中数日的水手2人，泗水去郢州，约宋将范文虎发兵夹击元军。不幸途中负伤被俘。阿术劝降不成，张贵被害牺牲。张顺、张贵可歌可泣的事迹激励着南宋军民的抗元斗争。

1273年（至元十年）正月，元军采用张弘范计，断襄樊之间水上联络，又用西域"回回炮"攻樊城，樊城陷落。宋将范天顺力战不屈，城破自缢死。宋将牛富率百余人巷战，重伤投火死。二月，襄阳守将吕文焕投降元朝。至此襄阳保卫战结束。

襄樊失守后，等于打开了南宋的大门。1274年（至元十一年）忽必烈命左丞相伯颜率师南下。伯颜分军两道：一路以合答为主帅，刘整为先锋，进犯淮西淮东，直下扬州；一路由伯颜、阿术率领，吕文焕为先锋，沿汉水入长江，沿江而下，直趋南宋都城临安（今浙江杭州）。

伯颜所率领的这支元军，顺汉水南下，包围郢州，南宋守将在汉水中设防坚守，元军被迫绕道，进攻沙洋。沙洋守将王虎臣、王大用坚决抵抗，元军用金汁炮焚毁民舍，突破城防，占领沙洋。再围新城，新城守将居谊拒战，城破后牺牲。元军进入长江，攻下要塞阳逻堡，南宋汉鄂舟师统帅夏贵逃跑，汉阳、鄂州相继降元。伯颜派阿里海牙守鄂，并由鄂进兵湖南，自率大军沿江东下。长江两岸的宋军毫无斗志，纷纷不战而降，黄州（今湖北黄冈）、蕲州、江州（今江西九江）被元军轻取，范文虎亦以安庆降元。

1274年七月，南宋度宗赵禥死，幼子赵㬎即位，是为恭帝，朝政仍由贾似道控制。十二月，在朝野压力下，贾似道被迫出兵应战。次年二月，贾似道率各路精兵7万驻芜湖，准备迎战元军。同时又派使臣去元兵军营，要求议和，遭伯颜拒绝。元军发起进攻，双方激战于池州下游的丁家洲，元军在长江两岸立炮轰击宋舰，并以大船数千艘乘风冲击宋舟船，宋军大败，杀溺死者不可胜数，军资器械尽为元军所夺。贾似道败逃，朝野对贾似道祸国殃民的罪行怒不可遏，朝廷不得已贬贾似道于循州，押送途中被看管人员杀死。

元军在丁家洲大胜后，沿江太平、和州、无为诸城纷纷降元。1275 年三月，元军占领建康（今江苏南京），接着又攻占镇江、常州、无锡等地。元军占领常州后不久，张世杰即遣刘师勇等克复，十一月，元军再破常州，守将姚訔、刘师勇等坚持巷战，全城惨遭屠杀，只刘师道等 8 人逃出。

元军进逼临安，谢太后（理宗后）下诏勤王。可是，各地官员响应的很少，只有赣州（今属江西）知州文天祥和郢州守将张世杰率兵入卫临安。文天祥是庐陵（今江西吉安）人，他以状元当上了赣州知州，勤王诏下后，他招募了 3 万士兵星夜赶来，却遭到宰相陈宜中的拒绝，派他到平江（今江苏苏州）做知府。元军进攻临安，形势十分危急，文天祥又奉命守余杭附近的独松关，这时元军已先破独松关，而平江亦已失守，文天祥只好去临安。张世杰是北方大地主军阀张柔的部下，张柔投降蒙古，张世杰南下投宋，在抗击蒙元战斗中英勇善战，但陈宜中对他很不信任。临安危急时，文天祥、张世杰都到了临安，他们主张让谢太后、全太后（度宗后）、恭帝入海，留下自己背城一战，但陈宜中不许。陈宜中多次与伯颜洽谈投降事宜，但没有成功，竟撒手不管逃到温州去了。谢、全两太后只好任命文天祥为右丞相兼枢密使，派他去元营谈判。文天祥到元营后，不顾伯颜的威胁利诱，始终坚持先撤军后谈判的立场，伯颜无可奈何，把他强行扣留在军营中。1276 年（元至元十三年，南宋德祐二年）元军进入临安，谢太后率赵㬎投降，谢、全太后、赵㬎等被俘送大都。南宋灭亡。

临安失陷后，江浙、江西、湖南等地大部分被元军占领，但各地的抗元斗争仍在继续进行，特别是扬州、潭州、合州等地的抗元斗争更是英勇壮烈。

守卫扬州的是抗元英雄李庭芝。他早年在孟珙部下任职，孟珙死后便一直驻守扬州，襄阳失陷前，蒙古军队在合答、刘整率领下多次进攻扬州，李庭芝坚壁固堡，英勇抗击，打退了敌人的进攻。襄阳危急时，李庭芝奉命率军支援，却遭到范文虎的排挤，但仍为襄樊保卫战做出了很大的贡献。襄阳失陷后，元军攻扬州，他继续坚守。临安被元军占领后，投降元朝的谢太后曾两次命令他

投降，谢太后派使臣到扬州城下，送书给李庭芝说："我和皇帝已经臣服了元朝，你还能为谁守城呢？"李庭芝怒不可遏，以射杀来使作为对谢太后无耻投降的回答。1276年七月，益王赵昰诏李庭芝南下会合，李庭芝命部将朱焕守扬州，自率7000人经泰州入海。不料朱焕以城降元，李庭芝被困于泰州，被俘牺牲。

1275年三月，元军阿里海牙攻占岳州（今湖南岳阳）。1276年正月，阿里海牙攻潭州，守将李芾坚守了3个月，城破，李芾命部将沈忠杀李芾全家，沈忠忍痛杀李芾全家，然后又杀自己一家，最后自刎身死。

阿里海牙入广西，邕州（今广西南宁）知州马塈率所部及少数民族兵坚守静江（今广西桂林）3个月，前后百余战，宁死不屈。阿里海牙、忽必烈多次诱降，均遭拒绝。外城破，马塈率战士坚守内城，再破，巷战牺牲。其部将娄钤辖又死守月城十余天，最后自焚而死。

四川军民从1234年蒙古军入境到1278年合州失守，进行了40多年的艰苦斗争。1267年，蒙古军数万进攻合州，为宋军击退，有力地支援了襄樊保卫战。1275年，元军在击败了南宋主力后再次大举进攻四川，包围重庆，合州守将张珏率兵支援，重创敌军。但因双方力量悬殊，四川大部州郡失陷。1278年，元军攻陷重庆，张珏率军巷战，不敌，以小舟走涪州（今四川涪陵），不幸被俘，在解送大都途中自缢而亡。

下面再讲南宋最后两个小皇帝被消灭的情况。

临安失守前夕，益王赵昰和他的弟弟广王赵昺（他们都是度宗妃杨氏所生）逃到永嘉。1276年五月，赵昰在福州（今属福建）被张世杰、陆秀夫拥戴为帝，是为端宗。这时文天祥已从元营逃出，抵达永嘉，又到福州，被赵昰任命为右丞相。他们重新组织残余部队继续抗元。1276年，文天祥到江西，收复宁都、雩都（今江西于都）等地，一时军心大振。但是福建方面却节节败退。十一月，赵昰逃到泉州（今属福建），又逃到潮州（今属广东）。回回大商人蒲寿庚以泉州降元。1277年（至元十四年），文天祥、张世杰在江西、广东继续抗击元军，各地纷纷响应，特别是福建农民起义领袖陈吊眼、许夫人等，率汉、畲各族人民投入了反元斗争，使南宋兵势稍有振作。年底，赵昰逃到香山（今广东中

山）。

1278 年初，赵罡逃到广州（今属广东），又逃至硇州（今广东硇州岛）。四月，赵昰病死，弟赵昺即位。六月，赵昺逃至广东新会海中的压山，元将张弘范以水陆师 2 万来攻。十二月，文天祥被俘于五岭坡（今广东海丰境内），张弘范要文天祥投降，文天祥严词拒绝。他面对珠江口外的零丁洋，抱定必死的决心，写下了悲壮的《过零丁洋》这首著名的诗篇。其中"人生自古谁无死，留取丹心照汗青"之句，表达了他为反对蒙古贵族发动的战争而决心献身的高尚品质，成了几百年来激励人们为正义而献身的名言。后来张弘范不得不把他送到大都，1283 年（至元二十年）正月十七日，文天祥在大都柴市口就义，当时他只有 47 岁。

公元 1279 年（元至元十六年，南宋祥兴二年）二月，元朝水军在压山海面发起总攻势，南宋水军大败，陆秀夫抱赵昺投海溺死，张世杰突围后遇到大风海啸，水船覆没淹死。从此，南宋的残余力量全部消灭。

元朝的大统一

蒙古国经过长达 40 年的战争，终于最终完成了全国的统一大业。但是，在 12 世纪末、13 世纪初时，作为中华民族占大多数的汉族，当时没有一个强有力的政权，腐败无能的南宋政权根本不可能担负起统一全国的历史重任。忽必烈作为蒙汉各族地主阶级的总代表，在政治上主张采取"汉法"，抛弃蒙古旧俗，坚持统一、反对分裂，是比较有力量、有生气的，因此，统一全国的历史重任就在他统治时期完成了。

实现全国统一，这是历史的进步现象，元朝实现大统一以后的几百年历史证明，元灭宋是历史的进步，而不是历史的倒退。元代在中国统一的、多民族国家历史发展过程中，占有很重要的地位。

我国作为一个统一的多民族国家已有 2000 多年的历史，在这 2000 多年中，大部分时间是汉族建立的封建王朝统治着全国，也有少数民族建立的封建王朝统治着全国。我国既然是一个多民族国家，任何一个民族都是有资格成为全国的统治民族的。在封建时代里，全国的统一几乎都是通过战争来实现的，要实现各民族的平等联合，在那个时代是不可能的。特别像忽必烈这样一个少数民族的统治者，为了实现和巩固这种统一，就不可避免地要采取阶级压迫和民族压迫的政策。所以，我们肯定元朝统一对祖国历史发展的作用，并不是肯定以忽必烈为首的元朝统治者所采取的阶级压迫和民族压迫政策。同样，各族人民反对元朝统治者的阶级压迫和民族压迫，反对蒙古贵族的军事占领，都是正义的。文天祥等南宋将领的抗元斗争也是正义的，因为在反对外来民族压迫上，文天祥维护了汉族的民族利益。但是我们肯定文天祥的反元斗争，并不是肯定他忠于腐朽的南宋小朝廷的忠君思想。元朝统一全国过程中出现的这些错综复杂现象，我们都要一一加以具体分析，然后辩证地把它统一起来。

元朝的统一在中国历史上具有很重大的意义，归纳起来就是：

首先，元朝的大统一使我国历史上较长时间的分裂割据局面结束了。自从唐末藩镇割据以来，我国先后出现了五代十国的分裂，辽、宋和金、宋的对峙，西夏、蒙古、高昌、大理、西辽、吐蕃等民族政权的并存，这种分裂达三四百年之久。长期的分裂割据阻碍了各族人民之间经济、文化的交流，影响了多民族国家的继续发展，是不符合历史发展的需要和各族人民要求统一的愿望的。忽必烈把各割据政权统一于强有力的、中央集权的元朝之下，这是与多民族国家进一步发展的趋势相适应的。元朝时，中央与地方、中原与边疆的联系十分紧密，这就为以后各朝代我国基本上保持统一局面打下了坚实的基础。

第二，元朝的大统一促进了国内各民族之间联系的加强，有利于边疆民族地区的开发。由于全国各民族生活在一个没有此疆彼界的共同环境里，使他们在共同的反抗阶级压迫和民族压迫、共同的生产斗争中，进一步密切了原有的政治、经济和文化联系。许多少数民族进入中原地区，他们带来了少数民族的生产技术和文化艺术，丰富了中原地区人民的经济、文化生活；许多汉人迁到蒙古、西域、东北、云南地区，带去了汉族地区先进的农业、手工业生产工具和生产技术，为祖国边疆的开发，做出了贡献。元朝时期，由于大批少数民族留居中原，他们接受了汉文化，出现了许多用汉文从事著作的文学家、艺术家、科技家，他们为灿烂的中华民族文化做出应有的贡献。

第三，元朝的大统一为祖国的科学技术的发展提供了良好的条件。由于元朝版图辽阔，南北统一，对天文、地理、水利、农业等学科的发展特别有利。杰出的天文学家郭守敬就是利用了这些条件，开展了世界天文史上规模空前的实测活动，从北纬65°到北纬15°的范围内设立27个观星站，得到了当时能够得到的最科学的数据，编出了水平很高的《授时历》；都实探索黄河河源、《元一统志》的编纂、王祯总结全国范围的农业生产经验，以及航海、气象、水利等方面的成就，无不与元朝的大统一有关。

第四，元朝的大统一还大大加强了中外交通和中外关系。蒙古向外扩张和各汗国的建立，客观上打通了中国与外国之间的交通往来，元朝与各汗国之间的往来频繁，与欧洲、亚洲、非洲各国的联系也很频繁，中国的航船一直到达非洲，我国的四大发明——印刷术、火药、造纸术、指南针通过阿拉伯人传入欧洲。中国的商品远销世界各地。来自欧、亚、非的各国客人，长期居住中国，其中最著名的要算意大利商人马可·波罗、摩洛哥人伊本·白图泰等，他们回国后又把中国的情况介绍给世界各国人民。外国的许多科学文化也传到了中国。中国人民在元朝时对世界的了解比过去更多了。

阿合马、桑哥事件

忽必烈统治的30多年，是从连年不断的战争向举国安定过渡的时代。诸王叛乱、南下灭宋、镇压反元武装起义，迫切需要军饷；百废待兴、恢复封建经济，迫切需要金钱。因此，谁善于理财，谁就受到忽必烈的重用。忽必烈时期主要帮助他管理财政的是花剌子模人阿合马、汉人卢世荣和吐蕃人桑哥。他们3人在旧史书里是大大有名的奸臣，其实他们做的事未必每件都是坏事，在理财上他们都有一套本领，如果没有足够的金钱，忽必烈是办不成这么许多大事来的。正因为忽必烈宠信他们，他们自以为理财有了功，就居功自傲，专权不法，

干了不少坏事，引起了统治集团中其他人的不满，最后遭到杀头的下场。

1262 年（中统三年），阿合马任诸路都转运使，专理财政，他在钧州（今河南禹县）、徐州（今属江苏）兴办了炼铁业，每年产铁 103.7 万斤，铸成农器 20 万件，换成官粮 4 万石；又因太原私盐盛行，盐课收入大减，他大大增加了当地赋税，不论僧道军民户，一律不得免税，于是收入大增。这两件事办成后，忽必烈非常高兴，升阿合马为中书平章政事。从此，阿合马深受忽必烈宠爱，日益骄横，连中书右丞相安童也不在他眼里，左丞相史天泽等也常被他弄得很窘。他还让他的儿子忽辛当大都路总管，又不通过中书省，安插自己的亲信任要职，还依仗自己的理财特权，派人经商，从中获得巨额财富。1278 年（至元十五年）中书左丞崔斌上书，揭露阿合马任用亲信，一家身居要职等罪，忽必烈罢免了阿合马子侄们的职务，但仍对阿合马十分信任，并认为他有当宰相的才能。1280 年（至元十七年），阿合马以清理江淮钱谷的名义，打击诬陷异己。当时崔斌已调任江淮行省左丞，阿合马乘机诬陷他与江淮平章阿里伯、右丞燕帖木儿等盗官粮 40 万、擅自更换朝廷任命的官员 800 人，加以杀害。皇太子真金知道这件事后，立即派人去制止，竟来不及了。

阿合马搜括钱财，结党营私，排斥异己，大失人心。1282 年（至元十九年）三月，益都千户王著秘密铸造了一个大铜锤，准备击杀阿合马。这时正好忽必烈和皇太子到上都去了，阿合马留守大都。王著知道皇太子很痛恨阿合马，就伪装皇太子返京作佛事并假传太子命令，命阿合马等中书省臣来见，当阿合马来迎接假太子时，王著对他加以痛斥，并用铜锤把他打死了。王著被捕处死，临刑时高呼："王著为天下除害，现在虽然死了，日后必有人为我载上史册！"后来忽必烈知道了阿合马的罪恶，下令剖棺戮尸，他的死党和忽辛等 4 个儿子都被处死。

阿合马死后，朝廷里没有人再敢言及理财的事了。总制院使桑哥推荐卢世荣到朝廷来理财，忽必烈任命卢世荣为中书右丞。卢世荣上任后提出改革钞法、制定市舶条例、将没收来的各地富豪私造的铁器买去以充实常平仓、官营酿酒、于上都等地收购羊马选蒙古人放牧、选拔阿合马原来任用过的一些理财能手等

一系列主张，忽必烈一一采纳。卢世荣得宠后，引起了一批官僚的反对，纷纷上奏弹劾，他干了不到一年，就被杀了。其实卢世荣被杀是有点冤枉的，他的理财措施有不少还是可取的，只是因为触犯了不少富豪、官僚、贵族的利益，在当时统治集团内部矛盾很深的情况下做了牺牲品。

1286 年（至元二十三年）卢世荣死后不久，忽必烈起用桑哥理财，第二年任命为平章政事。他更改钞法，发行至元钞，解决了朝廷的财政危机，于是声名大著，升任尚书右丞相兼总制院使。接着，又清理江南六省钱谷，增加江南赋税和盐酒醋税，大大加重了剥削，引起了天下骚动。他的权势非常大，一些阿谀逢迎之徒，特地为他立了德政碑。桑哥更加跋扈，于是顺我者昌，逆我者亡，任意调动内外官员，官爵刑赏全凭钱买和贿赂，引起了一批朝臣的反对，纷纷上奏弹劾。当时百姓失业，起义烽火连年不断，忽必烈深感事态严重，为缓和社会矛盾，于 1291 年（至元二十八年）把桑哥杀了。在抄家时发现桑哥收藏的珍宝至少有宫廷里的一半那么多。

忽必烈统治时期发生的阿合马、卢世荣、桑哥事件，牵涉面很广，持续的时间也很长，它反映了元朝初期统治集团内部争权夺利斗争的尖锐和残酷。

在与阿合马、桑哥擅权的斗争过程中，皇太子真金起了很大作用。

真金是忽必烈的长子，自小就接受汉儒姚枢、窦默、许衡等教育。他主张全面推行汉法，曾对中书省官员说："汝等学孔子之道，今始得行，宜尽平生所学，力行之。"又主张蒙古贵族子弟学汉字。朝廷中的汉法派官员对真金寄予很大希望。他们力促忽必烈确立中国封建王朝传统的嫡长子继位制度，立真金为皇太子。1273 年（至元十年），忽必烈正式册立真金为皇太子，兼中书令。真金对阿合马擅权恨之入骨，甚至当着忽必烈的面责打阿合马。但当时忽必烈急于敛财，十分宠信阿合马，父子之间逐渐产生隔阂。以后在信用卢世荣、桑哥问题上，两人矛盾日益尖锐。

真金威望越来越高，实际上成了朝廷中汉法派的靠山。当时忽必烈年事已高，而且固执己见，对敛财之臣依然那么轻信，汉法派急盼真金上台。1285 年初，江南行台监察御史上奏说："皇帝春秋已高，当禅位给皇太子。"皇太子得

知这个消息，十分恐慌。尽管御史台的官员把这个奏章封存了起来，但时隔不久，消息传到忽必烈那里，忽必烈大怒，皇太子更加惊惧，竟一病亡故，年仅43岁。

英宗新政与南坡之变

皇太子真金死后，忽必烈一直未立继承人。直到他去世的前一年，才让他的孙子、真金的第三子铁穆耳受皇太子宝。铁穆耳就是成宗。成宗在位12年，《元史》说他"承天下混一之后，垂拱而治，可谓善于守成者矣"。成宗死后，他次兄答剌麻八剌的两个儿子海山和爱育黎拔力八达相继嗣位，就是武宗和仁宗。后来仁宗的儿子硕德八剌即位，就是英宗。到英宗统治时期，元朝皇室内部的矛盾再次尖锐化，爆发了著名的南坡之变。

铁穆耳

自从忽必烈建立元朝，推行"汉法"以来，蒙古贵族内部的保守势力总是千方百计要加以阻挠和破坏。但是，推行"汉法"以适应中原地区固有的政治、经济、文化的发展水平，这是不可抗拒的客观需要。因此，主张行汉法的势力与保守势力之间的矛盾总是时暗时明地进行着斗争。英宗即位后这种矛盾又逐渐突出起来。

当武宗取得帝位后，武宗和仁宗兄弟之间曾达成协议：兄终弟及，叔侄相承。武宗死了，仁宗即位；仁宗死了，武宗的儿子即位。但仁宗即位后，右丞相铁木迭儿为了取得皇帝的欢心，在太后答己的支持下，废武宗子和世㻋，改立仁宗子硕德八剌为太子。他们满以为硕德八剌年幼无知，易于控制。然而，

硕德八剌却是一个自幼就接受儒学教育、熟读汉儒著作的蒙古贵族，与答己、铁木迭儿的政治主张很不一致。仁宗死后，英宗硕德八剌即位，答己十分懊悔。为了巩固她的地位，便采取了一系列措施：再次任命因侵吞田地牧场贪赃枉法而被仁宗罢官的铁木迭儿为右丞相；诛杀和罢免反对过铁木迭儿的一批官吏，幕后指挥失烈门等搞废立阴谋……英宗为了巩固自己的地位，也采取了一系列措施：任命功臣木华黎的后代、有"蒙古儒者"之称的拜住为左丞相；千方百计限制铁木迭儿的权力……元朝统治集团内部两派的斗争日益尖锐。

双方矛盾正在进一步发展时，铁木迭儿和答己太后都在 1322 年（至治二年）相继死去，御史大夫铁失成了这一派在朝中的代表，但力量不如从前了。这时水旱灾荒连年发生，各族人民不断起义，社会矛盾十分尖锐。英宗深深感到再不调整原有的统治政策，将会发生统治危机。他在拜住的协助下实施了一系列新政：

任用大批汉族官僚和知识分子，如张珪、虞集、吴元珪、王约等都得到了重用。他还颁布《振举台纲制》，提倡"举善荐贤"，到处搜罗人才；

罢冗官，使大批依靠特权获得肥缺的蒙古色目官僚失去官职；

推行"助役法"，规定拥田百亩者以 3 亩入官，作为补偿一般农民徭役的助役费，使豪家大姓稍有损失；

减轻徭役，减免赋税；

颁布《大元通制》，把这些措施用法律形式固定下来。

英宗是比较有作为的元朝皇帝，这些措施对于扩大元朝统治基础、适应封建生产力的发展多少是有些好处的。但由于这些措施触犯了一部分蒙古贵族的利益，因而遭到他们的拼死反对。

1323 年（至治三年），英宗下令追查铁木迭儿贪污案，处死了一批有牵连的官吏，同时追夺铁木迭儿官爵，抄没其家资。这时铁木迭儿的余党铁失等十分恐慌，害怕进一步追查到他们自己，于是串联了一批诸王贵族，于 1323 年八月五日夜晚，当英宗自上都南返大都，途经上都以南 30 里的南坡店时，刺杀了英宗和拜住。这就是"南坡之变"。

英宗被刺后，铁失等拥立在漠北高原的晋王也孙铁木儿（忽必烈孙子甘麻刺之子）为帝，即泰定帝。

泰定帝也孙铁木儿即位后，先是加封拥立他的人官爵，但是只过了一个月后国本已固，泰定帝将其拥立他的人统统诛杀。

后期诸帝之立

泰定帝死于1328年7月（致和元年七月），到1333年（元统元年）顺帝妥懽帖睦尔即位止，其间只有5年，却换了5个皇帝，可见蒙古统治集团内部矛盾和大臣弄权的情况何等严重！

1328年七月，泰定帝病死在上都。消息传到大都，留守大都的金枢密院事燕铁木儿发动政变，立武宗之子为帝。在上都的左丞相倒剌沙在宗室诸王脱脱、王禅支持下，匆匆忙忙地立年仅9岁的泰定帝子阿剌吉八为帝，就是天顺帝。于是，一场新的争夺帝位的斗争又在蒙古贵族之间展开了。

按照封建正统的标准，帝位应该由泰定帝之子阿剌吉八继承。但是，由于大臣们争相夺权，因帝位的继承使夺权矛盾公开化。燕铁木儿是平定海都叛乱的功臣土土哈之孙，武宗时因受宠提拔，当然希望武宗的后代保持皇位。他仗着控制宿卫的有利条件，逮捕中书平章乌伯都剌等，强行召集百官，威胁道："祖宗正统应属武宗之子，敢有不顺者斩！"当时武宗长子和世㻋封周王于漠北，次子图帖睦尔封怀王于江陵。漠北太远，于是立即遣人去江陵迎图帖睦尔来京继位。同时募战士、买战马、备军粮，准备迎战上都之敌。九月，图帖睦尔即位，就是文宗。他即位后立即封燕铁木儿为太平王，兼中书右丞相、知枢密院事。这时，和世㻋也从漠北开始南下。

上都方面得知大都谋立武宗之子的消息后，即派王禅率军入关；大都方面也派燕铁木儿迎战。双方经过多次激战，上都方面败北。倒剌沙被迫奉皇帝玺宝投降，幼帝阿剌吉八不知所终。"两都之战"结束后，文宗让位给其兄。

1329年正月，和世㻋在和林北即位，是为明宗。三月，文宗命燕铁木儿奉玺宝北上迎接明宗。八月，文宗以皇太子身份迎明宗于王忽察都（今河北万全西）之地。其实这是一出掩人耳目的假戏，他们早就策划好毒死明宗的阴谋。踌躇满志的明宗，浸沉在欢乐的气氛中，完全失去了警惕。在宴请皇太子、诸王、大臣后，当夜惨遭毒手。明宗一死，燕铁木儿立即以皇后命奉皇帝玺宝授文宗，为防止明宗诸臣发难，文宗、燕铁木儿疾驰上都，文宗重新登基。

文宗即位后，为表彰燕铁木儿的卓著功勋，命文学家马祖常制文，在大都北郊立石，并大封其三代，中书省中只任命燕铁木儿一人为丞相，使他独揽大权。而燕铁木儿则居功自傲，挥霍浪费，荒淫无度，公然娶泰定帝后为妻，还以宗室女40人为妾。文宗又以"文治"粉饰太平，立奎章阁，收藏古器物、书画、图书，聚集文人学士，鉴赏文籍书画；又置艺文监，以蒙古语翻译儒书；命赵世延、虞集等修纂《经世大典》……

但文宗与燕铁木儿内心非常空虚。他们怕毒死明宗的事败露，先是杀害明宗皇后八不沙，接着把明宗长子、年仅9岁的妥懽帖睦尔贬送到高丽大青岛监禁起来。明宗与文宗兄弟之间，本来有"兄终弟及、叔侄相承"的成约，明宗死后，本应立妥懽帖睦尔为皇太子。文宗出于私心，精心策划了妥懽帖睦尔出身之谜，正式诏告天下："明宗在朔漠之时，素谓（妥懽帖睦尔）非其己子。"然后把妥懽帖睦尔移于广西静江（今桂林），立自己的长子燕王阿剌忒纳答剌为皇太子。立了皇储之后只过了39天，皇太子就死去了。燕铁木儿劝文宗再立次子燕帖古思为皇太子，文宗没有答应。原来皇太子之死对文宗刺激太大，使他常常精神恍惚，往事历历在目，仿佛明宗要来讨还血债。文宗一共做了不足4年皇帝，到1332年（至顺三年）八月，竟不治身亡。临终前，他对皇后、太子、燕铁木儿说："昔者王忽察都之事，为朕平生大错。朕尝中夜思之，悔之无及。燕帖古思虽为朕子，朕固爱之，然今日大位，乃明宗之大位也，汝辈如爱朕，愿召明宗子妥懽帖睦尔来，使登大位。如是，朕虽见明宗于地下，亦可以有所措辞而塞责耳。"言毕而终，享年29岁。

文宗死后，燕铁木儿仍要立燕帖古思为帝，皇后不愿违背文宗遗言，不从。燕铁木儿迟迟不立皇帝，后来考虑再三，为便于控制起见，改立明宗幼子、7岁

的郯王懿璘质班为帝。懿璘质班只做了 43 天皇帝即得病而死，庙号宁宗。燕铁木儿再请立燕帖古思为帝，皇后不从，只好从广西把妥懽帖睦尔接到大都来。这时妥懽帖睦尔已经 13 岁，燕铁木儿害怕他追查毒死明宗案，因而千方百计阻挠他登基。过了几个月，燕铁木儿病死。妥懽帖睦尔方得以即位称帝，他就是末代皇帝元顺帝。

"治天下之匠才" 耶律楚材

耶律楚材（1190—1244）本为契丹人，是辽国开国皇帝耶律阿保机的九世孙，从小博览群书，上通天文，下知地理，历法术数，无所不通。他的父亲曾是金朝的宰相，他本来可以直接进入政界，但他本人希望参加正规的科举考试取得功名，结果他在金章宗的宫廷面试时，独领风骚，靠自己的才识步入仕途。

这时，成吉思汗崛起，并开始向四邻扩张。从 1211 年起，成吉思汗大举进兵金国。1215 年，蒙军攻克燕京，耶律楚材眼看金朝大势已去，就在城陷以后，放弃功名之心，投于佛堂。这期间，他钻研佛理，但对外面的世界依然非常关注。

三年后，成吉思汗寻访人才，听说耶律楚材是难得的人才，而且又是辽贵族的后裔，就派人去请他。耶律楚材应召前往。

成吉思汗一见耶律楚材，就直截了当地说："辽金世仇，我要为你洗雪冤仇。"耶律楚材非常得体地回答："感谢大汗的知遇，臣的父祖都已入侍金朝，既为臣子，怎敢和君主为仇呢？"耶律楚材身材魁梧，声音洪亮，成吉思汗看其外表，又听他这么回答问题，知道耶律楚材真的是个不可多得的人才，就把他留在身边。耶律楚材也看出成吉思汗的雄才大略，决意跟随他成就一番大业。

耶律楚材成了成吉思汗的军师。

在成吉思汗南征北战的戎马生涯中都有耶律楚材形影相随，每遇大事不能决断，成吉思汗都请楚材最后定度，而楚材也凡事必从大局着眼，常常运筹帷幄，料事如神，成吉思汗常常赞叹："楚材乃治世之天材，得其便可得天下。"他还对儿子窝阔

台说："这个人是老天赐给我家的，以后凡遇军国大事、日常政事，都应当委托他来处理。"

1223 年，成吉思汗回师驻军铁门关。当地人送来一只怪兽——该兽独角，身形似鹿，但长着马尾，绿颜色，叫起来似人言，它对侍卫说："汝族宜早还。"成吉思汗很奇怪，就问楚材。楚材回答："这是个瑞兽，会四方语，好生恶杀，它的出现是吉兆，它刚才叫是在告诉陛下您应该早点回国了。陛下是天的元子，天下的人都是陛下之子。愿大汗秉承天意，保全天下百姓。"成吉思汗听完，立即结束此次西征，班师回国。

1226 年，成吉思汗又开始征讨西夏，很快就攻克灵州。这一战，西夏主力消耗殆尽。第二年，夏主请降，西夏灭亡。在灵州之战中，蒙军将士争着抢夺子女财物，只有楚材取书数部，大黄药材数担。别人对他都不理解。不久，军中流行疫病，楚材用大黄配药，救了上万人的命。

1227 年，成吉思汗病死，幼子拖雷摄政。两年后，按成吉思汗遗嘱，窝阔台即位。为了让窝阔台顺利登基，楚材做了精心准备。他事先对察合台亲王说："王虽是皇帝的哥哥，但也是臣子，应该对皇帝以礼下拜。若您拜了，尽了一个臣子应尽的礼数，那么就没有人敢不拜了。"察合台同意。在正式登基大典上，察合台率领众皇族和文武百官跪拜于廷下。这是一件非常重要的事件。耶律楚材除去了蒙古国众多的首领不相统属的恶习，制定了尊卑礼仪，树立了皇帝的威仪。事后，察合台感慨地说："您真是社稷之臣啊！"

窝阔台也对耶律楚材崇敬有加，并视其为自己的股肱大臣，在他即位的第三年，有一天群臣一起聚会欢愉，窝阔台当着众人的面感叹道："南方之国有楚材这样的大臣吗？没有！而今我有楚材，真是三生有幸啊！"窝阔台八年时，即灭金的第二年，蒙古诸亲王召开大会，窝阔台亲自把酒端到耶律楚材的跟前，由衷地说："我之所以这样尊敬您，不仅因为有先帝的嘱托，而是的的确确发自于我的内心。今日我能够安枕无忧，实在依仗爱卿的扶持啊！"

正因为皇上的信任，耶律楚材的才华能够得以发挥；同样，因为楚材做事总是从大局着眼，所以皇上对他更加信任尊敬。

1236 年，窝阔台准备选美女进宫，就把这事交与耶律楚材来办，耶律楚材不好拒绝，就故意拖延不办。窝阔台见事情久无结果，十分生气，把耶律楚材叫来加以斥责。楚材乘机进谏道："圣主，宫中已选有美女二十八人，这些女子都是优中选优才得以选中的，而且有貌有才，完全够您使唤的了，如果再选，怎么也不会比得上这些女子呀。况且选美之事惊动朝野，百姓恐慌啊，臣是害怕惊扰了百姓，为此正想着回复圣上呢！"窝阔台见耶律楚材说得有理，也就平息了怒气，这事就这样过去了。

此后不久，窝阔台又向全国征马，蒙古地区尚可以应付，中原地区一向以农桑种田为主，见到此令都十分忧虑，很多地方不得不弃农就牧。见此情形，耶律楚材劝阻道："种田养蚕之地怎能出产马匹，如果这样强制执行，那将使农业荒废，到时粮食无以为继，那受害的不仅是百姓，也是国家啊！"窝阔台听后深感惭愧，就废除了征马令。

耶律楚材不仅敢于向皇上直言进谏，而且对于下面一些结党营私之事也绝不放过。

有一次，两个道士为了门户之争而互相攻讦，其中一派勾结宫中宦官和通事大臣杨惟中，捕杀了另一派的门徒。这事被耶律楚材知道，他不避亲贵，把杨惟中绳之以法。窝阔台听到杨惟中被捕，勃然大怒，竟把耶律楚材囚系问罪。不久，窝阔台感到自己做得不对，就想释放耶律楚材，楚材不仅不感恩，而且拒不接纳窝阔台的释放之情。他进言道："臣从不敢玩忽职守，今皇上囚系老臣，想来应有可治之罪，如此应该明示百官罪在哪里。今赦我，是我无罪，也应明示百官无罪之由。如若定罪无罪都是随意如儿戏，那国家法令如何得以执行！"众人闻听无不相顾惊愕。窝阔台见老相国真动了气，就坦然认错，并再三抚慰，楚材趁此机会，把自己的治国十策献与皇上，这十件政策正好切合当时时务，窝阔台欣然采纳。

蒙古人自古性情豪放，饮酒不醉不快，窝阔台更是嗜酒如命。继汗位后，更加有恃无恐，天天与大臣们大醉酩酊，耶律楚材屡次相劝，都不管用。一天，楚材抱来被酒浸腐的酒器道："酒能腐蚀铁器，何况人的五脏六腑呢！"窝阔台

被楚材的赤诚感动，对着近臣赞赏道："像楚材有这样忧国之心的人有几个呀！"

耶律楚材就这样忠心辅佐窝阔台，蒙古国在君臣尽心协力治理下，一天比一天进步。

耶律楚材历仕成吉思汗、拖雷、窝阔台三朝，长达 30 多年。明君遇忠臣，相得益彰。耶律楚材的政治才能得到了淋漓尽致的发挥。那个时代给耶律楚材以机会，耶律楚材也为那个时代做出了巨大贡献。

1241 年，蒙古历史上的一代杰出帝王窝阔台去世。窝阔台曾留有遗诏以其孙失烈门为嗣。窝阔台刚死去，乃马真皇后立即召见耶律楚材，商议汗位继承之事。耶律楚材知道窝阔台立有遗嘱，就说："外姓之人不该过问，先帝有遗诏，望能遵嘱而行。"乃马真皇后不听，竟自己摄政。

乃马真皇后摄政，恣意妄为。回人巨商奥都剌合蛮用重贿买通了乃马真皇后，便专权用事，胡作非为。廷臣慑于他的权势，不敢弹劾他。乃马真皇后还把盖了御印的空头文件交与奥都剌合蛮，让他随意填写，他便擅发政令。耶律楚材得知后十分气愤，便进谏道："天下是先帝的天下，朝廷自当有朝廷的规矩，而你们混乱朝政，臣不能接受这样的诏令！"乃马真皇后被责问得没有颜面便不敢再这样做了，但心中对此很是不悦。

过了一段时日，乃马真皇后又下旨："凡是奥都剌合蛮所拿的空头文件，史官必须遵照其吩咐书写，否则，以断手示罪。"当时，耶律楚材为中书令，见此情形又进谏道："国家的典故都是先帝委托老臣书写，这与令史有何关系？况且事情如合理法，自当奉行；如果不合理法，那就是死也难以从命，何况断一手臂！"乃马真皇后见楚材如此耿介，大怒，喝令楚材退下。楚材大声说道："老臣事太祖、太宗 30 多年，没有做过有负国家之事，难道太后就能无罪而杀臣吗？"说完，摘下官帽愤然离去。

朝纲难伸，忧思神伤，空有一腔报国之心。这以后，蒙古帝国时期杰出的政治家耶律楚材忧郁成疾，终至抱恨而死，年仅 55 岁。

长春真人丘处机

已故金庸先生有一部著名的武侠小说《射雕英雄传》，这部小说在中国可以说是家喻户晓，很多人甚至到了痴迷的程度。金庸先生正是以妙手之笔，描绘了一副宋金元之际纷乱而又充满英雄主义的历史画卷。其中，我们可以窥见全真道祖师王重阳、丘处机的风范。特别是杨过的老师丘处机那笑傲江湖，大口喝酒，大口吃肉的侠士形象更令人难忘。

那么，历史上的丘处机到底是一个怎样的人物呢？

丘处机字通密，号长春子，栖霞（属今山东）滨都里人。他出生于公元1148年，即南宋绍兴十八年，那时候，宋朝软弱，金朝强横，国家风雨飘摇，外有强敌环伺，内部奸臣当道，百姓贫困交加。

虽然丘处机幼年就很聪敏，可是家境贫寒，只好在河边靠背人过河为生，这样的日子持续了数年之久。脚上腿上被水泡得尽是恶疮脓包，老人、小孩、贫穷人过河他从不收银。对其他过往行人，他也只求填饱肚子，从不多收银两，世间过往行人无不为丘处机的善行所感动，赞叹不已。

据说，有一天，太白金星变成一个差人模样一手拿刀，一手提着个红包裹来到河边。丘处机把他背过河后，差人却将红包裹往地上一扔，恶言恶语地说："刁民你看，刚才过河的时候，明明是两个人头，为什么只剩一个，快回去把那个给我摸回来，否则，将你的头割下去交差。"丘处机想到水流湍急，人头定被水冲走了，就答道："为了差官大人交差，请将我的人头割下吧。"话音刚落，差人立刻变成真模样，嘱托了几句，将一卷书塞进丘处机怀内，然后化作一缕青云而去。此后，丘处机根据神人点化苦思经书，走上了修道之路。

传说之事不可全信。历史记载，丘处机性敏好学，聪明过人，虽没读过多少书，但悟性极高。金大定六年（1166），丘处机赴宁海州昆仑山烟霞洞学道。第二年，听说王重阳道化，便拜王重阳为师，与马丹阳、谭处端、郝大通、王处一、刘处玄、孙不二同称全真道北七真人。

　　王重阳仙逝后，丘处机和其他弟子守墓三年。金大定九年（1169）后，丘处机入今陕西省磻溪及龙门山潜修长达十三载。当时，修道生活极其艰苦。他住洞穴，日乞一食、日携一蓑，人称"蓑衣先生"。远方学者纷纷投到他的门下。也就是在这时，丘处机创立了全真道龙门派。

　　但是，全真教并没有得到统治阶级的认可。明昌元年（1190），灾难降临到全真教的头上。金章宗以"惑众乱民"为由，下诏禁罢全真等教，丘处机只得隐居于山东栖霞。

　　金明昌二年（1191），丘处机回归故里，在登、莱、青各州传道。当时，宋、金、蒙三方纷争，战乱不止，丘处机倡导"摒恶行善""恤苦救民"，正好适应了百姓渴望和平生活的愿望，因此深受民间拥戴，声望与日俱增。

　　金明昌六年（1195），丘处机同刘处玄等由宁海（今山东牟平）昆嵛山来崂山太清宫等处传道谈玄，道众大悦，各受戒律，旋离去。金泰和八年（1208）又回崂山，作诗20首，镌于太平宫巨石上。第二年又自胶西醮罢，受道众邀请来游崂山，上至南天门，作词一首，名曰《青玉案》，镌于上太清宫，"又作诗十首刻在别石"。

　　丘处机的诗多用来阐述道家的义理，如下面这首《先天吟》：

大哉无极玄元道，何者不蒙灵应药？

点化三光转碧空，滋荣万物开花萼。

腾今跨古未尝坏，历险冲艰殊不弱。

浩浩洪流自激扬，纷纷大化谁斟酌？

混元一气首兴变，元上至尊唯独恶。

踏碎虚空出杳冥，擘开混沌生挥霍。

阴阳升降作门户，日月纵横为锁钥。

暑往寒来昼夜分，时通运塞兴衰各，

既而上立乾坤钮，复乃下鸣师范铎。

建德随方料物宜，因时设教从人乐。

三皇五帝皆宗祖，六道四生咸唯诺。

至圣文才尚发蒙，犹龙道德可其博。

另外还有一些诗描述了当地的胜景，为那些景色留下了许多佳句。如下面一首：

重岗复岭势崔嵬，照眼云山翠作堆。

路转山坳三百曲，行人一步一徘徊。

贞祐二年（1214），是全真教的转机之年，丘处机请命招安山东义军杨安儿，这一举动深受朝廷器重，从此一朝闻名天下知，俨然列席"名流"。

那时正是金宋交战之际，宋金两国皆遣使者来诏丘处机，也许是他已经预知天下大势，看到了宋金都将灭亡的趋势，或者是天意所授，他对两国的邀请都一概回绝。他身处纷乱之外，一心修身。一日，他忽然对门下弟子说，"不久会有天使来招我的，我当前往。"果然，在蒙古成吉思汗十四年（金兴定三年，宋宁宗嘉定十二年，1219），成吉思汗遣近臣刘仲禄到莱州宣诏。那时，天下苍生流离，丘处机不忍民众被元朝杀虐，不顾已是 73 岁的高龄，率门下弟子 18人，应诏出发。从此，开始了长达三年的艰苦西游之路。

1220 年，丘处机和门下弟子由莱州出发，顺着古丝绸之路，一路上，行经居庸关，过张家口，北行经达里泊到克鲁伦河，横穿蒙古地区，沿杭爱山西北行到达四镇海城（今属蒙古）。然后穿越阿尔泰山，过准噶尔盆地，沿天山北麓而行，经吉木萨尔、乌鲁木齐一带，再向西南经天池和惠远城（今新疆霍城县东南）渡伊犁河，从伊塞克湖南岸西行过锡尔河，最后到达兴都库什山（今阿富汗东北）。三年的艰苦跋涉，行程长达万里，终于在大雪山上（今天的阿富汗境内），谒见成吉思汗。

兴定六年（1222）年十月，成吉思汗亲自设筵席召见丘处机。成吉思汗问以王道，并且殷勤地问老道："世上真有长生之药吗？"

丘处机老老实实地回答："世有长生之道，而无长生之药。若想长生久视，应该清心寡欲。"以前很多道士胡言乱语，说修炼丹药的神力，让人觉得玄而又玄。丘处机的回答，使成吉思汗一下子对这个老人有了一种信任感。

那时，成吉思汗正在行军途中，征战数年，杀虐无数。丘处机进言："如果

陛下想得天下，就不要再杀人。治国之道，以敬天爱民为要。”

　　成吉思汗更觉得老道的话有道理，因此使数万金国的战败民众免于刀下，历史上把丘处机对成吉思汗的劝杀行为，说成"一言以止杀"。

　　丘处机朴实而不虚华的言语人品均极得成吉思汗的欢心，给他赐号"神仙""太宗师"，赐其玺书，命其掌管天下道教。成吉思汗说："凡是天下所有归我大汗统治的城池，邱真人想在哪居住都不可阻拦。"成吉思汗还命人把这次会见的内容写成《玄风庆会录》。于是，全真教大兴。

　　1224 年，丘处机抵燕京主持长天观，后改名长春宫，也就是今天的北京白云观。1227 年农历七月九日，丘处机仙逝，葬"邱祖殿"，在崂山上清宫前筑有衣冠冢。

　　丘处机仙逝时已经八十多岁，据闻其死之前，睹天降暴雨，太液池的池水流入东湖，鱼鳖也随之而去，他对弟子说，"山其摧乎，池其涸乎，吾将于之去乎?"他嘱咐众弟子："教门用力，大起尘劳。心地下功，全抛世事。各宜精进，毋使虚度时光，正法难遇。"他把全真教后事托付给弟子尹志平、李志常。

　　至元六年（1269），元世祖诏赠"长春演道主教真人"，武宗至大三年（1310）加封为"长春全德神化明应真君"。

　　丘处机西行谒见成吉思汗的事迹由他的弟子李志常据实以录之，写成了《长春真人西游记》一书。书分为上、下两卷，详述丘处机应成吉思汗之召，西行传道之经历。

　　丘处机著述颇丰，主要有《大丹直指》《磻溪集》《鸣道集》及《西游原旨》等。

纺织家黄道婆

　　关于黄道婆的身世，史料记载极少。但是直到今天，在松江一带还流传着不少关于她的传说。据说，黄道婆的家里很贫苦，父母没法养活她，让她去做了童养媳。在旧社会，童养媳像奴婢一样，经常挨打受骂。有一次，黄道婆又无故遭到了公婆的一顿毒打。她的丈夫不但不加劝阻，反而把她关在柴房里。倔强的黄道婆再也无法忍受这种非人的生活，半夜里在茅草屋顶上挖了个洞，逃了出来。她远远地望去，在黄浦江边停着一条海船，就不顾一切地上了船，偷偷地躲在船舱里。第二天，这艘船启航开往崖州（今海南省海口市），她求得船主的帮助，随船走了。

海南岛是中国少数民族黎族人聚居的地方。黎族人很早就种植棉花，并有很高的纺织技术。黄道婆到了海南岛以后，和黎族姐妹共同生活，共同劳动，并虚心向她们学习。她在当地大约生活了三十年，把黎族同胞精湛的纺织技术完全学到了手。黄道婆越来越思念自己的故乡，就搭乘一艘商船，回到了乌泥泾镇。这时候，她大约五十岁了。黄道婆回来一看，乌泥泾还是老样子：土地贫瘠，粮食不够吃，棉花的产量很低，纺织技术仍旧很落后，人民生活非常贫困。于是她决心把自己高超的纺织技术传授给乡亲们。

黄道婆创制的纺车，是可以同时纺三根纱的脚踏纺车，比以前使用的一个纺锭的手摇车速度快，效率高。她用的提花机，已经能织出许多美丽的花纹。

松江地区的人们忘不了黄道婆的恩情，在她去世的时候，乌泥泾人个个悲痛流泪，把她安葬在今天华泾镇北面东湾村，还专门建造了祠堂，塑了她的像，逢年过节都要为她举行祈祷仪式。此后，新的纺织技术从乌泥泾进一步向松江、长江中下游，向全国推广开来。到了明代，乌泥泾所在的松江，已经成为全国棉纺织业的中心，赢得了"衣被天下"的声誉。

农学家王祯

王祯是元朝的一位农学家，他写的《农书》对我国农学的发展有重大贡献。

王祯是山东东平人，曾经在安徽和江西做过县官。王祯出生的时候，大约正是元朝刚刚建立的时候，长期的战争使农业生产遭到严重破坏。当政的元世祖忽必烈非常重视农业生产，在全国专门设立了管理农业的机构"司农司"，还专门编辑了农书，用来推广先进的耕作技术。所以，元代的农业著作很丰富。

元初农业生产的发展，给青少年时代的王祯留下了深刻的印象。他暗暗地立下志向：今后要是做了地方官，一定要像汉代的颍川太守黄霸、渤海太守龚遂那样，做一个守法爱民的好官、清官。

元世祖去世的第二年，王祯被任命为旌德县（今安徽省旌德县）县官，六年以后，被调到永丰县（今江西省永丰县），做了四年县官。这前后十年的地方官生涯，使他有机会实现做一个好官、清官的理想。

在县官任上，王祯对农业生产非常重视，因为农业是国家的命脉，使人民吃饱穿暖，是地方官的责任。他放下县太爷的架子，每年农忙的时候，都亲自到农村去指导农业生产。他把自己积累的丰富的农业知识传授给农民，既教他们种植、管理，收割桑、麻、稻、麦的方法，又亲自画出新式农具的图样，教他们制造和使用。起初，当地的农民受到习惯势力的影响，不大愿意接受新事物，他们说："我们世世代代都是种田的，还用得着别人教吗？"官吏们也都议论讥笑他，说："县太爷跑到农村去教农民种田，太丢面子了。"王祯不理会这些，他耐心地说服农民，让农民改进了耕作方法。试验的结果，农民得到了许多好处，王祯在农民中间赢得了信任。

王祯的生活非常俭朴，他把节省下来的钱用来开办学校，修筑道路和桥梁，贫苦的老百姓生了病，免费供给他们医药。

王祯非常同情劳动人民。他认为士、农、工、商四民中，农民最辛勤，最朴实。他们身穿粗布衣，吃粗糙的饭食，住草屋，放牛猪，披星而出，戴月而归，父子兄弟终年劳累，除了给官府、地主缴纳租税以外，还要赡养父母，养育妻子儿女，生存是很不容易的。

在王祯当县官的时候，元朝的政治开始腐败，社会风气很不好，那些"劝农官"渐渐成了"吃农官"。他们还没有离开衙门，就预先通知下面的乡社预备酒席，他们"巡行"到哪里，就敲诈、勒索到哪里，老百姓敢怒不敢言。王祯鄙视那些搜刮百姓的贪官。他写了一首《薅鼓歌》，采用两相对照的手法，对权贵们灯红酒绿、锦堂歌舞、贪得无厌、挥霍无度的糜烂生活进行了无情地揭露和鞭挞；而对农夫们与犁锄为伍，在炎风汗雨中，辛勤劳作，凄楚呻吟的情形

寄予深切的同情：

炎风灼肌汗成雨，赤日流空水如煮，

穉苗森森茁方乳，田家长养过儿女。

秼根稯实藏深土，得水滋萌疾机弩，

老农忧煎走旁午，子汲妇炊具鸡黍。

百端劝相防莽卤，尚恐偷忙贪笑语，

长桯剞桐三尺许，促烈轩轰无律吕，

双手俱胼折腰膂，朝走东皋夕南亩。

　锦堂公子调乐府，终日鼍缓歌舞，

庖人择精挥鸟羽，小槽真珠色胜琥。

归来醉饱月停午，囊瓮犹嫌不胜贮，

万钱弃掷在盘俎，厌饫台舆膱鼯鼠。

老农此时独凄楚，长镵为命锄为伍，

归见桐桯音不吐，只有呻吟满环堵。

但得一瓯置龟腑，敢较人间异甘苦，

吁磋公子还知否，请听耰田一声鼓。

　　正因为王祯了解农民的疾苦，又肯下功夫研究农业技术，善于总结农业生产经验，所以才能写出不朽的农学著作——《农书》。

　　大约在永丰当县官的时候，王祯写完了这部书的初稿，后来又花了十年时间，进一步考察和修改补充，到元仁宗皇庆二年（1313）的时候，《农书》正式付印出版。

　　《农书》的内容有三大部分：第一部分是《农桑通诀》，第二部分是《百谷谱》，第三部分是《农器图谱》。

　　《农桑通诀》可以说是农业的总论。内容包括农业史、授时、地利、耕垦、耙劳、播种、锄治、粪壤、灌溉、收获，以及植树、畜牧、蚕桑等方面，是非常完整和系统的。

　　《百谷谱》专门叙述各种农作物、菜蔬、瓜果、竹木等的种植栽培法。其中

中华传世藏书

中华上下五千年

元　朝

一八八三

最值得重视的是棉花的推广。他竭力主张我国的南方和北方都应该普遍种植棉花，因为它关系到老百姓的穿衣问题，只要种植得法，南方北方都是可以获利的。当时北方有些人以"风土不宜"为理由，认为北方不适合种植棉花，王祯认为这种看法是不对的，因此，他在书中详细介绍了种植棉花的方法，鼓励在北方也广泛种植棉花。

《农器图谱》是《农书》中最有创造性的部分。其中绘出 306 幅各种农具、农业器械、灌溉工具、运输工具、纺织机具图，每幅图后面都有一段文字说明，详细介绍各种工具的结构、来源和使用方法，其中有许多是当时最新式的农具，比如用四条牛拉的犁，割荞麦用的推镰和灌溉用的牛转翻车、高转筒车等。

王祯《农书》中，贯穿全书的是"天时不如地利，地利不如人和"的思想。《农书》在国内外有广泛的影响。它在国内不仅对农书的撰著、先进农具的推广有重要影响，而且对农业生产的发展有重要促进作用。在国外，它对西方耕犁的改进，耕作制度的改革，也有借鉴作用。

良将伯颜

伯颜（1237—1295）是蒙古八邻部人。他的曾祖述律哥图、祖父阿剌曾经跟随成吉思汗征伐，因有功，受封于八邻这块土地。他的父亲晓古台跟着宗王旭烈兀西征，伯颜就跟着父亲在西域长大。

至元元年（1264），旭烈兀派遣伯颜到大都奏事，当时，伯颜 30 岁左右。忽必烈见他身材伟岸，谈吐不凡，深为赞赏，说："你非王侯之臣，留在朕身边吧。"伯颜便留在京师，成为忽必烈的侍臣。

忽必烈经常召见伯颜，与他讨论国事，发现伯颜的见识总是高出其他蒙古王公大臣一筹，就更加礼待他了。忽必烈还亲自下诏书，让丞相安童的妹妹嫁给伯颜，说："做伯颜的妻子，不会有辱你们的家族。"

第二年，伯颜拜光禄大夫、中书左丞相。当时，各种规章制度都没有建立，常常有很多难断的事，一经伯颜处理，果断从容，而且令人信服，大家都敬佩地说："他真是宰辅啊！"

至元七年（1270），忽必烈任伯颜为同知枢密院事。

至元十一年（1274），复任左丞相。这一年，阿里海牙攻克襄阳，上奏朝廷，要求乘胜顺流而下，长驱入兵，则南宋指日可灭。忽必烈看到奏章，便和丞相史天泽商议此事。史天泽说："陛下若派遣安童、伯颜这样的重臣，都督诸军，则灭宋之日指日可待也。"世祖说："伯颜可以。"于是，朝廷发二十万大军大举攻南宋。伯颜为统帅。伯颜出征前，向忽必烈辞行，忽必烈诏谕他说："过去曹彬以不嗜杀平定江南，你要体会我的用心，做我的曹彬啊！"

果然，伯颜率大军一路所向披靡。一年后，元军占领无锡。南宋遣使柳岳来见伯颜。柳岳流着泪说："太皇太后年高，嗣君年幼，且在丧事中，自古礼不伐丧，请体谅宋主的难处，退兵还朝。今后宋朝哪敢不年年进奉修好？事到如今，都是贾似道失信于贵国而误宋啊！"伯颜回答："我主上即位之初，曾奉国节至宋，愿意修好，可你们却扣留我使者16年，我军这才兴师问罪。去年，你们又无故杀害我国使者，这是谁的错？要使我师不进，就请效法当年钱王纳土与宋，李后主出降于宋。你们宋朝昔日得天下于奸佞小人之手，今日也失天下于奸佞小人之手，难道这不是天道吗！不用多说了。"随后，宋、元达成协议，宋尊世祖忽必烈为伯父，世修子侄之礼，还要每年向元输出岁币二十五万两，帛二十五万匹。

伯颜

至元十三年（1276）正月，元军逼近南宋都城临安。伯颜派董文炳、吕文焕等巡视临安城，告谕、安抚军民，严禁军士入临安城，使临安居民没有受到太多骚扰。

正月下旬，文天祥等人奉谢太后之命来见伯颜。伯颜予以抚慰后，把别人

都放回去了，只扣留了文天祥。因为伯颜看出文天祥非寻常之辈，怀疑他有异志。文天祥数次请求归还，伯颜笑而不答。文天祥大怒，说："我此来是为国事，别人都放归，为何只留我！"伯颜说："请不要生气，你作为宋大臣，责任非轻，今日之事，正当你与我共同磋商。"

三月，伯颜入临安，南宋幼主出降。南宋灭亡。元朝一统中国。伯颜为此立下汗马功劳。

此后，伯颜奉朝廷之命，长期在边地与叛王海都作战，后来海都战败而逃。

世祖忽必烈始终对伯颜信任有加。至元十八年（1281），世祖命燕王到北部边地抚军，令伯颜随行。临行前，忽必烈对燕王说："伯颜才兼将相，忠于所事，他从你而去，你不可以以常人待他。"后来，燕王到北边，对伯颜非常敬重，遇事都和他商量，听取他的意见。

至元二十六年（1289），伯颜任知枢密院事，出知和林。

至元三十年（1293），忽必烈病危，召伯颜入侍，与玉昔帖木儿、不忽木同受顾命。三十一年正月，忽必烈去世。同年，在诸王大臣参加的忽里勒台上，伯颜、玉昔帖木儿推举铁穆耳即皇位，即元成宗铁穆耳。伯颜以顾命大臣身份总领百官。这时，兵马司奏请日出时鸣晨钟，日落时鸣昏钟，伯颜斥责道："你要做盗贼吗？一切如平常一样。"又赶上有人盗内府银两，这人刚刚因盗窃获得赦免，却又偷盗，宰执想处死他，伯颜说："何时没有盗贼，今天你要以谁的诏命杀他呢？"人们都佩服他的见识。

这年十二月，伯颜病逝。年59岁。

伯颜为元朝统一中国建立了大功，但他从不因功自傲。《元史》作者宋濂说他："深略善断，将二十万众伐宋，若将一人，诸帅仰之若神明。毕事还朝，归装唯衣被而已，未尝言功也。"

两位旅行家

元朝和欧洲的交往一直很密切。成吉思汗及其后继者建立了庞大的帝国，在被征服的欧亚大地上逐渐形成了四大汗国。忽必烈称汗后，钦察、察合台、伊利三个汗国虽各自独立，但名义上还听从元朝大汗的指挥，因此从太平洋两岸直到黑海之滨，欧亚大陆连接，为经济文化交流提供了特定的条件。元朝交通发达，又注意保护商道，陆路驿站完善，从大都或其他城市到中亚、波斯和黑海以北的钦察汗草原，以及俄罗斯和小亚细亚各地，都有驿道相通。海路可由泉州直抵波斯湾。中国船先到亚丁湾、经红海到埃及亚历山大港，货物再向欧洲运销。到中国来的商船也多停泊于泉州。

由于欧亚交通的方便，元朝时到中国的欧洲人数量之多是前代从未有过的。早在1245年，罗马教皇就派普兰迦儿宾出使蒙古，他来中国时，有俄、波、奥等国商人同行。普兰迦儿宾于1246年到达和林，目的是劝蒙古大汗入教，但是没有成功。回国时，有意大利商人同行。1252年，法王派卢布鲁克到和林。1342—1353年间，意大利人马黎诺里又奉教皇之命出使中国，送给元顺帝妥懽帖睦尔一匹白蹄白身的欧洲良马；元顺帝则通过传教士致函教皇。欧洲传教士的宗教活动不仅在和林和大都，其他中国城市也有教堂，如泉州就有几座教堂，临清也有一座教堂。

元朝时到中国来的欧洲人要算意大利旅行家马可·波罗最著名了。马可·波罗的父亲尼古拉·波罗和叔父玛赛·波罗都是意大利威尼斯的大商人。他们第一次来中国时，受到了忽必烈的欢迎。1271年夏天，他们又带着17岁的马可·波罗第二次来中国。随行的还有两名传教士，但他们只走了一段路，就不敢前进了。马可·波罗和他的父亲、叔父从地中海东岸的阿迦城出发，穿越叙利亚和两河流域，经过波斯，越过中亚大沙漠，翻过帕米尔高原，进入今天的新疆地区，路经喀什、于阗（今和田）、罗布泊等地，用了将近四年的时间才到达上都，在那里受到正在避暑的忽必烈的欢迎。忽必烈任命他们三人做元朝的官吏。

聪明的马可·波罗很快学会了蒙古语和汉语，由于他办事干练、细心认真，深受忽必烈的信任。他除了在大都供职外，还经常奉忽必烈的命令去巡视各省或出使外国。他曾经去过今天的山西、陕西、四川等省，深入川、藏少数民族地区，到过

云南和缅甸北部，据说还当过扬州总管。后来奉命出使南洋，到过安南、爪哇、苏门答腊等地。

马可·波罗和他的父亲、叔父在中国整整生活了17年。1292年初，他们离开中国，1295年底回到了家乡威尼斯。当时威尼斯和热那亚发生战争。1298年，马可·波罗因参加威尼斯舰队与热那亚作战，兵败被俘。他在狱中关押了一年，同狱中有位作家叫鲁思蒂谦，马可·波罗把他在亚洲的丰富见闻口授给鲁思蒂谦听，鲁思蒂谦将这些见闻记录下来，这就是闻名世界的《东方闻见录》（俗称《马可·波罗游记》）。《马可·波罗游记》向欧洲人民展示了拥有先进文明的中国。

中国与非洲相去遥远，但自汉唐以来，中国与非洲的交往就一直没有间断过。

旭烈兀西征时，中国与非洲的交往更多了。当时蒙古军队占领叙利亚等地后，与密昔儿（今埃及）开始接触。蒙古将领郭侃曾率军侵入密昔儿。后来被密昔儿算端击败，蒙古军队就没有再侵入非洲。

元朝建立后，中国与非洲的关系，主要是通过使臣和商人取得联系的。马可·波罗在他的《东方闻见录》里曾记下了忽必烈派遣到马达加斯加岛的使臣所讲述的情况，他说：忽必烈大汗所遣的使者到达马达加斯加后，被岛上的土人拘留了，后来大汗不得不派人用金子把他们赎回来。使臣回国后带回来一根长达90掌（拇指及小指间张开时的距离）的卢克鸟羽，这根鸟羽的羽管有两个手掌这么粗，使臣把它献给大汗，大汗见了高兴极了。使臣还带回两根野猪牙，每根重达14磅，这种野猪有水牛那么大。使臣还说，岛上的麒麟、野驴和各种奇形野兽非常多。

元末时，中国旅行家汪大渊也到过非洲。他在《岛夷志略》中记载了层摇罗国（今坦桑尼亚的桑给巴尔）的情况：那里谷物很少，土人种薯作粮食，煮海水为盐，酿甘蔗汁为酒，也从事狩猎，捕野兽为食。男女都挽发髻，穿无缝短裙，性格朴实、爽直，由酋长统治。土产红檀、紫蔗、象牙等物，中国商人以花银、丝缎等商品和他们交易。元代中国商人到非洲去贸易当然远远不止这两个国家，现在东非许多国家都保存有中国的元代瓷器等物品，足以证明当时中非贸易的盛况。

非洲人到中国来的，最著名的要算摩洛哥人伊本·白图泰，他是继马可·波罗之后的又一位世界大旅行家。

伊本·白图泰是摩洛哥丹吉尔港人。泰定帝二年（1325），22岁的伊本·白图泰从摩洛哥出发，历经千辛万苦，最后从占城航海至中国泉州。他在中国期间，曾到过广东、杭州、大都（汗八里）等地。后来再从印度、西亚、埃及返回摩洛哥。1354年时，摩洛哥苏丹命令他将自己的游历写成书。后来，由他口述，穆罕默德·伊本·玉随记录，这就是闻名世界的《伊本·白图泰游记》。

《伊本·白图泰游记》中关于中国部分的记载虽有许多是传闻，未必确切，但仍然有许多极有价值的材料。如有关中国海船的结构和规模的记载就是非常珍贵的历史资料。

政治家崔斌

崔斌（1301—1357），字仲文，马邑（今山西大同）人，出生于汉族地主家庭。他生活的那个时代，正是忽必烈驰骋疆场、建功立业的时候。崔斌刚好遇到忽必烈，也便成就了他作为一位政治家的威名。

崔斌青年时期就很有名气。他身材高大魁梧，武艺高强。尤其是他对国家的兴衰治乱、时政得失非常精通，而且还对文学颇有造诣。

忽必烈对汉人地主知识分子很信任也很赏识。他手下有一批汉族儒士，如刘秉忠、张文谦等，为他出谋划策。他听说崔斌很有政治头脑和治国才能，便在自己的府第召见他。崔斌侃侃而谈，忽必烈非常满意，就把他留在军中。

1260年，忽必烈即位，这是一位具有雄才大略的帝王。1271年，忽必烈改国号为大元，元朝正式建立。忽必烈就是历史上著名的元世祖。

元世祖一即位，就大力推行汉法，大量吸收并重用汉人知识分子，采用汉族地主阶级的政治制度。崔斌被再次推荐给元世祖。一次，崔斌陪同元世祖视

察上都，他们并辔而行，世祖问："治理国家最重要的是什么？"崔斌回答："首先要选好宰相。"世祖又问："依你之见，谁合适呢？"崔斌答："安童、史天泽德才兼备，可堪大任。"世祖沉默了半天，崔斌又道："陛下是否因为我所推举的未得到公议，缺乏其他朝臣的信任而怀疑我呢？现在，廷臣们都在，请陛下允许我征求一下大家的意见，再请陛下定夺。"崔斌立刻大声问随臣们："皇上问安童为相，可否？"众人皆呼"万岁"，世祖于是任命安童、史天泽为相。崔斌也被授予左右司郎中之职。

至元四年（1267），世祖派遣崔斌出守东平。第二年，元军南征，取道寿张。军中士兵骚扰百姓，甚至把老百姓的孩子扔在地上摔死。崔斌听了，立即上马，赶到军中，对主将说："未至敌境，先杀吾民，国有常刑，汝亦当坐。"命令把犯法的士兵关进监狱，施与重罚。这支军队从此军纪严明，没有人再敢骚扰百姓。

也是在这一年，发生大灾荒，朝廷还像往年一样征税，崔斌奏请朝廷给予减免，又请求朝廷赈济灾民。老百姓对朝廷开始有了一些好感。

类似的事情还有很多。

崔斌作为一个政治家，对历史做出的最大贡献就是在潭州阻止元军屠城杀降。

至元十一年（1274），世祖派阿里海牙进取湖南，以崔斌为副手，并拜崔斌为行中书省参知政事。第二年，元军围困潭州，潭州守军顽强抵抗。连续3个月，元军都没有攻下来。阿里海牙自己也受了伤。

那时，元王朝实行野蛮的屠杀政策，元军在湖南烧杀抢掠，无恶不作。当时，长沙有不少官署民舍被毁，连岳麓山下的书院也被付之一炬，军民被杀戮或掠为家奴。阿里海牙一人就在荆湖地区，"以降民三千八百户没人为家奴，自置吏治之，岁责其租赋，有司莫敢言"。包括长沙在内的湖湘地区瞬间遭到巨大破坏。

对这种野蛮的政策，崔斌坚决反对，并仗义执言，出面制止。崔斌向他们"谕以兴师本意"，说："潭人胆破矣，若敛兵不进，许其来降，则土地人民皆我所有，自此以南连城数十，可传檄而定。若纵兵极攻，彼无噍类，得一空城何益?"阿里海牙接受了他的建议。第二天就贴出告示，陈述祸福利害，潭州城居民纷纷来降。可是，元军将领恨这些居民顽抗多时，想把出城投降的军民全部杀掉。崔斌极力为他们辩护，说："他们也是效忠其主，我们应当予以褒扬，以抚慰那些还没有依附的人。"他还说："杀降是很不吉祥的事，为什么要这样做呢!"经过崔斌反复耐心地劝说，阿里海牙及众将领终于放弃了屠城的打算，潭州得以避免了一场大屠杀，"一城之人，赖以全活"。后来元世祖忽必烈还为此特下诏嘉勉，并升任崔斌为行省左冠，其位仅在阿里海牙之下。长沙百姓也甚为感激，曾在城内建生祠一座，以表怀念。

元军占领潭州后，所辖安化、湘乡、衡山一带人民反抗元朝的斗争风起云涌。崔斌驻南岳，湖南宣慰使奥鲁赤驻长沙，督兵镇压。当时，其行省同僚主张杀降，但崔斌、奥鲁赤力排众议，仅将为首者数人斩杀，其余全部放归。湖南的社会治安大为改善。

元朝统一全国以后，崔斌升任中书左丞相。一次，崔斌陪世祖忽必烈视察。世祖问："江南各省治理得怎样啊?"崔斌说："治安之道在于得人，今所用多非其人。"于是，历数权奸阿合马结党营私，把自己的亲信都安插到各地，以至于吏治腐败，百姓怨声载道。世祖听了，立即派人前去调查，把不合格的官员全部清除掉，一时间，"海内无不称快"。

至元十五年（1278），尚书刘梦炎等上奏："江淮行省事关重要，而省级官员中却没有一个通文墨的。"世祖便命令崔斌出任江淮行省左丞，加强对这个地区的管理。崔斌一到任，立即进行大刀阔斧的改革，整顿吏治，消除腐恶，减免赋税，政绩卓然。

崔斌为老百姓做了不少好事，对贪官污吏决不留情。权奸阿合马专断朝纲，欺上瞒下，网罗党羽，把朝廷搞得乌烟瘴气。崔斌对此十分愤怒，多次在世祖面前揭露阿合马的罪行。阿合马对崔斌恨之入骨。就在崔斌出任江淮行省左丞的同一年，阿合马罗织罪名，将崔斌逮捕下狱，并以莫须有的罪名欺骗世祖。最终，世祖听信了阿合马等人的谗言，下令将崔斌处死。太子真金听说要处死

崔斌，立即派人前去制止，但已来不及。至元十七年十二月二十五日，崔斌含冤而死。年 56 岁。

名臣刘秉忠

刘秉忠（1216—1274）的祖上曾仕辽、金。他本人少怀大志，博览群书。在他 13 岁时家道衰落。蒙古王朝灭金后，17 岁的刘秉忠出任邢台节度府令史，每天从事抄抄写写的工作，很枯燥无聊。一日，他愤然掷笔，长叹一声："我家世代为官，谁知我今日却沦落为刀笔小吏，真是悲哀！想我空有满腹经纶，无人赏识，大丈夫生不逢时，不如隐居以求我志。"于是，风华正茂的刘秉忠落发为僧，跟随虎照禅师习经。这一段经历，使刘秉忠对人生、社会、历史有了更深刻的认识。后来，刘秉忠从浮屠禅师云海游，更名子聪。至云中（今山西大同），留居南堂寺。

元世祖忽必烈即位前，注意物色人才，云海就把刘秉忠举荐给忽必烈。刘秉忠博通经史，对天下大事了如指掌。忽必烈数次召见他，问以各种事务，刘秉忠应对敏捷，见解精深，忽必烈大喜，召他入侍王府，从此，刘秉忠尽其所能辅佐忽必烈成就帝业。

1250 年夏，刘秉忠向忽必烈上万言书。他针对蒙古统治下中原的实际情况，就选贤任能、安民固本、设学养士、修史定历等诸多方面，提出了自己的主张和建议。他极力强调文治的重要，建议忽必烈抓住有利时机，采用汉族封建王朝的统治方式治理占领区，迅速结束金末以来"马上治天下"的混乱局面，发展壮大自己的实力，以此巩固、提高自己在蒙古诸王中的地位。

在万言书中，他还提出了关心百姓的可贵思想。他说："天子以天下为家，百姓为子，国用不足取于民，民用不足取于国，国与民应该如同鱼水。"

刘秉忠的万言书，为忽必烈在内部复杂的矛盾斗争中提出了一套完整的发展方略。

1251 年，忽必烈总领漠南汉地，刘秉忠力促忽必烈实施万言书中提出的主

张。在得到忽必烈的支持后，他提出将试治的地点选在他的家乡邢州。当时，邢州盗贼充斥，社会混乱，民不聊生，千里萧条。刘秉忠推荐"廉平方正"的汉族知识分子张耕、刘肃等人前往治理。他们在邢州行楮币以通民货，兴铁冶以足公用，劝课农桑，设置驿馆，整顿粮仓。据说不到几个月，邢州大治，户口增加几十倍，百姓乐业，被称为乐郡，不久升为顺德府。

以后，刘秉忠跟随忽必烈南征北战，每征服一地，他就对忽必烈"赞以天地之好生，王者之神武不杀"，忽必烈无不采纳。

南宋景定元年（1260），刘秉忠随忽必烈到达开平（今属河北），忽必烈在王公大臣的支持下，废除蒙古国选举大汗的旧制，宣布登皇帝位。

国家建立之后，忽必烈授权刘秉忠参与制订各种国家制度。刘秉忠和许衡参照历朝经验，结合元朝蒙古族的实际情况，逐渐确立了国家机构和职官制度。在中央设立中书省，统领六部，即吏、户、礼、兵、刑、工；设立枢密院，主管军务；设立御史台，执掌百官纠察。在地方上，最高行政机关为行省。行省制度为元朝的独创。行省下面设有行台、宣抚、廉访、牧民长官，有路有府，有州有县，官有常职，食有俸禄。一代制度，创始完备。

至元元年，翰林学士王鄂上书奏曰："刘秉忠久侍圣上已经多年，他参与帷幄之密谋，定社稷之大计，他忠实、诚恳、勤劳，成绩卓著，理应嘉奖。而今圣上登基，万物为新，而刘秉忠仍然野服散号，臣深感不安，应该正其衣冠，并给予一定的爵位。"忽必烈当日就拜刘秉忠为光禄大夫，位太保，参中书省。刘秉忠授任后，"以天下为己任，事无巨细，凡有关国家大体者，知无不言，言无不听。"忽必烈对他更加信任。

1271年十一月，刘秉忠取《易经》中"大哉乾元"之义，奏请建国号为"大元"，忽必烈接受，元朝的名字正式确立。

第二年二月，忽必烈采纳刘秉忠的建议，改中都为大都，宣布在此正式建都。这表明元蒙统治下的国家不只属于蒙古一个民族，而是中原封建王朝的继续。

各种制度建立以后，就要具体实行，刘秉忠深知人才的重要，他也十分注

意选择人才，其中邢台县郭守敬、沙河人张文谦以及元代的大学者张勇、王恂等，都是和刘秉忠一起在邢台县西部紫金山时的同学，后都经他推荐入仕元朝，对我国当时天文、数学以及水利事业的发展有着突出的贡献。

刘秉忠在朝为官 30 余年，始终以民生为本，以国家利益为上，功绩卓著，却从不居功自傲。他"轻富贵如浮云，等功名于梦幻"。

一次，忽必烈赏赐刘秉忠白金千两，刘秉忠婉言谢绝："我只是一个山野鄙人，非常幸运地得到皇帝您的赏识，吃喝用度都是朝廷供给，白金对我说来没有什么用处。"忽必烈很奇怪，反问他："难道你就没有亲朋好友？你可以把白金分给他们啊！"实在推脱不掉，刘秉忠只好将白金收下，随即就散发给亲朋好友和属下。

不管公务多么繁忙，刘秉忠始终没有放弃淡然的生活态度。他坚持手不释卷，常常吟诗作文。他写了很多诗，表达自己的心情。

1274 年，刘秉忠去上都，在风景怡人的南屏山建了一座精致的小屋，居住于此。一个秋日，刘秉忠无疾端坐而终，年 58 岁。

刘秉忠事忽必烈 30 多年，"参帷幄之密谋，定社稷之大计"。他以儒家治国安邦平天下之道，辅佐忽必烈建立元朝，使中国继唐之后再次走向大一统，有利于当时中国政治、经济、文化的发展。

科学家郭守敬

1303 年，成宗铁穆耳下诏颁布朝中官员 70 岁退休的制度。这时，有位七十有二的老臣向朝廷递了告老还乡的奏折。朝廷却以"神人也，不应在此之列"为由未准。这位满头白发、精神矍铄的老臣，就是至今仍被人们誉为"巧思绝人、度越千古"的元代科学家郭守敬。

郭守敬，字若思，1231 年出生于顺德邢台（今河北邢台市）一个书香门第。他从小受祖父郭荣的熏陶，对天文产生了极为浓厚的兴趣，更喜欢动手制作一些小型简易的测量器具。十五六岁时，他弄到一本石印《莲花漏图》，如获至宝，爱不释手，通宵达旦地刻苦钻研。本来，一些疑难费解处，只要请教请教祖父，就会迎刃而解。仆人看他郁闷难当，饭不吃，觉不睡，也催他去找老太爷问问。可他说什么也不肯，非要自己弄个水落石出不可。功夫不负有心人，他终于凭自己的智慧，彻底弄通了此图的原理和作用。

郭守敬祖父有一好友，就是刘秉忠，精通天文地理、音律术数。郭守敬被送往刘秉忠门下攻读，长期的刻苦用功和耳濡目染为他日后成为一个伟大的天文、水利专家打下了良好的基础。这同时，他还结识了张文谦、王恂等学者。

1276年，朝廷下令修订历法，由许衡、张文谦、王恂、郭守敬等主持工作。实际负责的是郭守敬。他呕心沥血，下决心要制订出新历法来。当时，有人主张，在历代历法的基础上修修补补。他坚决反对，自己细心研究了自两汉以来70多个历法，决定有取舍地继承其中有创建的13种。他坚持白天研究，夜晚观测。他感觉到原有的陈旧天文仪器已不堪再用，测量的数据也不准。提出"历之本，起于测验，而测验之器，莫先于仪表"的看法。他亲自设计，指挥能工巧匠，先后创制出简仪（用以测量日、月、星辰在天体上的坐标位置）、圭表（观测天象即日影长短等）、仰仪（观测太阳在天空中的位置）、立运仪、证理仪、候极仪、浑天象、玲珑仪、景符、窥几、日月公仪、星晷、定时仪等。《元史》称道他创制的天文仪器"皆臻于精妙，卓见绝识，盖有古人所未及者"。

天文仪器制成之后，郭守敬在大都（今北京）城东主持修筑了一座观察天象的司天台，开始了一系列天文观察工作。其中两项重大成就，是关于"黄赤大距"（现代天文学上称"黄赤交角"）宿距度的测定。

为了制订精密历法，郭守敬还在全国范围内进行了大规模的天文测量。

汉代天文学家测定的黄赤交角为24度，后代一直沿用，可谁也没注意到这一度数在逐年减少。郭守敬对此持怀疑态度，坚持重新测量，结果是：23度33分54秒，近代用天体力学公式计算出来的是23度31分58秒。

郭守敬对宿距度的测量，先后进行了5次，比1106年北宋测算的精确程度提高一倍，平均误差从9分缩小到4.5分。

根据大量观测资料，编制出的新历法"授时历"从1281年起到1643年止，是使用时间最长的历法；也是古代最精密的历法，如果以小时计算，一年是365日5时49分12秒，比地球绕太阳公转一周的实际时间只差26秒，跟目前国际通用的1582年开始的格里历完全相同。

郭守敬不仅是卓越的天文学家，还是杰出的水利专家。

1250年，在郭守敬不满20岁时，就在邢台城外修复过一座石桥。河道堵塞，河堤滑落，河泥淤积，此地原有的那座桥被洪水冲毁。桥身冲走，桥墩淹没，呈现出一片汪洋。不仅交通不便，而且水灾不断。由于再也找不到合适的建桥地点，又弄不清原来的桥址在哪里，许多建桥高手都望洋兴叹，摇头而去。

也许是初生牛犊不怕虎，郭守敬如同中流砥柱一般，毅然站出来，主动要求把这座桥架起来。他冒着生命危险，在滚滚洪流中搜寻。他不辞千辛万苦，在陡峭的两岸河堤上查找，

郭守敬塑像

终于找到了原有河道和桥墩遗址。经他多次勘测，精心设计，组织邢台人民清除淤泥，疏通河道，修筑堤岸，很快建成了一座坚固的石桥。

1260年，年轻的郭守敬跟随中书丞张文谦巡视大名、彰德等路（今河北西南部、河南东北部）。郭守敬一路上废寝忘食，细心观察地形，认真勘查水域，整理资料，描绘图纸。后来，元世祖忽必烈在上都（今内蒙古多伦附近）召见郭守敬谈水利建设。郭守敬侃侃而谈，对答如流，提出六条治水建议，得到世祖的赏识，并让他任提举诸路河渠（也即负责各路河渠的修整管理事务）。因为郭守敬才智超人，政绩卓著，不久，经张文谦的举荐，被朝廷擢为副河渠使、都水少监、都水监、工部郎中。以后，他主持整修由于战乱破坏、年久失修的西夏（今甘肃、宁夏一带）古灌溉渠道，疏浚了400里的唐来渠和250里的汉延渠等80余条渠。《宁夏新志》评价说："逮今西坝桥梁，尚其遗制，工作甚精。"

1292 年，为解决大都饮水不足的问题，郭守敬不辞辛劳，到处勘查，终于发现昌平区东南神山（今凤凰山）山麓的白浮泉（今龙泉），水清、量大、可用。此处，沿西山一带还有许多分散小泉。经他精细勘测，科学疏导，不把水引向东南，而引水向西，再折向南沿，沿西山东麓，注入瓮山泊（今昆明湖前身），再接梁河（今长河），引入大都，蓄积于积水潭（今什刹海），然后向东南流出文明门（今崇文门），东下通州高丽庄，和大运河衔接，这就是仅用一年时间开凿的长达 160 里的运河。这不仅解除了大都水荒，而且最后沟通了京杭大运河。

另外，郭守敬在机械工程、地理学、算术诸方面也有重要贡献。

作为 13 世纪我国杰出的科学家，郭守敬在科学领域所创造的丰功伟绩，人们是不会忘记的。1970 年，国际天文学会把月球背面的一个环形山命名为"郭守敬山"。中国科学院南京紫金山天文台把他们发现的四颗行星中的一颗命名为"郭守敬星"。

阿合马专权

忽必烈初即汗位时，采取汉法治理中原，重用了许多汉人作为当地的行政长官，名为世侯。世侯中，有个叫李璮的人趁机养兵蓄锐，拥兵一方。中统三年（1262），李璮发动政变。这使得忽必烈大为恐慌，开始重新调整用人之策，他把汉人的权力逐渐收回，以回回人取而代之，回回人阿合马就是在这之后走上政治舞台的。

阿合马来自于中亚的一个小城费纳克特城，原是隶属于弘吉剌部的按陈那颜，按陈率弘曾起兵协助大将木华黎略地中原，又跟随成吉思汗平定西夏。因战功卓著，成吉思汗赐号国舅按陈那颜。按陈的女儿察必被选入宫廷，成为忽必烈的王妃，阿合马作为役从随之进宫。

这时的阿合马是个奴仆，他做事手脚麻利，眼睛灵活，脑袋聪明，很讨主子喜欢。忽必烈看中了他，一步步提升重用他。中统三年，阿合马被任命为中

书左右部的总领，兼诸路都转运使，委以财政之职。阿合马十分能干，为了增加财政收入，他想了很多办法，最后想到以冶铁和榷盐增加财政收入。

第一条增加财政收入的措施是冶铁，河南钧州、徐州等地铁矿丰富，该地历来都以此为业作为上交税务的途径之一。阿合马扩大了原有的铁矿规模，召集了几千名炼铁工人，不分昼夜加以开采，并下达任务，每年必须上交几百万斤铁矿，于是河南等产铁之地都大开采矿之风。

第二条增加财政的办法是榷盐，至元元年（1264）正月，阿合马上奏说："太原的百姓熬煮私盐，越境到处贩卖。各地百姓贪图他们的盐价钱便宜，争相购买食用，解州的官盐因此而卖不出去，每年上缴的盐税银子只有七千五百两。请朝廷从今年开始增加太原的盐税银子五千两，不论和尚、道士、军士、匠人等各户，都要分摊缴纳盐税，民间通用私盐可以根据他们自己的方便。"世祖同意他的建议，马上实行，结果盐税收入每年增加了一半还多。

除铁矿和盐业外，阿合马还在茶、酒、醋等方面增加税额，还大量发行无本的纸钞。这些增加赋税的办法迎合了忽必烈在财政上的巨额需要，阿合马愈加受到忽必烈的器重，这一年秋天十一月，忽必烈裁撤领中书左右部，合并到中书省，越级任命阿合马为中书平章政事，进官阶为荣禄大夫。阿合马权柄逐渐加重。

随着权势的增加，阿合马也更加骄横放纵，趁机大加敛财，卖官鬻爵，贿赂公行，不经吏部就私自用人。有一次，丞相安童在忽必烈的面前指责阿合马结党营私，当忽必烈问及时，阿合马竟然大言不惭地说："您不是说过，事无大小，都由我自行处理，那么用人也应在此范围之内。"弄得忽必烈无言以对。就这样，阿合马在许多重要的职位上都安插了自己的亲信，对他不利的人他都想方设法剪除掉。

中书左丞崔斌上奏弹劾阿合马设官害民，重要部门全为他的亲信所执掌，有失公道，世祖虽然略加采纳，怎奈心中对阿合马偏向有加，不了了之。阿合马因此对崔斌心生怨恨，并伺机报复，捏造崔斌与平章阿里、右丞燕铁木儿私自勾结，盗取官粮四十万石及擅自命官八百余人，上奏世祖。世祖令人调查，

结果查无实证。于是又派张澍奉旨前往，张澍为巴结讨好阿合马，竟将崔斌等人治罪，处以死刑，不久，崔斌冤死。

阿合马除卖官鬻爵外，还广置田产，见到良田，便不择手段攫为己有，致使百姓怨声载道。像广集田产一样，阿合马还到处搜罗美女，见到美女，一定想方设法弄到手，以至他的妻妾竟达四百人之多，有如皇宫后院一样。

阿合马日益膨胀的权势以及愈加腐败的罪行，引起了朝臣以及远近百姓的极大怨愤，在山东益都有一个名叫王著的千户，一向疾恶如仇，由于人心对阿合马愤怒怨恨，便立誓为民除害。

至元十九年（1282）三月，忽必烈在上都，皇太子随从。王著找到有秘术的高和尚一起商议除掉阿合马，他们联络了80多人，秘密铸造了一柄大铜锤，在三月十七日的夜里，悄悄潜入大都，谎称皇太子回京作佛事，委派二人传太子旨令，命枢密副使张易发兵，夜间到太子的住地东宫待命。张易不知有诈，就按令行动。

王著又亲自到阿合马府上，说太子将到，令中书省的要员到东宫门外候旨。阿合马也没怀疑，就命右司郎中脱欢察儿带领十几个人出关奉迎。王著早已命人乔装扮成太子和侍卫，假意脱欢察儿怠慢无理、对主不公而把他们全部杀掉，抢了他们的马匹进了城。二更时分，伪太子一班人马进入健德门。守门的军士哪里敢问，于是他们直奔东宫，叫阿合马前来迎驾。此时阿合马正扬鞭而来，王著也不与他搭话，一挥手，手下早已上前，把阿合马推到马下，历数他的罪行，王著拿出大铜锤，手起锤下，把阿合马脑袋击碎。然后又杀死了中书郝镇，拘捕右丞张惠，禁中顿时大乱。

忽必烈听闻阿合马被杀，非常震怒，立即派人前去绞杀王著等人。二十一日，王著、高和尚、张易等人被处死。王著临刑前，大义凛然道："我王著为天下除害，今天虽死，他日必有人纪念，我死亦值得了。"死时年仅29岁。

阿合马死后，朝野上下人人称快，大都百姓闻讯更是欢呼雀跃，甚至卖掉衣裳买酒庆贺，以致大都市面无酒可沽。

忽必烈也渐渐知道了阿合马的种种倒行逆施，感慨地说："阿合马该杀!"

为平民愤，忽必烈下令把阿合马的尸首从坟墓中掘出，戮尸喂狗。他的亲戚子侄也全部伏诛，财产统统没收，一世权臣奸党就此终结。

在查抄阿合马家的财产时，从他的小妾住处，竟查出两张熟的人皮，两只耳朵都保存完好，可见阿合马是多么残暴。

元世祖重用阿合马，因为他确有理财之能。可惜，他在为国理财的同时，专权横暴，打击异己，又大肆搜刮贪占，致使民怨鼎沸，终落得身死名败的下场。元朝刚刚建立，邪恶势力就如此猖獗，注定了这个王朝的不久长。

桑哥理财

桑哥（？—1291）的家世和青少年时代情况不详。曾拜吐蕃国师胆巴为师，识字读经，还学会了西域很多种语言，在蒙古设置的驿站充当译吏。

吐蕃地处东西交通的要道，商旅往来频繁，商业繁荣，桑哥在这样的环境里长大，耳濡目染，对经商之事感兴趣，也深谙其中的奥妙。这也成为他日后步入仕途的一大优势，不过，这个优势的反面是贪财好利、贪得无厌，而这又最后把他送上了西天。

至元元年（1264），桑哥来到元廷，他懂得吐蕃及其他多国语言，元朝又崇尚佛教，因而被任命为总制院使，主管佛教和吐蕃之事。桑哥由此开始步入上层，并有机会接触忽必烈。

桑哥对佛教并没有多大兴趣，但他很善于揣摩主上的意思，那时，忽必烈的财政出现了严重的危机，桑哥就利用各种机会向忽必烈进言各种进财之道。正好迎合了忽必烈的胃口，桑哥开始受到重视。

有一件极不体面的事，让桑哥走上了历史的前台。

一次，中书省命令一个名叫李留判的汉人购买油料，桑哥自己请求拿钱去买，司徒和李霍孙说："你身为朝廷大臣，怎么能去办这种事情呢！"桑哥不服，竟不顾体统，与和李霍孙互打了起来，还一边打一边说："与其让汉人侵占偷盗，不如让僧寺及官府赢利获息。"于是，中书省给了桑哥购买一万斤油的钱。

桑哥用这笔钱，先在市场上以低廉的官价买来，再高价卖出去，获得一大笔利息。他又把这笔钱所得的利息进献给官府，和李霍孙说："我当初不懂这个道理。"

忽必烈听说这件事，更加欣赏他了，开始有委以重任之意；曾下诏谕令桑哥列具中书省臣的名字报上。由于他对朝廷的吏治和财政敢于直陈己见，所以很受忽必烈器重，直接参与许多重大事务的筹划和执行。

至元二十四年（1287）二月，忽必烈为整顿朝廷财政，设置尚书省，任命桑哥为平章政事，主持财政大事。

当年三月，桑哥便开始进行财政改革，改变钞法，向全国发行至元宝钞，过去的中统宝钞仍旧流通。但调整了钞值，确定新钞1贯，相当于旧钞5贯。这么一换算，官府就获利多多，忽必烈高兴极了。

当然，新钞推行过程中也遇到了极大的阻力，王公高官们极其不愿意。

桑哥曾奉圣旨检核行中书省的事务，共查出亏欠的钱钞4770锭、磨损破烂的钱钞1345锭，平章麦术丁当即自己服罪，参知政事杨居宽自我辩解说自己实际上只负责铨选，钱谷之事非由他专管，桑哥令手下用拳头打他的脸说："你既然负责铨选，难道就没有提拔、贬退失当的事吗？"杨居宽不久也服罪了。参议王巨济曾经说新钞不便而违背圣旨，桑哥查出来了也给他治罪。

忽必烈对桑哥的工作给予极大的支持，命令丞相安童与桑哥共同商议，并且诏谕："不要让麦术丁等人以后以因胁迫逼问而自还作为口实，这些人本来就是狡黠之辈。"几天后，桑哥又奏报："审问中书省参政郭佑，中书省欠员很多，他却失职不言，还以疾病作为理由，臣对他说，中书省的政务如此败坏，你力不能及，为什么不告诉蒙古大臣？所以殴打屈辱了他一顿，如今他已服罪。"忽必烈令他对此事严加追查。后来，郭佑与杨居宽被处以弃市之刑。

是年十月，忽必烈又提升桑哥为尚书右丞相，兼总制院使，领功德使司事，进阶金紫光禄大夫，成为在中央王朝中担任过丞相职务的唯一的藏族人。

至元二十五年（1288），桑哥又提出管理吐蕃地区行政事务的总制院级别低于中书省、枢密院，应予提高，经忽必烈批准改总制院为宣政院，由桑哥和脱因出任首任宣政院使。忽必烈又提升桑哥为开府仪同三司、尚书右丞相，兼宣政院使，领功德使司事。此时有大都居民史吉等提出给桑哥立碑颂德，经忽必烈同意，由翰林制文，题为《王公辅政碑》，于至元二十六年（1289）十月树立于尚书省门前，桑哥在朝廷的权势达到了顶点。

桑哥推行忽必烈的财政改革不遗余力，而他自己商人的本性也暴露无遗。他借着推行新制的名义，仗着皇帝的信任，打击异党，排斥异己，又挟私重新调整任用一批官员，借机买官纳贿，中饱私囊，还趁机树立了一批朋党。

当时，有不少大臣弹劾桑哥的种种不法行为。御史台官王良弼，曾和人谈论尚书省政务，说："尚书省查核中书省，不遗余力，以后我们若有机会揭发尚书省的奸邪、谋取私利之事，诛杀籍没他们也没有什么困难。"桑哥听说后，立即把王良弼抓了起来，报告世祖说王良弼诽谤朝政，不处死罪无法惩戒后人，于是处死王良弼，籍没其家财。江宁县达鲁花赤吴德等人也同样被诛或被弃市。

桑哥掌政后所推行的措施，触犯了一些贵族、官员的利益，特别是触犯了被元朝当作根基的蒙古功臣贵族、皇帝亲信侍卫的利益，加上他自己的劣迹，逐渐遭到各方面的指责和反对，推行的各项理财措施被说成是"苛政"。至元二十八年（1291）春，一批官员上奏弹劾桑哥"专权黩货""壅蔽聪明，紊乱政事"，为稳定统治集团内部，忽必烈下诏罢免桑哥所有职务，并将桑哥逮捕入狱。当年七月，桑哥在大都被处死。桑哥的党羽随后全部受到严惩。

桑哥是一个有才能的人物，秉承着忽必烈的旨意，极尽敛财之能事，得罪了各方面的利益群体，因而成了忽必烈稳定各种关系的牺牲品。所以，他是一个可悲的人物。

脱脱更化

脱脱（1314—1355），字大用，是元末权臣、中书右丞相伯颜的侄子。他生来就聪明过人，15岁就为皇太子怯薛官。他18岁的时候，见元文宗，文宗非常喜欢他，说："这孩子将来必可大用。"他被不停地提升，到顺帝元统二年，迁

至同知枢密院事。至元元年，脱脱功拜御史中丞、虎贲亲军都指挥使。至元四年，进御史大夫，仍兼前职。

这时，他的伯父伯颜因为迎立顺帝有功，任中书右丞相，位高权重，骄横跋扈，就是元顺帝也惧之三分。伯颜的弟弟，也就是脱脱的父亲马扎尔台素性恭谨，遇事小心，在处理政务上颇得民心，哥哥的专权妄为总是让他暗暗担心，他常常和他的儿子脱脱说起此事。

脱脱也深有同感，他忧心忡忡地对父亲说："伯父骄纵日甚一日，万一有一天天子震怒，责下重罪，那我们家族的灭亡之日就快到了。"

马扎尔台说："我也曾劝过兄长，可是他哪里听得进我的劝告啊！"

脱脱说："凡事总是要先想到前头为好。"

与父亲分手后，脱脱越想越怕，越怕越急，处理此事宜早不宜迟，他赶忙前去老师吴直方那里请求良策。吴直方早对伯颜的事了如指掌，听到脱脱问询，就慨然说道："古人有言，大义灭亲，你如果想为国尽忠，就不要顾及什么亲戚族里！"脱脱听了老师这席话，豁然开朗，拜谢辞归。

一天，脱脱侍候顺帝左右，见顺帝愁眉不展，就把大义灭亲的意思透露出来，顺帝不相信脱脱真能做出如此举动，就私下命阿鲁、世杰班两位心腹考察脱脱此言是真是假。经过一段时间的考察，确定脱脱所言不虚，是能够靠得住的忠臣。

当时，郯王被伯颜所杀，宣让、威顺二王也被伯颜驱逐，顺帝敢怒不敢言，只能坐在宫中悄悄叹息，脱脱见状，忙跪拜请求为顺帝分忧。顺帝叹息道："爱卿固然心怀一片忠心，但此事你也无能为力！"

脱脱道："为了陛下安泰，就是粉身碎骨，臣也在所不惜。"

"可这事关系到你的家人啊！"顺帝叹息着。

"臣幼读古书，颇知大义，牺牲小家而为大家，义不容辞！"

见脱脱态度如此坚定，顺帝就把伯颜专横跋扈的事详细说了一遍，一边说一边伤心地流泪，脱脱听后也为之动容，不禁再表决心："臣一定竭力设法，解主之愁，报主之恩。"

　　脱脱回来后，把此事禀明老师吴直方，吴直方道："这事关系重大，社稷安危都在此一举，一定要如此这般……"脱脱点头称是。

　　不久，城中侍卫增多，伯颜似有警觉，就召见脱脱，脱脱不敢不去，伯颜见面后就大声斥责他："现在宫廷内外，何故一下子增加了这么多士兵！"脱脱大惊，努力镇静下来说道："天子身处宫廷，理应小心防御；况且目前盗贼猖獗，难保不混进城中，所以格外增加戒备。"伯颜又呵斥道："那你为何不事先告之于我？"脱脱连忙叩头谢罪，才使伯颜平息怒气。

　　脱脱料想事情非短时间可以解决，忙通知世杰班，让他从长计议。果然伯颜存有戒心，于次日上朝时，竟然带着侍卫在门外候着，等退了朝后，又上一奏疏，请顺帝出猎柳林。

　　知道伯颜心怀叵测，脱脱劝顺帝不要前往，顺帝便佯装身体不适拖延不去。不久，伯颜又催顺帝出猎，无奈，顺帝只得让太子代替出行。伯颜便陪着太子出了都城，想借机挟太子拥兵自立，废掉顺帝。

　　待伯颜和太子出城后，脱脱便与阿鲁等密谋，把京城中所有大门的钥匙拿到手上，然后更换所有的亲信把守城门，不得让伯颜进城。一面派都指挥月可察儿率领三十余铁骑悄悄到达柳林，伺机保护太子还朝。又召翰林院中范汇等人入宫草拟伯颜罪状，贬至河南行省左丞相。又命平章政事只儿瓦歹前去柳林，自己也身着戎装，亲自巡城，严阵以待。

　　伯颜和太子在柳林狩猎，只等着机会一到，便告示天下另立国主。可没有想到，月可察儿按照脱脱事先的安排，在一天夜里把太子悄悄带回城中。伯颜还蒙在鼓里，待第二天醒来，太子早已不见，伯颜不禁大惊，正急得顿足捶胸时，只儿瓦歹却带来了皇帝贬他于河南的诏书，伯颜哪里受得了，仗着自己曾经的气势，竟自带着人马返回都城。

　　待伯颜回到都城门下时天已放亮，只见脱脱手拿佩剑，站在城门之上，伯颜不禁火起，大声叫道："快开城门！我既有罪，被皇上罢黜，也须陛下亲自通告，为何不令我进城？"

　　脱脱答道："圣旨难违，皇上有旨，罢黜丞相一人，其他诸官等皆宽恕无

罪，你们可各自回到本营。"

伯颜伤心地说道："你可是我的侄儿脱脱吗？你小的时候，我视你为亲生儿子，可你今日却这样待我！"

脱脱道："为了国家社稷，只能遵着大义而无法顾及私情了，况且伯父此行，也是为了保全我宗族后代，不至于如太平王家，祸灭九族，这也是万幸啊！"

伯颜无言，只好任其发落，竟然在贬官南行的途中悻悻而死。

铲除伯颜后，21岁的元顺帝开始亲政。1340年三月，元顺帝任命脱脱为中书右丞相，进行改革，废除伯颜旧政，重振祖宗大业，史称"更化"。1341年，元顺帝恢复了中断6年的科举取士制度，大兴国子监，选名儒雅士传授儒学，并派人到曲阜祭祀孔庙。1343年，他又下诏编修辽、金、宋三史，这成了元顺帝新政中"文治"的重要内容。

脱脱大义灭亲，革除旧制，建立新学，在他4年多的政治改革中，取得了元史上令人瞩目的成就，因此留下了贤相的美名。

然而，就在脱脱改革略有成效之时，元顺帝却起用了中书平章事别儿怯不花担任中书左丞相。他与脱脱素来不和，上任后经常在元顺帝面前说脱脱的坏话，脱脱从此见疏于皇上，最后被迫称疾家居，辞去了相位。后来，尚存励精图治之心的元顺帝又任命阿鲁图为右丞相，并遣使巡行天下，意在广布圣德，询问民间疾苦，寻访贤能，罢黜地方贪官污吏，但没想到奉命巡行各省的宣抚使不仅不按皇帝旨意办事，反而借此机会敲诈勒索，虐害百姓。元顺帝的一番苦心化为乌有。

1347年，在和脱脱关系甚密的奇氏皇后的劝说下，元顺帝再次起用脱脱为相，但此时的元朝统治已经病入膏肓，无可救药了。

元顺帝时，黄河屡次决口。至正十一年（1351），朝廷在全国征调20万军民共赴黄河沿岸修堤筑坝，疏通河道。也正是在这期间，一句民谣开始在役夫中间流传，那就是："石人一只眼，挑动黄河天下反！"当时人们不解其意，但不久有一石人被从河坝中挖出来，上面果然只有一只眼睛，与歌谣所说完全吻合，人们不禁大为震惊，竞相传颂，不久便传遍了大江南北。

当时河南、江淮一带盛行白莲教，韩山童是河南白莲教的首领，他借此民谣放出风去：天下大乱之时，弥勒佛将出世，而自己是宋徽宗的八世孙，理当为天下之主，与弥勒佛一起拯救世人。韩山童与刘福通、杜遵道等人聚众起誓，自为明王，这些起义军头上包裹红巾，名为红巾军，一班人挑起大旗，公开反元。元顺帝闻讯大惊，急忙派兵前往镇压，结果惨败。

1354 年，脱脱率兵与张士诚起义军大战于高邮，并包围了义军，破高邮城指日可待。谁知元顺帝听信了宠臣哈麻的谗言，在阵前将脱脱罢免。张士诚抓住战机，反败为胜。1355 年，顺帝再次下令将脱脱流放云南大理，其弟也先帖木儿流放于四川，脱脱的两个儿子也被分别放逐到兰州、肃州（今玉门）。是年十二月，哈麻假托元顺帝之命，派人毒死了脱脱。

脱脱死时，年 43 岁。13 年后，元朝灭亡。

脱脱忠于国家，勇于大义灭亲，又有政治远见，大胆改革腐败的政治，只可惜生不逢时。他在任丞相期间进行的大刀阔斧的改革，一定程度上澄清了元朝末期的昏暗政治，可他终究无法避免朝代更迭的大势。元朝气数已尽，再怎样挣扎也是回天乏力。

忠臣生不逢时

萧拜住（？—1320），生年史书缺载，他的祖先是契丹人，原为石抹氏部落人，祖上曾为金朝大臣，后来易姓为萧。曾祖丑奴，仕途为古北口屯戍千户，金大安二年（1210）遣使归降，助蒙灭金，屡建功勋，官至檀顺、昌平万户；祖父青山，中统元年（1260）承袭万户，平宋有功，授为湖广提刑按察使；父亲哈剌帖木儿，曾典领宿卫，为檀州知州。萧拜住世代官宦，出身显赫，但他身上没有官宦子弟的专横跋扈，没有纨绔子弟游手好闲的习气。他身材魁梧，仪表堂堂，年轻时就跟元成宗北征，袭授澧州知州，后入朝为礼部郎中。

萧拜住德才兼备，能力非凡，他的仕途生涯很顺利，职位升得也很快，到武宗即位时，拜为中书左司郎中，直升为御史中丞。仁宗时，他的仕途却出现了曲折。

武宗活着的时候尊生母答吉为皇太后，还特地为她修筑了兴圣宫。答吉皇太后聪慧能干，但就是生活不检点，与铁木迭儿勾结成奸，兴圣宫成了凌驾于天子之上的又一朝廷。铁木迭儿德行很差，官声更是恶劣，但因有太后的庇护，官职不断提升。至大四年（1311），武宗驾崩，皇太后干脆把他提拔为中书右丞。

随后即位的仁宗是个有文化的皇帝，通达儒术，妙悟释典，可以说是个贤明的君主。他登基后，很想做一番事业，挽救元朝的命运。因此，撤换旧臣，改组官僚机构，革除弊政，重视人才，加强法制。他登基不久，就出现了振兴之象。

可是，皇太后答吉却干预朝政，把自己的宠臣铁木迭儿任为中书右丞。仁宗恨透了铁木迭儿，但他不敢违抗皇太后之意，只好任他为相。仁宗费力地打压铁木迭儿，使他在两年后被罢免相位。但在太后的压力下，又过了两年，即1314年，再任铁木迭儿为右丞相，回回人合散为左丞相。铁木迭儿依靠太后的宠信，贪贿专权，弄得"中外切齿，群臣不知所为"。

为了制约权臣，对抗太后，仁宗将萧拜住由御史中丞拜为中书右丞，又提为平章政事副丞相，萧拜住明白皇上的良苦用心，更懂得自己肩负的重任，把纠正铁木迭儿的罪恶视为己任。

1317年六月，萧拜住联络御史中丞杨朵儿只，又联络了内外监察御史40多人，上章弹劾，列举铁木迭儿种种劣迹，说"铁木迭儿桀黠奸贪，阴贼险狠，蒙上罔下，蠹政害民。""且既已位极人臣，又领宣政院事，以其子八思吉思为之使。诸子无功于国，尽居显贵"，"私家之富又在阿合马、桑哥之上"，请将铁木迭儿斩首治罪。

仁宗看到奏书，非常震怒，下诏逮问。铁木迭儿很狡猾，赶紧逃进太后的近侍家躲藏。有司没有找到他，仁宗心里不高兴，连着好几天不喝酒，以示惩奸的决心。但因为太后极力庇护，只把其家奴及其同党数人杀掉了事。

御史中丞杨朵儿只愤怒不已，接着上书坚决要求严惩铁木迭儿，仁宗仁孝，怕让太后伤心，只命令将铁木迭儿罢相，不再问罪。萧拜住他迁。

次年，仁宗又起用铁木迭儿为太子太师，权势依旧显赫。而萧拜住的处境则越来越险恶了。

延祐七年（1320）正月，36 岁的仁宗病死。太后答吉随即命铁木迭儿复为中书右丞相，三月，拥立 17 岁的太子硕德八剌即皇帝位，即英宗。

铁木迭儿复相后，马上逮捕杨朵儿只和萧拜住，加以前时违太后旨的罪名将他们斩首。

据说，行刑时，杨朵儿只大声呼喊："天呀！天呀！我杨朵儿只不知犯了什么罪竟遭此极刑！"而萧拜住也大声地对天喊冤。

忽然间，狂风大作，尘土飞扬，天色马上变暗，天空乌云密布。大臣们都吓得魂不附体，人马飞奔，狼狈而去。大都里的人都认为这又是一个冤案。

一代忠臣就这样死于奸佞之手。

治河专家成遵

成遵（1304—1359），字谊叔，元代穰县（今河南省邓州市）人，元统进士，授将仕郎、翰林国史院编修官，奉敕撰定《泰宗、明宗、文宗三朝实录》，为后来编撰《元史》奠定了基础。后官拜监察御史，是岁言事并举劾凡 70 余事，皆揭发时弊，执政者恶之。出为陕西行省员外郎，顺帝时（公元 1356 年）升为中书参知政事，后又升中书左丞，再升丞相。为官清正，所至有声绩。后因用事者唆使人诬告成遵受赃，竟遭杖死，朝中内外为其鸣冤。

成遵出生于一般人家，但他很聪明，有过目成诵的本领，一天能记数千余言。可是，在他 15 岁的时候，父亲去世了，本来不富裕的家庭雪上加霜。成遵只好一边耕田，一边苦读。大概 20 岁的时候，他的文章就已经远近闻名了。

元朝一直到仁宗的时候，才恢复科举制，但考试既难又复杂，没有几个人能考中。成遵相信自己的才学，他说："'四书'、'五经'是我的老师，文章也不过是《史记》《汉书》、韩愈、柳宗元，区区科举之作，有什么难的！"

至顺二年（1331），成遵来到京师，就学于国子监。他的老师把他推荐给当时的名儒虞集。虞集对成遵说："前观生文，今观生貌，宰相之气度啊！我老了，恐怕见不到那一天，生当自爱自重啊！"

成遵不负众望，果然在两年后高中进士，授为翰林国史院编修官。

成遵才德兼备，很快又提升为监察御史。这时，成遵还很年轻，立志在政治舞台上大显身手。

这已是元朝末年，政治黑暗，吏治腐败。成遵不畏强权，在担任监察御史的第一年里，就提出 70 余条弊政，条条切中要害。可惜，他的满腔热忱，得到的是官僚权臣的打击报复，他的治国理政的建议不但没有得到采纳，反遭贬官。后来，他回乡为母亲守孝，过起了寻常百姓的生活。

至正八年（1348），成遵被任命为礼部郎中，奉命出使山东、淮北考察吏治。他的政绩依然显著，他访得 9 名有才能、德行好的人，提拔重用他们。又查出 21 名贪赃枉法之徒，如实上奏，使他们受到应有的惩罚。此举对改善吏治，起到了不小的作用。

后来，成遵被提拔为工部尚书。

也就是在此期间，成遵和元朝后期另一位著名的政治家发生了尖锐的矛盾。

当时，黄河泛滥，随之而来的是瘟疫、饥荒，百姓无以为生，便聚众山林，反抗朝廷的统治。

朝廷不得不考虑治黄问题。漕运使贾鲁提出疏塞并举、勒归故道的方案。另一派则提出筑堤蓄水，以制横溃。成遵作为主管"天下营造百工之政令"的工部尚书，理所当然地要奉命实地考察。

至正十一年春，成遵南下山东，西入河南，沿途勘查，悉心规划，所有地势的高低，河道的曲折，水量的浅深，都一齐测量准确，探听明白，然后绘图列说，带回京师。先至相府，谒见丞相脱脱。脱脱正惦记这件事，赶紧召他进来，询问视河情形。

成遵劈口便道："黄河的故道，决不可复；贾郎中的议论，万不可行。"脱

脱问是何故，成遵即将图说呈上。脱脱接过看了一遍，置于案上，淡淡地说："你们沿途辛苦，且请回去休息，明日至中书省核议便是。"

第二天，在中书省召集的议论会议上，成遵与贾鲁两人因意见不同，展开了激烈的辩论。

从早晨到中午，争议未决。中午饭后，重行开议，仍是互相反对，针锋相对。

脱脱遂问成遵："贾郎中的计划，使黄河复行故道，可以一劳永逸，公何故如此反对？"

成遵答道："黄河故道，可复兴否，现今尚不暇议及。但就国计民生而言，府库日虚，司农仰屋，倘若再兴大工，财政益加支绌，即如山东一带，连年荒歉，人民困苦，已达极点，大工一兴，须调集二十万民夫，如此骚扰，百姓怎能支撑得住？必致铤而走险，祸变纷起，比较现今黄河之患，恐怕还要加重了。"

脱脱闻言，勃然变色道："你说这番话，不是疑惑人民要造反吗？"

成遵道："如果必欲使黄河复行故道，兴动大工，此等事情，唯恐难免。"

一直到晚上，还是没有取得一致意见。

次日入朝，成遵亦至，有几个参政大臣与成遵交谊密切，暗中关照他道："修河之役，丞相主意已定，您就别多说了。"成遵听了，坚决地说："我的头可断，我的建议不可更易！"

成遵终究拗不过丞相脱脱，顺帝批准了贾鲁的方案。成遵因为顶撞丞相被罢职，第二天就出为河间监运使。

当年四月，几十万民工赴黄河故道工地。五月，工地上就传出："石人一只眼，跳出黄河天下反。"后来，民工果然挖到一具一只眼的石人。消息传出，人心浮动。不久，韩山童、刘福通等发动了规模巨大的农民起义。

被贬在外的成遵，依然尽心于地方官的职守，而且，政绩卓然。至正十五年，他被召回朝廷。至正十七年，升为中书左丞相。又过了两年，成遵被诬陷下狱，被杖责而死。9 年后，元朝灭亡。

白莲教和弥勒教

元末农民起义是通过宗教把农民组织起来的。当时利用的宗教主要是白莲教和弥勒教。

白莲教最初称白莲社，是 5 世纪初出现的，它来源于佛教的净土宗，供养的是阿弥陀佛，他代表光明，就是"明王"。这种宗教劝人念佛修行，多做好事，死后便可到西方净土白莲池上过快活日子。到 12 世纪前期，又加进了天台宗的格言，不杀、不饮酒，发展成为白莲教。金末、南宋时，全国都有白莲教。

佛教净土宗的另一派叫弥勒教。弥勒教信奉弥勒佛。弥勒教相信世界上有明和暗、好和坏两种力量，斗争到最后，明和好取得胜利。

除了白莲教、弥勒教外，民间的秘密宗教还有摩尼教等。北宋方腊起义，南宋钟相、杨幺起义都曾利用过摩尼教。但到元朝时，摩尼教的势力渐渐减小了。

白莲教和弥勒教的教义给贫苦的农民带来了无限美好的希望，他们一经信教，就坚信不疑，虔诚地等待明王出世，弥勒下生。因此，不少农民领袖就利用这种宗教来鼓动农民起来反抗现政权。

元朝时，白莲教的势力在民间占了上风。元朝初年，江西都昌白莲教徒杜万一曾利用五公符、推背图、血盆等迷信工具发动过武装起义。后来这种类似的起义也多次发生。元武宗至大元年（1308），白莲教被元朝政府取缔，祠庙也被捣毁。到元仁宗时，白莲教又公开活动，但不少白莲教主成为元朝统治的拥护者，只有民间秘密活动的白莲教还继续从事反元活动。

元朝末年时，逐渐形成了南北两大系统的秘密宗教组织，他们的领导人就是著名的农民领袖韩山童和彭莹玉。

韩山童是赵州栾城（今河北栾城）人。他的祖父是一个教书先生，人称韩学究，在栾州一带宣传白莲教，烧香聚众，大约在元武宗取缔白莲教时，勒令他迁到广平永年县（今河北邯郸东北）。到韩山童继为白莲教主时，他的教徒更多了，在河南、江淮一带拥有广泛的群众基础，他周围还有一批像刘福通、罗文素、盛文郁、王显忠、韩咬儿等忠实信徒。当元末社会矛盾激化时，韩山童等加紧了宣传组织工作，用"明王出世""弥勒下生"等吸引群众，鼓动武装起义，把斗争矛头引向元朝统治者。

红衣罗汉图（元·赵孟頫）

　　彭莹玉是南方白莲教领袖。他出生在江西袁州（今江西宜春）南泉山东村庄的一个农民家庭里。他以宣传弥勒教为名，发展教徒，逐渐成为南方秘密宗教的领袖。他一面传教，一面组织武装起义。至元四年（1338），彭莹玉与徒弟周子旺在袁州发动起义，周子旺被捕牺牲，彭莹玉的妻、子也被杀，只有他只身逃到淮西。彭莹玉吸取了失败的教训，埋头做宣传和组织工作，到元末大起义爆发前，他的徒弟已经遍布在江淮一带，其中邹普胜在江汉流域宣传"明王出世、弥勒下生"，形成了一个中心；赵普胜、李普胜等在江淮一带也形成了一个中心。总之，由于彭莹玉的辛勤活动，大江南北已经布下了起义的种子，为日后南方红巾军起义的爆发做好了准备。

大元帝国的没落

　　"一代天骄成吉思汗"虽然"只识弯弓射大雕"，但他毕竟是一代天之骄子，他有理想，有抱负，为我们这个多民族的国家统一做出了巨大贡献。他的孙子忽必烈完成了他的遗志，最终统一了华夏，促进了民族融合。

元朝是我国历史上领土面积最辽阔的时代，元朝盛极一时。领土如此辽阔，如何加强中央集权呢？忽必烈很有治国之道，他实行了行省制度。在中央设置中书省，中书省是全国最高的行政机关，地方官吏都由中书省直接管理，这样就加强了皇帝的权力。为了便于管理地方，在地方设置了行中书省又称行省。由中书省派出的官吏管理，这些人都是忠诚于皇帝的，所以既可以有力地管理地方，又可以维护中央集权。由于当时佛教比较盛行，为了便于管理，中央设了一个宣政院，一方面管理全国佛教，另一方面负责藏族地区的行政事务。元朝各帝王都很重视对西藏的管理，在西藏成立了行省。西藏地区，宗教盛行，中央委派官吏，驻扎军队，现在又由宣政院对其加强管理，既有利于民族团结，又很好地控制了藏族地区的行政权。

元朝的创立者是蒙古人，建立元朝后，他们推行了种族歧视政策。他们把民族分为四等。第一等，自然是蒙古人了，第二等是色目人，第三等是汉人，包括契丹、女真和其他一些少数民族，第四等是南人，即原南宋统治下的汉族人及其他各族人。南人的社会地位最低，生活十分困苦，受到多重压迫和歧视。虽然民族有等级划分，但都受到地主阶级的统治和剥削。汉人、南人的地主阶级也可以做官，但同样剥削贫民。而蒙古族的贫民也是被压迫的阶级。可见不管什么民族，都受到元朝统治者和地主阶级的压迫。

蒙古人建立元朝，就是凭借武力。四处扩张领土还是凭借武力。所以这些人改不了野蛮凶悍的本质，他们非常残酷。在战争中，他们将掠夺的人口称作"驱口"，对这些人口任意打骂，强迫他们耕田服役，还可以对其进行自由买卖，根本不把他们当人看。这些被掳掠的人过着和奴隶一样的生活，命运非常悲惨。

统治者看到手工业是非常重要的行业，武器和盔甲的打制都离不了手工业，他们就把手工业户集中在一起，让他们昼夜劳作，但是政府却不给他们饷银，这使他们的生活无以为计。但这些手工业者想改行业，也是办不到的。因为政府有命令，这些人的子孙后代必须是匠人。近百万户的手工业者的日子非常难

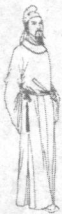

熬，而且没有出头之日。特别是一遇到战争，他们还被催着加班加点，有许多工匠被活活累死。

由于元朝的领土很大，必然有许多少数民族被征服，那时候有一个被称为"回回人"的种族也生活在元朝统治者下。"回回人"就是现在回族人的祖先，他们由汉族、蒙古族、维吾尔族等民族长期杂居，相互通婚而形成。唐宋以来，一些信仰伊斯兰教的波斯人和阿拉伯人千里迢迢来到中国，长期定居，也成为回族中的一部分。此外还有许多少数民族如契丹族和女真族也都被元朝征服。这些少数民族和汉族人民一起生活劳动，相互通婚，渐渐地风俗习惯都一样了，这些人和汉族人通过长期接触，已经完全融合为一个民族了，都被称为"汉人"。在客观上，元朝的统一，大大促进了民族的融合。

元世祖忽必烈很重视农业的发展，他认识到如果农业发展了，粮库就充足，百姓有饭吃，畜牧业也会发展，因此他派农官到各地检查，把农业生产作为评定地方官政绩的一个依据。这条命令调动了地方官的积极性，他们也非常重视农业的发展。为了指导农民把握时令，他派人到民间搜集古今农书，结合有经验的老农的体会，编写成《农桑辑要》一书。这本书一颁发，就在农民中间很受欢迎，很好地指导了农业生产。元世祖还命令大科学家郭守敬编写新历法。郭守敬经过几年的努力，编成新历。忽必烈亲自命名为《授时历》，郭守敬准确地推算出一年有 365 日 5 小时 49 分 12 秒，同地球绕太阳一周的时间相差无几。在那种科学条件下，这是非常伟大的，比现在国际上通行使用的《格里历》还早 300 多年。《授时历》很好地促进了农业发展，百姓根据《授时历》可以总结播种、收获的规律。元世祖还亲自指挥，兴修水利，这为保证农业生产良好发展也起到很大的作用。元朝农业快速发展，百姓暂时安定下来。

元时初期，松江地区的棉纺织业发展很迅速。在这里有一个人闻名天下，她就是黄道婆。黄道婆小时候随父亲外出逃荒。没有几年，父亲去世，剩下一个小孩子。黄道婆漂泊在外，举目无亲，只好将自己卖身为奴，换了一点儿钱，将父亲草草埋葬。后来便做了奴隶，在做奴隶时，她学会了海南黎族纺织技术。黄道婆 50 多岁时，那家主人才将她放走。黄道婆回到家乡——乌泥泾镇（今上

海华泾县），把自己所学的纺织技术教给家乡的人，她看到纺织的速度太慢，便以绳纺代替行纺，发明了纺织工具——纺车。纺车不仅加快了纺织的速度，而且提高了质量。黄道婆带领家乡渐渐富了起来，"乌泥泾镇"天下闻名，黄道婆的大名也从此无人不知，无人不晓。

元朝的政治统治井然有序，经济高速发展，但只是昙花一现。

忽必烈一死，元朝便开始了王位争夺，而且愈演愈烈。元朝也随着激烈的政治斗争开始走向了没落。

忽必烈的三孙子铁穆尔很有心计，得到丞相伯颜和玉昔帖木儿的欣赏。忽必烈死后，大权落在伯颜和玉昔帖木儿二人手中，而二人的威望又很高，他们帮助铁穆尔抢夺了皇位。铁穆尔如愿以偿地做了皇帝，历史称元成宗。元成宗本想有一番大作为，但大权仍掌握在丞相伯颜手中，他受到极大的限制，后来抑郁成疾，不到 40 岁就病死。

元成宗一死，海山立即起兵夺取了皇位。海山是元成宗二哥答刺麻八刺的长子。历史上称他为元武宗。可元武宗贪恋女色，每日泡在后宫中，不理朝政，只做了 4 年皇帝便死掉了，时年 31 岁。

元武宗一死，他的弟弟育黎拔力八达继承了王位，史称元仁宗。元仁宗和他哥哥不一样，他一心治国，而且治国有方，亲贤臣，远小人，元朝经济有所恢复，可正当元仁宗为国为民日夜操劳时，却病逝了，年仅 36 岁。

年仅 18 岁的太子硕德八刺继承了王位，史称元英宗，他和他父亲一样，兢兢业业，关心农业，体贴百姓。但对政权没有掌管好，被晋王也孙铁木儿钻了空子。他将元英宗杀掉，自己称帝，史称泰定皇帝。刚做了几年皇帝，也孙铁木儿便死了，终年 36 岁。他的儿子阿速吉八被一些大臣拥为皇帝，年仅 9 岁，改号为天顺。

与此同时，另一些大臣拥立元武宗的儿子图帖睦尔称帝，改号为天历，史称元文宗。这些人想夺回王位，为元英宗报仇。

双方都积极备战，终于爆发了"天历之战"。经过一场血战，天历皇帝杀了天顺皇帝，重新夺回了王位。但元朝的统治由此元气大伤，已现出衰败之象。

红巾军大起义

　　元朝末年，皇权帝位争夺越来越激烈，皇帝的更换也十分频繁。最后帝位传给了妥懽帖睦尔，史称元顺帝，他继位时只有 13 岁。元顺帝也是元朝的末代皇帝。

　　元顺帝在位时，政治十分黑暗，朝中大臣和地方官吏都极力搜刮民财。中书省丞相脱脱手握大权，贪污得最厉害。他为了搜刮民财，主张变更钞法，结果物价上涨。脱脱虽然从中捞了不少油水，但却遭到朝中大臣的反对和天下百姓的咒骂。

　　这一年，河南旧德府（今河南省商丘）白茅处黄河决口。大水泛滥，淹没了不少庄稼和村庄。

　　脱脱为了挽回自己的声誉，对元顺帝说：“陛下，今黄河水泛滥成灾，百姓苦不堪言，纷纷落难而逃。我们应及时治理黄河，让百姓过上安宁的日子。”元顺帝没有说话。尚书成遵却说道：“陛下，治理黄河工程浩大，而且一时很难有成效。目前我朝财政有些紧张，不宜大兴土木。况且治理黄河必然要集聚民夫，南阳一带盗贼成群，如果他们与农夫勾结，很可能酿成大乱啊！”

　　元顺帝没有主见，又不敢轻易惹恼丞相脱脱，便说道：“关于治河之事，就全交给丞相了！”

　　脱脱本来就有实权，一听皇上答应此事由自己做主，立即撤了尚书成遵，任命贾鲁为尚书兼河防使，负责治理黄河。

　　贾鲁新官上任，立即要 15 万农夫前去治理黄河。但是元朝末年，内乱不断，连年战争，壮丁都去服兵役了。没办法，没有壮丁，就抓来上了年纪的百姓，还有许多妇女也被抓来。为了防止聚集在一起的农夫谋反，贾鲁特意调集两万官兵前来看守。这些官兵无恶不作，看谁不顺眼，就是一阵毒打。农夫们只好忍气吞声，在烈日下，辛苦地挖土打坝，不敢有半点怠慢。农夫们心中自然十分不满，恨透了元朝的统治。

正在宣传白莲教、准备起义的韩山童听说有十几万农夫聚集在一起治理黄河，他非常高兴。心想，机会来了。白莲教是在民间秘密流传的，许多农民起义都打着白莲教的旗号。韩山童为了领导农民起义，也四处宣传白莲教。百姓终年生活在水深火热之中，他们都恨透了元朝统治者。不少百姓都加入了白莲教，白莲教声势日益扩大。但韩山童并不满足，因为这些教徒都很分散，他想找到一个集体，于是就把目标瞄准了治理黄河的农夫。

那时候，黄河南北一带流传着民谣："石人一只眼，跳出黄河天下反。"韩山童悄悄地找人凿了个独眼石人，又在石眼后边刻上一句话："莫道石人一只眼，此物显世天下反。"石人凿好之后，他带领几个人把石人悄悄地埋到了河道里。韩山童知道治理黄河，必然要挖那条河道。

不出韩山童所料，农夫们果然将石人挖出，又看到上面刻的字，都十分惊讶。心中本来对元朝就不满，一看到此物，反抗的情绪立刻强烈起来。那些士兵虽然蛮横，但他们看到独眼石人后，也吓坏了，忙将此事报告给贾鲁，贾鲁不敢怠慢，又告知脱脱。脱脱也大吃一惊，下令严加看管农夫。

韩山童一看农夫都跃跃欲试，便想立时起兵谋反。他为了保险起见，又继续加大宣传力度。在柳沟，韩山童认识了刘福通。刘福通也恨透了元朝的统治者，一听韩山童想推翻元朝的统治，立即答应与他一起共谋大事。

韩山童召集各地白莲教首领参加会议，研究如何发动农夫起义。在颍州颍上县白鹿庄，有3000多名教徒首领参加了这次会议。他们达成一致意见：拥戴韩山童为明王，以红巾为号，并杀了白马黑牛祭天地，歃血为盟。就在这时，元朝政府官兵突然杀到。原来是由于组织不严密，走漏了消息。

刘福通一看官兵包围了村庄，立即对韩山童说道："明主，我们的秘密被泄露，你快跑。"韩山童听到外边高喊着："活捉韩山童！"，他心想：我命休矣。眨眼间官兵已闯进村庄，见人就杀，顿时血流成河。韩山童见到如此惨状，对刘福通说："贤弟，你带领兄弟们赶快杀出一条血路，记住给我报仇雪恨！"

说话间，官兵已攻了进来，刘福通武艺高强，夺过一把大刀，杀出一条血路，带领着韩山童的妻儿和手下的兄弟逃了出来，但韩山童却被官军乱刀分尸。

韩山童的妻子杨氏带着儿子韩林儿一口气跑到武安山中。刘福通则带领着几百弟兄逃到家乡颍州柳沟村。

刘福通在家乡又重新组织教徒。他吸取上次失败的教训，组织得相当严密。刘福通和杜遵道、盛文郁等人决定于阴历五月初三举行起义。由于准备周密，五月初三这一天，白莲教的教徒们头上都扎着红头巾，悄悄地聚集在柳沟村。他们在刘福通等人的带领下，出其不意，攻占了附近地主家，将那些罪大恶极的地主处死，打开粮仓救济百姓，百姓热烈拥护红巾军。

颍州起义军声势浩大，百姓不断加入队伍中来，这可吓坏了朝廷，忙派官兵镇压。刘福通带领红巾军和官兵展开了周旋，你大兵杀上来，我就跑，你准备退兵时，我再猛攻你。杀得官兵晕头转向，损伤无数，红巾军占领了颍州城。

到了城里，刘福通立即派人将粮库打开，救济受苦受难的百姓，又有许多人加入队伍中来。刘福通又重新组编了队伍。朝廷一看义军不断壮大，又派来大队人马前来镇压，刘福通一看官兵太多，放弃颍州，迅速占领军事要地朱皋镇，然后发放官粮，又得到百姓的拥护和支持。由于义军头上缠着红头巾，所以被称为"红巾军"，这次起义被称为"红巾大起义"。

红巾军起义后，民间流传着《醉太平》小令：

> 堂堂大元，奸佞当权，
>
> 开河变钞祸根源，惹红巾万千。
>
> 官法滥，刑法重，黎民怨。
>
> 人吃人，钞买钞，何曾见？
>
> 贼作官，官作贼。
>
> 混贤愚，哀哉可怜！

这首小令深刻揭露了元朝末年社会的黑暗统治。当时这首小令非常流行，大人小孩都会背。还有一首讽刺诗也十分流行，诗中写道：

> 丞相造假钞，
>
> 舍人做强盗。
>
> 贾鲁要开河，
>
> 惹得红巾闹。

颖州红巾军起义，全国的白莲教徒和受压迫的百姓也纷纷响应。李二攻克徐州，占领了安徽的宿州、虹州等地；彭莹玉和徐寿辉在湖北蕲州起义，声势也十分浩大；郭子兴在定远也举兵起义……短短的时间，红巾军的战火燃烧在全国各地。元顺帝吓得魂飞魄散，慌忙派枢密院同知赫厮、秃赤领阿速军8000人前去镇压。但赫厮骄纵轻敌，根本没有把刘福通放在眼里，而且在行军时贪恋酒色，被红巾军打败。

元顺帝得知阿速军大败而归，又气又怕，而这时又传来前去镇压汝宁（今河南汝南）红巾军的官兵也大败而归。元顺帝慌了手脚，不知如何是好。这时御史大夫也先帖木儿主动请缨："陛下，不必惊慌，那贼民有何可怕，给我30万大军，我立即将其剿灭。"元顺帝一听，立即答应。

也先帖木儿率领30万大军直奔河南汝宁，刘福通的义军总部就设在汝宁。刘福通看到官兵众多，闭城不战。两军对峙，也先帖木儿以为红巾军害怕不敢应战，便骄纵起来。一天夜里，刘福通派几百红巾军打扮成官兵的样子，偷袭官兵的大营。见到官兵就杀，官兵从梦中惊醒，也拿起武器自相残杀。也先帖木儿一看打了起来，吓得弃寨而逃。红巾军乘机追杀，元军大败。刘福通又攻占了亳州、罗山、真阳等地，红巾军的队伍扩大到几十万人马。

刘福通声势越来越大，但他没有忘记韩山童，他迎立韩山童的儿子韩林儿为皇帝，号小明王，国号大宋，建元龙凤。

刘福通带领大军向元都开进，一路势如破竹，夺取许多城镇。

丞相脱脱带领40万大军再次围剿红巾军，他看到刘福通的红巾军士气正旺，便出兵徐州。徐州的红巾军被打败，李二被杀害。脱脱也被朝中政敌害死。

刘福通的大军长驱直入，就要到元都了，这时元顺帝调集所有的人马与刘福通的红巾军展开了决战。由于孤军远征，刘福通的红巾军被剿灭，小明王被淹死，龙凤政权结束。

红巾军虽然失败了，但声势浩大，为朱元璋建立明朝打下了坚实的基础。

朱元璋起义

大明太祖高皇帝朱元璋（1328—1398），字国瑞，原名重八，后取名兴宗，濠州钟离人（今安徽凤阳），明朝开国皇帝。朱元璋聪明而有远见，神威英武，收揽英雄，平定四海，纳谏如流，求贤若渴，重农桑，兴礼乐，褒节义，崇教化，制定的各种法规都很相宜，前所未有。但他性格严明，晚年偏好诛杀，使得一代开国元勋很少有善始善终者，这是他的缺点。

朱元璋幼时贫穷，曾为地主放牛。元顺帝至正四年（1344），朱元璋的家乡所在的淮河流域发生大旱灾，蝗虫四起，人们啼饥号寒，饿殍遍地，瘟疫接连而来。几天之内，朱元璋的父亲朱五四、母亲陈二娘、大哥朱兴隆相继死去。为了活命，朱元璋不得不入皇觉寺当了和尚，到至正十二年（1352）闰三月初一朱元璋参加农民起义军，期间整整八年时间，朱元璋是在佛门中度过的。

朱元璋

至正十一年（1351），郭子兴等人率领一支几千人的红巾军占领了濠州城，第二年，朱元璋便投奔郭子兴，参加了红巾军。

至正十四年（1354），朱元璋奉命南略定远，招降驴牌寨壮丁三千人，又夜袭元军于横涧山，收精兵两万，随即进占滁州。至正十五年（1355），朱元璋进兵和阳，渡江攻下太平、溧水、溧阳等地。这时，韩林儿在亳称帝，朱元璋接受了韩林儿的官职、封号，军队皆以红巾裹头，亦称香军。朱元璋军纪严明，又知人善任，文士如冯国胜、李善长等都为他出谋划策，勇猛善战的常遇春、

胡大海也都来投奔他。

至正十六年（1356），朱元璋占领东南重镇集庆（今江苏南京），改名应天府，被韩林儿封为江南等处行中书省平章，控制了安徽东部和江苏西南部，拥有十万大军，成为红巾军内部一支强大的武装力量。

从至正十六年至十九年间（1356—1359），朱元璋以应天府为根据地，不断向外扩充其势力。这时，在他北面是韩林儿、刘福通，西面是徐寿辉，东面是张士诚，唯有皖南、浙东一部分地区驻守的元兵势力较弱。至正十七年（1357），朱元璋派徐达、常遇春、胡大海分别攻占宁国、徽州、池州等地，次年又亲自率兵攻克婺州。至正十九年（公元1359年）继续攻占衢州、处州，皖南以及浙东的东南部地区也为朱元璋所控制。

至正二十年（1360），朱元璋将浙东名士刘基、宋濂、叶琛、章溢等人招至旗下，特别是刘基、宋濂在朱元璋开创大业的过程中起了显著的作用。从此，朱元璋进一步取得东南地主阶级的支持，巩固了他对这一地区的统治。

朱元璋也注意恢复农业生产，至正十八年（1358），他以康茂才为都水营田使，在各地兴筑堤防，兴修水利，预防旱涝，经营农田。又设管理民兵万户府，仿古代寓兵于农之意，选拔强壮农民，使其"农时则耕，闲则练习"，还屡次蠲免田赋。这些措施收到一定的成效，在他统治的地区，农民生活比较安定，军粮也有充足的供应。在朱元璋占领浙东等地时，韩林儿、刘福通所领导的红巾军正遭遇到察罕帖木儿等地主武装的袭击，徐寿辉又为部将陈友谅所杀。陈友谅力量虽强，但"将士离心"，"政令不一"。明玉珍也只是割据四川，偏安一隅。占据苏州的张士诚和浙东庆元的方国珍，早已归附了元朝。他们在所辖地区之内只知霸占田产，奴役佃户，腐化享乐，不关心人民疾苦，百姓不支持他们。这种形势极有利于朱元璋的发展。

至正二十年（1360），陈友谅率军攻占太平，气势汹汹地直向集庆杀来，在江东桥为朱元璋所败。朱元璋复率军反攻，先后攻克饶州、安庆、洪都等地。至正十三年（1363），陈友谅与朱元璋会战于鄱阳湖，陈友谅战死，全军大败。第二年，其子陈理投降，至此，朱元璋解除了西方最大的威胁。

至正二十五年（1365），朱元璋把兵锋转向苏州张士诚。他采取了"翦其肘翼"的军事部署，派将攻占久被张士诚控制的高邮、淮安等地，一面又东向湖州、嘉兴和杭州，歼灭张士诚军的主力，然后进围苏州。至正二十七年（1367）九月，苏州城破，张士诚被俘自缢而死，三吴平定。据守庆元、温、台一带的方国珍也遣使归降。同年，朱元璋分别派将攻取广东、福建，东南大部分地区为朱元璋所有。

至正二十六年（1366）冬，朱元璋派人到滁州，迎韩林儿到南京，在瓜步（今江苏六合东南）渡江时，船沉，韩林儿被淹死。龙凤政权至此结束。至正二十七年（1367）十二月，朱元璋在应天府即皇帝位。次年（洪武元年，公元1368年）正月，定国号明，改年号洪武，定都应天府。

朱元璋在南征的同时，开始遣兵北伐。1367年，朱元璋发布讨元檄文，提出"驱逐胡虏，恢复中华，立纲陈纪，救济斯民"的口号。还宣布蒙古色目"愿为臣民者，与华夏之民抚养无异"。并要求将士"克城勿杀人，勿夺民财，勿毁民居，勿废农具，勿杀耕牛，勿掠子女，获有遗孤孩还之"。十月，朱元璋命中书右丞相徐达为征虏大将军，平章常遇春为副将军，率二十五万大军北伐。徐达按照朱元璋制订的"先取山东，撤其屏蔽，移兵两河，破其藩篱，拔潼关而守之，扼其户槛。天下形势由我掌握，然后进兵，元都势孤援绝，不战自克，鼓行而西，云中、九原、关陇可席卷"的作战方针，先抵淮安，于洪武元年（1368）攻占山东全境，再领兵西进，1368年三月攻下汴梁，又派偏师冯胜西进攻克潼关，防止李思齐东来。五月，朱元璋亲至汴梁督师，七月，明军会集德州，步骑舟师沿运河北上，至大沽（今天津市），二十八日占领通州，大都震惊。元顺帝闻讯后携妃、太子北遁。八月，北伐军入大都，元朝政权被推翻。

元曲四大家

元杂剧产生于13世纪前半叶，是在宋杂剧和金院本的基础上发展起来的。它是融合宋、金以来的音乐、说唱、舞蹈等艺术样式，并在唐、宋以来词曲和讲唱文学的基础上，产生的韵文和散文相结合的、结构完整的文学剧本。元杂剧以中国北方流行的曲调演唱，因此也称北曲或北杂剧。杂剧先在中国北方流行，元灭南宋（1279）以后，又逐渐流行到中国南方。此时，南方已有南戏流行，它是用南方语言和南方歌曲组成的一种民间戏曲。北杂剧流传到南方以后，南戏吸收其特点，逐渐成熟。但北曲杂剧仍占主导地位。元代是元杂剧的黄金时代，时人已把"大元乐府"和唐诗、宋词"共称"。这里所谓"大元乐府"兼指散曲和剧曲。后人则专把元杂剧和唐诗、宋词相提并论，并称为我国文学史上三座重要的里程碑。

元杂剧分前后两期。前期从 13 世纪 50 年代到 14 世纪初，这是元杂剧的鼎盛时期。关汉卿、王实甫、白朴、马致远、康进之、高文秀等，都是这一时期的剧作家。当时杂剧的中心在大都，这些作家都是北方人，主要是大都人。14 世纪初以后，杂剧中心南移到杭州，后期的杂剧作家有郑光祖、乔吉、宫天挺、秦简夫等，他们大部分是南方或寄居于南方的作家。元代后期的杂剧不像前期那样富有现实特色，比较追求曲词的典雅工巧。据记载，元代一共创作了杂剧五百多本，现在保存下来的有一百三十六本。见于记载的剧作家有二百多人，最著名的有关汉卿、马致远、王实甫、白朴、郑光祖等。关、马、郑、白被誉为"元曲四大家"。

关汉卿号己斋，汉卿可能是他的字，大约生于 13 世纪 20 年代，死于 13 世纪末。大都（今北京）人。曾为太医院尹，一说是太医院户。《青楼集》称他为"金遗民，入元不仕"。关汉卿一生落拓、不屑仕进，又多才多艺，富于浪漫主义精神。关汉卿是元代的著名作家和元杂剧的奠基人之一，为元曲四大家之首，不仅在当时享有盛誉，也是至今世界公认的文化大师。著有杂剧六十余种，现存十八种，其中最著名的如《窦娥冤》《救风尘》等，为元杂剧划时代的伟大作品。

马致远，字千里，号东篱，大都（今北京）人。年轻时曾致力于功名，希望一展才华，实现政治抱负，可惜在仕途上不得意，不惑之年就离开官场，过着诗酒生活。马致远是元前期最有代表性的散曲作家。他还著有杂剧十三种，

今存《汉宫秋》《荐福碑》《青衫泪》《岳阳楼》《黄粱梦》《任风子》《陈抟高卧》七种，有"马神仙"之称。

《秋思》是他的散曲代表作：

枯藤老树昏鸦，小桥流水人家，古道西风瘦马。 夕阳西下，断肠人在天涯。

此曲虽然极短小，在同类题材中却被推为"秋思之祖"，可见其艺术成就非同一般。"断肠人在天涯"句极尽音调之哀，重在描写人的生存状态，以体现"秋思"的主题。

郑光祖，字德辉，生平事迹不详。所做杂剧有名目可考者十八种，现存八种，以

关汉卿

《倩女离魂》最为著名。他的杂剧的主要特征是情致凄婉，词曲清丽。但是有贪于俳谐、多于斧凿之缺点。他的《梦中作》描写梦中与所爱美人相会，醒来仍缠绵悱恻，无法忘怀的心绪。写男欢女爱之梦，以"歌罢钱塘，赋罢高唐"暗喻男女之欢，以清风送爽、月照纱窗暗喻事情之完成，完全采取虚写方法，直到梦醒后的余香淡妆才落笔实写，避免了俗与艳，显得清丽而典雅：

半窗幽梦微茫。歌罢钱塘，赋罢高唐。风入罗帏，爽入疏棂，月照纱窗。缥缈见梨花淡妆，依稀闻兰麝余香。唤起思量，待不思量，怎不思量？

白朴，原名恒，字仁甫，后改字太素，号兰谷先生。蒙古军大举进攻南京（今开封市）时，白朴失去了母亲，父亲在外，由元好问抚养教育。父亲找到他后，同卜居滹阳，从事词曲创作。曾北上燕京，南游杭州、扬州等地，徙居金陵。白朴是元代"四大曲家"之一，所著十六种，杂剧中仅存《梧桐雨》《墙头马上》《东墙记》三种，其中《梧桐雨》被誉为"千古绝品"。其风格淡雅庄重，凄凉沉痛。

他的散曲《天净沙》分别写春、夏、秋、冬四季的自然风光，一反春愁、夏苦、秋悲、冬寂的传统模式，分别开创新的美好意境，体现出作者对生活的

热爱和艺术上的独特追求。其中《秋》有着特别的韵味：

> 孤村落日残霞，轻烟老树寒鸦，一点飞鸿影下。
>
> 青山绿水，白草红叶黄花。

王实甫写西厢

　　《西厢记》全称《崔莺莺待月西厢记》，是中国戏曲中一颗光辉灿烂的明星，是元代爱情剧的高峰。它取材于元稹的《会真记》和董解元的《西厢记诸宫调》，故事的主题是"愿普天下有情人都成眷属"。

　　故事大意是：崔相国之女崔莺莺已许与郑尚书之长子郑恒。崔相国死后，郑夫人携小女莺莺送丈夫灵柩回乡，途中因故受阻，暂住河中府普救寺。白衣秀士张君瑞到普救寺游玩，恰遇莺莺，一见钟情。夜深人静，月朗风清，僧众都睡着了，张生来到后花园内，偷看小姐烧香。随即吟诗一首：

> 月色溶溶夜，花阴寂寂春；
>
> 如何临皓魄，不见月中人？

莺莺也和了一首：

> 兰闺久寂寞，无事度芳春；
>
> 料得行吟者，应怜长叹人。

　　张生夜夜苦读，感动了小姐崔莺莺，对张生产生爱慕之情。河桥守将孙飞虎听说崔莺莺有倾国倾城之容，欲掳之为妻，兵围普救寺。郑夫人被迫声言将莺莺许以退敌英雄。张生修书与结拜兄弟白马将军，解了普救寺之围。但老夫人却食言。张生在丫鬟红娘的帮助下，对莺莺弹琴寄思，送简传情。张生害了相思病，莺莺借探病为名，到张生房中与他幽会。老夫人见木已成舟，只得将莺莺许配张生。前提是张生赴考，高中后方可娶回莺莺。张生考得状元，与莺莺终成眷属。

　　剧本叙述张君瑞和崔莺莺的恋爱及其反封建斗争的故事。剧本对封建势力的代表人物崔夫人作了有力地揭露，热情歌颂了青年一代对封建势力所做的斗

王实甫《西厢记》诗意画

争，具有强烈的反抗封建礼教的思想，大胆提出"愿天下有情的人都成了眷属"的主张，因而遭到历代统治阶级的禁毁。剧中人物性格鲜明，文辞优美，诗意浓郁。在结构上突破了元杂剧一本四折的惯例，共写成五本二十一折，一气呵成。人物内心描写尤其出色，充分发掘了人物内心深处复杂的心理活动。崔莺莺冲破封建礼教的束缚，大胆追求爱情幸福的行为更是鼓舞了无数青年男女，金圣叹把它与《庄子》《离骚》《史记》《水浒传》及杜甫并列，称为第六才子书。

元画"四大家"

元代不设画院，画家逐渐摆脱了南宋画院的形式主义习气，而形成了挥洒淋漓、重视笔墨情趣、追求意境深远的写意派。且在画面上加题跋和篆刻印章，把书法、文学、治印和绘画艺术融为一体，开创了新境界。前期著名画家有赵孟頫、钱选和高克恭等。

赵孟頫擅画山水、人马、花鸟，博采众长，自成一格，绘画、书法、篆刻兼施，书法用笔圆转流美，画面自然有神，开创了元代文人画的新风貌。

钱选擅画山水、人物和花鸟蔬果，笔致柔劲，着色清丽，自成风格。

高克恭是畏兀儿族人，晚年居钱塘，擅画林峦烟景和墨竹，笔墨苍润，造诣精绝。

后期著名画家有黄公望、王蒙、倪瓒、吴镇等，他们经常深入山水之间，领略自然之胜，用水墨或浅绛描绘山水，凭意虚构，峰峦浑厚，气势雄秀，自然生动，形成了宋以后山水画的主流，称元画"四大家"。

元画四大家之首黄公望（1269—1354），原姓名陆坚，过继浙江永嘉黄氏，其父九十始得之，有"黄公望子久矣"之语，遂名公望，字子久，号一峰、大痴道人、井西老人等。曾做过小吏，因受累入狱，出狱后隐居江湖，入道教全真派。工书法，善诗词、散曲，颇有成就，50岁后始画山水，师法赵孟頫、董源、巨然、荆浩、关仝、李成等，晚年大变其法，自成一家。其画注重师法造化，常携带纸笔描绘虞山、九峰、富春江等地的自然胜景。以书法中的草籀笔法入画，有水墨、浅绛两种面貌，笔墨简远逸迈，风格苍劲高旷，气势雄秀。

黄公望的绘画在元末明清及近代影响极大。他著《写山水诀》，阐述画理、画法及布局、意境等。现存作品有《江山胜览图》《磻溪渔隐图》《芝兰室图》《雨岩仙观图》《天池石壁图》《陡壑密林图》《秋山幽寂图》《浮岚暖翠图》《九峰雪霁图》《快雪时晴图》《富春大岭图》《仙山图》《秋山无尽图》等。

倪瓒（1301—1374），元代画家、诗人。初名珽，字泰宇，后字元镇，号云林子、荆蛮民、幻霞子等。江苏无锡人。家富，博学好古，四方名士常至其门。元顺帝至正初忽散尽家财，浪迹太湖一带。擅画山水、墨竹，师法董源，受赵孟頫影响。早年画风清润，晚年变法，平淡天真。疏林坡岸，幽秀旷逸，笔简意远，惜墨如金。以侧锋干笔作皴，名为"折带皴"。墨竹偃仰有姿，寥寥数笔，逸气横生。书法从隶入，有晋人风度，亦擅诗文。与黄公望、王蒙、吴镇合称"元四家"。

《六君子图》是倪瓒成熟期的代表作。画坡石上的六棵细瘦的树木，据李日

华云，为松、柏、樟、楠、槐、榆，各有象征意义。黄公望题诗中指："居然相对六君子，正直特立无偏颇。"画面衬以浅坡疏林，阔水远山，体现出倪瓒画风中清寂萧疏之气。以枯笔绘制的六棵疏木，表现了倪瓒追求的人格理想——孤傲、纯洁、正直。旷阔的水域画法，可见他受黄公望"阔远"法的影响。

王蒙（1308—1385），元朝末年画家，字叔明，号黄鹤山樵，湖州（今浙江吴兴）人。外祖父赵孟頫、外祖母管道升、舅父赵雍、表弟赵彦徵，都是元代著名画家。王蒙的山水画受到赵孟頫的直接影响，后来进而师法王维、董源、巨然等人，综合出新风格。年轻时隐居黄鹤山（今余杭临平山）几十年，过着"卧青山，望白云"的悠闲生活。元末，张士诚据浙西，曾应聘为理问、长史。弃官后隐居临平（今浙江余杭临平镇）黄鹤山，自号黄鹤山樵。1368 年，朱元璋推翻元朝，建立大明帝国，王蒙出任泰安（今属山东）知州，因"胡惟庸案"牵累，于大明洪武十八年（1385 年）死于狱中。

《青卞隐居图》是王蒙传世绘画中的杰出之作。山峦盘旋重叠，有强烈的向上涌动的动势，气势充沛苍郁。山腰处有庄院，厅堂中高士怡然闲坐。山间溪流瀑布时隐时现，细路小径相通，景色清幽恬静。景物繁密，气势充沛，表现出山深林密郁然苍秀的风貌，却毫无迫塞之感。难怪明代董其昌赞誉此画为"天下第一"画。此画笔法细密，灵活多变，注重书法笔意。用墨先淡后浓，层层皴染，蘸以焦墨。画面雄秀苍润，郁郁葱葱。《葛稚川移居图》，画的是晋葛洪移居罗浮山的故事。画中的葛洪儒雅飘逸，造景犹如仙境，反映了王蒙对隐逸生活的向往。

吴镇（1280—1354），元代画家。字仲圭，号梅花道人，尝署梅道人。浙江嘉善人。早年在村塾教书，后从柳天骥研习"天人性命之学"，遂隐居，以卖卜为生。擅画山水、墨竹。山水师法董源、巨然，兼取马远、夏圭，干湿笔互用，尤擅带湿点苔。水墨苍莽，淋漓雄厚。喜作渔父图，有清旷野逸之趣。墨竹宗文同，格调简率遒劲。与黄公望、倪瓒、王蒙合称"元四家"。精书法，工诗文。

吴镇最喜作渔父题材作品，一生画过很多《渔父图》，并且有多种样式。他笔下的渔父在明净清寂的山水中，或垂钓，或酣睡，或鼓楫而歌，或停舟闲坐，皆悠然自得，舟中人物仅寥寥数笔，却神态生动。在各种《渔父图》上，他又以草书题词写诗于图中，以抒写情怀，使绘画、诗词、书法相互映衬，表现了不慕荣华、与世无争的志趣。

明朝

明朝帝系表

1368—1644

太祖（朱元璋）	洪武（31）	1368
惠帝（朱允炆）	建文（4）	1399
成祖（朱棣）	永乐（22）	1403
仁宗（朱高炽）	洪熙（1）	1425
宣宗（朱瞻基）	宣德（10）	1426
英宗（朱祁镇）	正统（14）	1436
代宗（朱祁钰）	景泰（8）	1450
英宗（朱祁镇）	天顺（8）	1457
宪宗（朱见深）	成化（23）	1465
孝宗（朱祐樘）	弘治（18）	1488
武宗（朱厚照）	正德（16）	1506
世宗（朱厚熜）	嘉靖（45）	1522
穆宗（朱载垕）	隆庆（6）	1567
神宗（朱翊钧）	万历（48）	1573
光宗（朱常洛）	泰昌（1）	1620
熹宗（朱由校）	天启（7）	1621
思宗（朱由检）	崇祯（17）	1628

和尚做皇帝

朱元璋（1328—1398）出生于濠州（今安徽凤阳）一个贫苦农民家庭，幼时名为重八。他从小就给大户人家放猪、放牛，在饥寒的煎熬中成长。因为是家里最小的孩子，而且生性聪明伶俐，所以曾被父母送到私塾里读过几个月的书。虽终因交不起学费而退学，但他凭着记性好，也认识了几百个字。

1344 年，淮北发生了严重的旱灾和虫灾，疾病流行。在这场劫难中。朱元璋的父母和长兄都先后病死或饿死。16 岁的朱元璋靠乡邻的帮助草草埋葬了亲人后，孤苦无依的他到附近的皇觉寺当了小和尚。不久，灾情越来越严重，寺中的和尚也没有饭吃。朱元璋入寺后不到几个月，就被打发出去做了游方僧，带上木鱼、瓦钵游方化缘，实际上无异于四处乞讨。他云游四方，三年多走遍了淮西、豫南一带，一路风餐露宿，饱尝人世艰辛，但这段时间的流浪也使他了解到民间疾苦，增长了社会见识。1347 年底，朱元璋回到皇觉寺，开始"立志于学"。

1351 年，韩山童（起义前夕被捕遇害）、刘福通领导的元末农民大起义爆发。次年，濠州也出现了一支几千人的起义队伍，为首的是定远（今安徽定远）人郭子兴。接到起义军中同乡汤和的相邀信后，朱元璋思虑再三，终于拿定主意还俗从军，投奔了郭子兴的队伍，开始了他的戎马生涯。

朱元璋入伍后，因打仗机智勇敢，又粗通文墨，很快得到了郭子兴的赏识，由一名普通士兵被提升为亲兵九夫长。郭子兴见朱元璋有胆略，又有见地，还受战士的拥护，认为他会是一个大有前途的人才，就把养女马氏嫁给了他。从此，朱元璋的地位更加稳固，军中都称呼他为"朱公子"，他也是在这时正式改名元璋，字国瑞。郭子兴死后，这支起义军就由朱元璋领导。李善长见朱元璋的队伍军纪好，就前来投靠。朱元璋向他请教平定天下的方略，李善长说："秦末大乱，汉高祖起兵时还只是一个平民，但他为人豁达大度，善于用人，不乱杀人，五年而完成了帝业。现在你如果能仿效他的做法，天下是不难平定的。"

朱元璋听了连声说好，就留他在身边，出谋划策。

1356年三月，朱元璋亲率水陆大军攻下集庆路（今江苏南京），改名应天府，自称吴国公，初步建立江南政权。在应天，他接受朱升"高筑墙、广积粮、缓称王"的策略，意思说首先要发展基地；其次要在后方发展生产，屯田积谷，增强经济实力；最后不要急于称王，免得树大招风。朱元璋还在全国范围内召集了一批贤能的武将谋士，像徐达、刘基、宋濂等都得到朱元璋的重用。

朱元璋以应天为中心，四处征战，附近的元军据点被他依次攻占。这时，朱元璋的占领地区东北邻张士诚，西邻陈友谅，东南邻方国珍，南邻陈友定，他们都割地称王，各霸一方。

1363年秋天，陈友谅率领大军，号称六十万，进攻朱元璋的领地洪都（今江西南昌）。朱元璋亲自率领二十万大军援救。两军船队在鄱阳湖相遇，展开了一场为期三十六天的决战。最后陈友谅战死，全军瓦解，朱元璋乘胜攻取了武昌。

消灭了陈友谅，南方群雄之中再也没有敢和朱元璋相抗争的了，第二年正月，他登了吴王位。从投军到称王，仅用十余年时间，朱元璋就由小卒成为一代霸主。接着朱元璋消灭了张士诚，不久方国珍也不战而降，这就奠定了朱元璋完成帝业的基础。此后，他依靠江南雄厚的财力，凭着训练有素、纪律严明的强大军队，南征北伐，取得了节节胜利。

1368年初，朱元璋以应天为都城，称皇帝，建立明朝，年号洪武，朱元璋就是明太祖。同年秋天，明军在大将徐达、常遇春率领下，攻入大都。元顺帝北逃，元朝在全国的统治结束。此后，明朝又用了近二十年的时间，完成了统一。

明初诸案

胡惟庸案

朱元璋自建明朝始就在考虑废丞相之职。胡惟庸案成为其废丞之由。

胡惟庸，凤阳定远人，是最早跟随朱元璋的文臣之一。他是明朝第一个也是唯一的一个"平民"丞相。胡惟庸独居相位四年。朱元璋对于胡惟庸那套借君主的好恶以报个人恩怨的奸臣手法洞若观火。朱元璋让他当丞相，是因为他可供利用。

利用存在隔阂仇怨的人互相监督，是朱元璋惯用的权术。公元 1374 年六月，他将汪广洋从广东召回来，任命为左御史大夫。果然有个叫韩宜可的不怕死的御史，上章弹劾胡惟庸与右御史大

胡惟庸

夫陈宁、御史中丞涂节擅作威福。朱元璋假装大怒，说他诬陷大臣，抓进锦衣卫关起来。不久却又将他放了，并没有治罪。公元 1377 年十月，朱元璋提升胡惟庸做左丞相，让汪广洋做右丞相去牵制，公元 1378 年四月，朱元璋命礼部定奏章式样，禁天下奏事给丞相所管的中书省，不知胡惟庸的自我感觉如何。公元 1379 年七月，吉安侯陆仲亨、江夏侯周德兴、宜春侯黄彬在临清练兵地被逮捕回南京。其中，陆仲亨与胡惟庸的关系密切。

这些迹象说明朱元璋在中书省问题上将有重大行动。这时，发生一件胡惟庸的儿子在大街上骑马横冲，跌落下马，被过路马车轧死的事。胡惟庸不由分说把马车夫捉住，擅自杀了。朱元璋见他如此专横，甚为生气，要他偿命。到洪武十二年九月戊午发生了占城（今越南南部）贡使事件。占城贡使到南京进贡，把象、马赶到皇城大门口，让守门的宦官发现了，报告给朱元璋。朱元璋一听，大怒，命令将胡惟庸和汪广洋抓起来，关进监狱，说他们蒙蔽欺君。二位丞相不愿承担罪责，认为接待贡使是礼部的责任。朱元璋遂将礼部的官员也统统关了起来。

两相入狱，御史们才彻底明白皇上的意思，便纷起攻击胡惟庸擅权植党，

祸乱朝廷。御史中丞涂节为了保命，揭发胡惟庸毒死刘基的事，并说当时汪广洋任左御史大夫，是知情人。朱元璋对这件事很敏感，若是把事情的真相暴露了，对自己不利，便横下一条心，要大开杀戒。他先是逼迫汪广洋自杀，然后采取刑讯逼供，让涂节编织了一个胡惟庸结党造反的口供，于是株连蔓引，许多人都被牵连进去。到次年即洪武十三年正月戊戌，将胡惟庸、涂节、御史大夫陈宁都给杀了，同时宣布废除中书省，将六部尚书的品级由三品升为二品，改组御史台与都督府。御史台改称察院，只保留监察御史，后来调整为都察院。都督府改组为前、后、中、左、右五军都督府，分别统管各地的卫所。

蓝玉党案

蓝玉党案是胡惟庸案的继续。蓝玉，凤阳定远人，英勇善战，深得朱元璋器重。但在其功高位显之时，蓝玉在四件事情上引起了朱元璋的不满，一是不把朝廷命官和朝廷制度放在眼里，二是逼奸元王妃，三是说过燕王朱棣的坏话，四是权力欲过强。这最终导致了其杀身之祸。

洪武二十六年，锦衣卫指挥蒋瓛告蓝玉谋逆，蓝玉下狱被杀。吏部尚书詹徽曾奉旨参与审讯。蓝玉不肯认罪，詹徽呵斥，要他从速招来，不要株连他人。蓝玉大呼："徽即臣党。"于是，詹徽由执法官变成阶下囚。还有些士人，仅仅因为是蓝玉的家庭教师，或仅仅因为替蓝玉题画，也作为奸党被杀。当然，追究蓝党，主要的目标是勋臣。朱元璋颁《逆党录》，布告天下，有国公1、列侯13、伯2、都督10余人列名其中。被治罪的勋臣，许多与蓝共过事。因蓝玉案被杀的人数达15000名。

通过胡、蓝党案，勋臣武臣被扫除殆尽。洪武年间封侯，也就在50人左右，两案即除去30多人。朱元璋为了巩固朱氏家庭的统治，同时也是为了平息新兴贵族地主集团同社会各个阶层之间的矛盾，有必要进行反对勋臣的斗争。但杀人太多，造成朝中无将的局面，对以后的政治斗争产生了影响，也是他始料不及的。

空印案和郭桓案

洪武中期，曾发生两大事件，则完全是针对文职系统官员的。

首先是空印案。明朝的地方官员每年到户部送核钱粮、军需等事时，必备空白文书。采取这一办法，解决了地方官府的困难，但也确实产生欺瞒和不负责任的后果。洪武十五年（1382年），朱元璋发现了这个情况，下令严办，凡携带空白文书的衙门，主印者处死，佐贰官以下发戍边区。实际上，被杀的不止掌印官，稍有牵连者，就会被处死。

对滥杀官吏，太子朱标持有不同的看法。朱元璋要他复讯案犯，许多人被减罪免罪。朱元璋曾问御史袁凯，在这件事情上，他与太子谁对？这是很难回答的问题，稍有不慎，便会有性命之虞。多亏袁凯聪慧，想出两句得体的话："陛下法之正，东宫心之慈。"朱元璋听了感到很舒服，依从朱标减免的要求。但细想起来，袁凯这人持议两端，过于圆滑，厌恶之心难免生出。为了保命，袁凯不得不佯装疯癫。

空印案风波未平，郭桓案又起。洪武十八年，有人告发户部右侍郎郭桓与北平布、按二司官员李彧、赵全德等人勾结贪污，朱元璋下令治六部左右侍郎以下京官及有关地方官员罪，死者达数万人。郭桓究竟如何与北平官吏行奸，很难说清。据朱元璋后来公布的材料看，郭桓贪污有两个数字。一个数字是有关浙西地区的，该地区秋粮应收450万石，郭桓等仅收60万石，收钞80万锭，折抵200万石；另有190万石未收，而令浙西各府出50万贯钞，"各分人己"。一个数字是关于全国的。郭桓盗卖三年来军卫积粮约700万石，如果加上其他各仓，以及各布政司伙同郭桓等所盗卖的仓粮，总数在2400万石。

即使按190万石或700万石来说，数字也是相当可观了。追论起赃物，只得说某亲朋好友家若干，某殷实富家有若干。全国各地许多大、中地主被牵连进去，抄家问罪，"中人之家多破产"。

文字狱

明初对用字的避讳很多，如不用"元"字，洪武元年改写成洪武原年。朱元璋过分看重字词的使用，在更多的情况下，不是出于礼仪的规定，而是出于他本人的特殊心理。有人因用了他所忌（1i）讳的字词，而招来杀身之祸，这种情况叫"文字狱"。

文字狱的残忍，不仅"千古所未有"，其荒谬绝伦之处，已到匪夷所思之境地。凡上奏表中有下列文辞者，皆被杀："作则垂宪""垂子孙而作则""仪则天下""建中作则""圣德作则"，因为"则"音若"贼"，朱元璋有心病故以为是讽刺他曾为贼。另外的如："睿性生知""天下有道"，被解释"生"为"僧"，"道"为"盗"；"藻饰太平"，被解为"早失太平"，皆处斩。杭州教授上表有"光天之下，天生圣人，为世作则"的话，太祖"览之大怒曰：'生者，僧也，以我尝为僧也，光则薙发也，则字音近贼'，遂斩之"。有位远方僧说来自"殊域"，太祖认为"殊"分开为"歹朱"，也被砍头！尚有以言语得祸者。太祖微服出访，有个老妪称皇帝为"老头儿"，结果那一带的居民都被抄家。有人绘一大脚女怀中抱一西瓜，贴在墙上。因朱元璋常自称"淮西布衣"，马皇后是天足，故被释污辱皇后为淮西大脚，搜主绘者不得，屠其街坊。

文字狱是朱元璋在思想统治上走向极端的产物，特别集中地表现出朱元璋的多疑性格和复杂心理。

南北榜案

洪武三十年（1397年）丁丑科考试，是开科以来第六届。翰林院学士刘三吾、吉王府纪善自信蹈为考官，于会试考生中选取中第的51人，都是长江以南地区的士人。正试中，定闽县陈䢿、吉安尹昌隆、会稽（今浙江绍兴）刘谔为一甲。北方诸生，大概还有那些落第的南方诸生议论纷纷，齐声说：刘三吾是湖广茶陵（今属湖南）人，取士有私，偏向同乡。朱元璋命翰林院侍读张信、侍讲戴彝等12人复阅落第试卷，每人10份，取文理优异者，但选中的试卷又很不理想。有人宣称：刘三吾勾结张信等人，故意挑选不好的试卷进呈。朱元璋怒，兴狱治罪：刘三吾年老，被谪戍，张信、白信蹈论死；陈䢿不得入翰林院，授礼宾司仪署丞，并且终因此案被杀。朱元璋亲自阅卷，取中61人，六月廷试，以韩克勤、王恕、焦胜为第一甲。

这科会试两次张榜，一次在三月，一次在六月，一次中第的都是南士，另一次中第的都是北人，故称"春夏榜"，又称"南北榜"。

后来，出现了按南、北比例取士的趋势。仁宗洪熙元年（公元1425年），

以 10 分为率，南人取 6，北人取 4。再后，又分为南、北、中卷，北卷包括北直隶、山东、山西、河南、陕西；中卷包括四川、广西、云南、贵州及南直隶的凤阳、庐州 2 府、滁州、徐州、和州 3 州；南卷包括浙江、江西、福建、湖广、广东及南直隶除凤阳等 2 府 3 州以外的地区。以百人为率，规定南卷取 55 名，中卷取 10 名，北卷取 35 名。这是宣宗宣德年（1426—1435 年）以后的事情了。划分地区规定取士比例，使朱元璋取天下士的思想得以制度化。

传奇军师刘伯温

刘基（1311—1375），字伯温，处州青田（今属浙江）人。他出身官僚世家，从小聪颖好学，博览儒家经典、历史著作和天文兵法等各类书籍。刘基在元朝中过进士，曾担任过江西高安县丞等小官职，后来还升任江浙行省元帅府都事。刘基为官清廉正直，但在当时已处于极端腐败的元末社会，正直守法者很难得到重用，才高之士处处受到排挤。经过官场上的三起三落，对仕途已心灰意冷的刘基开始同当地有名望的豪族叶琛、章溢等人躲在山中结寨自保。

朱元璋早就仰慕刘基的才学，派人请他出山。1360 年三月，刘基到达应天。宋濂、章溢、叶琛也相继归附朱元璋。朱元璋见了他们非常高兴，特意开辟"礼贤馆"安置这四个人，还常常同他们议论经史和治国平天下的方针政策。当时朱元璋左有陈友谅，右有张士诚。刘基分析说："张士诚胸无大志，只想保住自己那块地方，不足为虑。最主要的威胁来自陈友谅。他地处上游，拥有精兵巨舰，如果我们能集中力量除掉他，平定上游，那张士诚势单力薄，很容易就铲除了。然后挥军北上，平定中原，主公的王业就成功了。"朱元璋听罢，十分赞赏刘基的才识胆略。

1360 年五月，陈友谅攻陷太平（今安徽当涂）之后，挥军东进，气焰嚣张。朱元璋连忙召集众将商量对策。刘基献妙计："陈友谅自恃兵多将广，骄横轻敌，一定会长驱直入。主公可诱敌深入，于险要处设下埋伏，等陈军进入伏击圈后，歼其数部，全线就可土崩瓦解。"朱元璋采用了刘基的战略战术，果然把

陈友谅打得大败而逃。

后来鄱阳湖一战，陈友谅彻底溃亡，随后朱元璋东取张士诚，北伐中原，成就帝业，基本上是按照刘基的战略构思实施的。

明王朝建立后，国家草创，百废待兴，刘基殚精竭虑，呕心沥血，做出了卓越的贡献。但随着政权的巩固，统治阶级内部矛盾也逐渐显露出来。当时朝中大臣因为地域和亲缘关系，渐渐形成了以左丞相李善长为首的淮西集团和以刘基为首的浙东集团。淮西集团见朱元璋信任刘基，非常嫉妒，常在朱元璋面前说他的坏话。所以，朱元璋只封刘基为诚意伯，岁禄 240 石，是伯爵中最低的。李善长却被封为韩国公。

刘伯温塑像

1368 年六月，朱元璋去汴梁（今河南开封）巡视。这时候刘基正任御史中丞，主管稽查文武大臣不法之事。正好碰上李善长的部下李彬贪赃枉法的案子犯了，刘基立即派人把李彬抓了起来。李善长一向非常器重李彬，三番五次向刘基求情，刘基并不理会，不过他也知道淮西集团不是好惹的，于是忙派人到汴梁请示朱元璋，得到朱元璋批示之后，便把李彬正法了。

朱元璋刚回到南京，李善长马上去告刘基的状，因为有皇帝的意旨，李善长不敢说刘基杀李彬不对，只好说他专断独行，在祭坛下杀人，对上天不敬。淮西集团的文臣武将也纷纷落井下石。朱元璋也觉得事情比较难办。恰好这时候刘基妻子病逝，他便请假回家，朱元璋乘机把他打发回了原籍。

刘基一走，淮西集团非常得意，又引起朱元璋的疑虑。他在这年冬天召回刘基，赏赐他很多财物，追封他的祖父和父亲，还多次想给他晋爵。刘基知道

朝廷中淮人林立，晋爵只能招来祸患，便再三婉拒了。

刘基回青田后，仍时常上章询问朱元璋的起居情况，朱元璋有事也经常请教刘基。

在浙江和福建交界处，有个地方叫淡洋，是个两不管的地方，盗卖私盐的人都躲到这里来了，官吏怕上司责难，也隐瞒不报。刘基知道后，让大儿子刘琏直接向朱元璋报告，请设立巡检司。这时候胡惟庸当左丞相，他指使手下官吏去诬告刘基，说淡洋这个地方有王气，刘基想占据这个地方给自己建造坟墓，当地百姓不让，他就请朝廷在这里设巡检司。朱元璋虽然不太相信，但听说刘基想在有王气的地方建造坟墓，心里就不太自在，再加上胡惟庸在旁边一煽动，更生疑心，便把刘基的俸禄取消了。刘基听到消息，连忙赶到南京谢罪。刘基写了一首梅花诗呈给朱元璋。诗中说："我家洗砚池边水，朵朵开来点墨痕。不要枝头好颜色，只留清气满乾坤。"诗的意思说，我在家里只是写字作画，并不想追求荣华富贵，只想让世人知道我有清白的气节就够了。朱元璋看了刘基表白心事的诗，知道他确实没有什么野心，也就放心了，但还是把他留住在京城里。

1375年初，刘基病死，享年65岁，谥文成。1390年，朱元璋颁诰，令刘基子孙世袭诚意伯爵禄。

大脚马皇后

每个成功男人的背后总会有一个伟大的女人。这句话用在朱元璋的身上是再合适不过了。朱元璋身后那个伟大的女人就是马秀英，人称大脚马皇后。朱元璋和这位结发妻子共同生活了30多年，无论是在艰难危险的战争岁月，还是在君临天下的皇宫深宅，两人始终相互敬爱，相互扶持，共赴苦难。朱元璋身为一国之君，对马皇后始终一往情深，倍加呵护，这在历代帝王中都是少见的。马皇后还长着一双天足，在那个以小脚为时尚的时代，朱元璋也毫不嫌弃。朱元璋性情刚烈，当了皇帝后更听不进别人的劝告，而且喜怒无常，动辄杀人，只有马皇后的劝诫他能听得进去。马皇后死后，朱元璋极其痛苦，有生之年竟未再立皇后。马皇后究竟是个什么样的女人，让朱元璋一生如此钟情呢？

朱元璋出生于贫苦人家，父母双亡后，不得不寄身寺中，穷困潦倒，后来投奔到郭子兴的军中。他气宇不凡，又识得几个字，郭子兴很欣赏他，加上他又有勇有谋，作战勇敢，打了不少胜仗，更赢得郭子兴的器重。一次，郭子兴同夫人张氏谈及朱元璋的军功，张氏说："朱元璋的才能，我不太了解，但看他的相貌，将来必定有一番作为，应该加以厚恩，使他感恩图报，方肯为我们出力。"郭子兴说："我已提拔

凤冠

他做队长了。"张氏说："依我所见，这还不足，听说他已二十五六岁，尚未成家，何不将女儿秀英配给他，一来你既有了一个得力的帮手，二来女儿也有一个好归宿，岂不是一举两得之事。"郭子兴一听很高兴，连说："夫人所说极是，我找个良辰吉日就为他们完婚。"就这样，朱元璋成了郭子兴家的上门女婿。

马秀英不是郭子兴的亲生女儿，而是他收养的义女。她的父亲马公是郭子兴早年的一个生死之交。她很小的时候，母亲就病死了。马公就把女儿寄养在郭子兴的家里，由郭子兴的第二个夫人张氏抚养。郭子兴夫妇对这个女儿很疼爱，教她识字，教她做针线。所以，马秀英从小就有一种大家闺秀的风范，不但身材修长，容貌端庄，而且知书达理，这让朱元璋对她格外的敬重。马秀英也早就听说朱元璋之名，知道他并非等闲之辈，所以，极力帮他达成心愿。二人相互倾慕，以后的30多年里，一直没变。

朱元璋做了郭子兴的乘龙快婿，身份陡增，军中上下都对他另眼相看，尊称他为"朱公子"，他人缘又好，再加上战功赫赫，得到了大家的拥护。郭子兴见朱元璋威势日重，心里就有点犯嘀咕，他的两个儿子更是心怀嫉妒，甚至密谋想驱除朱元璋。于是，兄弟俩编造谎言，屡屡在郭子兴面前谗毁朱元璋。郭

子兴本来就心胸狭窄，遇事不能明辨，他也真害怕朱元璋真的擅权自专，将来会危及自己，便找了个借口，把朱元璋给关进柴房。郭子兴的两个儿子更要置朱元璋于死地，他们偷偷嘱咐膳夫，不要给朱元璋送饭，好把他活活饿死。

朱元璋回不了家，马秀英得知丈夫被关，就偷偷地跑进厨房，设法拿出一些刚刚出锅的热饼送给朱元璋吃。一次，马秀英拿着烙饼刚出门就撞见了义母张夫人，她怕义母发现，慌忙把热饼塞进怀中，热饼烫在皮肤上，疼痛难忍。张夫人见她慌忙地样子，表情又痛苦不堪，追问怎么回事，马秀英伏地大哭，说明缘由。等取出饼来一看，胸乳都被烫烂了。张夫人连忙向郭子兴求情，郭子兴这才放出了朱元璋。朱元璋知道马秀英为自己受的苦，心疼地说："夫人的大恩大德，元璋至死不忘啊！"

就这样，马秀英小心翼翼地在郭子兴和朱元璋之间维持着正常的关系，使得朱元璋的势力逐渐强大起来。

后来，马秀英跟随朱元璋南征北战，对朱元璋悉心照料，甚至在行军作战时，她也是个贤内助。一次，朱元璋在战斗中负伤，被敌人重重围困，马秀英硬是闯入敌阵，把朱元璋背了出来，救了朱元璋一命。朱元璋当了皇帝后，对这件事还一直念念不忘，不止一次地说："没有皇后，朕可能都活不到今天啊！"

朱元璋称帝后，立马秀英为皇后，统领六宫。在以后的 15 年里，马皇后展现了自己母仪天下的风范。她把后宫管理得井井有条。对朱元璋，她也尽到了皇后的职责。朱元璋一向禁止后妃干政，马皇后不但不让自己的族人出来当官，也不让皇上赏赐自己的族人。而对于丈夫，她仍然是一个贤惠的妻子，她坚持自己料理丈夫的饮食起居，细心养育后代。

朱元璋当上皇帝后，经常滥杀无辜，马皇后就极力劝阻。

据传，朱元璋攻占南京后，命心腹大臣悄悄地在曾经支持和帮助过自己的人家门上贴一个"福"字，以便第二天将门上没有"福"字的人家统统按照"通元贼"杀掉。马皇后得此消息后，为消除这场灾祸，令全城大小人家必须连夜在各自家门上贴一个"福"字。于是各家各户都遵照皇后的懿旨办，但其中有户廖家人不识字，把"福"字贴倒了。第二天，朱元璋命令御林军去把没有

贴"福"字的人家满门抄斩。岂料，不一会儿就有御林军头目来禀报说，全城人家门上都贴了"福"字。皇帝一听大怒，但又不知如何是好，该头目又说，有一家人把"福"字倒贴在了门上。朱元璋一听更火了，命令御林军把那家人一个不留的全杀掉。马皇后连忙对皇帝说："那家人知道您今日来访，故意把'福'字倒贴了，这不是'福到'的意思吗？"朱元璋一听有理，打消了杀人的念头，一场大祸也因此避免了。

从此以后，许多人便将"福"字倒贴起来，一求大吉大利，二为纪念马皇后。

马皇后为丈夫的事业操劳一生。洪武十五年，马皇后病重，但她拒绝找医生给自己看病。朱元璋为此十分焦急，他命人祭祀山川神灵，为皇后祈福。在马皇后弥留之际，朱元璋以及太子朱标、燕王朱棣等儿孙都围在她的病榻旁，朱元璋一直拉着马皇后的手。

马皇后勉强露出微笑，说："生死是上天注定的，企求神灵有什么用呢？我不想找人看病，如果治不好，陛下就要治医生的罪，我不愿意看到这样啊！"

朱元璋说："你有什么话，就说吧！"

马皇后说："我唯一希望的就是陛下能求贤纳谏，子孙皆贤，臣民各得其所而已。"

她又对着儿女们依依不舍地说："我最怕儿女们忘了骨肉之情，为了争权而自相残杀，历史上的血腥味千万别带到咱家来啊！"

马皇后死后，朱元璋沉浸在长久的悲痛中，此后再未立后。

太祖洪武十五年九月，葬马皇后于孝陵，临葬时风雨雷雹大作，朱元璋以为是不吉之兆，心中黯然不乐。送葬僧人宗泐口宣一偈道：

> 雨落天垂泪，雷鸣地举哀。
>
> 西方诸佛子，同送马如来。

朱元璋听了，才转忧为喜。

马皇后死后，宫中有很多追忆马皇后的歌谣，其一曰：

> 我后圣慈，化行家邦，

抚我育我，怀德难忘。

怀德难忘，于万斯年，

悠彼下泉，悠悠苍天。

开国功臣李善长

在明朝历史上，李善长堪称开国第一元勋，他生于元仁宗延佑元年（1314），凤阳府定远县（今属安徽）人，和朱元璋是老乡。他书读了不少，可以说是个乡贤。早在元至正十四年（1354），他就参加了起义军，并结识朱元璋，两人一见面，大有相见恨晚之慨。一个在寻找明主，一个思贤若渴，彼此以刘邦、萧何互比，一谈就是大半夜，定下了夺取政权的大方略。

那一年，李善长40岁，朱元璋26岁。此后，他参与机要，深得信任，还曾向朱元璋建议"行仁义，禁杀掠，结民心"。曾经有一段时间，朱元璋的顶头上司郭子兴看上了他的才干，想把他征调到自己的帐下，他就是不肯，鼻涕一把泪一把地表示他只愿意跟随朱元璋。朱元璋在前方冲锋陷阵，他常留守后方，调度兵马粮食，成为朱氏帐下的"萧何"。

据说，李善长谋略出众，忠心耿耿，对明朝的建立立下了不世之功。

朱元璋在洪武元年（1368）元旦称帝，李善长便做了大明天子的左丞相，加官"银青荣禄大夫上柱国，录军国重事"。

这年五月，太祖朱元璋前往汴梁视察，留李善长南京监国。三个月里，朝廷内外大小事务全由李善长按照定规或情势自行处置，太祖对李善长给予了绝对的信任。

洪武三年十一月，太祖大封功臣，改封李善长为韩国公，食邑四千八百户，加官由太子少师升为皇帝的太师，爵位也升为"特进光禄大夫，左柱国"。

太祖认为李善长是自己的淮西旧人，虽然年已老迈，有愚钝之态，但他很早投军，涉尽艰险，并且在连年征战中，治理后方，给养前线，功不可没。所以他在大封功臣时说："善长虽无汗马之劳，但是追随我时日最久，供给军食，功劳很大，应该晋封为大国。"

同时，还赐给李善长铁券，免其二死，免其子一死。上面写道："我东征西讨，不能自给。而你为我监国，转运粮储，供给器仗，从未缺乏。处理繁杂事务，使军民同心，没有怨言。昔日汉有萧何，和你相比，未必能超过你。"

同时封公的，还有徐达、常遇春之子常茂、李文忠、邓愈、冯胜。李善长位居第一，最为显耀。

当时，大将徐达军功最高，被封为右丞相，屈居李善长之下。李善长在当时大权独揽，可谓一人之下，万人之上。

李善长功不可没，可是他身上也有不少缺点。《明史·李善长传》说他外表宽仁温和，其实内心狭窄。其他史书也有他刚愎执拗、气量狭小等记载。

参议李饮冰、杨希圣曾经稍稍触犯到李善长的权力，就被他加以弄权不法的罪名，遭到灭顶之灾。李饮冰被割乳后当场身亡，杨希圣遭劓刑后成了残疾。

洪武元年，太祖视察汴梁期间，留李善长居守南京。李善长的亲信李彬犯贪纵罪，御史中丞刘基依律判斩，李善长一再为之求情，希望能从宽发落。刘基不听他那一套，请示太祖获准后，将李彬杀了。

李善长认为刘基不把自己放在眼里，故意为难他，与他反目成仇。于是等太祖一回南京，他就立即上奏诬告刘基，还教唆淮西派官员和对刘基不满的人一齐参奏刘基。

刘基自知不敌，请假回家了，次年，干脆告老回乡。可见李善长在朝中是何等的权势逼人。

李善长性格上的缺点，在他的政治生涯中，埋下他悲剧的伏笔。他在政治上再没有新的起色和建树了，却拉帮结派，用人执政处处从淮西官僚集团的利害出发，打击异己。风言风语传到太祖耳朵里，自然也引起太祖的不满。虽然太祖把自己的长女临安公主下嫁给了李善长的儿子李祺，但是并没有消除对李氏的猜忌。

洪武四年，李善长请求告老还乡，太祖顺水推舟，乐得他早点离开，这已经为李氏失宠发出了一个信息，可是他太不识时务，没有看透这步棋。

更糟糕的是，由于李善长的极力荐引，淮西人胡惟庸从宁国知县一步步爬上左丞相的高位，在他之后统掌全国大政。胡惟庸还把自己的侄女嫁给了李善长的侄子。胡惟庸依仗自己是淮西旧人，又有李善长为靠山，专行横断，胡作非为。终于在7年之后，洪武十三年，明太祖以擅权枉法的罪名杀了胡惟庸。之后，又将与胡案有牵连的人一一处置了。只是对李善长并没有追究。

对李善长来说，杀死胡惟庸颇有"杀鸡给猴看"的味道。作为同乡、引荐人、后台、亲戚，谁都看得出，李善长的身上有脱不净的干系。可惜，这一切都没有引起他的反省，他依旧盛气凌人，一意孤行，一面给老朋友施加压力，一面给局外人造成老朋友依旧相知的假象。终于，他为此付出了生命的代价。

洪武二十三年（1390）正月，南京城内没有丝毫喜庆气氛，而是寒气逼人。比天气更寒冷恐怖的是一场杀戮。导火索是监察御史告李善长与胡惟庸案有牵连。据说，胡惟庸曾四次劝李善长入伙造朱元璋的反，有一次，二人对坐密室，谈了什么不得而知。后来，胡惟庸派李善长的弟弟李存义去游说，李善长沉默了半天，说："我老了，等我死了，你们自己去干吧。"这样的话让太祖知道了心中自然很气愤。

可是，李善长还是没有意识到自己的危险。后来，李善长为营建私宅向信国公汤和借用卫卒三百人，被太祖得知，严厉地斥责李善长，说："你贵为元勋国戚，知其逆谋而不检举，左右观望，心在两端，实为大逆不道！"

于是，这位年已77岁高龄的苍头老翁被迫在家里自缢而死，他全家70余口一律处斩。他的儿子李祺因为娶了公主，仅免身死，夫妻被迁徙到江浦。

有人说李善长死得冤，是太祖的过分猜忌导致了他未得善终。那么，李善长之死到底是因为他自己的不识时务，还是太祖出于大杀功臣的需要呢？历史已远去，后人也只好仁者见仁，智者见智了。

"开国文臣之首"宋濂

宋濂是刘基的老朋友，比刘基年长一岁。他和刘基也算是同乡，原籍金华，移居浦江。他自幼家境贫寒，但很好学，曾受业于元末古文大家吴莱、柳贯等人。他一生都在苦读诗书，史书说他"自少至老，未尝一日去书卷，于学无所不通"，这个评价不为过。

宋濂博学，在元朝就很有名，元末，顺帝曾召他为翰林院编修，他以奉养父母为由，辞不应召，在龙门山闲居著书。

大概在刘基出山的时候，宋濂也投奔了朱元璋。最初，他是以"文学顾问"的身份出现在朱元璋的军旅中。太祖朱元璋赏识他的文才，让他跟随左右，随时顾问。朱元璋常常抽时间听他讲《春秋左氏传》，经常是一边听一边赞叹他的博学，把他誉为"开国文臣之首"。

明朝建立后，朝廷的许多制诰都出于宋濂的笔下。如洪武元年（1368），那个著名的《喻中原檄》就是他写的。

在明朝三大功臣中，如果说，李善长掌管着后勤部，刘基掌管智囊团，那宋濂就是朱元璋写作班子的主笔。

宋濂的学问在当时名冠天下，他的为人也很好。他儒雅敦厚，诚实可靠，朱元璋称帝后，就选他做太子朱标和其他皇子的老师。宋濂深感皇上对他的信任，不负使命，尽心竭力，费尽心血，教导太子朱标，以"孝友敬恭，进德修业"的标准教诲太子，终于把太子培养成了一个友爱仁慈、宅心宽厚的人。

洪武二年（1369），宋濂奉命主修《元史》。洪武十年（1377），以年老辞官还乡，但他依然享受着太祖的恩宠，尽管他从来也没有得到过重用。人说宋濂懒散、迂腐，文人气十足，不像刘基那样智慧聪颖，也许这就是他一生未得重用的原因吧。不过，人尽其才，各有所用。宋濂作为一个文人，得朱元璋知遇之恩，他的命也不算薄了。

宋濂告老还家时，是 68 岁。朱元璋特意赐给他《御制文集》和绮帛，嘱咐

宋濂

他一定要珍藏 32 年，然后再用那帛做"百岁衣"，君臣离别，关切殷殷。不想 3 年之后，即洪武十五年（1382），宋濂的长孙宋慎牵连胡惟庸党案，把他也牵连进来，朱元璋本来要杀了他，幸亏马皇后和太子朱标苦苦求情，才免他一死，全家流放茂州（今四川省茂汶羌族自治县），这对宋濂已经是很宽大了。要知道过去那些老朋友有不少都已经不明不白地死去了。

又过了一年，在寂寞的颠沛流离中，72 岁高龄的宋濂死在夔州（今重庆奉节县）。

据说，他的死是因为朱元璋改变了主意，派人赐死的。朱元璋又一次对老朋友食言了。

靖难之役

朱棣（1360—1424）是朱元璋的第四个儿子，1370 年被封为燕王，1380 年就藩北平（今北京）。朱棣身材魁梧，智勇过人，从小就深得朱元璋喜欢。朱棣熟悉兵法，经常带兵打仗。1390 年，朱元璋以颍国公傅友德为大将军北征沙漠，命令他听从燕王指挥。同时受命北征的还有晋王，但是晋王畏缩不敢进兵。当时适逢大雪，将领们部建议等雪停后再进军，燕王却坚持雪地奔袭以出奇制胜，最终俘虏了元将乃儿不花的全部人马。朱元璋以有这样的虎子而感到高兴，多次叫他领兵出征，并且把沿边的军权都交给他。从此，燕王威名大振。

1398 年闰五月，太祖朱元璋去世。因太子朱标早逝，皇太孙朱允炆即位，是为建文帝。朱元璋在世时，曾把二十几个儿子分封为藩王，驻全国各战略要地。朱允炆书生气十足、优柔寡断而又缺乏从政经验。这些藩王在太祖死后，多拥兵自重，根本不把年轻的侄皇帝放在眼里。为此，建文帝采纳兵部尚书齐泰、太常寺卿黄子澄的意见，开始大力"削藩"。从 1398 年八月到次年六月，建文帝先后削去了周、湘、齐、代、岷五个藩王的爵位。

精明的燕王自知威名在外，目标太大，这场风暴早晚会降临在自己头上。朱棣想起父亲明太祖大肆诛杀功臣时，曾有人装疯得以免难，于是他也装作疯

疯癫癫的样子，在北平城里乱窜，饿了就抢人家的酒饭吃，有时候则躺在地上整天昏睡。但这个办法并不奏效，朝廷先以防边为由，调燕王府护卫精锐出塞，接着逮捕了王府的一些属官，杀了朱棣两个得力的护卫百户。北平布政使和都指挥换了朝廷的心腹张昺、谢贵。他们俩已得到皇帝密令，调兵包围了王府。但他们知道燕王谋略过人，善于用兵，又很有威望，不敢骤然诉诸武力，便暗中串通王府长史葛诚与指挥卢振为内应。北平有个都指挥张信，曾是燕王的旧部，他把这个秘密泄露给了燕王。朱棣见事情发展到这个地步，秘密挑选了800名精壮亲兵，乘夜调入府中加强护卫，并与谋士道衍等人商议应变的计划。

1399年七月，削除燕王爵位和逮捕王府所有属官的诏令公布了。朱棣和亲信们商量，以交付所逮属官为名，把张昺、谢贵骗进王府。朱棣装病拄着拐杖，招待他们吃西瓜。刚吃完一块，朱棣生气地说："普通百姓家里，兄弟宗族之间还知道互相扶持，我是天子的亲戚，却连性命都保不住，对叔父至亲都是如此，他什么事情干不出来呢？"说罢，狠狠地将瓜皮摔在地上。这是约定的暗号，于是卫士一拥而上，捆绑住张昺、谢贵及葛诚等人。朱棣扔了拐杖，怒气冲冲地说："我有什么病？是被奸臣逼成这个样子的！"杀了张、谢等人以后，包围王府的那些将士也溃散了，朱棣轻而易举地控制了北平城。

控制北平后，朱棣正式起兵。他打出"靖难"的旗号在北平誓师，布告将士，同时给建文帝上了一份奏疏，声称根据《祖训》"朝廷若有奸贼，诸王可以发兵诛讨"，要求杀掉齐泰、黄子澄两人。建文帝没有理会，并任命耿炳文为大将军，率师征讨燕王。从此叔侄兵戎相见，打了四年的内战，历史上称作"靖难之役"。

朱棣到底是久经沙场、智勇双全的老将，不到二十天工夫，便占领了北平周围的大片领土，归顺朱棣的军队也有数万人马。建文帝撤换了主帅耿炳文，以李景隆挂帅，又调集了五十万大军伐燕。

1402年正月，燕军进入山东，绕过守卫严密的济南，破东阿、汶上、邹县，直至沛县、徐州。四月，燕军进抵宿州，与跟踪袭击的南军大战于齐眉山，燕军大败，双方相持于淝河。在这次决战的关键时刻，建文帝受一些臣僚建议的影响，把徐辉祖所率领的军队调回南京，这就在无形中削弱了前线的军事力量。同时，南军粮运又为燕军所阻截。燕军抓住时机，大败南军于灵璧，俘获南军将领几百人。自此，燕军士气大振，南军益弱。朱棣率军渡过淮水，攻下扬州、高邮、通州（今江苏南通）、泰州等要地，准备强渡长江。朝廷这时已经乱成一团，一些六卿大臣纷纷借故外逃。

建文帝曾想以割地分南北朝为条件同燕王议和，结果被拒绝。六月初三，燕军自瓜洲渡江，十三日进抵金川门，负责守卫城门的李景隆开门迎降。燕王进入京城，文武百官纷纷跪迎道旁。燕王在群臣的拥戴下即皇帝位，是为明成祖，年号永乐。至此，历时四年的"靖难之役"以燕王朱棣的胜利而告终。

明成祖迁都北京

北京，是中国一座驰名中外的历史名城。它有着悠久的历史和古老的文化传统，曾经是中国历史上辽朝的南京，金朝的中都以及元朝、明朝、清朝三个朝代的都城。经过历代的不断扩充营建，它成为一座宏伟壮观的古代帝王都城。今日北京城里的紫禁城和1949年以前的城市布局，都是在明朝时候建筑和奠定的。

明朝初年，朱元璋定都于应天（今江苏南京）。朱元璋死后不久，便发生了"靖难之役"，燕王朱棣夺了帝位，称为明成祖。明成祖朱棣最初也以南京为国都，但已有了迁都北京的想法。北京是朱棣做燕王时的封地，他深知该地地形之固、关隘之险、人才之聚、经济之富。北京作为中原的门户，向北以群山为屏障，控制大漠，兼顾东北；向南

明成祖

则可襟带全国，统领中原。明初北平府经过朱棣多年的经营，根基稳固，城墙高筑，军饷粮草齐备，已成为明廷北方军事重镇。1403 年正月，朱棣下诏升北平为北京。

1406 年，朱棣开始为迁都做准备，营建北京城。朱棣派大臣到全国各地采木备料，征调工匠，疏通运河，南粮北运。1417 年开始大规模兴建宫城，三年后，皇城、宫殿、坛庙等大型建筑工程基本竣工。

明代修建的北京城有三重，最里面的是宫城，又叫紫禁城。紫禁城内的宫殿有精致的木雕、石雕、彩画和金光璀璨的琉璃瓦顶，体现了手工工匠的卓越技巧。这项工程主要是由木工出身的蒯祥等人设计的。紫禁城是中国保存最完整、规模最宏大的古代帝王宫殿群。宫城外面是雄伟壮丽的皇城，皇城的正门承天门（即现在的北京天安门）气势磅礴，威武大方。门前的宫廷广场上，点缀着精美的汉白玉桥、华表和石狮，更为皇城增添了几分庄严端重。

皇城外面是京城，周围二十千米，有九座城门。一条中轴线贯穿南北，两边街道和重要建筑左右对称。京城内店铺林立，商业繁荣。后来，京城南边加筑外城，是手工业和商业区，有最繁华的街市。外城中宏伟壮观的天坛，是北京最具特色的建筑之一。

为了营建北京城，耗费的人力、物力难以计数。明成祖朱棣征派修建北京城的夫役达百万人之多。百姓终年服役，不能及时种收庄稼，而封建政府又征敛无止，致使百姓"伐桑枣以供薪，剥桑皮以为楮"（砍伐桑树、枣树来做柴火，剥桑树皮作纸）。

修建宫殿耗费的银两，更是以千百万计数。1409 年，为了重修三大殿，仅采木一项就费银 930 余万两。建筑宫殿的巨大木材都生长于四川、湖广、云南、贵州的深山峡谷之中，山里蛇虎杂居，毒雾弥漫，劳动人民被迫进山伐木，"入山一千，出山五百"，很多人葬身于深山老林之中。

可以说，这些雄伟华丽的宫殿是建筑在千百万劳动人民的枯骨堆上的，它既是劳动人民聪明智慧的硕果，血汗的结晶，也是剥削阶级穷奢极欲的历史见证。

1421 年正月，明王朝正式迁都北京。明成祖迁都后，为了表示对明太祖的尊重，仍称南京为京都，北京为陪都，太子留守南京监国。但是，皇帝和中央朝廷都在北京，政令也由此发布，北京已是事实上的首都。

朱棣迁都北京最主要的目的就是为了稳定北疆，因为蒙古铁骑不断侵扰北部边疆，始终是明朝的心腹大患。迁都北京对于巩固边防、维护国家的统一都有着重要意义，也成为明朝维持近 300 年江山的重要保障。

方孝孺的气节

像任何一个以武力夺取政权的帝王一样，燕王朱棣从走上帝位那天起，便对过去的政敌进行了毫不留情的屠戮，其手段之残酷、暴烈，触目惊心。一向庄严、肃穆的皇宫霎时变成了弥漫着血腥气的屠场。首先遭难的就是这个有点迂腐的学者方孝孺。理由很简单，不把建文帝身边的文武大臣清除，他就没法安心做他的皇帝。

方孝孺，字希直，一字希古，明初浙江宁海人，是一代名儒宋濂的得意门生。据说，他的才学早在太祖朱元璋时期就已经很有名了。有一次，太祖让宋濂写一篇文章，结果当天晚上，这个老爷子喝多了，醉得不省人事。方孝孺担心老师明天早晨来不及写，就替他写了一篇。第二天，老爷子醒了，想起皇帝交代的任务还没完成，急得直冒汗。方孝孺就把自己写的文章拿出来，让老师带去。结果，朱元璋一看就问宋濂："这不是先生的手笔啊，到底是谁写的呢?"宋濂吓得连忙跪倒在地，连说："罪臣该死，只因昨夜喝多了酒，没有完成陛下交给的任务，学生方孝孺就代臣写了这篇文章。"太祖不但没有责怪宋濂，反而夸奖学生比老师的文章还好。从那以后，太祖就有意培养方孝孺，希望他将来能好好辅佐太孙朱允炆。但是，方孝孺恃才自傲，太祖要打压他身上的傲气，就把他派到边远的蜀献王府上做世子之师。那是在洪武二十五年，太祖亲自为他读书的地方题额"正学"，所以当时的人们就尊称他"方正学"。

不久，太祖逝世了。朱允炆继承帝位，是为建文帝。建文帝按照祖父的嘱

咐，把方孝孺召回京师，委以重任。

建文帝年纪尚轻，缺乏治国治军的本领。因方孝孺是他的老师，更受到百般信赖和倚重，"国家大事，辄以咨之"。方孝孺对建文帝赤胆忠心，全力扶持。建文帝害怕他的叔叔们王权过大，拥兵为患，就采用齐泰、黄子澄的削藩建议，但遭到以燕王朱棣为首的诸王的反对。后来，燕王朱棣干脆发动战争，以武力夺取权力。方孝孺替建文帝起草了一系列征讨燕王的诏书和檄文，但终究不能改变形势。

建文四年六月，燕军攻破南京。七月一日，朱棣头戴皇冠，身着龙袍，喜气洋洋地步入奉天殿，准备举行登基大典。按照传统，新君继位，要向全国发布登基诏书。这诏书由谁来写呢？臣僚们一致推荐方孝孺。方孝孺一直视建文帝为知遇之君，忠贞不贰。朱棣入主南京，建文帝失踪以后，方孝孺闭门不出，日夜啼哭。就这么个老夫子，朱棣早就恨透了他。所以，燕军一入南京，方孝孺就被扔进监狱。但那时，朱棣还没想杀他，原因是，朱棣离开北平南下时，他的谋士道衍和尚曾秘密请求，说你千万不要杀方孝孺。"城下之日，彼必不降，幸勿杀之。杀孝儒，天下读书种子从此断

方孝孺

绝矣。"道衍实际是害怕杀掉方孝孺会引起整个士人阶层的更大反感。朱棣当然明白这个道理。现在，他就要登基做皇帝了，群臣又一致推荐方孝孺起草登基诏书，朱棣不禁为之心动了。如若真的这样，那就等于为天下文人树立了一个归顺新皇的榜样，何乐而不为呢？

朱棣于是下诏召见方孝孺。可是，当方孝孺出现在殿堂之上时，满朝文武无不大惊失色。只见方孝孺身穿重孝，一踏上奉天殿丹墀就放声大哭，声音直震屋瓦。此情此景，让朱棣大为扫兴。朱棣耐着性子走下殿堂温和地说："先生

无自若，予欲法周公辅成王耳。"方孝孺一听，怒目圆睁，反问道："成王安在？"朱棣道："彼自焚死。"方孝孺问："何不立成王之子？"朱棣道："此乃朕之家事，先生勿操劳矣。"那意思很清楚，谁当皇帝是我们朱家的家事，关你什么事啊。问者步步进逼，答者不断退却。最后，朱棣示意左右把笔札交给方孝孺，迫令他起草诏书。

方孝孺一把抓过笔札，大书四字："燕贼篡位。"然后把笔扔到地上，边哭边骂："死即死耳，诏书不草！"朱棣理屈词穷，但他手中有屠刀，有了屠刀还担心一个文人吗？于是，他大声说："诏不草，灭汝九族！"方孝孺针锋相对地说："莫说九族，十族何妨！"

朱棣大怒，命人拿刀来从方孝孺的嘴角直割到耳旁，并将他投入监狱。见方孝孺仍不屈服，朱棣就下令把方孝孺在午门内凌迟处死。

相传明宫午朝门内丹墀上的血迹石，即为方孝孺鲜血所溅而成。古代帝王处死大臣，一般都在刑部天牢、闹市行刑，或者推出午门外斩首，在午门内杀人是没有先例的。由此可见朱棣对方孝孺怨恨之深。在就义前，方孝孺作绝命词：

> 天降乱离兮孰知其由，
> 奸臣得计兮谋国用犹，
> 忠臣发愤兮血泪交流，
> 以此殉君兮抑又可求？
> 呜呼哀哉，庶不我尤！

与方孝孺一起被处死的还有他的弟弟方孝友，方孝孺看着弟弟泪如雨下，方孝友口占一诗：

> 阿兄何必泪潸潸，取义成仁在此间。
> 华表柱头千载后，旅魂依旧到家山。

时人把这兄弟俩称为难兄难弟。

朱棣处死方孝孺后，仍不解心头之恨，下令灭他十族。方孝孺的九族加上他的朋友、门生也算作一族，共 873 人，全部处死，行刑就达 7 日之久，冤哭之声日夜不绝。方孝孺有两个女儿尚未婚嫁，被逮系至京时，姐妹一起投秦淮河而死。

在方孝孺之前，中国还没有"诛十族"之说，最重的是"诛九族"。株连到朋友门生，可见朱棣之残忍。

在这场惊心动魄的杀戮中，朱棣不能算是失败者，因为他达到了目的；方孝孺失败了吗？也没有，因为他保住了中国文人最看重的气节。

明成祖的治绩

朱棣是以诛讨主张削藩、变乱祖制的奸臣为借口起兵的。但是，他当皇帝后，在对待藩王的问题上，却不怕冒违反祖制之大不韪，同样是采取削藩政策。他本人以藩王起兵夺取帝位，对于军权过重的藩王和中央皇权的矛盾对抗这一教训，是认识得很深刻的。他即帝位后，为掩人耳目，恢复了周、齐、代、岷4位亲王的封藩，但过不了几个月，就又找个罪名，削除代王和岷王的护卫军队。接着，永乐四年（1406年）废齐王为庶人。十年（1412年），辽王的护卫军队被削除。朱元璋时代护卫军队众多的宁王，也于永乐二年（1404年）被从边塞改封在南昌。宁王到南昌后，以韬晦为计，建筑华丽的宫殿，终日躲在里面鼓琴读书，所以在永乐帝时代得保无事。周王为了减少永乐帝的疑忌，就自动献出护卫军队。在几年的削废中，威胁最大的几位塞王的护卫军队几乎全被解除。朱棣削藩的结果，加强了中央集权的封建统治，使国家统一的基础更为坚实、牢固。

削藩之后的问题是如何处理北面的边防。朱元璋所以给边塞亲王那么大的军事权力，目的是要他们镇守北面边防。而现在骤然尽释诸王军权，面对倏忽往来的蒙古骑兵，是不能掉以轻心的。如何弥补因削藩而削弱的边防力量呢？永乐帝决定迁都北平，一则北平是他的发祥地，二则地近北面边防，天子居此，正所谓居重御轻，可以直接加强对边防的防守。

永乐元年（1403年），永乐帝定北平为北京。打定迁都的主意后，就着手修

浚大运河。元朝增修通惠（自北京至通州）、济州（自山东济宁至东平）、会通（自东平至临清）三河，连接隋代的运河成京杭大运河，但从没有全线通航过。洪武二十四年（1391年），黄河在原武（在河南原阳西南）决口，临清至济宁的会通河（元修济州河在会通河之先，会通河修成后，人们连其北段的济州河也通称全通河）淤塞报废。永乐九年（1411年），永乐帝命疏浚会通河，引汶水和泗水入其中，沿线建闸38座。其后，又派官在淮安到扬州的这一段修筑堤堰，以防淮水侵漕和运河水分泄。至此，京杭大运河才真正畅通。运河的修通，使得南方的粮米和丝帛等物资能通过漕运源源不断地输往北京，保证了首都的物资供应。北方的物产也能通过运河南运，增强了南北经济的交流。

永乐四年（1406年），永乐帝下令筹建北京宫殿，并重新改造整个北京城。十八年（1420年）竣工。就在这一年，他宣布自明年起，以北京为京师，即首都，改南京为留都。南京除了没有皇帝之外，其他各种官僚机构的设置完全和北京一样。皇帝派一个亲信在此做守备，掌管南京一切留守、防护的事务，企图依靠南京这一中心来保护运河交通线和加强对南方人民的统治。

永乐帝在经济上继续推行洪武以来的移民、屯田和奖励垦荒的政策。即帝位后，就移直隶、苏州等10郡和浙江等9省的富民充实北京，以后又多次从南方移民到北方。对"靖难"战争中受到破坏的地区，政府发给耕牛、农具，使尽快地恢复生产。同时，实行惩治贪污、赈济灾荒的政策。这些措施的实行，使永乐朝的农业经济比洪武时代又进一步发展。国库殷实，每年的赋粮除输京师数百万石外，各地府县的仓库还储存很多，陈陈相因，至红腐不可食。这现象说明了封建统治者对农民阶级的严重剥削，也反映了当时农业经济繁荣之一斑。在农业经济繁荣的基础上，手工业、商业也得到了很大的发展。

在边防问题上，永乐帝除了对蒙古采取通好和积极防御并用的政策，以及加强对黑龙江下游地区的管辖工作外，又积极经营西域地区。永乐元年，他派官到哈密招谕，允许哈密王输马到中原贸易。不久，又派官出使哈密、撒马儿罕（今苏联乌兹别克境内）、火州（今新疆吐鲁番东南的哈拉和卓）、吐鲁番等地，促进了西域与中原的友好往来，增进了彼此之间的经济文化交流。永乐四年，明政府在哈密设卫，派官辅助当地首领执政。哈密卫的设立，恢复了明朝在西域的主权，使明帝国的政令行达天山南北，而且重新打通了与中亚的通道，有利于和西域各国、各地区的交通往来。

在西南，当时的安南国王胡奎（古文生僻字，现代汉语不常用）不仅屡次侵占占城，拘夺来中国的使者，逼迫占城国王为其臣属，而且不断武装侵犯明朝的西南边疆，占领土地，掳掠人畜，边境人民"横被虐害，实所不堪"。永乐四年，永乐帝出兵安南，有力地支持了占城人民反安南的斗争，也保证了我国南疆的安全。

另一方面，在发展对外关系方面，朱棣也采取了积极的方针。在永乐初年，组织、派遣郑和率领庞大的船队，远航西洋各国，发展了明朝与西洋各国的政治关系，增强中国人民和各国人民之间的友好往来。

永乐帝在政治上、经济上、军事上，乃至对外关系等一系列的措施，繁荣了社会经济，巩固了统治基础，维护和发展了多民族国家的统一，并且扩大了对外影响，提高了国际声望。但是，因为他是以藩王起兵，从侄儿手中夺取帝位，加上即位后杀了忠于建文皇帝的臣下，因而历来受封建文人的责难，认为这是不义行为。这种责难，纯粹是从封建宗法的伦序角度出发的。对他的政绩公允而论，永乐帝不失为一个雄才大略的皇帝，他对于历史的发展是起了积极作用的。

参政的和尚

一个人的成功，总免不了另外一些人的帮助和努力。朱棣的成功当然也离不开他身边的那些谋士们。和他的父亲比起来，朱棣身边的谋士显然没有那么大名鼎鼎。也难怪，和平时期，一个藩王好好守卫疆土就够了，要那么多谋士干吗？但是，提到朱棣的事业，绝对不能不提一个人，那就是和尚道衍。

一个和尚与朱棣的政治活动能有什么关系呢？难道他还参与政事不成。事实是，他真的参与了政事，甚至可以说他改变了大明王朝政治发展的走向。这

又是怎么回事呢？

道衍俗姓姚，江苏长州（今苏州）人，法名道衍，字斯道，出生于元惠宗元统三年（1335），家境殷富，历代从医，他在14岁时出家为僧，通晓儒家、道家、释家诸家之学，还非常擅长写诗，和当时的文学名家宋濂、高启等都是好朋友。他还宣称自己曾得异人传授，能预知吉祥祸福。他是个很有名望的高僧，可是他又不同于一般的高僧那样淡泊名利，相反，他对功名有着特殊的热情。

当同是和尚出身的朱元璋打下天下，建立政权以后，曾下令选拔高僧入京，道衍被推选，但他借口有病不赴召；明太祖下令选学问僧入京考试，以便录用为朝官，道衍又被推选应试合格，但他硬是不愿做官，明太祖只好赐他僧服，准他回山。道衍离开南京，准备游学。登镇江北固山，在这个古战场上，道衍发出了"万岁楼空夜月寒"的感慨，同辈僧人宗泐听闻大惊："此岂释子语耶？"道衍却笑而不答。后人记史作传，认为道衍此时已经预见到"靖难之役"。

后来，道衍在嵩山遇到著名相士袁珙，袁珙见他身为佛子，却隐含着一股杀气，笑着对他说："你真是个奇怪的和尚，三角眼，形如病虎，有嗜杀之相，有刘秉忠一类的辅国之才。"道衍对这个评价很满意，二人结为最好的朋友。

洪武十五年（1382），马皇后去世。太祖下诏挑选一批高僧为诸王诵经祝祷。太祖的本意是用佛家的"无欲""戒俗"的说教来熏陶王子们，让他们勿生非分之想。可和尚出身的他却偏偏忘了不是每一个和尚都能清心寡欲。道衍听到这个消息，立即投奔燕王府，他与燕王朱棣面晤之后，就说了一句，如果能留在燕王身边，"当奉一白帽与大王戴"。这是什么意思呢？在南北朝时期，皇帝们多喜欢戴一顶白帽子，明时士人也有戴白帽的。无疑，道衍是在暗示朱棣会有当皇帝的机会。这一句话立即撩动了朱棣内心深处的欲望，他当即请求父皇让道衍留在燕王府。

道衍从此就在朱棣身边，为朱棣出谋划策。当然，名义上他是北平庆寿寺的住持，为马皇后祈福。不过，他的主要心思并不在这里，他要帮助朱棣成就一番大事业。据一些野史记载，这个庆寿寺的住持曾经为朱棣算过一卦。燕王

朱棣问他用什么卜术，道衍答："观音课。"他交给燕王三枚铜钱，让燕王掷出。燕王刚掷出一枚，他就一本正经地说："殿下要做皇帝乎？"燕王马上制止他，说："莫胡说。"燕王嘴上这样说，心里还是很高兴的，心想："难道是天意让我有登顶之日吗？"

道衍对燕王的心思也是很清楚的。据说还有一次，燕王要写副对联，他刚写了个上联："天寒地冻，水无一点不成冰"，道衍随口就对了下联："世乱民贫，王不出头谁做主"。从这个对联来看，道衍已经是在怂恿燕王起兵了。可以想象，燕王对自己的前程是有疑虑的，正是道衍在他身边不停地游说，才使他坚定了决心。

洪武三十一年（1398），朱元璋病故，皇太孙朱允炆即位，即建文帝。道衍的机会来了。在周王和几个藩王被削以后，道衍就与燕王棣商议，决定以一变应万变，来对付朝廷，要先下手为强，举兵造反，夺取政权。燕王有点顾虑，说："民心向彼，奈何？"道衍说："臣只知天道，何论民心！"为了彻底打消燕王疑虑，增强造反信心，他又请来嵩山相师袁珙和北平卖卜人金忠，授意后，共劝燕王早早举兵。

这一天，燕王化装成武士，与其他相貌相像的武士在一起饮酒。袁珙一进酒店，就在燕王前跪下说："殿下为何如此轻身？"这时，其他九人硬说："认错了！"而袁珙一口咬定"不错！"于是燕王召袁珙入府，袁珙说："殿下龙行虎步，日角插天，俨然太平天子相，四十岁时定能登上帝座！"燕王心中暗喜。为不露形迹，立即将袁珙送回嵩山。

建文帝那边紧锣密鼓地准备削夺燕王的势力。道衍就为燕王出主意，让他装病闭府不出，命令在燕王府秘密练兵，铸造兵器，还在苑内养了很多家禽，以鸭叫鹅叫声来混淆视听。朝廷派来的密探几乎就相信了燕王。谁知燕王府的小吏倪谅向朝廷告密了。

于是，建文帝下诏命工部侍郎张昺、都指挥史谢贵率兵围攻燕王府，让北平都指挥张信进府捕捉燕王。那张信本是燕王早年的朋友，进府后，就向燕王告了密。燕王赶紧找来道衍商议。当时，正逢暴雨大作，连房上的瓦都被揭掉

了。燕王认为这是个凶兆，心情顿时暗淡下来。没想到，道衍却满面春风，连连道喜。燕王气得大骂："疯和尚，何喜之有？"道衍连忙解释，说："祥也。飞龙在天，从以风雨。瓦堕，将易黄也。"意思是说，这是吉兆啊，风雨大作，表明飞龙已经来到王宫之上，瓦掉下来，说明大王该换到"黄屋"去住了。一番话说得燕王豁然开朗。于是，决定起兵夺权。

道衍协助燕王很快组织好了"靖难"军，以"清君侧"的名义，在北平召开誓师大会，决定发动"靖难之役"，靖难军号称为"靖难之师"。浩浩荡荡的大军，一路南下，直指南京城。4年之后，靖难军进入南京城。建文帝不知所终。建文朝百官出迎，燕王顺利登极，史称明成祖。改国号为永乐。

"靖难之役"，朱棣得胜，道衍功不可没。朱棣论功行赏，以道衍为第一。授道衍为僧录司左善世，总领全国佛教。次年四月，朱棣又授道衍为资善大夫、太子少师，并恢复他的原姓姚，特赐名广孝，又给他的父亲、祖父都赠了官。

道衍早年是个不安分的和尚，帮助朱棣成就大业以后，反倒恢复了和尚本色。朱棣想让他还俗从政，他是说什么也不答应；朱棣又赐给他豪华的宅第和宫女，他也谢绝了。作为一个和尚，他有参与政事的权力，不过，他是上班着朝服，下班着僧衣，住寺院，从事僧事和著作。他还有《佛法不可灭论》《道余录》等著作流传下来。

永乐元年（1403）七月开始，道衍，也就是姚广孝参与了《永乐大典》的编纂。

后来，道衍又受朱棣之命监修《太祖实录》。《太祖实录》经过他的篡改，永乐帝十分满意，竟把原来两次的稿本全部销毁，只让道衍的篡修本流传。

永乐十六年（1418）三月，道衍拖着病体，风尘仆仆地从南京到北平觐见皇帝，因长途劳累，病情加重，暂居庆寿寺。永乐帝得知，亲自去探视他，还赠给他一只金唾壶。朱棣问道衍还有什么要求，道衍说："僧人溥洽关押多年了，请皇帝赦免了他吧？"溥洽是建文帝时的主录。燕王攻下南京时有人告诉他：建文帝化装成僧人，是经溥洽给剃度的。因为没有实证，可疑性大，永乐帝借口关押了他。后来，一直寻找建文帝，不见人影。现在，永乐帝深感江山

已固，也不怕建文帝"东山再起"，所以就顺口答应了道衍的请求，放了溥洽。这件事，后来常常作为建文帝"出家说"的佐证。

传说道衍在得知溥洽和尚出狱后，即圆寂于北平庆寿寺，享年84岁。永乐帝悲悼不已，特"辍朝二日"，赐葬北京房山区东北，用隆重的礼节安葬了他，还"亲制神道碑志其功。"

因为道衍在朱棣夺位过程中功劳卓著，所以，《明史》上有《姚广孝传》专门记述他的事迹。他在关键时刻总能替成祖化险为夷，功高却不贪位，所以他在后世口碑颇佳。

郑和七下西洋

郑和，本来姓马，是云南昆阳州（今云南省晋宁）人，全家人都信奉伊斯兰教，郑和也不例外。

公元1381年，朱元璋派大将傅友德、沐英征讨云南。第二年就平定了云南，消灭了元朝的残余势力梁王政权。那一年，郑和才12岁，父母已亡，自己孤苦伶仃，被明军俘虏，净身之后，做了燕王朱棣的小太监。

郑和聪明过人，而且非常懂事，深受燕王朱棣的喜欢。朱棣觉得这孩子长

郑和下西洋

大之后，一定有一番作为，便让郑和与他的儿子一起读书。郑和很用功，所以读书读得也最好，朱棣经常教导几个儿子向郑和学习。郑和稍大一点，又和燕王的几个儿子一起习武，郑和专心致志，所以武艺进步很快。有一天，习武老师让郑和和燕王的儿子比武较量，正好遇上燕王朱棣。郑和有意谦让，燕王看后，说道："你们几个都拿出真本事来，战场上可不分地位高低！"几个小家伙各使绝招，结果燕王的几个儿子一起上，还打不过郑和一个人呢！朱棣从此更

加喜欢这个文武双全的小太监了。

公元 1399 年，燕王发动"靖难之役"，准备用武力夺取王位，郑和随侍军中，亲临战场，多次立功。朱棣非常高兴，夺取皇位后，更加重用他。高兴之余，赐姓"郑"给他，又起名为郑和，人们又管他叫"三宝太监"。"太监"是明朝宦官的最高职位，正四品。"三宝"是佛语。不过，郑和"三宝太监"的称号是朱棣皇帝封的，这在历史上是少见的。

永乐帝朱棣夺取王位后，自然有许多大臣不服，永乐帝将这些人一一铲除。但是一些人说建文帝从地道逃跑，跑到海外，在那里招兵买马，准备再杀回来夺取王位。永乐帝将信将疑，但他还是放心不下，想派人去证实一下。这样永乐帝便有了派人出海之意。永乐帝想找一位心腹大臣，把事情交给他去办。想来想去，永乐帝想到了三宝太监郑和。郑和是自己的近臣，而且为人忠厚，又很有才能，能言善辩，一定可以完成任务。几天后，永乐帝召见郑和，对他说道："朕想派你下西洋，一是联系友好邻邦，二是想派你去查实建文帝是否已经逃到海上。至于第二个目的，不许对任何人讲，一定要守口如瓶。"

郑和说道："陛下，请放心，臣一定完成您交给的使命，一定为您保密。"

当时西洋是指现在的亚洲南部和非洲东部沿海一带。

公元 1405 年，郑和带领着将士和船员准备出发。永乐帝亲自为郑和等人送行，永乐帝命人为郑和斟满一杯御酒，递给郑和。郑和跪倒在地，双手接杯，但他没有喝御酒，而是将御酒洒在江水中，对永乐帝说道："皇恩浩荡，我等一定不会辜负陛下的厚望，愿这杯御酒使江水平静，使我们顺利完成使命。"

郑和一声令下："开船！"大船 60 多艘，小船 100 多艘，船上共有 3 万人左右，从江苏太仓的刘家港出发，沿长江顺流而下。岸上人山人海，有朱棣带领的满朝文武，有船员的家属、亲戚朋友，还有一些想看一看这个壮举的百姓。

郑和的船队日夜兼行，很快驶进东海，为了确保安全，郑和命令大船 60 多艘在外围，中间是小船和中船。这样一来，一遇到大风大浪，小船和中船就不至于被冲走或打翻。为了确保航行顺利，他把有经验的船手和年轻的船手交错分工，把这些船手分成三班，第一班从早晨 6：00—14：00，第二班从 14：00—

22：00，第三班从 24：00—次日 6：00。而且每班都有老船手，所以一路上，没有出现什么意外。晚上，郑和负责指挥，为了联系方便，各船悬起桅灯，并规定好，什么表示加速，什么表示减速。由自己的副手王景弘指挥，用旗来传递信号。如果遇上大雾，则用号声代替。

由于郑和分工明确，而且又有许多联络的方法，所以船队顺利到达长乐（今福建长乐）的五虎门港。因为船队需要向西南方向行驶，所以一些老船手建议郑和在此停泊，等到东北信风吹来之时，乘风势可以迅速航行。

郑和带领船队靠岸，在这里，郑和补充了水手，又筹办了一些物资，又让船手们养精蓄锐。

冬天眨眼就到了，东北信风吹来，郑和带领船队再次启航，顺着西南风势，船行驶的速度明显加快，只经过了十几个昼夜，船队便顺利到达占越国（今越南中海部）。郑和带着礼物前去拜访占越国国王。占越国国王听说郑和要带领船队经过这里，早早地率领文武大臣在新州港迎接，船上的所有将士也都受到热情邀请。在占越国停留几日，郑和又开始了航行。占越国国王亲自相送，又给永乐帝回赠了礼品。

当然郑和在途中也遇到了不愉快的事情，他带领船队到达爪哇（今印度尼西亚爪哇岛）。那时爪哇东、西王正在开战，郑和的人被西王误杀 200 来人。郑和强忍悲痛，从大局出发，和平处理此事，从此爪哇对明朝政府感恩戴德，对郑和也十分尊敬。

从爪哇启航，郑和又来到满剌加（今马来西亚马六甲）。满剌加的酋长亲自相迎，以最隆重的礼节迎接郑和。停留一些日子后，郑和没有忘记自己的使命，继续前进。

从锡兰山（今斯里兰卡）海域行驶过去，绕过印度半岛南端，又北上，最后到达古里。在古里，受到古里国王的热烈欢迎。郑和在古里立了纪念碑：

此去中国，行程十万余里。民物咸若，熙皞同情。永乐万世，此平天成。

郑和于公元 1407 年又返回到娄江，访问 20 多个国家，并与其建立了友好关系。

永乐帝非常高兴，郑和自然也把好消息告诉了他：建文帝没有在东南沿海一带。

没过多久，郑和带领船队第二次下西洋，又访问许多国家，带回许多礼物。永乐帝非常高兴，为了继续加强交流，郑和又奉命第三次下西洋，郑和这一次在满刺加建立了仓库。但是前三次下西洋都没有超过古里国。

为了能与更多的国家进行友好交往，郑和第四次远航。这一次他带领船队到达了非洲东岸，访问了木骨都束、卜刺哇、麻木等国家。郑和在这些国家都受到热烈欢迎，还带回许多珍贵的礼品。

郑和第五次下西洋，带回了麒麟（现叫长颈鹿），当时麒麟被看作是吉祥的象征。永乐帝非常高兴，还为它举行了典礼。

郑和第六次下西洋回来之后，北京皇宫三大殿发生火灾。有的大臣说这是郑和六下西洋带来的灾难。那时候人们很迷信，永乐帝便决定不再下西洋了。

永乐帝的孙子宣德帝继位后，又派郑和七下西洋，这一次又访问 20 多个国家，并与其建立了友好关系。

20 多年的时间里，郑和七下西洋。公元 1433 年，郑和去世。一代伟大的航海家悄悄地离开人世，但他的精神永远长存。爪哇岛为了纪念这位伟大的航海家，特为他修了一座"三宝庙"。

谁设计了故宫

北京故宫是中国明清两代的皇家宫殿，旧称为紫禁城，位于北京中轴线的中心，是中国古代宫廷建筑之精华。北京故宫被誉为世界五大宫之首（法国凡尔赛宫、英国白金汉宫、美国白宫、俄罗斯克里姆林宫），是国家 AAAAA 级旅游景区，1961 年被列为第一批全国重点文物保护单位；1987 年被列为世界文化遗产。

当年，明太祖朱元璋开创了大明王朝的基业。他死后，把帝位传给了他的嫡长孙建文帝朱允炆，朱允炆刚刚当上皇帝，他那野心勃勃、雄心壮志的四叔，镇守北平的燕王朱棣就发动了一场"靖难之役"，经过 4 年血战，公元 1403 年，即永乐元年，朱棣从他侄子的手上夺取政权，朱棣便成为明朝第三位皇帝，即成祖。

雄才大略的朱棣一登上皇位，就决定把都城迁到他原来的领地燕，即北京，北京城的营建，从永乐十五年（1417）动工，一直到永乐十八年（1420），北京的宫殿全部修建完毕，就是我们现在看到的北京故宫。于是，永乐十九年（1421），明朝正式宣布迁都北京。

在以后五百多年的历史中，明清两代共有 24 位皇帝在这里行使对全国的统治大权。北京城是 15 世纪东方最完美的首都，成为世界建筑之林的瑰宝。

故宫严格地按《周礼·考工记》中"前朝后市，左祖右社"的帝都营建原则建造，其前半部分为外廷，是皇帝朝政场所。建筑庄严、宏伟，特别是太和殿、中和殿和保和殿三大殿，建筑在 8 米高的三层汉白玉石阶上，以显示封建帝王至高无上的威严。太和殿坐落于紫禁城对角线的中心，故宫的设计者认为，不这样不足以显示皇帝的威严，不足以震慑天下。保和殿也是科举考试举行殿试的地方，科举考试的一至三名分别称状元、榜眼、探花。

北京故宫占地面积 78 万平方米，用 30 万民工，共建了 14 年，有房屋 9999 间半。

如果从天安门算起到故宫北门，南北长近 3 公里，规模之大，令人难以想象。设计和建造这么大的宫城气度非凡，难怪有外宾参观后曾赞叹"一个人怎么能住这么大的房子"。

天安门，以其完美的造型，至高无上的荣誉，而为全世界所熟悉。究竟是谁设计了这座永垂史册的经典建筑呢？

这是个不大不小的问题，而且是个历史谜团，曾经有不少人考察过。因为故宫在建筑时没有像现代建筑那样，明确地刻上此建筑建于何年，何人设计，何人主持施工，等等。

最近，随着若干珍贵史料的发掘和公开，天安门设计者蒯祥的名字开始真正为世人所了解。

故宫

　　今天的苏州吴中区胥口镇渔帆村，就是一代建筑宗师蒯祥的故里。这里南望浩渺的东太湖，背倚青葱的渔洋山。至今渔帆村仍有许多蒯祥的后裔。蒯祥墓附设石兽、山门、纪念馆等建筑，庄严而肃穆。

　　从蒯祥墓碑铭可知，蒯祥为吴县香山人（即今胥口镇），生于1398年，卒于1481年，字廷瑞，是北京故宫、五府六部衙署、长陵等建筑的营造者。

　　蒯祥的出生地香山一带是有名的工匠集中地，人称香山帮，曾经为皇家建筑和江南的世俗及宗教建筑活动做出了不小的贡献。

　　洪武初年，朱元璋征召二十多万民伕营建南京城，少年蒯祥很可能也参加了南京城的营建工作，这为他后来设计天安门、故宫积累了经验。

　　蒯祥设计天安门是历史的机遇。永乐十五年（1417）朱棣决定营建北京，从江苏征募了大批能工巧匠前往。蒯祥不到40岁，正当壮年，技艺高超，因而被任命为"营缮所丞"，相当于今天的设计师兼工程师和施工员的工作。

　　蒯祥设计了三大殿、天安门等一批重要的皇宫建筑，一时声鹊名起，皇帝也"每每以'活鲁班'呼之"。《康熙吴县志》记载：蒯祥能"以两手握笔画

龙，合之如一"，"宫中有所修缮……祥略用准度，若不经意，既成，以置原所，不差毫厘"，并且对皇帝的意思领会颇深，他深得器重，后来升任工程部侍郎，食从一品俸。

据考，蒯祥曾读过几年私塾，有一定的文化修养，而他的技艺更是了得，木匠、泥匠、石匠、漆匠、竹匠五匠全能。在吴县，关于蒯祥的民间传说很多，其中心总离不了蒯祥如何地鬼斧神工。

在南京博物院藏《明宫城图》，还十分难得地保留了蒯祥的画像。他一副红袍官人打扮，身后是富丽的紫禁城建筑。该画一共有两幅，另一幅藏于北京故宫，像旁有"工部侍郎蒯祥"字样。历史学家顾颉刚考证说，有题字的画是献给皇帝的，不题字的画是留给子孙的。有人由此断定，蒯祥就是故宫的总设计师。

不过，也有人提出蒯祥是故宫的设计者这个说法不确切，认为蒯祥只是故宫的施工主持人，故宫真正的设计人应该是名不见经传的蔡信。永乐十五年紫禁城宫殿开始进入大规模施工高潮时，蒯祥才随朱棣从南京来到北京，开始主持宫殿的施工。

与蔡信同时负责故宫工程的还有瓦匠出身的杨青、石匠出身的陆祥，其后有木匠蒯祥、郭文英、徐果。可见，故宫应该是集中了一大批能工巧匠的智慧的结晶，而蒯祥无疑是其中杰出的代表。

女英雄唐赛儿

永乐帝朱棣无疑是明朝历史上一个有雄才大略的皇帝。自他登基以来，明朝的对内对外政策都更加趋向于强硬。他把首都从南京迁到了北京，建造了举世闻名的紫禁城；在北方边界陈兵百万，自己还多次御驾亲征，讨伐北方蒙古的残余势力；又派郑和带着两万七千多人的庞大舰队出使外洋，大明皇朝的国威军威名扬四海。然而这一切也意味着巨大的财政支出，而在那个农耕时代，国家财政的主要来源只能是税收，同时还有沉重的徭役。那时候，永乐皇帝不停地征发徭役，百姓都被征走了，农民赖以生存的土地荒芜了。不种田就没有粮食吃，粮荒导致百姓不满，接着就是反抗，于是农民起义也就不可遏制地发生了。

在这大大小小的农民起义队伍中，有一个著名的女首领，她叫唐赛儿。《明史》及清代有关野史杂钞多对唐赛儿的事迹进行了介绍，可见，她在当时影响之大。

唐赛儿，是山东蒲台县西关人（今山东滨州市），生于建文元年（1399），她的父母希望她胜过男儿，为她取名"赛儿"。她不但容貌出众，而且饱读诗书，能文善武。十八岁那年，唐赛儿便和农夫林三结了婚。婚后，由于家穷，偏巧又碰上连年大旱，收成不好。农民为了生存便聚众向明朝官府讨要粮食。

谁知道官府听说百姓聚众闹事，立刻派兵来抓人，唐赛儿的丈夫林三也被带走了。不久，消息传来，说林三与许多其他村民全都被活活打死了。唐赛儿悲痛欲绝，为了替丈夫报仇，也为了自己生存下去，她加入了白莲教，后自称"佛母"，利用传教的机会，发动群众反抗朝廷的统治。

百姓生存的形势进一步恶化，不反抗就没有活路。永乐十七年（1420）二月二十一日，唐赛儿在家乡率众数千人，"以红白旗为号"，揭竿而起，很多穷困潦倒的老百姓都投靠她、跟随她，数日之间，她的义军就达上万人。她带领着起义队伍四处杀富济贫，除暴安良，所到之地，老百姓热烈欢迎，官府士绅惊慌失措。

起义一爆发就如此声势浩大，青州左卫指挥高风立即率领明军前来镇压。起义军在唐赛儿的领导下，英勇善战，屡挫高风凶焰，并趁机利用熟识地形的有利条件，把高风所率官兵打得溃不成军，高风也死在了起义军的刀下。

山东形势立即大乱。北京城中的永乐皇帝"甚为震惊"，他亲自下谕，命安远侯柳升为总兵官，都指挥佥事刘忠为副总兵官，急带护卫北京的"京营"，星夜兼程，奔赴山东，继续进行镇压。行前，朱棣亲自面授机宜，再三叮嘱柳升，说："前高风轻进致败，不可不戒。"

柳升带着精锐部队奔赴山东，形势对唐赛儿极为不利，正在这时，董彦皋、刘信、刘俊、丁谷刚、宾鸿、徐光等农民起义军领袖前来支援她，他们率农民数万人响应唐赛儿的起义，并甘愿投在这个女侠的麾下。

四月二十五日，穷凶极恶的柳升为了尽快消灭唐赛儿的农民起义军，以装备精良的"京营"5000人包围了唐赛儿农民起义军的中心驻地卸石棚寨，又派指挥吴亮带着他的劝降信前往诱降。柳升还对吴亮说："如果你能不战而屈人之兵，朝廷一定会重赏你。"柳升认为：此时形势对唐赛儿是不利的，以一个女流之辈，心中一定有所畏惧，说不定见着他的信就出营投降了。不过，他想错了，机警过人的唐赛儿立即识破柳升的阴谋诡计。义军杀死了明军副总兵官都指挥刘忠。为了诱惑柳升，唐赛儿还派遣了一些起义军战士到敌营前假装投降，并"告密"说，"寨内缺水，起义军将由东门突围寻水。"柳升信以为真，马上集中兵力阻截东门。见敌中计，唐赛儿率领部队趁机从明军兵力薄弱、防备松懈之处撤退。第二天天亮，柳升发现中计，气急败坏，挥军尾追，唐赛儿却早已领着寨内义军战士安全转移了。柳升大怒，"斩杀百姓无数"。

这让永乐皇帝朱棣既震惊又愤怒，他随即又派出重兵镇压。原来在山东半岛防倭的明朝军队也奉朱棣之旨，从蓬莱方向赶到安邱包围了农民起义军，在腹背受敌的情况下，农民起义军惨败，大部分战士壮烈牺牲。据说，唐赛儿英勇壮烈地战死沙场。但是，明朝官军并没有找到唐赛儿，便禀报朱棣说唐赛儿失踪了。

那么，唐赛儿到底哪里去了呢？

有人说，唐赛儿根本没有死。她侥幸逃出了明军的包围，在当地百姓的掩护下躲藏了起来。过了一段时间，她又出来活动，只是她改换了姓名，并且是地下活动，朝廷根本抓不到她。这个说法应该有一定的合理性。唐赛儿在当时以"白莲教"来团结人民，聚众起义，得到人民群众的广泛支持，人们尊称她为"佛母"，非常尊重她。基于此，她脱险后，很有可能被当地百姓所掩护，逃脱了明王朝追捕的魔爪。

还有人说，唐赛儿逃走后，因为义军的最终失败而心灰意冷，于是削发为尼，每日伴着青灯古佛了此残生。这种说法也没有确定的证据，倒是明朝政府的种种可疑行动从反面证明了这种推测的合理性。

《明史纪事本末·平山东盗》记载：

唐赛儿起义失败后，朱棣因"唐赛儿久不获，虑削发为尼或处混女道士中，遂命法司，凡北京、山东境内尼及道站，逮之京诘之"。同年七月二日，又命段明为山东左参政，继续搜查唐赛儿，段明为了完成任务，不仅把山东、北京的尼姑全部捕捉，逐一搜查，甚至还逮拿了除这两地之外的数万出家妇女，仍无所获。

正是明朝这些举动，使人们相信唐赛儿还活在人间，而且很可能像朝廷怀疑的那样遁入空门了。

唐赛儿下落不明，她究竟是战死疆场，还是削发为尼，或为人民群众所保护，多少年来，历代史学家，皓首穷经，仍无定论。

守成之君朱瞻基

洪熙元年（1425）五月十三日，刚刚做了 9 个月皇帝的仁宗朱高炽突然死亡。六月，28 岁的太子朱瞻基登基，改次年为宣德元年。

宣宗即位为帝，得到了大臣们的支持，因此政权平稳过渡，虽说不久就发生了他叔叔朱高煦的反叛，但也很快就平定了。国事基本上可以按部就班地进行了。

宣德皇帝的爷爷成祖朱棣曾经预言朱瞻基将是个"太平天子"。以后的历史证明，朱棣的预言是多么准确。虽然，宣德皇帝在位仅仅 10 年，但他却是明朝历史上著名的守成之君，以自己的德政和治道将明朝推向了"仁宣之治"的黄金时期，非常值得后人追记。

宣德皇帝不仅文韬武略，妙手丹青，而且还是个斗蟋专家，有"促织天子""促织皇帝"之称。

斗蟋蟀之风在唐代天宝年间就有了，到宋代宫廷中大兴，那时长安富豪竞相以重金购买。宫廷内养蟋蟀主要是为了斗耍嬉戏，上自帝王、后妃宫眷，下至宫女、太监，乃至宫内民役，无不以斗蟋蟀为雅兴。此风在宣德时期达到了鼎盛，明人沈德符《敝帚斋余谈》一书中说："宣德时最娴蟋蟀戏，因命造蟋蟀盆。今宣窑蟋蟀盆，状甚珍重，其价不减宋宣和。"

因为这位年轻的天子喜欢斗蟋蟀，斗蟋蟀在全国风行起来，蟋蟀的价格扶摇直上。宣德帝对斗蟋蟀达到了痴迷的程度。他即位之后，经常派宦官选取上好的蟋蟀。后来他觉得北京的蟋蟀不好，曾经让各地采办上等蟋蟀来京。地方官员为了取悦他，都变本加厉地下达任务，一度给百姓造成了很大的负担，弄得鸡犬不宁。

不过，正史上并没有这样的记载。一国之君沉溺小虫，与一代明君身份不符，正史当然不能把这样的事记录下来。但皇帝喜欢斗蟋，在皇帝的影响下，斗蟋已是风行海内，野史所载俯拾即得。据记载，当时品质最好的蟋蟀出自苏州，《万历野获编》云："我朝宣宗最娴此戏，曾密诏苏州知府况钟进千个，一时语云'促织瞿瞿叫，宣德皇帝要。'此语至今犹传。"况钟是民间传奇般的一个清官，他在做苏州知府时就接到了皇帝的一个密诏，让他协助专程到江南采办蟋蟀的宦官，弄一千只上好的回来。他还非常郁闷地告诉此清官，以往弄来的数量少，"又多有细小不堪的"。于是，江南蟋蟀价格狂涨，一只上好的，竟价值十几两黄金，合几百两白银，换算成人民币达几万元。军队还盛传，某人捕献蟋蟀，可以得到和杀敌立功一样的提升，等等。

吕毖所著《明朝小史》也记载："宣宗酷爱促织之戏，遣使取之江南，虫价贵至数十金。枫桥一粮长，以郡督遣，觅得一最良者，用所乘骏马易之。妻谓骏马所易，必有异，窃视之，虫跃出，为鸡啄食。妻惧，自缢死。夫归，伤其妻，且畏法，亦自经（上吊自杀）焉。"

清代短篇小说家蒲松龄《聊斋志异·促织》，开篇即云："宣德间，宫中尚促织之戏，岁征民间。"如今，我们从中学课本上都可以读到这个《促织》故事。老实人成名为宣德皇帝寻蟋蟀，走投无路之际，其妻求得神示，抓到了一只蟋蟀，谁知他的儿子不慎将这只蟋蟀弄死了，这可是天大的事啊，儿子被逼投井。后来儿子的灵魂幻化为一只无与匹敌的促织，成名将其献给皇上，皇上非常满意，成名也因此发了大财。

蒲松龄描写的故事可能受到吕毖书中故事的启发，此类典故在民间妇孺皆知，虽然这些都不是当朝人记当朝事，但既然能令"苏州知府况钟进千个"，数量如此庞大，知府自然要发动老百姓。再加上个别官吏盘剥催逼，鸡飞狗跳，致使民间为一小虫弄得鸡犬不宁，甚至家破人亡当也在预料之中。

沈德符说宣德皇帝时期，捕获蟋蟀甚至和军中取俘首级等功，抓到好蟋蟀可以升官发财，足见宣德年间蟋蟀虽小，捕蟋蟀却是大事。所以，清代诗人王渔洋为此感叹道："宣德治世，宣宗令主，其台阁大臣又有三杨、蹇、夏诸老先生也，顾以草虫之物，殃民至此耶，惜哉！"说有那么多赫赫有名的辅政大臣，怎么就没有好好劝劝这个爱玩的天子呢？

从这些资料记载，宣德皇帝好促织应是事实。但是，宣德时期精美的蟋蟀罐流传下来的非常少。据说，宣德驾崩以后，张太后下令将宫中一切玩好之物皆罢去，革中官，不得差遣。所以流传至今的宣德蟋蟀罐极为稀少。刘新园先生在《明宣德官窑蟋蟀罐》一书中介绍，传世至今并有记录的宣德官窑蟋蟀罐共有3件，一件为故宫旧藏的宣德晚期青花牡丹蟋蟀罐，一件为日本户栗美术馆藏宣德晚期青花天马纹蟋蟀罐，另一件为1989年11月苏富比公司《中国艺术品目录》中刊出的宣德黄地青花瓜果纹蟋蟀罐。

1993年，景德镇明代御窑厂遗址出土了大量宣德蟋蟀罐，其中一件青花行龙纹蟋蟀罐，高9.5厘米，器身呈圆柱状，盖、罐相交处作子母口，盖正中心有一小孔为装盖钮之用。罐里外施釉，外壁绘两条青花云龙纹，盖面亦绘龙纹，龙为五爪。盖底书"大明宣德年制"单行青花六字楷书款，罐底同样书"大明宣德年制"单行青花六字楷书款。宣德蟋蟀罐纹饰非常丰富，多数以青花绘制，除龙凤图外还见有"瑞兽纹""海怪纹""翠鸟鸳鸯纹""鹰雁纹""白鹭黄鹂纹""花果小鸟纹""瓜瓞纹""汀洲鸳鸯纹""松竹梅纹""缠枝牡丹纹"，等等，这些画面绘画细腻生动，艺术观赏力极强，其中一件"白鹭黄鹂纹蟋蟀罐"为其代表作。罐外壁绘一枝嫩柳，柳树上两只黄鹂鸟欢快鸣叫，汀渚草丛旁一行白鹭列队飞向蓝天。看到这样的画面，不禁让人想起唐代著名诗人杜甫的名

句："两个黄鹂鸣翠柳，一行白鹭上青天。"

皇帝贪玩，玩出了如此高的艺术水准，也算是给后人留下了一笔宝贵的财富。

不过，宣宗朱瞻基还真是个文武全才。宣德五年（1430）三月初十，他陪同皇太后拜谒长陵四宫后，作《纪农》一篇传散于文武大臣观看，勉励群臣要明白世事的艰难、吏治之得失，体恤百姓之疾苦。《纪农》一文中的题材来自宣宗从长陵归来时的所见所闻，是以与农夫对答的形式，表现了农民四季劳作的艰辛。如：

问：你们每天辛勤劳作，连抬头休息的时间也没有，你们为什么要这样呢？

答：勤劳是我的本职。

问：有休息的时候吗？

答：农民耕田，春、夏、秋、冬各有所忙，啥时也不能疏忽大意而休息，稍有懈怠，一年内就有可能要受饥寒之苦。冬天是有农暇，但又要去做县衙的劳役，是很少有休息时间的。

问：为何不更换职业，为士为工为商或许能得到休息。

答：我家世代为农，从没有变过职业。从士从工的，我不明白他们是否有休息的时日，但从商的，我知道他们与我们一样非常辛劳。

问农夫平日见闻，农夫说起自己见过的两任县官，一任尽心民事，勤劳不懈，后虽升迁而去，百姓仍念念不忘；一任不问民之劳苦，百姓视其为陌生人。传说宣宗听完这位农夫的一席话后，深受感动，除作《纪农》一文外，还厚赏了农夫。

年轻天子知道农业是立国之本，并且他知道商业也很重要，所以在他在位期间促成了郑和第七次下西洋之举。总的来说，他对农事还是非常关注的。

宣德皇帝从小受祖父成祖朱棣的宠爱和影响，跟着祖父南征北讨，开疆拓宇，亲眼看到大明帝国的辉煌局面，他自己对统一的大帝国更是万分珍视。

宣德三年（1428），宣德皇帝亲自率领将士巡视边防，九月在喜峰口打败了兀良哈部。这是明军与骁悍的蒙古骑兵之间一场激烈的鏖战。史书还描绘了宣德皇帝的勇武韬略："上率兵至喜峰口，包虏阵，飞矢如雨，虏狼狈死者甚众，余众退走。上以铁骑数百绕出阵后，尽获之，斩其囚首，遂命将士捣虏巢穴，悉收其部落人口，驼马、牛羊、辎重不可胜数。"

不过，与他的祖父不同的是，宣德皇帝并不流连于战场拼杀。在他的手上，结束了自元末以来战乱频仍的局面，使国家财政得以缓解，百姓得以休养生息，出现了"百姓安业，几于小康"的大好形势。

对于自己治下的太平盛世，年轻的皇帝深有感触，曾经用诗表达自己的自豪：

凤城元夜景融融，万电灯光照九重。

特诏金吾开夜禁，要将乐事与民同。

金钥重门夜不闭，六鳌海上驾仙山。

灯光月夜堪游赏，人在蓬湖阆苑间。

一首《元宵》表达了太平天子与民同乐，同享太平的心愿。当然也说明宣德皇帝不仅是个武治的皇帝，也很有文采，他的文化造诣很深，诗、书、画皆好，被称为"明代的宋徽宗"。

如今，我们还可以看到《大明宣宗皇帝御制集》共四十四卷，从十四卷到四十四卷都是各体诗，尽情描绘宫廷生活的雍容华贵和君臣游宴射猎的壮大场面，从中仿佛可以看到太平天子那一份闲情雅致：

三边无警万民安，朝退恭承圣母安。

日宴小斋聊隐几，起拈书卷静中看。

日长庭院睡初醒，袅袅炉熏一缕轻。

对坐小山混咫尺，落花啼鸟总幽情。

年轻的天子的生活充满了韵致，更为惬意的是，天子可以用自己的神来之笔将其描绘下来，传之于世。明代姜绍书《无声诗史》一书也说宣德："帝天藻飞翔，雅尚词翰，尤精于绘事，凡山水、人物、花竹、翎毛，无不臻妙"。现今流传的宣宗书画作品，据乾隆时编辑的《石渠宝笈》《秘殿珠林》两书记载有31件，其中《三阳开泰图》《戏猿图》《花下狸奴图》《子母鸡图》《瓜鼠图》

《万年松图》都是脍炙人口之作。宣德皇帝还以恢复北宋徽宗时宣和书院为目标，吸收许多名人入宫，隶属于仁智殿及武英殿供职，即后人所说的宣德画院。宣宗以及后来的宪宗、孝宗身边聚集了一批画家，形成了一个在中国绘画史上影响深远的宫廷画派。宣德画院中见于画史文献记载的有 100 人以上。

宣德皇帝因为雅好艺术，对当时的社会风气也产生了不小的影响。陶瓷史上，宣德瓷地位崇高。颇为后世推崇的宣德青花海水瓷，所绘海水汹涌澎湃，在中国历代海水图案中实属罕见。现藏于北京故宫博物院的一件宣德青花海水尊是其代表作。器身上茫茫无际的海水波涛汹涌，不禁使人想起宋人马远《水图卷》中的《黄河逆流图》。还有一件青花竹石蕉叶纹梅瓶，纹饰布局和谐雅致，其山石、蕉叶、篁竹构成一幅静谧的庭院景色，与瓶体造型相得益彰，令人产生无限遐想。

宣德年间的书画、文房四宝、漆器也都品位不俗，宣德炉更是价值连城。在如今的艺术品拍卖市场上，一件真正的宣德炉甚至可以拍卖到上百万，只可惜这样的稀世珍品，现在已是很少见了。

宣德十年（1435）正月，皇帝朱瞻基染上不明之症，不久即崩逝。一代明主撒手人寰，终年 38 岁。

内阁"三杨"

《明史》有"明称贤相，必首三杨"之说，这是对"三杨"所做贡献的最佳褒扬。

所谓"三杨"，指杨士奇、杨荣、杨溥三人，为明代"台阁体"诗文的代表人物。三人均历仕永乐、洪熙、宣德、正统四朝，先后位至台阁重臣，正统时加大学士衔辅政，人称"三杨"。以"三杨"为代表的台阁体诗文，内容上歌功颂德，粉饰现实；艺术上追求雅正，流于平实。永乐至成化年间，明代文坛几乎为台阁体垄断。时人咸称杨士奇有学行，杨荣有才识，杨溥有雅操。又以居所，称士奇为"西杨"、荣为"东杨"、溥为"南杨"。在他们的合力辅佐下，

明朝在洪武之后的半个世纪内，出现了一个"天下清平，朝无失政，中外臣民翕然"的大好局面。

在文学史上，"三杨"也占有一席之地。他们是"台阁体"的代表作家。他们的诗文以雍容典雅的华丽形式，反映那个时代安于守成的特点。加上他们个人在政治上的得势，使许多追逐功名利禄的士人拼命学习，得官之后也竞相模仿传习，以致相沿成风，成为影响很大的一个流派。

杨士奇（1365—1444），江西泰和人，名寓，号东里，字以行。自幼家境贫寒，长大后以教书为生。建文初年，在王叔英的举荐下入翰林，充编纂官，参与了《太祖实录》的编修工作。永乐初与解缙等七人同时被朱棣选入内阁。仁宗即位后，以东宫旧臣的身份升礼部左侍郎兼华盖殿大学士，历兵部尚书。仁、宣二帝时期及英宗初年，长期主持内阁。他为人谨慎，知人善任，为官清廉，为天下楷模。在文学上他也造诣颇深，有《东里文集》传世。

杨荣（1370—1440），字勉仁，初名子荣，福建建安人。建文年间进士，授以翰林院编修。建文四年（1402）成祖攻下南京后准备登基时，杨荣拦住成祖的马头说："殿下先谒陵乎，先即位乎？"一句话使朱棣恍然大悟，急忙掉转马头去拜谒孝陵（太祖陵）。因为此事，杨荣给成祖留下极好的印象。永乐初，杨荣与解缙等七人同时被选为文渊阁大学士。由于他思维敏捷，足智多谋，深得朱棣赏识，多次随成祖北征，规划边务，参决军事。仁宗即位后，先后升为谨身殿大学士、工部尚书，宣宗时又加少傅，赠太师。正统五年（1440），退休回家，死在返乡的路上，时年70岁。他的著作《后北征记》《杨文敏集》等都流传下来。

杨溥（1372—1446），湖广石首人，字弘济，建文进士，授以翰林编修。永乐年间侍奉太子。后来因为受太子遣使迎接皇帝迟到，为汉王陷害，关进监狱10年，在牢房中读书不辍。仁宗即位后，杨溥获释，主持修建弘文阁。宣宗登基，召入内阁，与杨士奇、杨荣等共同掌管机务，并升为礼部尚书。英宗初年，获少保头衔，晋升武英殿大学士。有《水云录》《文定集》等传世。

"三杨"皆于建文帝时期进入翰林院，洪熙元年（1425），仁宗朱高炽嗣位，杨溥入内阁与杨荣、杨士奇等共典机务，开始了"三杨"辅政，历史上著名的"仁宣之治"就是在这段时期出现的。

"三杨"中，杨士奇先后受到仁宗、宣宗、英宗三位皇帝的重用，他在文渊阁处理政事40年，任职时间是明朝最长的。他为官非常严谨，从来不在家里谈论朝政。在朝中，他的表现也极为出色，处事得体。仁宗即位后，杨士奇被提拔为礼部侍郎兼华盖殿大学士，深受仁宗器重。

一次，仁宗正和大臣们在便殿上议事，见杨士奇进来了，就笑着说："看，新任华盖殿大学士来了，一定又有好建议要提出来，我们都听听吧。"

杨士奇果然是进谏来了，他一见到皇帝就开门见山地说："皇上开恩，下诏书宣布削减内廷供应，诏书刚刚公布两天，惜薪司就传圣旨要征调枣木八十万斤，这和皇上的诏书是矛盾的。"皇帝听了马上传旨减去一半。

杨荣

仁宗对杨士奇也很爱护。当时尚书李庆提出把军队中多余的马匹分给地方官员，朝廷每年征收小马驹。杨士奇对这项政策很不满，上奏皇帝："朝廷选择有才有德的人任为官员，负责治理国家，现在却让他们去养马，这不是轻视人才吗？"仁宗口头上说考虑一下，可再就没了下文。杨士奇又上书争辩了好几次，直到有一天，仁宗悄悄地把他找来，对他说："你以前上奏的事朕都没忘，朕只是听说李庆等人与你不和，不想因为你的提议而罢养马，那样你会吃他们的亏的。"说完，仁宗拿出了陕西按察使陈智请罢养马的奏疏，并且传旨，根据陕西按察使陈智的奏疏罢养马政策。

宣宗朝，七个内阁大学士中，陈山、张瑛因是东宫旧人而入内阁，但都不

称职，后来相继调出内阁担任其他官职，金幼孜去世，内阁就剩下"三杨"了。

杨荣在文渊阁任职长达 38 年，他性格开朗，机敏通达，刚毅果断，多谋能断，深受成祖赏识。成祖性本威严，凡遇大臣议事未决，或至发怒，只要杨荣到了，成祖马上就会变怒为喜，议事就会有好的结果。杨荣曾五次随成祖出塞，两次巡边。重修太祖高庙实录，总裁仁宗、宣宗实录。成祖誉为岁寒松柏，仁宗赐银印，文称"绳愆纠缪"，给他凭借此印可以上疏密奏朝政好坏的权力。皇室对杨荣极其信任。

杨士奇和杨荣各有长处，能够互为补充，取长补短，正如宣宗朱瞻基所言："杨荣明达有为，杨士奇博古守正……事涉军旅，则多从（杨）荣；事涉礼仪制度，则多从（杨）士奇。"尤其难能可贵的是，他们处处以国家大事为重，能够相互谅解，不以个人恩怨影响国家事务。

据史书记载，杨荣有个缺点，就是贪财，曾经多次接受边关大将馈赠的良马。宣德帝知道后，就问杨士奇该怎么办，杨士奇说："杨荣对边防军务非常熟悉，是我和其他朝臣都不能相比的，这些小事陛下不必总放在心上。"宣德帝听完则笑着告诉他："杨荣曾经在朕面前说你和夏原吉的坏话，你怎么还为他开脱呢？"杨士奇听后，不仅没有愤怒，反而请求宣德帝："希望陛下像信任我一样信任杨荣。"杨荣后来听说了这件事，觉得非常惭愧，从此二人尽释前嫌，关系十分融洽。

杨士奇身为内阁首辅，权力相当于宰相，但他从不以一人之下，万人之上而自居，因而上自朝廷，下至百姓，对他都很拥戴。他又慧眼识人，善于选拔新人，他推荐的于谦、况钟、周忱后来都成为名臣。杨荣则为大明帝国的边疆防务兢兢业业地操持着。

"三杨"中，杨溥年龄最小，也不像杨士奇、杨荣那样杰出，而且性格内向，但是他操守很好，朝中大臣都很信服他。宣德皇帝即位后，他和杨士奇、杨荣等共掌内阁，入阁 4 年后，因母丧而归，起复后没有再度入阁。

宣德皇帝十分信任这几位阁臣，对他们提出的建议总是能够认真对待，虚心接纳，君臣之间的关系十分融洽。史书记载说："当是时，帝励精图治，（杨）

士奇等同心辅佐，海内号为治平。帝乃仿古君臣豫游事，每岁首，赐百官旬休。车驾亦时幸西苑万岁山，诸学士皆从。赋诗赓和，从容问民间疾苦。"在"三杨"执掌内阁的时期里，政治清明，海内太平，天下井然，百姓殷富，出现了所谓的"仁宣之治"的局面，"三杨"功不可没。

君臣相携的日子总是很短暂。宣德十年（1435）正月初三，宣德帝朱瞻基去世，杨士奇、杨荣、杨溥等拥立朱祁镇为帝，就是英宗。朱祁镇即位时年仅9岁，国家大事都要向太皇太后禀报，太皇太后也很信任杨士奇等辅政大臣，有事就派人去征询他们的意见，他们也能够公正地处理国家大事，使得仁、宣时期"海内富庶，朝野清晏""纲纪未弛"的安定局面得以继续维持。

几年后，他们都老了，杨荣最先去世，紧接着太皇太后也去世了。小皇帝宠信太监王振，日益疏远这些老臣，王振倚仗英宗的宠信，逐渐掌握了朝廷的大权。杨士奇已退休在家养病，杨溥一个人在朝中孤掌难鸣，对朝政也起不到积极的影响力了。

杨士奇不仅年老体弱，而且还有个傲慢凶暴的儿子，坏事做绝了，因为杨士奇的缘故，朝廷才没有处置他。看着朝政落于宦官之手，政治腐败，民怨沸腾，自己无力回天，加上有这么个不成器的儿子，一代首辅杨士奇心力交瘁，于公元1444年忧虑而死。两年后，杨溥也死了。"三杨"以及一个时代就此结束了。

宦官王振

英宗朱祁镇即位的时候只有9岁，因为年龄太小，有人怀疑他不堪重任，宫中甚至传出谣言，将要宣正德皇帝的弟弟襄王入继大统。

在这种情况下，又是太皇太后张氏出面主持局面。张太后召集诸大臣到乾清宫，指着太子哭着说："此新天子也。"群臣高呼万岁，谣言遂止。英宗即位改年号为正统元年（1436），历史上把英宗称正统皇帝。

皇帝实在是太小了，大臣们请求张太后垂帘听政。张太后坚决不允，说：

"不要破坏祖宗成法，只要废止一切不急的事务，勉励皇帝向前人学习，并委托得力大臣就行了。"

张太后依据祖法，虽然不实行垂帘听政，但宣德皇帝有遗诏，朝廷大事都要禀报她才行，所以，在正统初年，张太后的地位非常重要，她个人的人品、德行更是受到时人的赞颂。明朝没有太后专权外戚乱政的事，是和张太后的垂范作用分不开的。

也是这个贤德的张太后最先看到了王振的危害，可惜，却没有立即除掉这个大患。

当时，宣德皇帝遗命辅政大臣大多为三朝元老：英国公张辅、礼部尚书胡濙，内阁有著名的"三杨"——杨士奇、杨荣、杨溥，他们延续着仁、宣以来宽厚平稳的政策，朝廷内外波澜不惊。但是，很显然，老臣们日益趋于保守了。

这时，王振走上了历史的前台。

王振（？—1449 年），明朝蔚州（今河北蔚县）人，明英宗时太监，专权八年，直接导致了"土木堡之变"的发生，明英宗被掳走，给国家带来了动荡和不安。本是一介落第秀才，略通经书，后来又做了教官，中了举人。王振认为考进士这条荣身之路对他而言太难了些，于是便自阉入宫。王振本来是一个失败的教书先生，读过不少圣贤书，曾经数次参加科考，盼望着以此走上仕途之路，光耀门庭，可惜功课很好的王振却总是与功名无缘。

当时的朝廷做了一个规定，为了振兴宫中的文化事业，招募一些有文化的人来做宦官。正愁前路的王振得了这个消息，立即自阉进宫，当了太监。王振当太监，还是教书，教宫女们读书，宫女们整日闲闷，正好识识字，读读书，对这个王太监就很尊敬，都叫他"王先生"。

到了宣德皇帝时，情况又不一样了，本来这个年轻皇帝就雅好文化，又在 30 岁的时候幸运得子，也就是太子朱祁镇，对儿子宠爱有加，对他的教育更是列为头等大事。于是，皇帝就挑选王振服侍太子读书，王振和太子朝夕相伴，自然感情很深。小太子对王振充满了感情，亲切地称他为"先生"而从不呼其名。宣德皇帝驾崩的前夕，王振还幸运地成为司礼太监，进入了大明王朝的决策层。

起初，王振对正统皇帝还有一些道德学业方面的劝诫。

有一次，小皇帝与小宦官在宫廷内击球玩耍，看见王振来了。就停了下来，王振向英宗跪奏说："先皇帝为了爱好这些玩乐之物，差点误了天下；如今陛下您复蹈其好，是想把国家社稷引到哪里去！"这副忠心耿耿、关心国家前途命运的样子让小皇帝"愧无所容"。

"三杨"知道此事后，深受感动，慨叹地说："宦官当中也有这样的人啊！"王振从此得到了"三杨"的欣赏。

以前，王振每次到内阁去传达皇帝的旨意，都很恭敬小心，总是站在门外，不入阁内。后来，王振再来传旨时，"三杨"打破惯例，特把王振请到屋内就座。

于是，王振仗着皇帝的宠幸，老臣们的忍让，开始在宫中为非作歹。一天，张太后派王振到内阁传旨，让杨士奇票拟处理意见。杨士奇票拟未定，王振就在一边说三道四、指手画脚，气得杨士奇三天没到内阁办公。

王振身为司礼太监，总管宫中宦官事务，提督东厂等特务机构，替皇帝掌管内外一切章奏和文件，代传皇帝谕旨等，本来权力就非常大了，如今又把自己凌驾于阁臣之上，让张太后非常气愤而且担心。张太后还发现王振辅佐皇上多有不合规矩的地方，于是就想把他除掉。

一天，张太后让宫中女官穿上戎装，佩好刀剑，守卫在便殿旁边，肃穆凛然。接着，太后把正统皇帝和英国公张辅、大学士杨士奇、杨荣、杨溥以及尚书胡濙等召到便殿。皇帝和五大臣见状，不知道发生了什么事，英宗急忙按规定站立东边，五大臣站立西边。

太后看了看五大臣，又看了看英宗，然后指着五大臣对英宗说："这五位大臣是先朝元老，受先皇之命辅佐你治理国家，你有什么事情，必须与他们商量，如果他们不赞成，切不可去做。"

接着，张太后又把王振找来，喝令跪在地上，声色俱厉地说："太祖以来就立下了规矩，宦官不得干预政事，违犯者定斩不饶。现在，你侍奉皇帝不守规

矩，按照我大明法律，应当赐你一死。"

太后的话刚一说完，事先安排好的几个女官应声而上，把刀架在王振的脖子上。王振顿时吓得面如土色，拼命磕头求饶。小皇帝也急忙跪下替王振求情。五大臣也跪下请求太后免王振一死。

张太后见状，怒气稍息，说："皇帝年幼，岂知此等宦官自古祸人家国，我看在你们的面上，饶了王振，但是此后不许他干预国政，如有违犯，定斩不饶。"

王振听后，一个劲儿地磕头谢恩。此后，张太后每隔几天就派人到内阁去查问王振办了什么事情。

王振不惜自阉入宫，本来就是想接近国家权力的最高峰并自己站在上面，他不惜低声下气，小心谨慎地侍奉宫中的皇亲国戚，好不容易当上了司礼太监，在一个时期内，他真有点不知道自己是谁了。很快，张太后对他的严厉管制，使他不得不收敛自己，当然，他改变了策略，把精力转移到了讨好皇室和大臣上面。

正统初年，张太后曾带着小皇帝到北京功德寺后宫拜访，还在那里住了三天。王振以为后妃游幸佛寺不太合适，就秘密造了座佛像。佛像造成了，他又请小皇帝向太皇太后进言，说已命人造佛一堂，以酬太皇太后抚育厚恩。张太后非常高兴，王振又安排人写金字藏经，置东西房。从此，太皇太后因为有佛像和佛经在，就再也不去北京功德寺了。这么委婉巧妙的劝谏无疑在张太后心里增加了一点好感。

尽管如此，张太后和"三杨"对王振的限制依然存在，王振只得倚仗英宗的宠信，暗地拉帮结伙，他这一招儿还真灵，很快就取得了一些大臣的赞誉，也进一步得到了皇帝的宠信。

时过境迁，张太后和老臣们都相继辞世了。

正统五年（1440），杨荣病死；

正统七年（1442），张太后病逝；

正统九年（1444）杨士奇病死；

正统十一年（1446），杨溥病死。

特别是张太后病逝，失去了对王振最有控制能力的人，皇帝又倚重王振。王振专权的局面形成了。

对于王振和辅臣们的关系，后人这样评价："三杨辅政，仅阳敛阴施，掩人耳目，虽曰保身，其实害国，以致阉宦弄权。"

老臣们的明哲保身，对王振专权的出现是负有责任的。

所有的障碍都已经被自然规律扫除了，王振当仁不让、轻而易举地就尽揽明王朝的政权。明太祖曾在宫门挂一块高三尺的铁牌，上面刻有"内臣即宦官，不得干预政事预者斩"几个大字，王振怎么看都不顺眼，干脆命人把这块牌子摘下来。随后又在京城内大兴土木，为自己修建府邸。他还修建智化寺，为自己求福。这等邪恶小人，佛能保佑他吗？

顺我者昌，逆我者亡，是一切弄权者遵循的铁律，王振当然不例外。顺从和巴结他，就会立即得到提拔和晋升；违背和反抗他，立即受到处罚和贬黜。又有小皇帝撑腰，连王侯公主都称王振为翁父，大臣们只能望风便拜，更有无耻者纷纷认王振作干爹。

英国公张辅是三朝元老，也要"俯仰其间"，节气在权势面前变得微不足道。

有位工部郎中，名叫王佑，最会阿谀奉承。一天，王振问王佑："王侍郎，你为什么没有胡子？"

王佑无耻地回答说："老爷你没有胡子，儿子辈的我怎么敢长。"一句话说得王振心花怒放，立即提拔他为工部侍郎。

对于那些稍有不服，甚至要和自己分庭抗礼的朝臣，王振的霹雳手段便立即使用上，绝不留情。正统八年（1443）的一天，炸雷击坏奉天殿一角，英宗因遭此天灾，特下诏求言，要求群臣极言得失。翰林侍讲刘球看到英宗不理朝政，王振擅权不法，引起朝政紊乱，上疏提出"皇帝应亲自处理政务，不可使权力下移"等建议，王振大怒，立即下令逮捕刘球入狱，又编造罪名处死刘球，把刘球的尸体肢解。朝野大臣听说此事，都不敢上疏言事了。

朝臣的谄媚，王振的专横，正统皇帝不但视而不见、无动于衷，反倒认为王振忠心耿耿，对他宠眷日深。正统十一年，皇帝特赏赐王振白金、珠宝等，还满怀深情地为王振写了一篇敕文，《明史纪事本末·王振用事》里记录了这段敕文：

朕惟旌德报功，帝王大典。忠臣报国，臣子至情。尔振性资忠孝，度量弘深。昔皇曾祖时，特用内臣选拔，事我皇祖，教以诗书，玉成令器。眷爱既隆，勤诚弥笃。肆我皇考，以尔先帝所重，简朕左右。朕自在春宫，至登大位，几二十年；尔夙夜在侧，寝食弗违。保护赞辅，克尽乃心。正言忠告，裨益实至。特兹敕赏，擢尔后官。诗云："无德不报。"书曰："谨终如始。"朕朝夕念劳，尔其体至意焉。

皇帝为王振唱赞歌，这个邪恶之人就更加肆无忌惮了。他不但把朝廷上下搞得乌烟瘴气，对外也投机取巧，破坏边防，终于招致瓦剌贵族的进犯。他自己也自取灭亡。

土木堡之变

在1449年七月，蒙古族瓦剌部首领也先大举入侵中原，兵锋锐不可当。山西大同守军接连战败，许多边寨城堡失守，边报很急，朝廷派驸马都尉井源率兵四万增援。而专权骄横的大宦官王振却轻视敌人，又想建立奇功以巩固自己的地位，便劝英宗皇帝御驾亲征。他以为大兵一出，即可马到成功，待到凯旋时，邀皇帝路过他的家乡，自己也可衣锦还乡，炫耀权势，光宗耀祖。

七月十七日那天，英宗把留守北京的任务交给了他的弟弟朱祁钰，亲自统帅五十万大军，浩浩荡荡地出发了。由于皇帝突然决定亲征，军队都是仓促调集起来的，既不了解敌情，缺乏完备的作战方略，又没有足够的后勤准备，怎么能不打败仗呢？加上大军自出居庸关后，从怀来到宣府（今河北省宣化区），连日风雨交加，道路泥泞，人困马乏，粮草又接济不上，因而士卒大批地生病饿死，尸横遍野。有些从征的大臣看到这种情况实在担心，不断上章乞留，不要冒进。王振哪里懂得军事，不仅不听，反而大怒，叫人把他们押到军中去游街示众。

也先得知明军北进，采取诱敌深入的战略，表面不动声色，静待战机。英宗毫无主见，拖着疲惫的军卒到了大同，不经整顿，便命令继续北进。也先探知了这些情况，认为时机已到，在两山之间的要冲设下埋伏，一举包围了先锋井源的部队。西宁侯朱瑛和武进伯朱冕率军前来增援，又中埋伏，厮杀了半日，结果全军覆没。前方战败的消息传来，英宗十分惊恐，王振也六神无主。

朱祁镇

从臣们建议英宗赶快回京，在慌乱匆忙中，英宗决定退兵。

在撤退的时候，大同总兵官郭登建议皇帝从紫荆关绕道还京，王振不听，由原道而回。英宗刚回军到狼山，也先率骑兵就追来了，王振慌忙派成国公朱勇带三万骑兵抵御，自己和英宗仓皇逃跑。英宗跑得最快，当天傍晚到了距离怀来县二十里的土木堡。从臣们请他们进怀来县城以便防守，英宗因王振未到，执意要等待。王振到后，却不想再往前走了。兵部尚书等人建议分兵严防后路，提高警惕，同时请皇上星夜赶入居庸关，以确保安全。王振不仅不采纳这个正确的意见，反而讥讽兵部尚书是"腐儒"，根本不懂得什么"兵事"，并决定停止行军，在土木堡过夜。

也先在狼山的鹞儿岭利用有利的地形，从山的两侧袭击夹攻，消灭了朱勇的大部分兵力，并且连夜杀奔土木堡。第二天英宗和王振刚想启程，一见敌兵遍野，吓得没敢动弹。这个地方缺乏水源，根本没法防守，明军因为连续吃败仗，士气低落，又不敢和也先交锋，所以一连被困了三天，人马渴死的就有不少。面对内无粮水、外无援兵的困境，英宗实在没有办法，只得冒险突围。

也先十分狡诈，单等明军阵营一拉长，便两面夹攻。瓦剌士兵手执长刀，奋力砍杀，士气非常旺盛，大喊"解甲投戈者不杀！"呼声震天动地，一下子就把饥饿、干渴、疲惫不堪的数十万明军打垮了。随军的大小官员数百人也死于乱军之中。那个不可一世的王振，在兵败之际，被气愤的护卫将军樊忠用锤砸死了。

英宗皇帝呢？说来也真侥幸，在如此激烈的战斗中，护卫他的将士死的死，伤的伤，有的满身中箭，像刺猬一样，他却安然无恙，一点都没伤着。英宗见败局已定，便绝望地滚下马来，干脆盘腿坐在草丛之中，等待死神的到来。战斗结束后，瓦剌军队打扫战场，收集战利品时发现了他。英宗被带到一个叫雷家站（即当时的保安州，今河北省怀来县西北）的地方。也先为了证实这个俘虏的身份，叫了两个曾经见过英宗的瓦剌人去辨认，证明确实是英宗皇帝朱祁镇。

土木堡一战，英宗被俘，数十万军队被歼灭，数百名官员丧命。历史上把这次战役称作"土木堡之变"。

于谦保卫北京

明朝五十万大军在土木堡全线崩溃，消息传到北京，太后和皇后急得哭哭啼啼，从宫里内库捡出大量金银珍宝、绫罗绸缎，偷偷派太监带着财宝去寻找瓦剌军，想把英宗赎回来。结果，当然是毫无希望。

从土木堡逃出来的伤兵，断了手的，缺了腿的，陆续在北京街道出现了。京城里人心惶惶，谁也不知道皇帝下落怎样。再说，京城里留下的人马不多，瓦剌军来了怎么抵挡呢？

为了安定人心，皇太后宣布由郕王朱祁钰监国（就是代理皇帝的职权），并且召集大臣，商量怎么对付瓦剌。大臣们七嘴八舌，不知怎么办才好。大臣徐有贞说："瓦剌兵强，怎么也抵挡不住。我考察天象，京城将遭到大难，不如逃到南方去，暂时避一下，再作打算。"

兵部侍郎于谦神情严肃地向皇太后和郕王说："主张逃跑的，应该砍头。京

城是国家的根本，如果朝廷一撤出，大势就完了。大家难道忘掉了南宋的教训吗?"

于谦的主张得到许多大臣的支持，太后决定叫于谦负责指挥军民守城。

于谦（1398—1457），字廷益，号节庵，官至少保，世称于少保。汉族，明朝浙江承宣布政使司杭州钱塘县人。因参与平定汉王朱高煦谋反有功，得到明宣宗器重，担任明朝山西河南巡抚。明英宗时期，因得罪王振下狱，后释放，起为兵部侍郎。土木之变后英宗被俘，郕王朱祁钰监国，擢兵部尚书。于

于谦

谦力排南迁之议，决策守京师，与诸大臣请郕王即位。瓦剌兵逼京师，督战，击退之。论功加封少保，总督军务，终迫也先遣使议和，使英宗得归。天顺元年因"谋逆"罪被冤杀。谥曰忠肃。有《于忠肃集》。于谦与岳飞、张煌言并称"西湖三杰"。

于谦自小有远大的志向。小时候，他的祖父收藏了一幅文天祥的画像。于谦十分钦佩文天祥，把那幅画像挂在书桌边，并且题上词，表示一定要向文天祥学习。长大以后，他考中进士，做了几任地方官，严格执法，廉洁奉公；后来担任河南巡抚，奖励生产，救济灾荒，关心人民疾苦。

王振专权的时候，贪污成风，地方官进京办事，总要先送白银贿赂上司，只有于谦从来不送礼品。有人劝他说："您不肯送金银财宝，难道不能带点土产去?"于谦甩动他的两只袖子，笑着说："只有清风。"他还写了一首诗，表明自己的态度，诗的后面两句是："清风两袖朝天去，免得闾阎话短长。"（后句的意思是免得被人说长道短，闾阎就是里巷。"两袖清风"的成语就是这样来的。）

因为于谦刚正不阿，得罪了王振，王振就指使同党诬告于谦，把于谦打进

监牢，还判了死刑。河南、山西的地方官员和百姓听到于谦被诬陷的消息，成千上万的人联名向明英宗请愿，要求释放于谦。王振一伙一看众怒难犯，又抓不住于谦什么把柄，只好释放了于谦，恢复了他的原职；后来，又被调到北京担任兵部侍郎。

这一回，在京城面临危急的时刻，于谦毅然担负起守城的重任。他一面加紧调兵遣将，加强京城和附近关口的防御兵力；一面整顿内部，逮捕了一批瓦剌军的奸细。

有一天，监国的郕王朱祁钰上朝，大臣们纷纷要求宣布王振罪状。朱祁钰不敢做主。有个宦官马顺，是王振的同党，见大臣们不肯退朝，吆喝着想把大臣赶跑。这下激怒了大臣。有个大臣冲上去揪住马顺，大伙赶上来，一阵拳打脚踢，就把马顺揍死了。

朱祁钰见朝堂大乱，想躲进内宫，于谦拦住他说："王振是这次战争失败的罪魁祸首，不惩办不能平民愤。陛下只要宣布王振罪状，大臣们就心安了。"

朱祁钰听了于谦的话，下令抄了王振的家，惩办了一些王振的同党，人心渐渐安定下来。

瓦剌首领也先俘虏了明英宗，没把他杀死，却挟持着英宗当人质，不断骚扰边境。看来，京城里没有皇帝不好办。于谦等大臣请太后正式宣布让朱祁钰做皇帝，被俘虏的明英宗改称太上皇。朱祁钰这才即位称帝，这就是明代宗（又叫景帝）。

也先知道明朝决心抵抗瓦剌，就以送明英宗回朝为借口，大举进犯北京。

这一年十月，瓦剌军很快打到北京城下，在西直门外扎下营寨。于谦立刻召集将领商量对策。大将石亨认为明军兵力弱，主张把军队撤进城里，然后把各道城门关闭起来防守，日子一久，也许瓦剌会自动退兵。

于谦说："敌人这样嚣张。如果我们向他们示弱，只会助长他们的气焰。我们一定要主动出兵，给他们一个迎头痛击。"

接着，他分派将领带兵出城，在京城九门外摆开阵势。

于谦在城外把各路人马布置好后，他亲自率领一支人马驻守在德胜门外，叫城里的守将把城门全部关闭起来，表示有进无退的决心。并且下了一道军令：将领上阵，丢了队伍带头后退的，就斩将领；兵士不听将领指挥，临阵脱逃的，由后队将士督斩。

将士们被于谦勇敢坚定的精神感动了，士气振奋，斗志昂扬，下决心跟瓦剌军拼死战斗，保卫北京。

这时候，各地的明军接到朝廷的命令，也陆续开到北京支援。城外的明军增加到二十二万人。

明军声势浩大，戒备森严，也先发动几次进攻，都遭到明军奋勇阻击。城外的百姓也配合明军，跳上屋顶墙头，用砖瓦投掷敌人。经过五天的激战，瓦剌军死伤惨重。

也先遭到严重损失，又怕退路被明军截断，不敢再战，就带着明英宗和残兵败将撤退。于谦等明英宗去远了，就用火炮轰击，又杀伤了一批瓦剌兵。北京城保卫战，取得了辉煌的胜利。

于谦立了大功，受到了北京军民的爱戴。明代宗十分敬重他。于谦家的房屋简陋，只能遮蔽风雨，明代宗要给他造一座府第，于谦推辞了。他说："现在正是国难当头的时候，怎么能贪图享受呢？"

也先失败后，知道扣住明英宗也没有用处。就把明英宗放回北京。

于谦一心保卫国家，但是那个在北京危急的日子里主张逃跑的徐有贞，还有被于谦责备过的大将石亨，都对他怀恨在心，在暗地里想法报复。

英宗回北京后过了七年，也就是公元 1457 年，明代宗生了一场大病，徐有贞、石亨跟宦官勾结起来，带兵闯进皇宫，迎明英宗朱祁镇复位。历史上把这件事称作"夺门之变"。没多久，明代宗就死了。

明英宗复位后，对于谦在他被俘流亡的时候，帮他弟弟即位称帝，心里本来有气，再加上徐有贞、石亨一伙在他面前说了不少诬陷的话，竟下了狠心，给于谦加上个"谋反"的罪名，把于谦杀害。

北京的百姓听到于谦受冤被害，不论男女老少，个个伤心痛哭。人们传诵着于谦年轻时候写的一首《咏石灰》的诗：

千锤万凿出深山，烈火焚烧若等闲。

粉身碎骨浑不怕，要留清白在人间！

人们认为，这正是于谦一生的写照。

景泰皇帝

土木堡之变不仅改变了英宗朱祁镇的人生，也改变了郕王朱祁钰的人生。朱祁钰，宣宗皇帝的次子，英宗朱祁镇同父异母的弟弟，他们只差 1 岁。按理说，英宗有子，皇位是怎么也轮不到他的头上的，可是，他居然就当上皇帝了。

朱祁钰出身很卑微，他的生母本是汉王府邸的一位侍女，这位汉王就是著名的永乐皇帝的二子朱高煦。宣德皇帝刚刚即位，他的这位二叔、汉王朱高煦就起兵想夺权，宣德皇帝御驾亲征，生擒了朱高煦父子，并将汉王宫的女眷充入后宫为奴。在返京途中，宣宗皇帝邂逅了汉宫侍女吴氏，吴氏美貌聪灵，宣德皇帝不禁为之心动，命吴氏陪伴自己身边直到回京。

回京后，吴氏更是得到宣德帝的宠爱，可是，按照当时规矩，身为罪人的吴氏是不能被封为嫔妃的，于是宣宗皇帝将她安排在了一个紧贴宫墙的大宅院中，并时常临幸，终于，吴氏珠胎暗结，为宣宗生下了一个儿子，取名朱祁钰。吴氏也因此被封为贤妃，但继续住在宫外。

宣德十年，皇帝病重，派人将朱祁钰母子召进宫，并托付自己的母后张太后善待朱祁钰母子，托孤之后，一代帝王朱瞻基驾鹤西去。由于时逢皇帝的大丧，无人顾及吴氏母子的身世，他们就这样被大家接受了。孙皇后也并没有食言，不久就封朱祁钰为郕王，并为他们母子修建了王府，供他们母子居住。

本来郕王朱祁钰母子可以平静地度过一生，但是土木堡的狼烟改变了他们的生活。

正统十四年（1449）七月初七日，年轻的皇帝英宗在邪恶宦官王振的怂恿下，怀着一腔热血从北京出发，亲征瓦剌。八月十五日，在土木堡，英宗被瓦剌军俘获，随行的一百多位文武大臣死难。第二天，消息传到京城，军队惨败，

皇帝被俘，群龙无首，皇宫里一片哀号。大街上到处是逃回来的残兵，一些官僚富绅纷纷收拾细软准备逃跑，明朝精锐部队都没了，北京守军疲卒羸马不足十万，有盔甲的不足十分之一。

英宗出征时，留下自己的弟弟郕王朱祁钰监国。此时，朱祁钰一筹莫展，满朝文武只知道抱头痛哭。

十八日，英宗的生母、皇太后孙氏出面，在午门南召见百官，她宣布由郕王朱祁钰监国。这无疑是个英明的决定，当时，皇帝被俘，太子朱见深年幼，难以在国难中承担起拯救大明江山的重任。孙太后说："皇帝率六师亲征，已命郕王临百官。然庶务久旷，今特敕郕王总其事。群臣其悉启王听令。"孙太后明确了郕王的监国身份。

二十二日，孙太后又下令立皇长子朱见深为皇太子，命郕王辅之，以安定民心。诏书说："迩者寇贼肆虐，毒害生灵。皇帝惧忧宗社，不遑宁处躬率六师问罪。师徒不戒，被留王庭。神器不可无主，兹于皇庶子三人，选贤与长，立见深为皇太子，正位东宫，命郕王为辅，代总国政，庶安万姓。布告天下，咸使闻之。"

郕王朱祁钰的监国身份再次被确定下来。

朱祁钰上任后，果断地惩处了土木堡之变罪魁王振的党羽，起用了兵部左侍郎于谦，确立了在朝臣中的威望。当时朝中有人提出南迁议和的投降方案，遭到以于谦为首的主战大臣的坚决反对。于谦提出，为防瓦剌长驱深入，应采取积极措施，赶造兵器，赶运粮草，招募兵丁，集合民夫，列营操练，出城守护。对此，朱祁钰全部采纳。就在明朝军民刚刚做好准备，严阵以待时，也先挟持着朱祁镇，亲率数十万大军，直逼北京城而来。

面对此情，大臣们纷纷上疏："车驾被狩，皇太子幼冲。古云：'国有长君，社稷之福。'请速定大计以安宗社。"意思是眼下皇帝返国无望，皇太子又太小，只有另立一帝，才可使国家度过这危难之秋。孙太后同意了大家的意见。群臣把太后的意旨传达给朱祁钰，朱祁钰"惊让再三，避归郕邸"。群臣又坚决要求，于谦说："臣等诚忧国家，非为私计。"这时，都指挥使岳谦出使瓦剌还朝，

传达英宗口信说，郕王长且贤，令其继统以奉祭祀。

九月初六日，郕王朱祁钰即皇帝位，以次年为景泰元年，遥尊英宗为太上皇。朱祁钰也被称为景泰帝。

朱祁钰在国难当头的危急时刻登基，为中衰的明朝带来了一线希望。此后，在于谦等主战派大臣的支持下，做了积极充分的战前准备，北京军民空前团结，领兵将帅作战勇猛，终于在北京城外给瓦剌骑兵以沉重打击，也先不得已退回草原，风雨飘摇的明政权终于在这一战之后稳定了下来。

北京保卫战之后，也先一再地派使者要求明朝迎回太上皇朱祁镇，这让景泰帝朱祁钰心里很郁闷。他是朱祁镇的弟弟，但只小几个月，他出身卑微，而且性格内向，为人谨慎，从小就对皇位不是特别地感兴趣。不过，机运巧合，世事忽变，一场土木堡之变突然改变了他的命运，他轻而易举地登上了帝位，成了大明帝国的皇帝。

如今，他当皇帝还不到一年，他的哥哥，原来的正统皇帝朱祁镇就要回来了。用什么礼节迎接太上皇归来，这可是件大事。礼部尚书胡濙已经安排了一套礼仪，景泰帝只看了一眼，就放下了。他的批示很简单：以一轿二马迎于居庸关，至安定门易法驾。众廷臣见迎接之仪如此菲薄，不敢相信这是真的。户部给事中刘福等上言："礼贵从厚，不宜太薄。"景帝听完不快，只说太上皇帝在书信里是这样说的，希望礼仪从简。群臣当面不敢再说什么，此事就这样定了。

这时，恰好有一个小小的千户龚燧荣不知趣地写了一封信给大臣，说："奉迎宜厚，主上当避位肯辞，而后受命，如唐肃宗迎上皇事。"于是，那些当初极力拥戴他即位的众臣们又纷纷劝谏，请他效法肃宗李晋尊迎玄宗李隆基的佳话，还称此举可以名垂后世。

景泰帝越想越气愤，这不是让我放弃帝位吗？他已经当了一年皇帝了，那是至高无上的权力，权力就是一切，如果他放弃了，现在太子还是朱祁镇的儿子，朝廷多为英宗旧人，如果太上皇要归位也名正言顺。那他该怎么办？稍让他欣慰的是于谦"天位已定，宁复有他"的许诺。他深知于谦忠勉，不似其他大臣那样看风使舵，蛇鼠两端。有于谦在，一旦宫内有变，京师军队会站到他这一边，事情就稳妥多了。于是，他把提建议的龚燧荣扔进了监狱，不情愿地等待着他的哥哥从塞外归来。

八月十五日，一轿二骑悄然进入东安门。路人漠然注视，不知轿内坐的竟是北狩一年的太上皇朱祁镇。景泰帝迎拜，兄弟二人相抱哭泣。对于传授帝位，两人推让了很久。之后，车驾入南宫，文武百官行朝见礼。

礼罢，南宫大门悄然关闭。往后的整整7年，太上皇朱祁镇再没有走出过南宫一步。朱祁镇真正地淡出了大明帝国的政治舞台。

做皇帝当然是好事，不仅可以掌握自己的命运，还可以掌握别人的命运，对此，景泰帝已经深深地体会到了。可是，让他忧虑的是，太子还是朱祁镇的儿子朱见深，想到自己死后，皇位又回到了朱祁镇一脉，他就不甘心，于是，他就动了更换太子，立自己的儿子朱见济为太子的念头。可是太子是孙太后立的。"土木堡之变"英宗被俘之际，孙太后命郕王监国，差不多同时也立英宗之子朱见深为太子。孙太后的用意很明白：大明江山依然是英宗的，郕王只不过是代理执政而已。可是，景泰帝硬是不想认这个理了。

景泰三年（1452）五月初二日，景泰帝不顾群臣的反对，册立自己的儿子朱见济为太子，废英宗的长子朱见深为沂王。同一天，景泰帝下诏废皇后汪氏，立朱见济之母杭氏为皇后。接着又给大臣们加官加俸，以此笼络大臣们。

一切似乎都在按着景泰帝的设计进行着，然而老天不尽如人意，景帝刚把自己的儿子立为太子，出了一口气，他的儿子、太子朱见济就病死了。又过了几年，景泰帝自己也在一场"夺门事变"中失去了皇位，失去了生命，甚至死后也不能进入帝王陵。

复位的太上皇

当年的正统皇帝、英宗朱祁镇怀着建功立业的梦想，在条件还不具备的情况下，仓皇出塞，抗击瓦剌，结果成了瓦剌骑兵的俘虏。经过塞外整整一年的

苦苦等待，他终于历经千辛万苦，回到了朝中。也许回来的路上他还在想，他一回来，他的弟弟如今的景泰皇帝就会把皇位还给他。可是，没想到东安门那次草草一见之后，他就被送到了阴冷的南宫。在那里，他过着囚徒一般的生活，景泰帝不允许他召见百官，不允许他过问朝政，切断了同外面的一切联系。那时候，陪伴他的只有那位为他哭瞎了双眼的钱皇后。

南宫曾经是辉煌的御园，院子里生长着许多高大的树木，只有20多岁的英宗常常倚在一棵大树下，看着成群的燕子飞走又飞回。那棵老树不知给寂寞无望的囚徒多少安慰。可是，景泰三年（1452），景泰帝趁兴建大隆福寺之机，借口需要木料，砍伐了院子里所有的树木，以防有人爬树翻墙，与他被废的哥哥取得联络。从此，英宗只好坐在空荡荡的院子里叹息。日子一天天地过去了，在南宫囚禁的日子，反倒不如在也先部落中受到的优待，这是多么可悲的事情。皇权的争夺抹杀了一切温情，功名利禄剥蚀着人们的良心。于是，就有那样一些小人看到了这中间隐藏着的微妙机遇，并且把这机遇变成了现实。

景泰七年（1456）十二月，景泰帝忽然得了病。因为"易储"的问题，景泰帝已经被弄得心力交瘁，大臣们对此也有不同的意见。朝中重臣于谦、武清侯石亨、宫内太监曹吉祥等多数人倾向于复立朱见深，司礼监太监王诚谋立襄王子。景泰帝不想更不愿再立他人之子为太子，推说自己只是小病，过几天就可以上朝了。

景泰帝没有想到，此时，一场阴险的宫廷政变正在精心筹划中。他不久就将失去一切，包括他只有30岁的生命。

景泰八年（1457）正月，因皇帝重病，元旦朝贺被取消。正月十二日，景泰帝强拖重病之身到南郊（今北京天坛）祭祀，当晚就住在斋宫。皇帝病得太重，只得召见武清侯石亨，命他代行祭天之礼。石亨亲眼看到景泰帝的病情，退下后就与都督张𫐐、左都御史杨善及太监曹吉祥商议：如果景泰帝病死，立太子还不如让太上皇复辟，这样大家还可以邀功。张𫐐、曹吉祥又把这意思告诉了太常许彬，这样一伙小人都抱着建立"不世之功"的心态，开始了密谋。许彬出主意，去找副都御史徐有贞商量具体事宜。因为他们都认为这个都御史"善

奇策"。徐有贞是谁呢？他就是那个在北京保卫战前提议南迁的徐珵。因为南迁之议遭到否定和嘲笑，景泰一看到他的名字就皱眉头，所以徐珵在官场中并不如意。他曾上下打点，希望能够得到晋升之阶，但没有得逞。阁臣陈循帮他出主意，劝他改名，于是徐珵改名"有贞"，想标明自己是有贞节、有贞操的。现在，徐有贞成了夺门之变的核心人物。

当徐有贞听到石亨等人的意思后，忍不住心中一颤，机会就要来了。他说："这事一定要让太上皇知道，得到确切答复之后，即可计议。"

正月十六日，石亨等人再次到徐有贞家，说："我们已经得到太上皇的首肯，你看下一步怎么办？"徐有贞当即说："就在今晚，机不可失！"

徐有贞与石亨、张轨找到太监曹吉祥等，顺利地收了各宫门的钥匙。夜四鼓，他们打开长安门，率领着家兵千余人，随着守门的官军进了宫。进宫后，徐有贞又锁上宫门，把钥匙扔进水里，说"万一事情不成功，咱们就都完了。"石亨、张轨都懵了，就跟着徐有贞后面跌跌撞撞地跑。张轨问："事能成吗？"徐有贞答："肯定能成。"他们走到南宫门，门锁着打不开，敲门也没人应。徐有贞就命人翻墙跳进去，外面有人用大木使劲撞门，里外配合拆毁了宫墙，徐有贞带人冲进宫里。此时，太上皇朱祁镇正坐在烛光下。看见来人，吓得连忙问："你们要干什么？"众人一齐跪倒，大声说："请太上皇登位。"徐有贞命人抬过乘辇，请太上皇坐了上去。抬轿的吓得腿软，轿子抬不起来，徐有贞等人就亲自去抬。

景泰八年（1457）正月十七凌晨四更，石亨等人抬着太上皇到了东华门，守卫大声喝止，英宗高喊："朕太上皇帝也！"东华门随声而开。

徐有贞等人又是一阵忙乱，终于把太上皇安置到了宝座上。五更时分，百官在午门外朝房等待景泰帝升朝，忽然听到宫中钟鼓齐鸣，宫门大开，徐有贞出来高声宣布："太上皇帝复位矣，文武百官进殿朝见！"目瞪口呆的公卿百官在徐有贞的催促下，匆匆整队入宫拜贺。太上皇说："卿等以景泰皇帝有疾，迎朕复位，其各任事如故。"

这时，正在宫内静养的景泰皇帝听到前朝有喧哗之声，也没在意，还以为是宫外百姓庆贺元宵佳节的声音传到了宫里，心里有一点激动。自己病体好转，众大臣都准备第二天上朝议事，但是，第二天早上起床后不久他又睡着了，这一觉即改变了景泰帝的一生，也改变了大明王朝的命运，更改变了历史车轮的走向。

当景泰帝正想着今天要议论立太子事的时候，英宗派来的亲兵闯进了他的宫中，宣布太上皇复位。这时，景泰帝才明白过来。自己那轻易得来的皇位，自己为之苦守了7年的皇位已经被剥夺了。随后，他又接到英宗，也就是他哥哥的诏书，诏书中指斥他"不孝、不悌、不仁、不义，秽往彰闻，神人共愤"，宣布废他为郕王。失去帝号的景泰帝朱祁钰被迁到西内永安宫居住。一夜之间失去了皇位，变成了阶下囚，景泰帝心中忧愤难平，病情又恶化了。正月十九日，景泰帝离世。景泰帝的统治时期就这样草草地宣告结束。

景泰帝是有疾而终还是被害身亡，史书记载不一。有一种说法是："景泰帝之驾崩，为宦官蒋安以帛勒死。"而幕后的指使者当然是复辟的英宗。

英宗复辟的第二天，就命令逮捕了兵部尚书于谦、大学士王文，并将一批大臣、太监下狱。正月二十一日，改景泰八年为天顺元年。时隔8年之后，31岁的英宗再次成为大明帝国的主宰。

景泰帝死后，英宗毁其生前所建寿陵，以亲王礼葬于京西金山景泰陵，不仅有贬谪之意，更有折辱的成分。成化十一年（1475），英宗之子宪宗以其叔叔"戡乱保邦、奠安宗社"于国有功，追复其皇帝身份，改谥号为"恭定景皇帝"，接着命有司缮修陵寝，其祭飨与诸皇陵享受同等待遇。嘉靖时期，金山的景帝陵又有所改建，还把绿瓦统一换成了只有皇帝才能用的黄色琉璃瓦，但景泰帝的遗体始终没有迁入十三陵原建的寿陵中。因此，景帝陵独居金山，景泰帝也成为明朝自朱棣以后唯一不在十三陵安葬的皇帝。原来在十三陵为其建的陵地，百年后埋葬了只当了29天皇帝的明光宗朱常洛，也就是现在十三陵中的庆陵。

景泰帝支持于谦反对南迁，取得北京保卫战的胜利，重用正统朝被迫害的忠直大臣，挽狂澜于既倒，对明朝战后的恢复做出了贡献，但对待迎回英宗的问题上他显得过于小气，同时在太子问题上他又得寸进尺，最后以悲剧告终，他的功过只能留给后人评说了。

"纸糊三阁老"

成化后期，京城流传着一句俗语，叫"纸糊三阁老，泥塑六尚书"，就是说，这时候当政的大臣们如同纸糊的木偶，光占着位置，啥事都做不了。

阁老是明代对大学士的尊称。一般来说，入阁的大臣有三位。在成化五年（1469）之前，内阁是一个庄严神圣的地方，那时的内阁大学士是商辂、李贤、彭时。这三位都是当时受人尊敬的贤臣，大明帝国在他们的带领下有条不紊地向前行进。但是，成化朝这种良好的局面很快就结束了。一切都源自万安进入内阁以后。

万安，四川眉州人，进士。他书读得很好，考科举轻而易举就高中了。成化五年（1469），万安担任大学士，进了内阁。万安入阁后，不理政务，但却成功地做成了一件大事。那就是他充分地使用了自己的姓氏资源，竟然和万贵妃拉上了亲戚。当时，万贵妃独冠后宫，万安通过宦官给万贵妃捎话，说自己是子侄辈，万贵妃也自愧没有门阀家世，对自己的出身很自卑，听说有万安这么个亲戚很高兴。万贵妃的弟弟万通是锦衣卫指挥，以同族身份多次走访万安。万通的妻子王氏有一次问她的母亲："原来家贫时，曾把妹妹送给别人，现在她在哪?"她母亲说："好像是四川万编修家。"万通于是到万安家核实，发现万安的妾就是王氏的妹妹，这回好了，两家来往更密切了。万通的妻子王氏落籍在宫禁，可以自由出入，万安于是对宫内情况了如指掌。自己的地位也就更加巩固了。

有了这样的便利条件，加上万安人又长得很漂亮，外表又宽善，连皇帝对他也很信任了。但不幸的是，这位阁老实在是没什么治国才能，因此落下了不少笑话。

明朝前期的皇帝都很勤政，几乎每日上朝不辍。可是，宪宗朱见深也许是因为口吃，就不大喜欢上朝，更是很少单独与大臣们交谈。

成化七年（1471），大学士商辂和彭时见宪宗很多天都没有上朝了，心里着急，就力请皇帝上朝。司礼监太监于是约定皇上御殿之日召见大臣，还特意嘱咐大臣们，说："君臣多日不见，感情可能不融洽。不要多言，等到将来再说。"总算等到皇帝召见了，彭时赶紧上奏，说："昨天御史有奏疏，请削减京官的俸禄，这样做武臣不免会失望，请照旧为便。"皇帝不停地点头，彭时兴致也上来了，刚想要上奏别的事，突然听见旁边大呼一声："万岁！"

回头一看，万安已经跪在地上磕头了。

商辂、彭时瞠目结舌，过了一会儿，无奈地叹了口气，也跪了下来，磕头道："万岁！"

这一声"万岁"不要紧，商辂、彭时就没有机会说话了。因为这是明代面圣的礼仪，大臣朝见完毕，口呼"万岁"，这意思就是皇上再见。这三位阁老不得不退出朝堂了。

皇帝身边的宦官看到这一幕，觉得好笑，就戏谑朝臣："你们老说不得皇上召见，这回见到了，只知道呼'万岁'吗？"这件事一时传为笑谈，万安赢得了"万岁阁老"的光荣称号，而皇帝从此再也不召见朝臣了。

一次精心准备的朝会就这样让万安给搅和了，可是他却狡猾地把这个责任推给了别人。后来尹直入阁，想请见皇上讨论一些事情。万安就对他说："从前彭公请召对，一语不和，就叩头呼万岁，以此让人笑话。现在我辈应每事都尽言，由太监选择向皇上汇报，皇上无不应允，这可胜过当面应对了。"

成化十四年（1478），商辂因为得罪汪直而被迫退休回家，彭时已经去世，万安成了内阁首辅。同时在阁内的还有刘翊、刘吉。于是，内阁就当之无愧地成了"纸糊三阁老"的天下。

万安的结局不怎么样。宪宗的儿子孝宗继位以后，有一天在宫中得到了一个盒子，发现里面都是写房中术的，末尾署名是"臣安进"。皇上命太监怀恩拿着它到内阁找万安，说："这是大臣应该做的吗？"万安汗如雨下，伏在地上，就是不说辞职。大臣们纷纷弹劾他，皇上又命万安把大臣们的奏疏给他读，万安跪在地上多次恳求哀怜，还是不肯辞职。怀恩上前摘下他的牙牌，说："你可

以出去了。"万安这才不得不请求退休。都70多岁的人了，回家的路上，还不住地回望三星台，希望能得到复用。过了一年，万安去世。不久，他的做高官的儿子、孙子也相继死去，万安竟然绝后了。

刘吉，河北入，与万安是同年进士，成化十一年（1475）成为内阁成员，这人品行和万安差不多，都非常善于逢迎，善于讨好对他有用的人。成化十八年（1482）他因丁忧必须离职，宪宗令他"起复"，他一面再三恳辞，做出一副淡泊名利的孝子面孔，一面却暗中托万贵妃的娘家人万喜影响宪宗，叫宪宗不准他辞职。

刘吉还有一手绝活，那就是脸皮特厚，比万安还厚。明代弹劾成风，言官也喜欢管闲事，刘吉这种人自然成了言官们的主要攻击对象，可刘吉心理承受力特强，言官说了什么，他权当没听见。不过皇帝对他可是宠眷有加，别人越是弹劾他，皇帝就越是提拔他，他的官也越做越大。因此，刘吉得了个"刘棉花"的雅号。

刘翊，山东寿光人，基本上也是每天混日子，商辂在朝时，他还协助商辂扳倒了汪直的西厂。后来，他不小心得罪了万安，被万安赶出了朝廷，也没干什么正经事。

算起来，成化后期的五位阁老万安、刘吉、刘翊，还有彭华、尹直，基本上都没做过什么事，说他们是纸糊的一点不为过。

内阁如此没有作为，下面的六部尚书更是毫无建树。按理说，吏部管官员考核、升迁，工部管工程建设，户部管人口，刑部管审案，礼部管祭祀和外交，兵部管出兵打仗，应该是各有专职，也应各司其职，可是，到成化后期，这六部的尚书们就只知道每日坐在衙门里喝茶聊天，啥事也不干，严格遵守门规。

于是，内阁三成员集体获得"纸糊三阁老"光荣称号。

六部尚书集体获得"泥塑六尚书"光荣称号。

这是成化后期政坛上一道独特的景观，不过权力还紧紧抓在皇帝的手里。

理学大师王守仁

在今浙江余姚武胜门路西侧，阳明东路以北，坐北朝南，有一处幽雅的古建筑，正门的牌匾上写着"瑞云楼"三字。中国大思想家王守仁（1472—1529）就出生在这里。

如今，在这个地方，老百姓还传诵着王守仁驾瑞云而来的故事。

王家在当地是名门望族，据说是晋代大书法家王羲之的后代，王守仁的父亲王华是成化年间的状元。有这么荣耀的家庭，让他一出生就带着一道耀眼的光环。

相传王母郑夫人怀孕达 14 个月之久尚未分娩，这让王家的人很担心，父亲王华更是怀疑是不是妻子怀了个怪胎。

日子一天天地过去。一天中午，王守仁

王守仁

的祖母岑太夫人回到房间里，准备小憩。刚入睡就做了一个神奇的梦，仙乐齐鸣，笙笛悠扬，瑞雪弥漫，旗幡招展。一位身穿红袍、佩戴宝玉的神仙，怀抱一个活泼可爱的小儿，从太空徐徐上升，降临王家大院，双手推开儿媳的房门，高叫一声："贵人来也！"随即将婴儿送到儿媳的怀里，转身而出。一片彩云伴仙人而去，仙乐也消失了。这时，只听得几声婴儿的啼哭声。岑太夫人一梦惊醒，仆人正推门而入，恭喜老夫人得了孙子。

祖父王伦根据夫人的吉祥梦兆，为新生的小长孙取名为"云"，还把他诞生的房子取名叫"瑞云楼"。

在中国历史上，给某些有卓越才能的人加上一些福瑞灾异是司空见惯的。无非是说此人为上天所授，不同常人。后来，王守仁的弟子们曾经破解了这个梦中的玄机："云本身没有形体，但能从无形中幻化出形体，降下雨露。所以说天下最变化无端者莫如云，而庇荫万物之广大者也莫如云。"

因为有了这么个吉祥的梦兆，王家上上下下都对这个孩子十分钟爱，百般袒护。也因为这样，他的天性自小就得到了充分的发挥，聪明伶俐，自命不凡，放任不羁。

可惜，这个乘瑞云而来预示着非凡才能的孩子，直到5岁时还不能说话，这又让家里人担心不已。有一天，他正在和一群小孩玩耍，忽然看见一个癞头和尚来到面前，指着他大声说道："好个孩儿，可惜道破！"祖父王伦刚好从旁听见，不禁恍然大悟，给这个孙儿取名"云"字，是泄露了天机啊。博学的王伦随即根据《论语》中的"知及之，仁不能守之，虽得之，必失之"，及时地把孙子的名字改为守仁。

据说从那以后，王守仁就能开口说话了，而且日益显示出他的非凡智力。

王守仁的名字到底与这些传说有没有关系呢？流传下来的资料只是这样记载，我们聊当趣闻，在此一记，也算是对这位大思想家的一种纪念吧。

传说中的贵人渐渐长大了，他才思敏捷，记忆力超强。一天，他突然背诵起祖父曾经读过的书文来，王家人大为吃惊，问他怎么能够背诵这些书文。他回答说："曾经听祖父朗读这些书文，我在一旁便默默地记在心里了。"众人无不惊叹。

10岁那一年，也就是成化十七年，父亲王华进士及第，高中状元，授官翰林院修撰。对长子王守仁的教育就更加严格了。第二年，王华将父亲竹轩公王伦和儿子守仁一同接往北京的官邸。竹轩公为人洒脱，向有名士风度，现在又因儿子考取新科状元，胸襟更加豪爽、超迈。赴京途中，与文士相遇，往往即兴题咏，吟诗作赋，当然也忘不了夸上孙子几句。一日路过金山，下榻寺院。夜间，一轮圆月高悬空中，妙峰山、寺庙、僧舍、树木，在月光下显得格外幽静。

在蔽月山房，海日和尚、王伦一行人等饮酒畅谈。王守仁在旁边静静地坐着，看着遥远的明月……

酒正酣时，海日和尚一时兴起，对王伦说："竹轩公多次与老衲谈起小公子擅长写诗，今日得幸见面，何不让公子以这眼前的景物为题，当场赋诗一首，让老衲开开眼界？"

王守仁正兀自思索，听见和尚这么一说，从祖父身边一下子站了起来，脱口吟成一首七言绝句：

> 金山一点大如拳，打破维扬水底天。
>
> 醉倚妙高台上月，玉箫吹彻洞龙眠。

顿时，四座皆惊，众人啧啧称叹。有人想再试一试守仁的诗才，又以《蔽月山房》为题，令其吟诗一首。守仁不假思索，随即应口诵道：

> 山近月远觉月小，便道此山大于月。
>
> 若人有眼大如天，还见山小月更阔。

要知道这两首诗可是出自一个 11 岁的孩童之口。如此的气吞寰宇，而又富含哲理，如何不让人惊叹。当时在座的人们就笃定，这孩子将来必成大器，尽管其中还有人不知道那个驾瑞云而来的故事。

幼时的王守仁不但诗写得好，而且还酷爱象棋。有一次，因贪下象棋竟忘了回家吃饭。他的母亲一气之下，将象棋扔到河里。王守仁看着丢进河里的象棋，捶胸顿足，哭之以诗：

> 象棋在手乐悠悠，苦被严母一旦丢。
>
> 兵卒坠河皆不救，将军溺水一齐休。
>
> 马行千里随波去，士入三川逐浪流。
>
> 炮声一响天地震，象若心头为人揪。

到了京城，王守仁就塾师受学，仍旧豪迈不羁，自由放任。父亲王华时时为此而忧虑，但竹轩公却认为守仁孙儿天性使然，必有所成。一次，王守仁与一帮学友在长安街游玩，偶然遇到一位相士，面对着他仔细打量了一番，然后诧异地说道："我为您看个相，您一定要谨记我的话，当您胡髯飘拂衣领的时候，就会进入圣贤之境；当您胡须长达上丹田的时候，就会结成圣贤之胎；当您胡须长达下丹田的时候，就会修满圣贤功果。"王守仁听了，更相信自己绝不会是一个等闲之辈。从那以后，他总是对书静坐凝思。他曾经问他的塾师："什

么是人生第一等事？"塾师答道："只是读书举进士而已！"王守仁听后不以为然，当即辩驳道："举进士恐怕不能算第一等事，而读书学做圣贤才是头等大事。"

一个12岁的少年已经开始探索人生价值了。在那个"学而优则仕"的时代，王守仁对读书的目的提出了质疑，是难能可贵的。在此后漫长的人生道路上，他一直在思考，在探索，人生的目的是什么？怎样才能达到圣贤的境界呢？

弘治二年（1489），18岁的王守仁离开江西，带着他的新婚妻子回老家余姚，在旅途中，他认识了一个书生，便结伴而行，闲聊解闷。

交谈中，他提出了心中的疑问：

"怎样才能成为圣贤呢？"

这位书生思虑良久，说出了四个字：

"格物穷理。"

"何意？"

书生笑了：

"你回去看朱圣人的书，自然就知道了。"

王守仁欣喜若狂，回到家里，就一头投入了对程朱理学的研究之中。但是，皓首穷经，他依然没能找到那条"格物穷理"之路。直到19年后，在那个还不为人所知的龙场，那个夜晚，那个载入历史的瞬间，他才真正地"悟道"。

尽管出身官宦世家，父亲在京做官，但王守仁的仕途生涯却极不平坦。弘治十二年（1499），28岁的王守仁第三次参加会试，赐进士出身，官政工部。他这才步入仕途，跻身士大夫行列。此后，他一边在自己的职位上恪尽职守，一边研读五经以及先秦两汉儒家著作，每天都熬到夜半三更。久而久之，因为劳思过度，他竟得了吐血疾（肺痨）。尽管如此，他仍然没有停止对"道"的探索。

正德元年（1506），是王守仁一生发生重大转折的一年。当时，弘治皇帝去世不久，正德皇帝朱厚照刚刚即位。这个新登基的皇帝从小在溺爱中长大，昏庸荒淫，专喜欢与虎豹等猛兽相伴，调驯、嬉戏，哪还顾得上朝政，于是阉党刘瑾趁机专权，朝政日非。王守仁眼看阉党横行霸道，胡作非为，他义愤填膺，忍无可忍，向正德皇帝上书直谏。这可惹恼了权奸刘瑾。王守仁被下诏狱，廷杖四十，死而复苏；又被指为"奸党"，罚跪于金水桥南，王守仁的身心受到了莫大侮辱。

然而，这还没有结束，刘瑾是一个做事很绝的人，既然有人得罪了他，他就不会善罢甘休。于是，他又把王守仁谪贬为贵州龙场驿驿丞。

第二年的春天，36岁的王守仁离开北京。在对父亲的短暂探视之后，王守仁带着随从，踏上了前往贵州龙场驿站的道路。在那里，他将经受有生以来最沉重的痛苦，并最终获知那个秘密的答案。

仲夏之际，王守仁到达钱塘。坏消息又跟随而来。刘瑾对王守仁恨之入骨，必欲置之死地，特意派人一直尾随盯梢，企图暗中杀害他。王守仁星夜来到钱塘江边，他把一双鞋甩在岸边，一顶斗笠漂于水上，又作了一首绝命诗，装作"投江"的样子，才侥幸摆脱了阉党的追杀。

随后，他登上了一艘商船向舟山进发。命运多舛的王守仁又在途中遭遇飓风，一夜漂泊之后，船到了福建。他身心交瘁，步行了几十里山路，才来到一座寺庙前，他想在那里求宿一夜，寺僧拒绝了。他只好又到了一所荆棘丛生的野庙，伏在香案上很快睡着了。半夜，只听得老虎在外面一声声吼叫，却不敢进来。僧众们见他一夜平安，都惊呆了，说："这人没让老虎吃了，一定不是常人。"经历了九死一生之后，王守仁再次萌生了避祸他乡的想法，当时有位异人对他说："汝有亲在，万一瑾怒，逮尔父，诬以北走胡，南走粤，何以应之？"王守仁觉得此言有理，于是打消了远适避祸的念头，他当即题诗一首：

险夷原不滞胸中，何异浮云过太空？

夜静海涛三万里，月明飞锡下天风。

夜月明净，风涛万里，一叶孤舟在大风大浪中无助地漂流……

客行日日万锋头，山水南来亦胜游。

布谷鸟啼村雨暗，刺桐花暝石溪幽。

蛮烟喜过青杨瘴，乡思愁经芳杜洲。

身在夜郎家万里，五云天北是神州。

艰难旅程，他仍以这豪迈的气魄鼓舞自己。那是一条曲折的路，王守仁和他的随从从武夷，到江西，过长沙、玩州，进入贵州玉屏；一路风餐露宿。正德三年（1508）三月，经过一年又三个月的艰难险阻，他终于抵达贵州龙场驿谪所。

这完全是一个心灵磨砺的旅程。繁华的京城、富庶的江南都已遥不可及。期待朝廷的开恩，已经不可能了。有谁还会记得在这荒蛮之地，有这么一个空怀一腔热血与愤怒的人呢？他只好重新收拾心性，考虑未来的道路。正是在这个荒凉之地，王守仁实现了思想的一次大蜕变，对日后中国的思想史有巨大影响的"心学"就是在这里形成的。

龙场驿位于今贵阳市西北 80 里许的修文县城区，据《贵州通志·建置志》记载，明代在这里设"驿丞一员，吏一名，马二十三匹，铺陈二十三副"，专为传送公文的差役和来往官吏小住、换马等提供方便。该驿地处万山丛棘之中，虫蛇怪兽横行，蛊毒瘴疠弥漫，四境荒凉，人烟稀少。"连峰际天兮飞鸟不通，游子怀乡兮莫知西东。"王守仁这样描述自己的生活环境和内心痛苦。

但是，他没有抱怨，也没有牢骚，面对寂寞，面对困难，他用自己的方法去排解。那时，他早前就因为思劳过度，患上虚痨肺病，在这样恶劣的环境下，他更意识到自己肉体的生命随时都可能被吞噬，于是"自计得失荣辱皆能超脱，唯生死一念，尚觉未化"，当即便做了一副石棺材，指天发誓曰："吾唯俟命而已！"他极力排除生死杂念，日夜静坐，以求静一；时或歌诗谈笑，超然于尘世之外。显然，王守仁是在苦炼制心功夫，想以"心"的作用来战胜险恶的环境，拯救自身。而他自炼"心"境的地方则是后人倍加敬仰的阳明洞。

王守仁刚到这里，既无住房，又无粮食，只好栖居山洞。这是一个天然溶洞，王守仁在这里埋头玩味《易经》，以后，这个洞得名玩易洞。后来他又移居龙岗山。山腰天生一洞，洞内宽敞明亮。王守仁在此栖息以后，就改称"阳明小洞天"，后人俗称阳明洞。

龙岗山的阳明洞成为王守仁一生最重要的标志性地点。他在那里，日夜冥思，静修，对自己的灵魂进行一次又一次无情地拷问。他从小就是以圣贤为人生目标的，甚至潜意识里也是以圣贤自诩的。那么，"圣人处此，更有何道？"他真想求得这样的一个真解。

他在那里静坐，想以此排除一切来自内心的欲念。一日，他"忽中夜大悟格物致知之旨，寤寐中若有人语之者，不觉呼跃，从者皆凉，始知圣人之道，吾性自足，向之求理于事物者误也。乃以默记《五经》之言证之，莫不吻合，因著《五经臆说》"。这就是后人盛称的"龙场悟道"。

是的，他顿悟了，得"道"了。他的道，即吾心之道，意谓圣人之道先天地固存于吾心，不必外求，所以吾心即道。这便否定了朱熹"求理于事物"的认识途径，肯定了"吾性自足"，而"求理于吾心"，就是"圣人之道"。从此王守仁开始发明"心即理"的心学命题，他断言"夫万事万物之理不外于吾心"，"心明便是天理"，"格物致知当自求诸心，不当求诸事物"，于是，他喟然长叹："道在是矣！"

王守仁一生中写过许多文章，被收入《古文观止》作范文的有三篇，其中有两篇是在贵州所作。一篇是千古不磨的《瘗旅文》，激情所致，一气呵成，哀吏目客死他乡的悲凉，叹自己落魄龙场之不幸，抒发忧郁愤懑之情怀，如哭如诉，句句是泪，字字是血，读后莫不黯然垂泪。另一篇是《象祠记》，是受贵州宣慰司宣慰使安贵荣之托而写的，阐述了"天下无不可化之人"的哲理，萌发出"致良知"的思想。

嘉靖七年（1528），一代大思想家王守仁在江西逝世，年56岁。

杨一清计除刘瑾

土木之变以后，明王朝开始衰落。明英宗以后的几代皇帝，都昏庸腐败。他们不吸取王振误国的教训，一味依赖宦官。宦官专政的局面越来越严重。明宪宗朱见深（英宗的儿子）在位的时候，宦官汪直专权，在东厂以外，又设了一个西厂，加强特务统治，冤死不少好人。

公元 1505 年，明武宗朱厚照即位。他身边有八个宦官，经常陪伴他打球骑马，放鹰措兔，为首的叫刘瑾。明武宗贪图玩乐，觉得刘瑾等称他的心意，十分宠信他们。这八个宦官依仗皇帝的势，在外面胡作非为。人们把他们称为"八虎"。

一些大臣向武宗劝谏，要求武宗铲除"八虎"。刘瑾等得到消息，就在武宗面前哭诉。明武宗不但不听大臣劝谏，反而提升刘瑾为司礼监，又让刘瑾两个同党分别担任东厂、西厂提督。

刘瑾大权在手，就下令召集大臣跪在金水桥前，宣布一大批正直的大臣是"奸党"，把他们排挤出朝廷。

刘瑾每天给武宗安排许多寻欢作乐的事，等武宗玩得正起劲的时候，他把大臣的许多奏章送给武宗批阅。明武宗很不耐烦，说："我要你们干什么？这些小事都叫我自己办？"说着，就把奏章撂给刘瑾。

打这以后，事无大小，刘瑾不再上奏。他假传明武宗的意旨，独断专行。刘瑾自己不通文墨，他把大臣的奏章全带回家里，让他的亲戚、同党处理。一些王公大臣，知道送给明武宗的奏章，皇上是看不到的。因此，有什么事上奏，就先把复本送给刘瑾，再把正本送给朝廷。民间流传着一种说法："北京城里有两个皇帝，一个坐皇帝，一个立皇帝；一个朱皇帝，一个刘皇帝。"

刘瑾怕人反对，派出东厂、西厂特务四出刺探；还在东厂、西厂之外，设一个"内行厂"，由他直接掌管，连东厂、西厂的人，也要受内行厂监视。被这些特务机构抓去的人，都受到残酷刑罚，被迫害致死的有几千人，民间怨声载道。

刘瑾还利用权势，敲诈勒索，接受贿赂。地方官员到京都朝见，怕刘瑾给他找麻烦，先得给刘瑾送礼，一次就送两万两银子。有的官员进京的时候没带那么多钱，不得不先向京城的富豪借高利贷，回到地方后才偿还。当然，这笔负担全转嫁到老百姓身上了。

公元 1510 年，安化王朱寘鐇以反对刘瑾为名，发兵谋反。明武宗派杨一清总督宁夏、延绥一带军事，起兵讨伐朱寘鐇，派宦官张永监军。

杨一清原是陕西一带的军事统帅，在训练士卒、加强边防方面立过功。因为他为人正直，不附和刘瑾，被刘瑾诬陷迫害，后来经大臣们营救，才被释放回乡。这回明武宗为了平定藩王叛乱，才重新起用他。

杨一清到了宁夏，叛乱已经被杨一清原来的部将平定，杨一清、张永俘虏了朱寘鐇，押解到北京献俘。

杨一清早就有心除掉刘瑾，他打听到张永原是"八虎"之一，刘瑾得势以后，张永跟刘瑾也有矛盾，就决心拉拢张永。回京的路上，杨一清找张永密谈，说："这次靠您的大力，平定了叛乱，这是值得高兴的事。但铲除一个藩王容易，内患却不好解决，怎么办？"

张永惊异地说："您说的内患是什么？"

杨一清把身子靠近张永，用右手指在左掌心里写了一个"瑾"字。

张永一看，皱起眉头说："这个人每天在皇上身边，耳目众多，要铲除他可难啊！"

杨一清说："您也是皇上亲信。这次凯旋回京，皇上一定会召见您。趁这个机会您把朱寘鐇谋反的起因奏明皇上，皇上一定会杀刘瑾。如果大事成功，您就能名扬后世了！"

张永心里犹豫了一下，说："万一不成功，怎么办？"杨一清说："如果皇上不信，您可以痛哭流涕，表明忠心，大事一定能成功。不过这件事动手得快，晚了怕泄漏事机。"

张永本来就对刘瑾不满，经杨一清一怂恿，胆子也壮了起来。

到了北京，张永按杨一清的计策，当夜在武宗面前揭发刘瑾谋反。明武宗命令张永带领禁军捉拿刘瑾。刘瑾毫无防备，正躺在家里睡大觉，禁军一到，就把他逮住，打进大牢。

明武宗派禁军抄了刘瑾的家，抄出黄金二十四万锭，银元宝五百万锭，珠玉宝器不计其数；还抄出了龙袍玉带，盔甲武器。明武宗这才大吃一惊，把刘瑾判处死刑。

刘瑾虽然被杀，但是明武宗的昏庸腐败却是无可救药的。他杀了刘瑾之后，又宠信了一个名叫江彬的武官，在江彬的教唆下，他多次离开北京到宣府（今河北宣化）寻欢作乐。把朝政大权交给江彬，江彬又趁机贪污受贿，排斥好人。

由于明王朝的腐败统治，土地兼并十分严重，百姓的赋税和劳役负担更加繁重，农民起义此起彼伏。公元1510年，北京附近爆发刘六、刘七领导的起义。这次起义延续两年，起义军横扫河北、山东、山西等八个省，四次逼近北京，给腐朽的明王朝一次沉重的打击。

杨继盛冒死弹劾严嵩

明武宗死后，他的堂弟朱厚熜继承皇位，这就是明世宗。明世宗刚即位的时候，在政治上采取一些改良措施，像限制宦官权力、整顿税收等。但是后来迷信道教，在宫内设坛求仙，渐渐不大过问朝政。凡是迎合他信道的，就得到重用，大学士严嵩，就是因为他善于起草祭神的文书，逐步取得了内阁首辅（相当于宰相）的地位的。

严嵩并没有什么才能，他只知道奉承拍马，讨得世宗的欢心。他当上首辅后，和他儿子严世蕃一起，结党营私，贪赃枉法，干尽坏事。当时一些没骨气的朝臣都投靠他，有三十多个官员做了他的干儿子。有了这些爪牙，他更加可以操纵朝政了。

严嵩掌权的时候，北面鞑靼部（蒙古族的一支）强大起来，统一了蒙古各部，成为明朝很大的威胁。严嵩不但不加强战备，反而贪污军饷，让兵士们受饥挨饿。鞑靼首领俺答好几次打进内地，明军没有力量抵抗。公元1550年，俺答带兵长驱直入，一直打到北京城郊。明世宗派严嵩的同党仇鸾为大将军，统率各路援军保卫京城。严嵩怕仇鸾打败仗，指使仇鸾不要抵抗。结果，让鞑靼兵在北京附近掳掠了大批人口、牲畜、财物，满载回去。京城附近十几万明军，竟一箭不发。

过了一年，仇鸾又勾结俺答，准备和鞑靼讲和。这件事引起了一些正直大臣的愤慨，特别是兵部员外郎杨继盛。

杨继盛,保定容城人,出身贫苦。他七岁的时候,就失去了母亲,继母待他不好,让他去放牛。杨继盛放牛经过私塾,看到村里一些孩子们在读书,十分羡慕,向他哥哥请求让他读书。哥哥说:"你年纪太小,读什么书?"杨继盛回答说:"我能放牛,就不能读书?"他父亲见他有志气,就让他一面读书,一面放牛,果然上进很快。后来应科举考试,中了进士,在京城里受到不少大臣的赏识。

杨继盛为人正直,看到严嵩、仇鸾一伙表权辱国的行为,怎么也忍受不了。他向明世宗上奏章,反对议和,希望朝廷发奋图强,选将练兵,抵抗鞑靼。明世宗看了奏章,也有点心动,但是禁不起仇鸾一撺掇,反把杨继盛降职到狄道(今甘肃临洮)做典史。

杨继盛到了狄道,并不灰心丧气。狄道是少数民族聚居的地方,当地人不识字。杨继盛到了那里,挑选了一百多个青少年,请个老师教他们念书。学生家里没有钱,杨继盛就把自己的马和妻子的衣服变卖了帮助他们。当地百姓都爱戴杨继盛,称呼他"杨父"。

杨继盛被贬谪后,明朝和鞑靼讲和,互相通商。但是不久俺答就破坏和议,多次进攻边境。仇鸾的密谋暴露,吓得发病死了。这时候,明世宗才想到杨继盛的意见是对的,把他调回京城。严嵩也想拉拢杨继盛,哪知道杨继盛对严嵩更是深恶痛绝。他回到京城刚一个月,就上奏章给明世宗弹劾严嵩,大胆揭发严嵩十大罪状,条条都有真凭实据。他在奏章中还说,严嵩有十大罪,却可以蒙蔽皇上,因为还有"五奸"帮助他,这就是严嵩的间谍、爪牙、亲戚、奴才、心腹,都密布在世宗的左右。

这道奏章打中严嵩的要害,严嵩气急败坏,在明世宗面前诬陷杨继盛。明世宗大怒,把杨继盛打了一百板廷杖,关进大牢。

杨继盛被廷杖打得遍体鳞伤,连狱卒看了都心酸,杨继盛却态度泰然,像没事儿一样。亲友们听到杨继盛伤势重,通过狱卒送给他一只蛇胆当伤药。杨继盛推辞不受,说:"我自己有胆,用不着这个!"

杨继盛在监狱里被关了三年,实在审不出什么罪状,一些官员想营救他出

狱。严嵩同党跟严嵩说："你不杀杨继盛，不是养老虎给自己留后患吗?"严嵩下个狠心，撺掇明世宗把杨继盛杀害了。

严嵩掌权二十一年，把他的党羽安插在朝廷重要职位，权力越来越大。明世宗也渐渐讨厌他。有一次，明世宗请道士蓝道行扶乩（一种迷信活动），蓝道行借乩仙的意旨，劝世宗除掉严嵩，明世宗也有点心动。这件事让御史邹应龙打听到了，觉得这是打击严嵩的好时机，但他想想杨继盛的下场，又有点犹豫。经过周密考虑，决定先从弹劾严世蕃下手。

严世蕃依仗他父亲权势，作恶多端。邹应龙弹劾严世蕃的奏章一上去，明世宗果然下令把严世蕃办罪，充军到雷州，并且勒令严嵩退休。

严世蕃和他的同党是一批亡命之徒，他们没到雷州，却偷偷溜回老家，收容了一批江洋大盗，还勾结汉奸汪直和倭寇，准备逃亡到日本去。这件事又被另一个御史林润揭发了。

昏庸的明世宗看到这份奏章，也大为震惊，立刻下令把严世蕃和他的同党斩首示众，把严嵩革职为民。明朝最大的权奸，终于倒台。

"家净"皇帝崇道

在 1521 年，荒唐放诞的明武宗朱厚照病逝。因为武宗没有留下子嗣，因此他的堂弟朱厚熜（1507—1566）以藩王身份继承皇位，即明世宗，因其年号为嘉靖，所以又称为嘉靖帝。嘉靖帝继位之初，下诏废除了武宗时的弊政，诛杀了佞臣钱宁、江彬等，使朝政为之一新。不过，嘉靖帝即位不久就与朝臣在议其生身父母的尊号等问题上发生了礼仪之争。直到 1538 年，这场"大礼仪之争"（实为皇权和阁臣的争斗）才以嘉靖帝的全面胜利而告结束。

经历了这场近 20 年的政治风波之后，嘉靖帝本应励精图治，有所作为，没想到他从此更加荒废政事，一心沉迷于斋醮之中。嘉靖帝崇道，一些阿谀奉迎的官员乘机以歪门邪道讨好他，一个个青云直上，窃据了朝廷的要职。更有一些装神弄鬼的道士，也成了天子的贵客、朝廷的要员，势压满朝文武。其中最被嘉靖帝宠信的有两个人，一个是道士邵元节，一个是有"仙术"的陶仲文。

1524年，邵元节被召进京，被嘉靖帝封为真人（道家称得道的人为真人），颁为二品，还在北京城西专门为他建造了一座"真人府"。1536年，嘉靖帝有了儿子，认为这是因为邵元节祈祷有功，于是赐他蟒衣玉带，还封他做了礼部尚书。

1542年二月，皇宫里发生了一件惊世大案。宫中的几个小婢女竟然趁皇帝睡觉的时候，准备用绳子勒死嘉靖帝。事情是这样的，嘉靖帝虽然迷信道教，却并不像道家所主张的那样"清心寡欲"，反而经常到民间大选淑女，宫女人数超过千人。这些宫女除供他淫乐外，还备受凌辱。他还听信方士的胡言，从民间选童女入宫，获取她们的经血以炼制所谓的长生不老之药。杨金英等16名宫女不堪忍受，暗地里一起商议杀死嘉靖帝。这天，趁嘉靖帝熟睡之际，几个宫女先用布蒙住他的脸，其余的人有的把绳子套在他的脖子上，有的按住手脚，有的骑在他身上勒绳子。但因为在慌乱中把绳子打成了死结，勒了半天也没有把他勒死。而这时屋里弄出的声响惊动了其他人。皇后等人及时赶来，才救了嘉靖帝的性命。后来，杨金英等人一起被杀掉。这一年是农历壬寅年，因此这一事件被称作"壬寅宫变"。

经过这一场劫难，嘉靖帝非但没有反思自己的所作所为，反说是神灵的保佑为他消灾免祸，还去专为斋醮所盖的朝天宫里烧了七天香。

壬寅宫变之后，嘉靖帝更加笃信道教，而且深居秘殿不出，20多年的时间没有上过朝。朝政先后由当权的内阁大学士把持，其中严嵩是专权时间最长的一个。当时朝廷内吏治腐败，沿海倭寇骚扰，北边蒙古族的俺答不断南侵。嘉靖帝仍一味沉溺于斋醮祈祷。

由于皇帝信道，为修建朝天宫和泰山、武当山等地的道庙，花了国库数十万两银子。宫中所用的蜡烛及各种香品，每年都要采买几十万斤。嘉靖帝还在宫中建了许多道教的斋醮法坛，日夜香烟弥漫，火烛长明。所以皇宫里的火灾特别多，先后有两宫三殿都被大火烧成灰烬。其中奉天殿起火，火势一直蔓延到奉天门。后来重新建造，光是清除瓦砾就调用了3万多人的军队。

为了重建这三殿，不仅花掉了国库大量财富，也给老百姓带来很大的苦难。大殿的木料从四川、贵州等地采购，一根大木料要90两银子，一共要十多万根，光是这一项就花费白银1000多万两。重建三殿所有原料的采买费用，加上运费和官吏的侵吞，已经是个难以计算的数字。

接连不断地大兴土木，加上奢侈浪费，宫廷的一切开支都比以前各代增加了数十倍，国库连年亏空。从首辅到各级官吏，贪污受贿，层层盘剥，更弄得国困民穷。因此人们说：嘉靖嘉靖，实是"家净"，家家都穷得一干二净。嘉靖帝也因此得了个"家净"皇帝的称号。

海瑞备棺上书

海瑞（1514—1587），字汝贤，号刚峰，广州琼州琼山人（今属海南）。海瑞40岁方踏上仕途，此后历嘉靖、隆庆、万历三朝，宦海沉浮30余年。他清苦自持，恪尽职守，不畏权势，敢于为民请命，积极革弊兴利，被百姓誉为"海青天"。海瑞任淳安知县期间，一次浙江总督胡宗宪的儿子过境。胡宗宪是权相严嵩的大红人，飞扬跋扈，贪赃枉法，无所不为。他的儿子仗势为非作歹，过淳安县时，嫌驿站的官吏招待不周，叫随从把驿吏倒挂起来拷打。海瑞知道以后，带着衙役赶到驿馆，抓了几个狗腿子，痛斥了胡公子一顿，还将他所带的数千两银子如数没入充库。然后，海瑞写信给胡

海瑞

宗宪，说此人胡作非为，还冒充总督公子，真是不敢相信。胡宗宪看后，又气又恼，可又不好声张出去，只好吃了个哑巴亏。

1559年，严嵩的党羽、总理盐政都御史鄢懋卿奉命巡查盐务，想要取道淳安县境。因为鄢懋卿招权纳贿，穷奢极欲，若依他，势必会劳民伤财。因此海

瑞以"邑小不足奉迎，愿取他道往"，去信阻拦。鄢懋卿不得不怀恨绕道而去。这两件冒犯权贵的事都是一般地方官所不敢为的，因此当地百姓拍手称快，一时传为佳话。

海瑞一心为民兴利除弊，自己却清苦自持，平日粗茶淡饭，为母亲做寿，也只买二斤肉，别无他物。淳安百姓称颂他"爱民如子，视钱如仇"。1562年，海瑞任满离开淳安县时，当地百姓放声痛哭，如丧父母。朝廷以海瑞政绩卓著，提升他为浙江嘉兴府通判。但由于一直怀恨在心的鄢懋卿乘机报复，唆使其党羽上疏弹劾海瑞，朝廷于是取消了任命。不久，严嵩败落，鄢懋卿也随之失势，海瑞才调任江西赣州府兴国县知县。

1563年春，海瑞到任。兴国地薄民穷，海瑞针对当地的实际情况，制定了《兴国八议》。通过屯田、招民开垦无主荒田、均赋役、招抚逃民、裁汰冗员等措施达到了厘清宿弊、发展生产的目的。海瑞任兴国知县一年有余，因功被召入京。

1564年，海瑞升任户部云南清吏司主事。他看到嘉靖帝整天求神斋醮，不上朝理政，人民的疾苦，无人过问。他又了解到，1541年，御史杨爵上疏劝谏皇帝不要崇信神鬼，要关心国家、百姓，结果被拷打坐牢八年，几乎送掉性命，打这以后的二十余年中，朝臣们再也没人敢上疏言事了。他又难过又气愤，决定给皇帝上奏折，希望皇帝改过自新，好好治理国家。

海瑞以忧国忧民的激情把奏折写好，许多朋友都劝他不要呈递，免得招惹杀身之祸。海瑞却说："有志之士，应该以身许国，大家因怕得罪都不规劝皇上，天下何日能治理好呢？"他拿出二十两银子，交给在朝廷做官的一个姓王的同乡，求他在自己被处死后运回老家安葬。海瑞又把多年跟随他的家人叫来，告诉他："你去买口棺材替我准备停当，然后你就回老家去吧，见了我的妈妈，请你多多安慰她老人家。"说完他就到通政司（专管接收奏章向皇帝呈送的机构）递交了疏稿，然后到朝房等待治罪去了。

嘉靖皇帝接到海瑞的疏奏，一看内容，竟全是激烈指责自己的言辞，越看越生气，这哪里是上疏，简直是历数我的罪状！他狠狠地把海瑞的奏折摔在地

上，拍着桌子大喊："快去把海瑞给我抓起来，别让这家伙溜掉了！"

宦官黄锦在一旁说："启禀万岁，海瑞根本没想逃。听说他上疏前就买好了棺材，把随从的家人都遣散了，现在正在朝房待罪呢！"嘉靖皇帝听了一愣，顿时无话可说了。半晌他又把奏折捡起来，接着往下看，边看边叹气，好像触动了什么心事似的，随手把它压在了桌案上。他自言自语地说："这家伙想当比干，我可不是殷纣王！"嘉靖帝最终还是咽不下这口气，把海瑞关进了监狱。同年十二月，嘉靖帝死了，海瑞才获释，又官复原职。

由于数十年没人敢对皇帝如此直言进谏，因此海瑞备棺上疏的事儿，很快就传遍了朝廷内外，天下人都知道有个不怕死的"海主事"。百姓称他为"海青天"。

明末后宫三疑案

到万历皇帝的时候，明朝已经十分衰败。这时关外女真族的努尔哈赤已经起兵，极大地威胁着明王朝的统治。而在北京后宫内却围绕着皇帝宝座的争夺发生了三个疑案。这三个案子分别发生在三个皇帝在位期间，万历皇帝、光宗朱常洛和熹宗朱由校，这三个疑案就是"梃击案""红丸案"和"移宫案"。

先说"梃击案"，"梃"就是棍棒的意思，这是怎么回事呢？原来万历皇帝一共在位48年，是明朝所有皇帝中在位时间最长的一个。他的正宫娘娘是王皇后，十分贤惠，但一直没有生育。他的长子朱常洛是他和一个姓王的宫女生的，后来他把这个王宫女封为恭妃，但万历皇帝不喜欢王恭妃，当然也就连带着不喜欢大儿子朱常洛了。他最喜欢郑妃，郑妃妩媚动人而且善解人意，郑妃生的三儿子朱常洵，因此受到他的宠爱。

每个皇帝死前都要立太子，以便将来继承皇位，但立太子自古以来就有"立长不立幼"的规矩，要立最大的儿子为太子，但现在万历皇帝不喜欢大儿子，却喜欢三儿子，于是他将立太子的事先拖着，反正自己年轻，以后再说。

但满朝大臣却坐不住了，不立太子怎么能行？万一皇帝有个三长两短，岂不天下大乱？于是大臣们纷纷上书要求立朱常洛为东宫太子，以防出现几个皇子争夺皇位的局面。但万历皇帝对这些奏章毫不在意，统统"留中"，奏章进了宫就石沉大海，立太子的事依然拖着。

时间一年年地过去，万历皇帝眼看要 40 岁了，众臣功立太子的奏章更多了，万历皇帝眼看也拖不下去了，只得立朱常洛为东宫太子，这时朱常洛也已经 20 岁了。

万历四十三年（公元 1615 年），发生了一件怪事。一个中年汉子手拿一根木棍跌跌撞撞地打入太子朱常洛的慈庆宫，门卫也没拦住他。这个汉子见人就打，一直往里闯，眼看就要进入太子的房间，幸亏门卫报警及时，大批卫士将这个中年汉子捆绑起来，押在牢里。

闯太子宫这还了得，而且还手拿凶器。万历皇帝十分重视，立即命令刑部官员严刑拷问，定要问个水落石出。

一开始这个汉子只承认自己叫张差，别的也不说，审判官员可急了，用酷刑拷打，这个汉子坚持不住只得招供实情。他供道：我真名叫张五儿，是无业游民，这次闯慈庆宫不是我自己要干的，是庞保、刘成两位公公让我干的，并说事后给我重赏。

张五儿的供词送到万历皇帝那儿，可把他气坏了，他知道庞保和刘成都是郑妃宫里的太监，显然这事是和郑妃有关了。看来郑妃是想谋害太子，而让亲生儿子当太子。万历皇帝立刻带随从来到郑妃宫中，气呼呼地让她看供词。郑妃一看阴谋败露可慌了神，连忙跪倒磕头，泪水早就流了下来。

"皇上饶命，这是臣妾的过错，望皇上开恩，我以后再也不敢了。"

万历皇帝看着自己的爱妃，本来就不忍心处分她，这次也就算了。但他知道有了这件事，朱常洵不可能再成为太子。

第二天上朝，万历皇帝在百官面前说："我立长子常洛是古今公理，现在却有人想谋害太子，我坚决不能允许。"接着他就把张五儿、庞保、刘成三个人都杀了，"梃击案"也就不了了之。

明光宗朱常洛继位时也快 40 岁了，他只当了一个月的皇帝就死了，他这么早就死还得从"红丸案"这个谜案说起。

朱常洛身体虚弱，但他却不顾身体健康依然花天酒地纵欲享乐。他的正妃郭妃病死后，还有4个选侍，选侍是一种品级较低的妃子，除她们外还有无数美女陪伴在光宗身边，光宗只知享乐，身体却越来越糟。

这年9月，也就是朱常洛当皇帝一个月后的一天晚上，他忽然肚子疼拉稀，而且头痛。连忙叫太医进宫，过了一会儿，一个叫李可灼的官员手捧红丸进献皇帝，称这是祖传秘方所制，百病皆除。朱常洛看这个红通通的丸药，不管三七二十一，先吃下去再说。

也别说，第二天光宗果然精神倍增，红光满面，他十分高兴，不仅大大称赞了李可灼的忠心而且让他再献一颗。当晚朱常洛吃完第二颗红丸，却疼痛难忍，一命呜呼了。谁也搞不清皇帝怎么会忽然暴病死去，这个神秘的"红丸案"也就成了一个千古之谜。

光宗一死，他16岁的皇子朱由校登上皇位，这就是明熹宗。他登基不久就发生了著名的"移宫案"。

这个"移宫案"是由光宗原来4个选侍之一李选侍引起的，前文提到光宗正妃郭妃病死，没有正宫皇后。现在朱由校登基，这个李选侍就想当太后，她在乾清宫中哭哭啼啼拖着小皇帝，一定要小皇帝封她为太后。

乾清宫是皇帝才能居住的，现在李选侍却依仗是先皇的妃子待在乾清宫中不走。小皇帝才16岁也没什么主意，他不想封李选侍，但又下不了决心。但李选侍总赖在乾清宫里也不成体统，该怎么办呢？

小皇帝身边有个太监叫王安，这时他躬身跪倒说道："皇上，可不能再这样下去，陛下可立即下诏逼迫李娘娘搬出乾清宫。"

小皇帝沉思了一阵，说："好，朕马上下诏书。这件事就由你去办，办好了朕有重赏。"

圣旨的威力果然巨大，李选侍再有怨言也只好灰溜溜地搬出了乾清宫，搬到宫女住的宫里，再也没出头之日了。这就是明史上的"移宫案"。

三个案子都发生在明朝末年，正是明朝走向灭亡的时期，而且都是围绕皇

帝之位而发生的。明朝统治者大部分时间都花在这上面，当然无心管理国家了。

九千岁魏忠贤

明熹宗年幼继位，只有16岁，还连字都不认识，是个文盲，根本就没有治理国家的经验。这时就出了个中国历史上数一数二的坏太监魏忠贤，他无恶不作，搅得朝廷、民间一片混乱，明朝统治更加黑暗了。

这个魏忠贤可不像名字所叫的那样既忠又贤，恰恰相反，他年轻时就是一个大无赖，偷鸡摸狗，吃喝嫖赌，无恶不作。有一次，他赌钱输了许多钱，一时又还不起，只得东躲西藏避开债主，但跑了初一跑不过十五，没办法，他一下狠心，进宫当了小太监，还改了姓。你别看魏忠贤没什么本事，但溜须拍马却是他的拿手好戏。

魏忠贤十分善于投机，在朱由校还没登基前他就认定他一定能当上皇帝。他打听到小太子很听奶妈客氏的话，就千方百计讨好客氏。小太子只要是奶妈的话都一一照办，当然对奶妈介绍的魏忠贤也另眼相看。

宫里太监最有权的部门是司礼监，司礼监中最有权力的又是秉笔太监，这秉笔太监权力可大了，可以替皇帝起草诏书。魏忠贤早就看中这个位子，下的功夫总算没白费，小皇帝在继位不久就任命魏忠贤为司礼监秉笔太监。他这次又把姓改了回来，连"忠贤"这个名也是皇帝赐的。这一来，魏忠贤可春风得意了。

魏忠贤毕竟是无赖出身，现在大权在手更可以胡作非为了。但他也很谨慎，明白大权是皇帝给的，一定要同小皇帝搞好关系。于是他就派出爪牙四处寻找奇珍异宝，有趣的小玩意儿，然后献给小皇帝，一个十几岁的孩子能懂什么，当然眉开眼笑称赞魏忠贤的忠心，更加信任他。不仅让他代替自己处理公文，还让他管最大的特务机构——东厂。

魏忠贤在皇帝面前这么受宠，自然有一批势利小人拍马屁，朝廷上许多文臣武将、地方上的官员都纷纷投靠了魏忠贤，称什么"五虎""五彪"的，厚颜

无耻地叫魏忠贤干爹。这个"干爹"当然也不亏待他的干儿子们，再说他自己也的确需要这样一批死心塌地的爪牙，于是他将"五虎""五彪"等人纷纷换上朝廷和地方上的高级职位。这就形成了以魏忠贤为首的一个"阉党"（指依附于太监的官僚集团），完全把持了朝政，小皇帝现在只是一个摆设了。

有一次，有个官员称魏忠贤是"九千岁"，这可把他乐坏了，重赏了这官员，你想皇帝是称万岁，九千岁比万岁还差点，但这不就说明现在除了皇帝，天下就数魏忠贤大吗？魏九千岁的称号一下子在全国传开了，连老百姓都知道有一个九千岁，就比皇帝小一点。

这个官员因叫"九千岁"受重赏，别的官员就想其他的办法来讨好魏忠贤，浙江巡抚造了一座魏忠贤的生祠，就在西湖边上。祠堂历代都是人死后才修的，而现在魏忠贤还好端端地活着就有了祠堂受人供奉。生祠里有一座魏忠贤的塑像，香烟缭绕，官员们都逐个行礼叩拜，这当然令魏忠贤更加高兴了。这可好，全国各地都建起了他的生祠，劳民伤财，老百姓痛恨到了极点。

魏忠贤领导的特务机构东厂更是一个残酷凶恶的地方。他担心天下有人反对他，就派出许多特务在全国各地刺探消息，不断向他报告有谁说了不敬他的话，有谁干了反对他的事，然后立即逮捕关在东厂里。东厂阴森恐怖，打手、爪牙一个个像凶神恶煞一样，只要抓进去就是严刑拷打，根本就不可能活着出来。东厂在魏忠贤手下就像一个人间地狱。

世上的人总是有忠有奸，就是奸臣当道的时候也有不怕死、坚贞不屈的大忠臣，魏忠贤这样黑暗的统治早就引起了老百姓的不满，在朝廷上也有好些位忧国忧民的忠臣冒死上书，痛斥魏忠贤的罪行。他们中典型代表就是杨涟和左光斗。

杨涟的官职是左副都御史，是一个十分正直刚毅的人。他早就对魏阉一党倒行逆施深怀不满，作为一名国家官员，他热切盼望明朝能重振朝纲，国泰民安。但现在魏忠贤他们把持着权力，乱国乱民，怎么能不令人心焦呢？左光斗是杨涟的好友，两人脾气相投，性格相近。左光斗很支持好友上书皇帝揭露魏忠贤的罪行，两人决定宁死也要上书。

这份奏章很快就由杨涟写好了，里面共列出了魏忠贤的 24 项罪行，而且每个罪名下都有事实作证。但这份奏章却很快传到魏忠贤的司礼监。魏忠贤看到这奏章，不禁吓出一身冷汗："好险啊，如果小皇帝看到这 24 条罪名，不把我杀了才怪呢。"

但接着他又露出狰狞的一笑："好你个杨涟，胆子可大，连我九千岁都敢弹劾，我倒要看看是你厉害还是我厉害！"

魏忠贤立刻召集宫内的心腹，又将客氏请来，密谋了半天，然后分头行动。

小皇帝这天午觉刚醒来，睁眼一看，床前跪着两个人，分别是魏忠贤和客氏，两个都泪流满面。小皇帝很奇怪，翻身起来，问道："两位爱卿为何流泪，难道有人欺负你们了吗？"

"皇上，请给我们做主，现在朝廷杨涟等人联名上书，辱骂为臣和皇上，他们嫌为臣权力太大，气急败坏要离间我们君臣。"魏忠贤的演技果然高明，一把鼻涕一把泪，小皇帝都忍不住心里难受。

魏忠贤和客氏是他最信任的两个人，所以他认为杨涟等人是坏人。小皇帝立刻传令让魏忠贤处理这个事情，下旨严厉斥责杨涟。魏忠贤这回计策再次成功。有皇帝这个后台，他更无所顾忌了，立刻吩咐手下爪牙逮捕杨涟、左光斗等人，一片腥风血雨，共有数百名大臣被牵连。

杨涟和左光斗被关在东厂监牢里，身受数次酷刑，但他们始终不肯认罪。他们相信魏忠贤一定会有报应的，魏忠贤等人想方设法折磨杨涟、左光斗，发泄自己的仇恨，最后又凶残地将他们杀害了。

小皇帝朱由校也是个短命皇帝，23 岁时就病死了。他没有儿子，就由他的弟弟朱由检来继承皇位；这就是明朝历史上最后一个皇帝明思宗崇祯皇帝。

新皇帝朱由检是个想有一番作为的皇帝，他深知魏忠贤是个大奸臣，所以上台第一件事就是罢了魏忠贤的官，把他赶出京城，并把他的心腹党羽一个个都杀了。这真是大快人心。

魏忠贤控制明朝长达 7 年的日子终于走到了头，他灰溜溜地离开北京，后来畏罪自杀了。这个曾经煊赫一时的大奸宦永远遭到人民的唾弃。

李时珍上山采药

明世宗即位四十几年，尽情享乐，但是他又担心自己一天天衰老下去，有朝一日死掉，快活日子就过不下去。于是，他就千方百计寻找一种长生不老的药方。

公元 1556 年，朝廷下令各地官吏推荐名医。当时封在武昌的楚王，把正在王府里的医生李时珍荐给太医院。李时珍是蕲州人。他的祖父、父亲都当过医生。父亲李言闻对药草很有研究，李时珍从小受父亲的影响，常常跟小伙伴一起上山采集各种药草。日子一长，他能认得各种草木的名称，还能知道什么草能治什么病。他的医药知识渐渐丰富起来。

李时珍

但是，在那个日子里，做一个普通医生是被上层社会看不起的。李言闻自己是医生，却要李时珍读书应科举考试。李时珍在父亲督促下，在十四岁那年考中秀才，但是以后参加举人考试，三次都没有考中。别人都替他可惜，李时珍却并不因此失望。他的志愿是做个替百姓治病的好医生。

打那时候起，李时珍就一心一意跟他父亲学医。正好在这一年，他的家乡发生一场大水灾，水退以后，又流行疫病，生病的都是没钱的穷百姓。李时珍家并不宽裕，但是父子俩都很同情穷人，穷人找他们看病，他们都悉心医治，不计报酬。老百姓认为他们医术高明，治病热心，都很感激他们。

李时珍为了研究医术，读了许多古代的医书。我国古代很早就有了医书。汉朝人写过一本《神农本草经》，以后一千多年，不断出了许多新的医书。李时珍常常替当地的王公贵族看病，那些贵族家里藏书不少，李时珍就靠他行医看病的方便，向王公贵族家借图书看。这样一来，他的学问就越来越丰富，医术也越来越高明了。

李时珍的名气越来越响，被他看好病的人，到处宣传李医生好。附近州县得病的人，也赶来请李时珍看病。

有一次，楚王的儿子得了一种抽风的病。楚王府虽然也有医官，但是谁都没法治好。这孩子是楚王的命根子，楚王怎能不着急？有人告诉楚王，只有找李时珍，才能治好这种病。楚王赶快派人把李时珍请到王府。李时珍一看病人的脸色，再按了按脉，就知道孩子得的这种抽风病是肠胃病引起的。他开了个调理肠胃的药方，叫人上药铺抓了药。楚王的儿子一吃药，病就全好了。

楚王十分高兴，再三挽留李时珍在楚王府待下来。没有多少日子，正碰上朝廷征求人才。楚王为了讨好明世宗，就把李时珍推荐到北京太医院去。

太医院本来是国家最高的医疗机构。可是在那时候，明世宗对真正的医学并不重视，却迷信一批骗人的方士，在宫里做道场，炼金丹，想凭这些办法使自己长生不老。李时珍是一个正直的医生，看不惯那种乌烟瘴气的环境。他在太医院待了一年，就辞职回家。

李时珍辞去官职，回家的路上，顺便游历了许多名山胜地。他上山不是为了欣赏景色，而是为了采草药，研究各种草木的药用性质。有一次，他到均州（今湖北均县）的武当山去，听说那里产一种榔梅，吃了能使人返老还童，人们把它称作"仙果"。宫廷的贵族都把它当作宝贝一样，要地方官吏年年进贡，并且禁止百姓采摘。李时珍可并不相信真有什么仙果。为了弄清真相，他冒着危险，攀登悬崖峭壁，采到了一颗榔梅，带回家乡。经过他详细研究，才知道那种果子只不过像一般梅子一样，有生津止渴的作用，根本谈不上什么"仙果"。

李时珍从长期的医疗工作和采集药物的过程中，得到了不少科学的资料。他发现古代医书上的记载，有不少错误；再说，经过那么多年代，人们又陆续发现了许多古代书上没有记载过的药草。他就决心编写一本新的完备的药书。辞职回家以后，他花了将近三十年的时间，写成了著名的医药著作《本草纲目》。在这本书里，一共记录了一千八百九十二种药，收集了一万多个药方，为

发展祖国的医药科学做出了伟大的贡献。

《本草纲目》出版以后，一直流传到全世界，已经被翻译成日文、德文、英文、法文、俄文、拉丁文等许多种文字，在世界医药界中占有重要的地位。

至于那个迷信炼丹、一心想长生不老的明世宗，不但没有能长生不老，却因为误服了有毒的"金丹"，丢了性命。明世宗死后，他的儿子朱载垕即位，就是明穆宗。

张居正辅政

张居正（1525—1582），湖广江陵人，字叔大，号太岳。嘉靖二十六年进士。授编修。严嵩、徐阶均器重之。迁右中允，领国子司业事，与祭酒高拱善，相期以相业。阶代嵩为首辅，倾心委之。隆庆元年引之入阁。阶致仕，居正与司礼监李芳谋，引拱入阁。同定封俺答事，北边遂得安宁。此后渐生嫌隙，神宗时与司礼监冯保谋，逐拱，遂为首辅。神宗即位时年幼，小有过失，慈圣太后即责云："使张先生闻，奈何？"及帝渐长，心厌之。卒，谥文忠。未几弹劾者即纷起。次年，追夺官爵；又次年，籍没家产。天启间，始追复故官。

他少年得志，16 岁时就成为当时最年轻的举人，1547 年中进士，此后任翰林院庶吉士、编修等职。1567 年明穆宗即位后，张居正的职衔一年四变：先是升为礼部右侍郎兼翰林院学士；不久又升任吏部左侍郎兼东阁大学士；后为礼部尚书、武英殿大学士；次年正月，加少保兼太子太保，为从一品。这样的升迁速度是相当惊人的。

1572 年春，隆庆帝突然中风，把年仅 10 岁的幼帝朱翊钧（即神宗）和大明江山托付给了内阁首辅高拱和次辅张居正、高仪。此时，张居正谨慎地考量局势，同样身为次辅的高仪年迈多病，没有威胁；那么，唯一的障碍就是身居首辅的高拱。

隆庆帝死后，神宗年幼，实际权力暂由其生母李太后代理。宦官冯保是神宗的"大伴"，又是李太后的亲信，得到了太后完全的信任。冯保便借机以皇帝

的名义升自己为掌印太监，并掌管东厂。从此，所谓的"批红"，在一定程度上就变成了冯保的意见。

张居正看到了冯保与高拱的矛盾，也看到了冯保身后有太后做靠山，因此他需要借力打力，向高拱进攻。作为合作的筹码，张居正在随后的几十年里保障了冯保"批红"的权力，双方合作默契而愉快。

冯保上台后，高拱也企图先下手为强，策动言官上奏弹劾冯保，试图驱逐冯保。但是，冯保深得李太后的信任，加之又有张居正为之谋划，高拱非但没有成功，反倒落下口实，最终被限令回籍闲住。张居正坐收渔翁之利，顺理成章接任首辅。

高拱走了，高仪不久也去世了，这样，内阁中只剩下张居正一人。张居正期待已久的时代来了。他以铁腕政策，在两京十八大衙门中强行推行"京察"，对四品以上官员实行考核，凡昏官与庸官一律裁汰。从此，张居正开始了他构思多年的改革，史称"万历新政"（神宗年号为万历）。为实现富国强兵的愿望，他不惜得罪权贵，却为他日后的悲剧埋下了祸根。

张居正对一些锐意改革的官吏给予重用，安排到各个重要部门，并通过清查皇室子粒田、处理荆州抗税，追查京营兵士棉衣造假事件，大刀阔斧地整顿经济。他执行一系列的赋税改革，实施一条鞭法、丈量田地等政策，开辟了国家的赋税之源，达到"贫民之困以纾，而豪民之兼并不得逞"的目的，增加了国家财政收入。败落的明王朝又出现了复苏的迹象。

其实，张居正在改革之初就已经明白，自己的施政必然要遭到豪强权贵的疯狂报复，但他并不在意，决心"弃家忘躯，以殉国家"。可惜，他没想到的是，政敌的报复在他去世之后才展开，连累的是他的老母、爱子和方兴未艾的改革大业。

1582 年 6 月 20 日，张居正病逝，享年 58 岁，赠上柱国太师衔，赐谥文忠。

张居正一死，长期压抑的万历帝开始亲政。半年后，万历帝迫不及待地将冯保逐出京城，发往南京孝陵种菜。大臣们弹劾张居正的奏疏纷至沓来，正中万历帝下怀。

于是，在张居正死后不到两年，风云突变，万历帝下诏夺上柱国太师衔，并夺谥，随后下诏查抄张居正的家产。这次抄家是真正的人间惨剧，把封建官场的冷酷无情实施到了极致。京城官员还没有赶到江陵，就先令当地官员登录张府的人口，封闭房门，不许出入，以致还未抄家就令十几口老弱妇孺被活活饿死。

然而，查抄的家产不过十几万两。张家出身盐商，本就有钱，再加上生前万历帝的丰厚赏赐，有十几万的家当，并不为奇。为了向皇帝有个交代，负责查抄的官员对张居正的儿子严刑拷打追赃，逼死了大儿子张敬修，张居正的二子张懋修经不起拷打，屈打成招，自杀未遂，最终与其弟张允修等族人一起被充军。

一代名相、十年帝师在身后的遭遇，令清明志士寒心战栗。这一系列事变，不仅全盘否定了一个辅佐万历帝十年的老臣，更是否定了十年来的国政，多年励精图治的改革成果毁于一旦。明朝最后几十年的短暂复兴变成了明朝灭亡前的回光返照。

天启年间，熹宗给张居正恢复原官，给予祭葬礼仪，发还张府没有变卖的房产。1629 年，思念救国之才的崇祯帝恢复了张居正后人的官荫与诰命。可惜，时过境迁，一切都已经来不及了。人们有感于此，在江陵张居正故宅题诗抒怀，写道："恩怨尽时方论定，封疆危日见才难。"

戚继光摆阵大败倭寇

嘉靖帝在位时，一心迷恋道术，整日躲在宫中修炼，而对朝中政事不闻不问，先是道士掌权，后又落到严嵩父子手里。朝政一片混乱，一天比一天腐败。朱厚照在位时，由于荒淫玩乐，挥霍无度，百姓叫苦不迭。而嘉靖帝虽不玩乐，但是为了修炼，也浪费大量钱财，国库空虚，贪官污吏乘机搜刮百姓。百姓本来就处于水深火热之中，这样一来，生活更是没有着落，一些地方开始有了小规模农民暴动，无法生存的农民有的上山立旗，称王，干起抢劫的行当。外寇看到中国朝政腐败，社会动荡不安，也乘机侵扰。

这些外寇之中，日本人最为厉害，他们三番五次侵扰我国沿海一带。史书上称日本侵略者为倭寇。

日本人的侵略行为，引起了中国人民的强烈不满。在抗击倭寇中，有一位民族英雄战绩显赫，他就是戚继光。

戚继光出生于山东登州（今山东蓬莱）。他的父亲戚景通是登州指挥佥事。尽管当时朝政腐败，贪官污吏到处横行；但是戚景通为人正直，体贴百姓疾苦，从不贪赃枉法，因此深受百姓的爱戴。

戚继光

戚继光小时候，聪明伶俐，读书很认真，而且又学了一身好武艺。在父亲的影响下，他也养成了清廉自爱的品质。他年轻的时候，看到朝廷腐败，特别是外寇时常来骚扰百姓的生活，他很气愤。他暗下决心，一定要把外寇彻底打败，从中国这片领土上将其驱逐。戚继光怀着满腔的激情，写下一首《韬钤深处》：

> 小筑暂高枕，忧时旧有盟。
> 呼樽来揖客，挥麈坐谈兵。
> 云护牙签满，星含宝剑横。
> 封侯非我意，但愿海波平。

戚景通看后，非常高兴，他看出儿子有驱除倭寇、保卫海防、不畏强敌的雄心大志。

戚景通后来病倒，临死之前，对戚继光说道："儿啊，外寇来侵扰，一定要叫他们有来无回，为父恐怕不能再报效朝廷，保卫海防了。你要继承父亲的遗志，为朝廷建功立业，朝中虽然政治腐败，但你不可与他们同流合污，你要洁身自爱。为父一生没有给你留下什么钱财，只有一颗报国之心，还有一个清名。"

戚继光没有辜负戚景通的希望。戚景通去世之后，戚继光子承父业，继续做登州指挥佥事。他对自己严格要求，从不克扣士兵粮饷，从不贪赃枉法，对百姓也从不搜刮，因此戚继光也受到百姓的拥护。

由于戚继光办事认真，而且文通武备，很快就升任都指挥佥事，负责山东沿海的防务。倭寇曾经几次侵扰这里，为了更好地抵抗外寇，戚继光下令：修建烽火台。烽火台修好了，几十座连成了一片，敌寇又几次来侵扰，但都被戚继光带领大军打败。

由于戚继光抵抗倭寇有功，朝廷把他调升为浙江参将，镇守浙江的宁波、绍兴、台州三府。朝廷把戚继光调到这里来任守将有他们的目的。他们知道戚继光文武双全，而且为人像他父亲那样清廉、忠厚。戚继光在山东任都指挥佥事时，就曾大败过倭寇，所以朝廷想让戚继光在倭寇最猖獗的一带为他们镇守海防。

戚继光到浙江任参将后，发现这里军队军纪松散，而且没有多少防备设施。他想：难怪倭寇从这里侵犯，一是这里离倭寇近，二是倭寇容易得逞。为了有力地打击倭寇，戚继光开始着手加强边防设施。

倭寇似乎闻到了味道，他们有的尝过戚继光的厉害，几次在山东攻战，都没有成功。倭寇想利用戚继光刚上任之际，一举攻下浙江。

于是1000名倭寇分成若干个小队，向龙山所攻来。龙山所是浙江海岸线的天然屏障，这里地势险要，易守难攻，地理位置非常重要。戚继光看到倭寇前来，不敢怠慢，立即派参将卢镗带领7000人去迎击。

两军刚一交战，卢镗就有些胆怯，而倭寇则越战越猛。7000多人对付1000多名倭寇，却要败下阵来。戚继光立即带领人马前来助阵。戚继光看到自己手下的士兵毫无斗志，他想：难怪，这里有这么险要的地势，还轻易被倭寇攻破，军队也太腐败了，这样的军队怎么能迎敌呢？戚继光来到两军阵前，他知道明军没有斗志，而倭寇士气正旺，必须先灭一灭他们的威风。

倭寇这几年里，屡屡侵犯，每次都得逞，尤其是在浙江一带，倭寇从来没有败过，几乎是如入无人之地。这次他们看到明军有几千人马，仍是没有放在眼里，他们知道明军人数虽多，但战斗力很弱，交战时间长不了，明军就会后退。

倭寇在倭酋的指挥下，有节奏地攻杀。戚继光通过观察，发现倭寇摆的是阵势。他想：擒贼先擒王，只要把倭酋杀掉，倭寇就会大乱。想到此，从背后拿出弓箭，瞄准倭酋，一箭正中倭酋的前胸，倭酋倒地而亡。戚继光从小和父亲习武，又受过高人的指点，武功高超，弓箭也是百发百中。倭寇一片混乱，可不一会儿，又有一个倭酋开始指挥。戚继光不慌不忙又拿出第二支箭，箭带风声，倭酋又被射死。倭寇这一下可乱了，戚继光一看时机成熟，大喝一声："给我杀！"明军士气大涨，杀得倭寇四处逃窜。

虽然打败了倭寇，但戚继光心里很不痛快，他看到军队战斗力太弱，还没有交手，都吓得惊慌失措，他知道依靠这样的军队早晚会吃败仗。为了能够很好地防备外寇侵扰，戚继光向浙江总督提出要亲自训练一支人马。

浙江总督与戚继光的父亲戚景通是多年的好朋友，他也很欣赏戚继光。戚继光提出自己训练军队，他很支持。他也知道现在的这些士兵不仅纪律差，而且不肯吃苦，所以战斗力很弱。

戚继光得到总督的批准，开始着手组建军队。他招兵严格选拔，专门挑选那些身体健壮、肯吃苦的农夫。戚继光知道兵不在多，而在于精，所以他只选拔了3000人。他开始严格训练，规定军纪，而且明确规定违反军纪者，一定严惩不贷。为了增强士兵的爱国之心，他经常教育士兵要树立保卫边防、驱逐倭寇的决心和信心。由于这些士兵都是浙江一带的青年，他们经常受到外寇的骚扰，对外寇尤其是倭寇都非常仇恨，训练起来格外卖力。戚继光又请有军事经验的人才帮助排兵布阵，他本身也熟读兵书，所以经过几年的训练，一支精兵训练出来了，而且创造了"鸳鸯阵""两仪阵"等战术。

戚继光一边训练军队，一边加强海防建设，在龙山所又建起了几座烽火台。

外寇再想侵犯，可就不那么容易了。

倭寇一直没有停下来，仍旧寻衅滋扰，戚继光带领军队一次次将其打败，使得边防得到巩固。他的3000人马训练完毕之后，他想彻底打垮倭寇，让他们永不敢再犯。

这些倭寇虽然屡次吃败仗，但还是从中国百姓那里劫掠了许多财物，所以他们不死心，一直想继续侵犯。戚继光了解到倭寇是由一些日本封建武士、浪人、海盗、失意政客组成。他们勾结中国沿海一带的凶徒、官吏、不得志的书生等组成非法武装集团。戚继光知道对这些人绝不能手软，只有镇压下去，他们才会罢手。

嘉靖四十年，几千倭寇又来侵犯。戚继光的军队已训练成功，士兵个个盔明甲亮，士气高昂。龙山所周围有烽火台，想从这里侵犯，真是难于上青天。倭寇看到浙江宁海这里根本无法侵犯，便兵分两路，留下一部分在这里佯装攻城，而另外大批人马去攻打台州。

戚继光的3000人马，个个能征善战，刚一和倭寇交手，倭寇便纷纷逃窜，戚继光一声令下："追击倭寇！"这一小股倭寇怎是戚继光人马的对手呢，没用多长时间，戚继光就将其歼灭。

戚继光得知倭寇大队人马前去偷袭台州，立即带领大军赶赴台州，前去支援。

戚继光赶到台州时，倭寇正在围攻台州，戚继光令旗一摆，大军摆成了"鸳鸯阵"。倭寇慌忙应战。戚继光的人马组成了几百个"鸳鸯阵"。每小队都有一个头领，一手执刀，一手执旗指挥，两边是执着藤牌的士兵，他们挡住敌人射来的弓箭，低头前进，其余的士兵紧随牌进，后边有两个士兵手执狼筅。"狼筅"是大毛竹，长约1.3丈，两个士兵手执狼筅左右横扫，以保护执牌的士兵。狼筅虽打不死敌人，但一扫一片，打在敌人头上，也是晕头转向。狼筅后面是四个执长枪的士兵，这些人一方面保护手执狼筅的士兵，另一方面则是猛杀敌人。长枪的后面是两名执短刀的士兵，他们负责保护手执长枪的士兵。每个小队分工十分严密，打得倭寇连连败退。戚继光亲自指挥每个小队的头领。戚继

光训练的军队，作战勇猛，军纪严明，使倭寇遭到入侵以来第一次重创。

戚继光乘胜追击，在健跳所、大田、上峰岭、仙居等九地作战，九战九捷，共斩倭寇 1400 多人，倭寇被焚烧、溺水者也有 4000 多人。

台州大捷，倭寇有来无回，浙东一带的倭寇被全部歼灭。"戚家军"的大名威震四方，倭寇一听是"戚家军"，都吓得惊慌失措。

戚继光升任都指挥使，负责海防事务。

戚继光为了更有力地打击倭寇，又增募义务民兵 2000 人，这些人也都能征善战。

台州大捷后，倭寇便向福建进行侵犯。戚继光带领"戚家军"转战到福建。嘉靖四十一年，"戚家军"大败倭寇于横屿、牛田、兴化。戚继光根据地形，摆出了"三才阵"，这一次大战斩倭寇 3000 多人。

抗倭寇名将俞大猷多次配合戚继光，这一次也来到福建，二人并肩作战，打得倭寇连连败退。

嘉靖四十四年，戚继光与俞大猷将福建、广东的倭寇全部消灭掉，肃清了境内的残倭。

利玛窦来华传教

嘉靖三十二年，葡萄牙殖民者贿赂明朝海运副使汪柏，在澳门定居。但这些殖民者的最终目的是占领澳门。嘉靖三十六年，葡萄牙殖民者在澳门私自扩充居住地，建筑炮台，强行租占。而那时，嘉靖帝迷恋道术，朝政腐败，所以澳门就被葡萄牙侵略者租占了。

澳门成为欧洲殖民主义者在中国的租借地后，也成为亚欧交通的商埠，成为欧洲耶稣教士来华传教的一个据点。

16、17 世纪，基督教第三次传入中国，中国当时正处于明末清初时期，明朝的政治腐败，贪官污吏搜刮、欺压百姓，百姓对生活失去信心，许多人都信仰宗教以寻求寄托。这给西方传教士一个有利时机。

随着欧洲传教士的增多，西方先进的科学技术和文化也带到了中国。这些先进的东西，使中国人有了新的认识。在中西方文化交流中，有一个叫利玛窦的教士做出了很大的贡献。

利玛窦原名是玛泰奥·利奇，出身于意大利贵族家庭。当时西方基督教盛行，利玛窦也深受影响，进入罗马神学院，1571 年加入耶稣会。由于利玛窦聪明好学，所以很受教主的重视。为了进一步扩大基督教的影响，罗马基督教教主选择一批有才华的教士到处传教。利玛窦和几个教士被派到中国。他们知道中国地大物博，人口众多，所以想在中国扎下根，立稳脚，发展基督教徒。

利玛窦等人先到了澳门。在澳门，他们开始学习中国的风土人情、生活习惯。在澳门居住一年之后，他们又来到了广东的肇庆，他们征得中国两广总督郭应聘同意，在肇庆建起教堂，宣传天主教教义。

为了能更好地适应中国人的生活习惯，利玛窦将自己的名字改为姓"利"名"玛窦"。他刻苦学习中国话，学写中国汉字，阅读很多中国书籍，甚至连服装都用中国的。

七年过去了，利玛窦除了外貌是西方的特征，其他方面很难看出来。和中国人交谈起来，一口流利的汉语，颇有一种亲切感。在这几年里，他对中国各地的风俗习惯都有了一定的了解。由于他爱读书，所以在许多方面，他比中国人还了解中国。

开始之时，利玛窦与各地的士大夫阶层相互交往，那些人都学识渊博，也愿意了解一些国外的先进知识和国外的政治、经济情况，因此都喜欢与利玛窦交往。

利玛窦知道士大夫阶层在中国只是很小的一部分，要想使天主教在中国扎根，必须让广大百姓接受。于是利玛窦办了一个讲课班，向中国人介绍西方的科学文化知识，借此机会，向中国人宣扬天主教教义。渐渐地，许多平民百姓也开始加入，而且对此很感兴趣。

在这期间，利玛窦也交了许多中国朋友，有一个年轻人叫徐光启，就是在这时候和利玛窦成为好朋友的。

利玛窦在肇庆一带影响很大。但他知道要想在中国打开新的局面，必须得借助皇帝的名义，只有这样，天主教才能被广泛传播。

为了使中国皇帝能够允许传播天主教，利玛窦把天主教教义和儒家思想互相融合，写成《天主实义》一书。

万历二十九年，利玛窦来到北京，神宗朱翊钧于便殿接见了他。利玛窦把《天主实义》一书的主要内容讲给明神宗朱翊钧听，又将耶稣像、圣母像、珍珠镶十字架一座、自鸣钟等礼品献上。利玛窦还向明神宗朱翊钧提议改革历法。

明神宗朱翊钧看到自鸣钟，很是高兴，又感到惊奇。因为当时记时间是用漏壶，是利用水滴的自然下落来记时辰的。这种方法既不方便，也不准确。利玛窦奉上的自鸣钟既准确又方便，所以朱翊钧觉得此物很奇特，也因此大大奖赏了利玛窦。

利玛窦对明神宗朱翊钧说道："陛下，我能否在京城建一座教堂，来传播天主教呢？"朱翊钧心想：天主教虽然与儒家思想相结合，但是，一旦入教的人太多，形成一种势力，这些人如果聚众闹事，将来就很难对付了。于是说道："天主教教义很好，但是京城乃我大明朝的都城，如果建一座教堂，必会带来诸多不便，不过朕特批准你在宣武门内居住，允许你在京城传教。"利玛窦一听非常高兴，他知道，即使不能建教堂，只要可以传播天主教就行。一旦京城盛行天主教，其他的地方也一定会纷纷仿效。

从此利玛窦在北京城住下，开始传播天主教。北京是当时的政治、经济、文化中心，所以很繁华，利玛窦开始在士大夫阶层传播教义。很快天主教得到了认可，而且影响越来越大，朝中的一些要臣也都开始信仰天主教。地方的小官吏也纷纷效仿，后来全国信仰天主教的人越来越多。只用了十几年的时间，天主教的信徒就发展到 1 万多人。

利玛窦一边传教，一边与学识渊博的人研讨东西方科学。

明朝的时候，中国的数学还不很普及，利玛窦看到中国人对数学很感兴趣，便想把古希腊著名数学家欧几里得的《几何原本》翻译过来。利玛窦便找到一些士大夫，与他们合作，一起翻译这本数学教科书。这些士大夫对数学都很感

兴趣，但是由于对数学知识的认识太少，而且东西方文化差异也很大，所以几次合作都失败了。利玛窦感到可惜，那些士大夫也感到惋惜。

万历三十二年，徐光启来到北京参加会试，中了进士，到了翰林院。徐光启得知利玛窦已来到京城传教，很高兴，他很佩服利玛窦。一是因为二人很投缘，二是因为利玛窦很有知识。自利玛窦给徐光启介绍《万国全图》之时，徐光启就被利玛窦渊博的知识所迷倒。徐光启原以为中国是地球的中心，其他国家都围绕着中国。没有想到世界上还有许多新国家，也知道了中国不是地球的中心。徐光启的眼界被打开了，对科学产生了浓厚的兴趣。

徐光启找到利玛窦，两位老朋友一见面非常高兴。利玛窦也很喜欢徐光启，他认为徐光启年轻好学，而且对新事物接受得特别快，不仅对西方的天主教感兴趣，对西方的文化知识也特别感兴趣。

利玛窦和徐光启谈到翻译《几何原本》的事，徐光启说道："我们二人不如再试一遍！"利玛窦很高兴地答应了。从此二人便开始进行翻译，利玛窦口述，徐光启执笔，遇到困难，二人便认真研究如何减少东西方文字差异。经过反复的修改，二人终于成功地译完《几何原本》前6卷。后9卷由于利玛窦忙于传教，而中止了，但是前6卷已经包括几何的基础知识。这为我国数学的发展开阔了新的天地。

后来，利玛窦又与李之藻一起研究天文、历法，二人创作了《圜容较义》。万历四十一年，二人再次联手，合译一本数学名著《同文算指》，这本书共10卷，书中译叙了整数、分数四则运算，比例、比例分配、多元一次方程、开方等许多内容。

利玛窦在传教的同时，带来许多西方先进的文化知识和先进的思想。利玛窦为中西文化交流做出了很大的贡献，但他没有忘记自己的职责，利用讲课的机会，广泛宣扬天主教。在利玛窦的不断努力下，天主教在中国已经成为一支很盛行的宗教派系，许多亲王都加入了天主教，平民百姓为了寻求心灵寄托，也纷纷加入天主教。

利玛窦在让一些中国人接受天主教的同时，也逐渐接受了西方的文化思想。

利玛窦后来病死在中国。

李贽的"异端"

他是晚明思想界最耀眼的明星。他一生都在追求自由，即便在饥寒交迫的时候，他也从未低下高昂的头。他那惊世之语，骇世之举，无不在沉闷的思想界激起波澜。他悖于传统，锋芒毕露；他桀骜难驯，激昂高亢。不为自由生，宁为自由死，这是他给自己的人生信念。

万历三十年（1602）的一天，囚居在北京皇城监狱里的李贽，叫来了狱卒，他客气地请狱卒为他剃发，之后取剃刀自割喉咙，鲜血瞬间喷涌而出，李贽缓缓地倒在了地上。

气息奄奄之际，狱卒问他："和尚痛否？"

李贽已不能出声，他以指蘸血在地上写道："不痛。"

狱卒又问："为何自杀呢？"

李贽又写道："七十老翁何所求？"

辗转二日，一代大思想家、文学家李贽在春寒料峭的皇城监狱里血尽气绝，与世长辞。

人们说李贽是个思想狂人，因为在那个时代，李贽实在是个离经叛道之人。在他活着的时候，上起儒林学士，下至贩夫走卒都对他侧目相看，他的《焚书》《藏书》《续藏书》一本接一本地面世，每一本书都像一颗重磅炸弹，在思想界引起激烈的波澜。连大思想家顾炎武都有点酸溜溜的，说他"一境如狂"啊。他的一生都贯穿着一个"狂"字。

李贽是福建泉州人，字宏甫，号卓吾，又号温陵居士，回族，信仰伊斯兰教。李贽的祖上原本是很殷实的，到嘉靖六年（1527），他出生时，家道中落，6岁时，母亲也去世了。李贽的父亲在泉州开馆授课，他便跟随父亲读书，希望靠读书开创自己的人生之路。

李贽确实是个天才，12岁时，他写出《老农园圃论》，把孔子视种田人为

"小人"的言论大大挖苦了一番，轰动乡里。26岁时，李贽考中举人。4年以后，李贽担任河南共城（今辉县）教谕之职。以后，他还做过南京国子监博士、礼部司务南京刑部员外郎。李贽骨子里的反叛思想使得他无法与官场同流合污，公务之余，他"闭门自若"，钻研学问。他的生活一直十分清苦。

在南京期间，李贽结识耿定向、耿定理、王守仁的弟子王畿以及泰州学派大师罗汝芳，这对他的思想及以后的人生道路都产生了巨大的影响。

万历五年（1577），51岁的李贽出任云南姚安知府。这实在不是个美差，姚安地处偏僻，又是少数民族聚居区，没人愿意到那里任职。但这没有影响到李贽在那里做个好官。他迅速摸清民情，采用无为而治的方式，对民族纠纷，"无人告发，即可装聋作哑"，从不扩大事态；对民族上层人士，以礼待之，竭以至诚。他还在姚安府门和自家的门上亲手书写了两副对联：

> 从故乡而来，两地疮痍同满目；
> 当兵事之后，万家疾苦早关心。

> 听政有余闲，不妨觅运陶斋，花栽潘县；
> 做官无别物，只此一庭明月，两袖清风。

李贽在姚安知府任上3年，成绩卓然。

万历八年，李贽任职期满。他已拥有整整25年的坎坷仕途经历。他不甘摧眉折腰，不愿受人挟制，不会巴结谄媚，因而受尽磨难。这次，他决意要辞官，做个自由人。考察云南地方官员的巡按使刘维希望他继续留任，但他去意已决。上级不批准，他就让妻子黄氏和家僮回到姚安，他自己干脆远走大理境内的鸡足山一明心志，直到刘维替他上奏朝廷，准他致仕，才肯从山里出来。25年的官场生涯，他实在累了，新婚的夫妻都熬成银婚的老伴，可他李贽，是永远熬不灭心里那把自由火、身上那股执拗劲的！于是，李贽离姚安，士民拥车，遮道相送，车马不能前行。那场面足足持续了一个时辰。"李知府不能走啊！""老百姓需要青天！"人们将李贽紧紧地包围，送字匾的，送土特产的，诉说恩情的，李贽也热泪盈眶。如果为官者都能为百姓着想，让百姓过上平安日子该多好！可惜……

李贽退出官场了。他像小鸟出笼，像鱼归大海，更像演员卸去了伪装，他感到前所未有的自由和舒畅。

可是，辞了官的李贽心里并不好过。他没有了生活来源，日子更加艰难了。

万历九年，应耿氏兄弟之邀，55岁的李贽携妻从云南直奔湖北黄安的天台书院，白天讲学论道，夜宿好友耿定理家中。

不幸的是，他招收女弟子、个性要解放、个人要自由的"异端邪说"，与耿定理的哥哥、刑部左侍郎耿定向的正统观点激烈冲突，双方水火不容。耿家门人也分成了两派，为了观点问题常常拳脚相向。耿定理一去世，李贽就不得不从耿家搬出来，迁往麻城。

万历十五年（1587），李贽在麻城剃发，这在麻城引起了巨大的反响。这真是一件骇人听闻的新闻：一个年过花甲的老人，朝廷前四品命官在本地出家了。他剃光了头发，却留着胡须，这副非僧非道非儒的模样，让他的好友都为难。知县邓鼎石不愿他因为标新立异而招来围攻，甚至抬出自己的母亲，劝说李贽蓄发。他转述母亲的话："我听说这件事，吃不下饭，睡不着觉，你要是能劝李老伯留发，我就说你是个孝子，是第一好官。"话说到了这个份儿上，李贽也只是歉意地笑一笑，表示不能从命。

李贽是不怕被戴上"异端"的荆冠的，他要做个自由人，在那个时代，就只能是个"异端"，社会不会让他做个自由人。他对知己袁石浦说："大凡我书，皆是求快乐自己，非为人也。"漫漫60年已经过去，他想尽快让自我快乐起来。

李贽剃发后似乎找到了自我，他自由自在地进行读书与写作，李贽将这种快乐写成《读书乐》：

"天幸生我目，虽古稀犹能视细书；天幸生我手，虽古书犹能书细字。然此未为幸也，天幸生我性，平生不喜见俗人，故自壮至老，无有亲宾往来之扰，得以一意读书。""四时读书，不知其余。读书伊何，会我者多。一与心会，自笑自歌；歌吟不已，继已呼呵。恸哭呼呵，涕泗滂沱。"

剃发以后的李贽就住在龙湖芝佛院，在知己周思敬的资助下读书参禅。

这时，李贽清净了，妻子、女儿、女婿已送回泉州老家，"既无家累，又断

俗缘"。人们称他为"和尚"，他有时自称"李和尚"，友人们则戏谑地称他"秃翁"，正式场合又称他为"先生"。但这个僧人是不吃斋的，他不断地吃荤，甚至杀生。人们都说他是个古怪的和尚，他不遵守庙里的清规戒律，香烟缭绕的神圣的寺庙，成了他的一方读书地。李贽随心所欲地在那里读书，还爱屋及乌地赞美他的读书场所：

> 天生龙湖，以待卓吾；
>
> 天生卓吾，乃在龙湖。
>
> 龙湖卓吾，其乐何如？
>
> 四时读书，不知其余。

这真是个读书的好地方，也是个写书的好地方。万历十年（1590），李贽64岁，这年春天，李贽最有代表性的著作《焚书》初版在麻城面世。此书一出，如风吹大地，立即传遍大江南北。戏剧家汤显祖为得此书，心急如焚，亲自致信苏州的朋友："见到李百泉先生的《焚书》，千万帮我买到寄给我啊！"

《焚书》到底写了些什么，受到如此注目，并在以后的历史中一再被提及呢？

当然是李贽的反叛思想引起了人们的共鸣。

在《焚书》中，李贽对维护封建礼教的假道学和那些满口仁义道德的卫道士、伪君子进行了毫不留情地批判。他指斥那些所谓的道学家们：名心太重，回护太多。"实多恶也，而专谈志仁无恶；实偏私所好也，而专谈泛爱博爱；实执定己见也，而专谈不可自是。""及乎开口谈学，便说尔为自己，我为他人；尔为自私，我欲利他"，实际上都是"读书而求高第，居官而求尊显"，全是为自己打算，根本不是为老百姓着想。如此口是心非、言行不一的伪君子，反倒不如"市井小夫"与"力田作者"实实在在，干啥说啥。道学家满口仁义道德，实际上是借道学这块敲门砖，"以欺世获利"，为自己谋取高官利禄，他们"口谈道德而心存高官，志在巨富"（《焚书·又与焦弱侯》）。李贽对程朱理学及卫道士们的揭露真可谓一针见血，句句中的。于是，假道学家们坐不住了，纷纷起而攻之，说他"散布左道""诬民惑世"，把他告到官府，官府张贴榜文，驱逐妖幻、左道，要求抓捕李贽。一时之间，李贽处境极为危险。

李贽被逼无奈，只得离开龙湖，长期出游四方。在邪恶势力面前，李贽毫不畏惧，始终坚信正义在自己一边。

万历二十八年，李贽的另一部重要著作《藏书》在南京刻行。李贽相信，"此书乃万世治平之书，经筵当以进讲，科声当以选士"，他将因此而获得永生。

《藏书》跨越战国至元代，录载了800多个人物，总计68卷。在《藏书》中，李贽大声呐喊："勿以孔夫子之定本行罚赏！"强烈地呼吁："执一便害道！"在他看来，天地人世间没有什么永恒的终极真理，每个人都有探索和认识真理的权力，他不承认绝对的思想权威，反对思想的一言化，他也拒不承认程朱理学，否认他们有继承道统的光荣。

《藏书》有很多骇人听闻的观点，他为"臭名昭著"的冯道、谯周翻案，称赞卓文君和司马相如私奔犹如"云从龙，风从虎，归凤求凰"，不应该污蔑他们，说武则天易姓受命，是圣明君主，说秦始皇是千古一帝……

李贽在其中的种种议论，直"欲洗千古之谤"，"颠倒千万世之是非"，读了这本书的人也无不为之惊诧。

《藏书》如《焚书》一样，不胫而走，天下风靡，并且成为人们谈论最多的话题。当然，《藏书》同样招致了更多假道学家的围攻，而且，这一次，李贽为此失去了生命。

这年，76岁高龄的李贽从南京回到龙湖，原打算终老在此。此时，老对头耿定向终于发难了，给李贽加上了一个罪名："僧尼宣淫。"他指责李贽作为一个僧人，不节欲，倡乱伦，有伤风化，怂恿黄安、麻城一带的士大夫"逐游僧、毁淫寺"。顽固的地方官吏以"维护风化"为名，指使歹徒烧毁李贽寄寓的龙湖芝佛院，毁坏墓塔，搜捕李贽。最后，一场大火使李贽居住的芝佛院变成一片废墟。李贽眼见着巍然挺立的层层殿宇顷刻间倒塌，他的内心动荡不已。

第二年春天，在好友的安排下，李贽来到北京通州。

万历三十年，万历皇帝以李贽敢倡乱道，惑世诬民，令下诏狱治罪。他的著作不论出版与否，一概查抄烧毁，凡收藏、保留者，严罚不息！

锦衣卫抓捕的时候，李贽就在北京通州的好友马经伦家里，此时，他的身体已经很羸弱了，听说锦衣卫来了，他竟大声道："是来逮捕我的吧，快给我抬来门板，让我躺上去。"锦衣卫目瞪口呆，只好按照吩咐，把他抬进了监狱。

对死，李贽无所谓："今年不死，明年不死，年年等死，等不来死，反等出祸。"然而，万历皇帝并不打算让他死，思想的传播已经扼杀，桃色新闻又有什么可怕的。于是，传来消息说，要让他回原籍，不治罪，找地方看管。李贽是一个自由的斗士，怎么能够被看管？这是对李贽的极大羞辱，他愤愤地说："我年七十有六，死耳，何以归为！"

1602年农历三月16日，李贽以剃发为名，夺下理发师的剃刀割断自己的喉咙而死，享年76岁。死后，马经纶把他收葬于北京通州北门外马寺庄迎福寺侧（现北京通州西海子公园内），今墓地尚在，被列为北京市文物保护。

葛贤痛打税监

明神宗朱翊钧是个贪财如命的昏君，他一生追求享乐生活，搜罗大量金银珠宝，把整个国库都挥霍一空。

这个时期，农业生产和手工业逐步发展，在东南沿海一带，商业也繁荣起来，在苏州，丝织业特别发达，富裕的机户开始开设工场，雇用机工，城里的机工总共有几千人。

这种商业城市的繁荣情况，使明朝统治者认为有利可图。为了榨取更多钱财，明神宗就派了一批宦官到那些城市去收税，这种宦官就叫作税监。税监不但征收苛捐杂税，还向百姓敲诈勒索，把百姓害得好苦。

公元1601年，明神宗派税监孙隆到苏州征税，孙隆一到苏州，就跟当地地痞土棍勾结，在苏州城各处设立关卡，凡是绸缎布匹进出关卡，一律征收重税。商贩交不起税，就不敢进城做买卖。这一年，正好又碰上一连两个月阴雨，苏州闹了一场水灾，桑田淹没，机户停工。孙隆一伙还要向机户收税，规定每台织机收税银三钱；每匹绸缎，收税银五分，这一来更逼得许多机户倒闭，机工

失业。

有一天，织工葛贤（又名葛成）路过葑门，见到孙隆手下几个税棍，正围住一个卖瓜的农民痛打。葛贤一打听，才知道那瓜农挑瓜进城的时候，税棍逼他交税，交不出就抢他的瓜；等瓜农卖了瓜，买米出城的时候，税棍又抢他的米顶税银。瓜农不答应，就遭到税棍的痛打。

葛贤平日对税监的压迫剥削，本来就怀着满腔气愤，看到这情形再也忍不住了，他挥动他手里的芭蕉扇，高声呼喊打坏蛋。路边的群众一呼百应，像潮水一样涌到葑门税卡。税棍黄建节想要逃跑已经晚了，群众把他包围起来，拾起乱石、瓦片向黄建节扔去。这个作恶多端的恶棍，被乱石打得头破血流，丧了性命。

这时候，群众越聚越多，反抗情绪也沸腾起来。葛贤看到大伙打死了黄建节，知道事情闹大了，就和群众一起，到玄妙观开会商量。大家一不做，二不休，推举葛贤等二十多人当首领，找税监孙隆算账。

葛贤等分路找到十二个税棍的家，点起了一把火，把他们的家全烧了；另一路群众浩浩荡荡来到苏州税监衙门，捉拿孙隆。一时间，呐喊声震天动地，孙隆吓得魂不附体，爬出后墙，狼狈逃到杭州去了。

孙隆逃出苏州以后，苏州知府下令捉拿参加暴动的人。葛贤得到这消息，怕连累大家，自己跑到苏州府衙门，说："带头的就是我一个人，要杀要剐由我顶着，不要牵连别人。"

知府正为这个案子抓不到为首的人发愁，见到葛贤挺身出来投案，就把他关进监狱。

葛贤进监狱那天，成千上万的苏州市民含着眼泪为他送行。葛贤进了监狱，又有上千个人络绎不绝带着酒饭、衣服来慰问。葛贤再三推辞不收，大家还是不肯带回去，葛贤就把大伙慰问的酒饭等都分给监狱里被押的难友了。

明朝统治者看到这情况，没敢杀害葛贤。葛贤坐了两年牢，终于被释放。

努尔哈赤建立后金

明王朝政治越来越腐败，边防也越来越松弛，在我国东北地区的女真族的一支——建州女真趁机扩大势力，开始强大起来，它的领袖是爱新觉罗·努尔哈赤。

努尔哈赤出身建州女真的贵族家庭。祖父觉昌安和父亲塔克世，都是建州女真的贵族，被明朝封为建州左卫的官员。努尔哈赤从小就练习骑马射箭，练得一身好武艺。十岁那年，母亲死去，他的继母待他不好。努尔哈赤不得不离开家庭，和当地小伙伴在一起，在茫茫林海里打猎、挖人参、采松子、拾蘑菇，然后把这些山货带到抚顺去卖掉，挣钱过活。抚顺的集市很热闹，女真人常在那里用山货跟汉人交换铁器、粮食、盐和纺织品。努尔哈赤在抚顺接触了很多汉人，学会了汉文，他还喜欢读《三国演义》《水浒》一类小说。

努尔哈赤

建州女真有好几个部落，互相攻杀。明朝总兵李成梁利用建州各部的矛盾来加强统治。努尔哈赤二十五岁那年，建州女真部有个土伦城的城主尼堪外兰，带引明军攻打古勒寨城主阿台。阿台的妻子是觉昌安的孙女。觉昌安得到消息，带着塔克世到古勒寨去探望孙女。正碰上明军攻打古勒寨，觉昌安和塔克世在混战中都被明军杀害。

努尔哈赤痛哭了一场，葬了他的祖父、父亲，但是想到自己的力量太小，不敢得罪明军，就把一股怨恨全集中在尼堪外兰身上。他跑到明朝官吏那里说：

"杀我祖父、父亲的是尼堪外兰，只要你们把尼堪外兰交给我，我也就甘心了。"明朝官吏只把他祖父、父亲的遗体交还他，但不肯交出尼堪外兰。

努尔哈赤满腔悲愤回到家里，翻出了他父亲留下的十三副盔甲，分发给他手下兵士，向土伦城进攻。努尔哈赤英勇善战，尼堪外兰不是他的对手，狼狈逃走。努尔哈赤攻克了土伦城，继续追击，趁机又征服了建州女真的一些部落。尼堪外兰东奔西窜，最后逃到了鄂勒珲（今齐齐哈尔附近），请求明军保护。努尔哈赤也追到那里。明军看他不肯罢休，怕因此引起战争，就让努尔哈赤杀了尼堪外兰。

努尔哈赤灭了尼堪外兰，声势越来越大。过了几年，统一了建州女真。这就引起女真族其他部的恐慌。当时的女真族，共有三部，除了建州女真之外，还有海西女真和"野人"女真。海西女真中有个叶赫部最强。公元1593年，叶赫部联合女真、蒙古九个部落，结成联盟，合兵三万，分三路进攻努尔哈赤。

努尔哈赤听到九部联军来攻，事先做好迎战的准备。他在敌军来的路上，埋伏了精兵；在路旁山岭边，安放了滚木石块，一切安排妥当，他就安安稳稳睡起觉来。他的妻子看了很着急，把他推醒，问他："九部兵来攻打，你怎么睡起觉来，难道真的你给吓糊涂了？"

努尔哈赤笑着说："如果我害怕，就是想睡也睡不着。"

第二天，建州派出的探子回报敌兵人数众多，将士们听了也有点害怕。努尔哈赤就解释说："别害怕，现在我们占据险要地形，敌兵虽然多，不过是乌合之众，一定互相观望。如有哪一个领兵先攻，我们就杀他一两个头目，不怕他们不退。"

九部联军到了古勒山下，建州兵在山上严阵以待，先派出一百骑兵挑战。叶赫部一个头目冲来，马被木桩绊倒，建州兵上去把他杀了，另一头目看到这情景吓昏过去。这一来，九部联军没有统一指挥，四散逃窜，努尔哈赤乘胜追击，击败了叶赫部。又过了几年，基本统一了女真族各部。

努尔哈赤在统一女真过程中，把女真人编为八个旗，旗既是一个行政单位，又是军事组织。每旗下面有许多牛录，一个牛录三百人，平时耕田打猎，战时

打仗。这样既推动了生产，又加强了战斗力。为了麻痹明朝，他继续向明朝朝贡称臣，明朝廷认为努尔哈赤态度恭顺，封他为龙虎将军。他还多次到北京，亲自察看明朝政府的虚实。公元1616年，他认为时机成熟，就在八旗贵族拥护下，在赫图阿拉（今辽宁新宾附近）即位称汗，国号大金。为了跟过去的金朝区别，历史上把它称为后金。

萨尔浒大战

努尔哈赤建立后金后，又花了两年多时间整顿内部，发展生产，扩大兵力。公元1618年，努尔哈赤召集八旗首领和将士誓师，宣布跟明朝有七件事结下了冤仇，叫作"七大恨"。第一条就是明朝无故挑衅，害死了他的祖父和父亲。为了报仇雪恨，决定起兵征伐明朝。

第二天，努尔哈赤亲自率领二万人马进攻抚顺。他先写信给抚顺明军守将，劝他投降。守将李永芳一看后金军来势凶猛，没有抵抗就投降了，后金军俘获了人口、牲畜三十万。明朝的辽东巡抚派兵救援抚顺，也被后金军在半路上打垮。努尔哈赤命令毁了抚顺城，带着大批战利品回到赫图阿拉。

消息传到北京，明神宗大怒，决定派杨镐为辽东经略，讨伐后金。杨镐经过一番紧张的调兵遣将，才集中了十万人马。公元1619年，杨镐分兵四路，由四个总兵官率领，进攻赫图阿拉。中路左翼是山海关总兵杜松；中路右翼是辽东总兵李如柏；北路是开原总兵马林；南路是辽阳总兵刘铤。为了扩大声势，号称四十七万。杨镐坐镇沈阳，指挥全局。

那时候，后金八旗军兵力，合起来不过六万多。一些后金将士得到情报，不免有点害怕，来找努尔哈赤，要他拿主意。努尔哈赤胸有成竹地说："别怕，管他几路来，我就是一路去。"

经过侦察，努尔哈赤得知杜松率领的中路左翼是明军主力，已经从抚顺出发打了过来，他就集中兵力，先对付杜松。

杜松是一员身经百战的名将。从抚顺出发的时候，天正下着大雪，杜松想抢头功，不管气候恶劣，急急忙忙冒雪行军。他先攻占了萨尔浒（今辽宁抚顺东）山口；接着分兵两路，把一半兵力留在萨尔浒扎营，自己带了另一部精兵攻打后，金的界藩城（今新宾西北）。

努尔哈赤一看杜松分散兵力，心里暗暗高兴，集中八旗的兵力，一口气攻下萨尔浒明军大营，截断了杜松后路。接着，又急行军援救界藩。正在攻打界藩的明军，听到后路被抄，军心动摇。驻守在界藩的后金军从山上居高临下地压下来，把杜松军杀得七零八落。努尔哈赤率领大军赶到，把明军团团围住。杜松左右冲杀想要突围，突然一箭飞来，正射中他的头部，杜松从马上栽下来死去。部下明军被杀得尸横遍野，血流成河。一路人马先覆灭了。

北路的马林从开原（今辽宁开原）出兵，刚刚到离开萨尔浒四十里的地方，得到杜松兵败的消息，吓得急忙转攻为守，就地依山，扎下营垒，挖了三层壕沟，准备防守。努尔哈赤率领八旗兵力从界藩马不停蹄地赶来，攻破明军营垒。马林没命地逃奔，才回到开原，第二路明军又被打散了。

坐镇沈阳的杨镐，正在等待各路明军的捷报，哪想到一连两天接到的竟是两路人马覆灭的坏消息，把他惊得目瞪口呆。他这才知道努尔哈赤厉害，连忙派快马传令另外两路明军立刻停止进军。

中路右翼的辽东总兵李如柏本来胆小，行动也特别迟缓，接到杨镐命令，急忙撤退。山上巡逻的二十来名后金哨兵远远望见明军撤退，大声鼓噪，明军兵士以为后面有大批追兵，争先恐后地逃跑，自相践踏，也死了不少。

剩下的一路是南路军刘铤。杨镐发出停止进军命令的时候，刘铤军已经深入到后金军阵地，各路明军失败的情况，他一点也不知道。刘铤是明军中出名的猛将，他使用一把一百二十斤的大刀，运转如飞，外号叫"刘大刀"。刘铤军军令严明，武器火药也多。进入后金阵地以后，连破几个营寨。

努尔哈赤知道刘铤骁勇，不能光靠拼硬仗。他选了一个投降过来的明兵，叫他冒充杜松部下，送信给刘铤，说杜松军已经到赫图阿拉城下，只等刘铤军去会师攻城。

刘铤没接到杨镐命令，不知道杜松军已经覆灭，信以为真，他怕让杜松独

得头功，下令火速进军。这一带道路险狭，兵马不能够并列，只好改为单列进军。刘铤带兵走了一阵，忽然杀声四起，漫山遍谷都是后金伏兵，向明军杀来。刘铤正在着急，努尔哈赤又派一支后金兵穿着明军衣甲，打着明军旗帜，装扮成杜松军前来接应。刘铤毫不怀疑，把人马带进假明军的包围圈里。后金军里应外合，四面夹击，明军阵势大乱。刘铤虽然勇敢，挥舞大刀，杀退了一些后金兵，但是毕竟寡不敌众，他左右两臂都受了重伤，终于倒下。

这场战争从开始到结束，只有五天时间，杨镐率领的十万明军损失了一大半，文武将官死了三百多人。这就是历史上著名的"萨尔浒之战"。

萨尔浒之战后，明朝大伤元气，后金步步进逼，过了两年，努尔哈赤又率领八旗大军，接连攻占了辽东重要据点沈阳和辽阳。

公元 1625 年三月，努尔哈赤把后金都城迁到沈阳，把沈阳称为盛京。打那以后，后金就成了明朝最大的威胁。

徐光启研究西学

杨镐统率的四路大军在萨尔浒几乎全部覆没，满朝文武大臣都十分震惊。大家齐集在宫门外，呼吁明神宗增加兵力，调拨军饷，抵抗后金。翰林院官员徐光启，一连上了三道奏章，认为要挽救国家危局，只有精选人才，训练新兵，还自愿担任练兵的工作。明神宗听说徐光启熟识军事，就批准他到通州练兵。

徐光启是上海人。在他出生之前，上海沿海一带遭倭寇骚扰十分严重。徐光启小时候，常常听他的父亲谈起当地人民英勇反抗倭寇侵略的情景，心里滋长起爱国的激情。

徐光启长大以后，因为参加科举考试，路过南京，听说那儿来了个欧洲传教士利玛窦，经常讲些西方的科学知识。南京的一些读书人都喜欢跟利玛窦结交。徐光启经过别人介绍，认识了利玛窦。他听利玛窦讲的科学道理，都是自己过去在古书上没有读到过的。打那时候起，他对西方科学发生了浓厚的兴趣。

利玛窦传播科学知识，主要是为了传教的方便。他觉得要扩大传教，一定要得到中国皇帝的支持。那时候，明朝是不让教士到北京传教的。利玛窦要地方大臣在明神宗面前帮他说话，他还到了北京，通过宦官马堂的门路，送给明神宗圣经、圣母图，还有几只新式的自鸣钟。

明神宗不懂得圣经，也不知道圣母是什么人。但是对新式自鸣钟，倒很感兴趣，命令马堂把利玛窦带进宫来。

明神宗接见利玛窦的时候，请利玛窦谈谈西洋的风俗人情。利玛窦本来是

徐光启与利玛窦

意大利人，为了夸耀自己，把自己说成是"大西洋国"的人。有人一查万国地图，找不到什么"大西洋国"，就怀疑利玛窦来历不明，要明神宗把他撵走。但是明神宗不听这个意见，倒赏给利玛窦一些财物，让他留在京城传教。有了皇帝的支持，利玛窦跟朝廷官员们接触就很方便了。

过了几年，徐光启考取了进士，也到了北京，在翰林院做官。他认为学习西方的科学，对国家富强有好处，就决心拜利玛窦为师，向他学习天文、数学、测量、武器制造各方面的科学知识。

有一次，徐光启到利玛窦那儿去学习。利玛窦跟他谈起，西方有一本数学著作叫《几何原本》，是古代希腊数学家欧几里得写的一本重要著作，可惜要翻译成汉文很困难。徐光启说："既然有这样好书，您又愿意指教，不管怎样困难，我也要把它翻译出来。"

打那以后，徐光启每天下午一离开翰林院，就赶到利玛窦那儿，跟利玛窦合作翻译《几何原本》，由利玛窦讲述，徐光启笔译。那时候，还没有人译过国外数学著作，要把原作译得准确，可不是件简单事。徐光启花了一年多时间，逐字逐句地反复推敲，再三修改，终于把前六卷《几何原本》翻译完成。

除了《几何原本》之外，徐光启还跟利玛窦和另一个西方传教士熊三拔合

作，翻译过测量、水利方面的科学著作。后来，他又在研究我国古代历法的基础上，吸收了当时欧洲在天文方面的最新科学知识，对天文历法的研究，达到了很高的水平。

徐光启不但爱好科学，还十分关心民间疾苦。有一年，他父亲死去，徐光启回到上海守丧。那年夏天，江南遭到一场水灾，大水把稻、麦都淹了。水退之后，农田上颗粒无收。徐光启为这个心里挺着急。他想，如果不补种点别的庄稼，来年春天拿什么度荒呀！恰巧在这时候，有个朋友从福建带来了一批甘薯的秧苗。徐光启就在荒地上试种起甘薯来，过了不久，长得一片葱绿，十分茂盛。后来，他特地编了一本小册子，推广种甘薯的办法。本来只在福建沿海种植的甘薯就移植到江浙一带来了。

这一回，徐光启提出练兵的主张，得到明神宗的批准，他满怀希望，想尽快练好新兵，加强国防。哪料到朝廷各个部门腐败透了，练兵衙门成立了一个月，徐光启要人没人，要饷没饷，闲得没事干。后来，好容易领到一点军饷，到了通州，检阅了那儿招来的七千多新兵，大多是老弱残兵，能够勉强充数的只有二千人，更说不上精选了。他大失所望，只好请求辞职。

公元 1620 年，明神宗死去，他的儿子明光宗朱常洛也接着病死，神宗的孙子朱由校即位，这就是明熹宗。徐光启又回到京城，他看到后金的威胁越来越严重，又竭力主张要多造西洋大炮。为了这件事，跟兵部尚书发生矛盾，徐光启被排挤出朝廷。

徐光启回到上海，已经是六十多岁的老人了。他本来对研究农业科学很有兴趣，回到家乡后，又在自己的田地上，亲自参加劳动，做一些试验。后来，他把他平日的研究成果，写成了一部著作，叫作《农政全书》。在这本书里，对我国的农具、土壤、水利、施肥、选种、嫁接等农业技术，都有详细的记载，真可以称得上我国古代的一部农业百科全书呢！

汤显祖与临川四梦

汤显祖（1550—1616），中国明代戏曲家、文学家。字义仍，号海若、若

士、清远道人。汉族，江西临川人。公元1583年（万历十一年）中进士，任太常寺博士、礼部主事，因弹劾申时行，降为徐闻典史，后调任浙江遂昌知县，又因不附权贵而免官，未再出仕。曾从罗汝芳读书，又受李贽思想的影响。在戏曲创作方面，反对拟古和拘泥于格律。在16—17世纪，他与英国戏剧大师莎士比亚一东一西，遥相呼应，成为东西方戏剧界的两颗璀璨的星辰，虽然他们彼此并不知晓，但他们在各自的作品中都表达了同一思想，高举着同一面伟大的旗帜，那就是人文主义的大旗，歌颂人性的美好，歌颂爱情的忠贞，歌颂自由的可贵。

汤显祖

万历二十六年（1598）秋，《牡丹亭》创作完成。这是中国戏剧史上继《西厢记》之后又一部优秀的爱情剧，标志着明代戏剧史一个划时代的高潮的到来。

《牡丹亭》是一部震撼心灵的爱情悲剧。它的故事取材于明代话本小说《杜丽娘慕色还魂》，写的是：福建南安太守杜宝的女儿杜丽娘，师从父亲为她请来的教书先生、腐儒陈最良学《诗经》，首篇《关雎》中那执着的对情人的思慕，引起了少女的烦闷情绪，于是在伴读丫头春香的怂恿下，第一次到后花园赏春。美妙的春光掀起了她情感的涟漪，而春光的短暂易逝，又勾起了她对自己既美妙又短暂的青春的深切怜惜。她开始希望自己的青春能够拥有一个美满的归宿。

花园赏春后，杜丽娘做了一个梦，梦见一个手持柳枝的英俊青年，拥抱着她来到牡丹亭畔、太湖石边、芍药栏前，他们相依相随，无比爱恋。

然而，梦境绝不等于现实。她所期盼的生活和甜蜜的爱恋，只能在梦中出现。于是，她思梦、寻梦，对镜把自己的容貌画下来，寄托自己对梦境的追念和青春的感伤。她希望把自己的小像送给情人，但是，那情人也只是在梦中。

现实没有情人，她为相思所苦，伤情而死。

三年后，柳梦梅去临安应试，经过杜丽娘的墓地，拾得她的自画像，和杜丽娘的鬼魂相会，并掘墓开棺，杜丽娘感而复生，毅然相从。二人结成眷属。

可是，杜宝却极力反对他们的结合，但是杜丽娘誓死坚持。后来，柳梦梅高中状元，由皇帝做主，杜宝才认了女儿、女婿。

该剧通过杜丽娘和柳梦梅的爱情故事，暴露了封建社会上层家庭关系的冷酷与虚伪，歌颂了青年男女在反封建礼教和追求婚姻自主方面所做的不屈斗争。作品通过离魂的幻想来写，具有浓厚的浪漫主义色彩，风格清丽，语汇丰富多彩，对景物和人的内心世界描绘精巧、细致。还善于把人物的心情与客观结合起来描写，抒情诗气息很浓厚。它和《西厢记》都是词曲中最精工者，对后世文学产生了很大的影响。

杜丽娘和柳梦梅的爱情故事，是汤显祖旷世才情的一次奔腾流泻。杜丽娘是一个在封建礼教下执着追求爱情和个性解放的人物，她为"情"而死，又为"情"复生。在那个时代，她的追求是大胆的、热烈的，在"情"与"礼"的激烈碰撞中，戏剧家赋予一个小女子光照千古的形象，把人带到了一个爱与美的崇高境地。

汤显祖在《牡丹亭题词》中说："情有者，理必无；理有者，情必无"；"情不知所起，一往而深。生者可以死，死可以生。生而不可与死，死而不可复生者，皆非情之至也。"他肯定"情"是生活的主旋律，任何人都不可以抹杀它。

于是，汤显祖和他的《牡丹亭》一起成为世间"情"字的化身。

《牡丹亭》诞生的时代，正是理学泛滥的时代，"存天理，灭人欲"像枷锁一样禁锢着人们的精神。《牡丹亭》予"至情"以极力肯定，不啻是对理学思想明目张胆的挑战。因此，《牡丹亭》对于受到理学窒息的青年男女来说，犹如黑暗中的一线光明，鼓舞着他们挣脱封建礼教的束缚，出生入死，去追求自己的幸福生活。《红楼梦》专有一回"牡丹事艳曲警芳心"，介绍林黛玉这位封建叛逆女性是如何从《牡丹亭》中接受启蒙的，其予当时和后代的影响，由此可见一斑。

《紫钗记》为汤显祖的早期作品，取材于唐代传奇小说《霍小玉传》，作者在原作的基础上做了重大的改变，改悲剧结尾为喜剧，将原小说中李益负心与小玉痴情的情节改为小玉与卢太尉之间的对立，李益在其中摇摆不定，最后通过黄衫客成全一段姻缘。剧情是：霍小玉在元宵灯会上失落紫钗一支，被才子李益拾得，还钗之后，李、霍结为百年之好。李益考中状元后，受到卢太尉的赏识，卢太尉的女儿卢燕贞见李益俊美，暗生爱慕之情，便暗示父亲招李为东床快婿，被李益拒绝。李益被贬为参军赴塞外。小玉深受其害，忧思成疾。卢太尉乘机使出奸计，不惜高价收买小玉珍藏之紫钗，召回李益，以玉钗证明小玉变节，逼迫李益与燕贞成婚。小玉闯太尉府索夫，被太尉阻挠，诬陷李益有反唐诗句，要诛九族做威胁。黄衫客赶到，怒斥太尉作恶多端，革去其职。最后，有情人终成眷属。全剧歌颂一对青年男女对爱情的忠贞，抨击权贵的罪恶。

《南柯记》取材于唐代传奇小说《南柯太守传》。剧情是：唐代东平游侠淳于棼武艺高强。因酒被免职，闲居扬州城，每天借酒浇愁。一日做梦，梦见自己被大槐安国使者迎去，被招为驸马。淳于棼到南柯，边事平宁，让民休养生息，为太守二十年，政绩卓著。出现了"官也清、吏也清，村民无事到公庭""征徭薄、米谷多，官民易亲风景和"的局面，百姓都为他歌功颂德，显然寄寓了作者的理想。后来，淳于棼被召回朝廷，任左丞相。想不到，他竟日甚一日地腐化堕落了。他受着君王国母的宠爱，自由地出入宫廷，权门贵戚无不逢迎，最后竟发展到了与琼英郡主、灵芝夫人和上真仙姑在宫中淫乱，最后被逐出大槐安国。淳于棼沉梦醒来，才知是南柯一梦。经契玄禅师点破，才知大槐安国不过是大槐洞里的蚂蚁群。他顿然彻悟："人间君臣眷属，蝼蚁何殊？一切苦乐兴衰，南柯无二。等为梦境，何处升天？"于是，遁入空门。这样的结局，无疑寓意着作者对现实政治的失望以及无药可救的感伤，更有着对人生无常、超俗出世的感慨。

《邯郸记》取材于唐人传奇小说《枕中记》。剧情大意是：在邯郸县的一个小旅馆里，穷困潦倒的卢生，黄粱米刚下锅，一时困倦，想小睡片刻，八仙之

一的吕洞宾想度化他，给卢生一只瓷枕，两端有孔，卢生对孔看着看着，便跳进孔里做起梦来。梦中，他与世代荣华的崔氏女成亲。崔氏女又安排他进京应试。临行前，崔氏女对他说："奴家再着一家兄相帮引进，取状元如反掌耳！"这"家兄"就是外圆内方的钱。卢生用金钱打通了关系，果然高中状元，入翰林。考官宇文融因为卢生没有贿赂他，怀恨在心，把卢生贬出朝廷。卢生在外开通河道，挂帅征战，功成回朝，反被诬陷，免死发配。最后，崔氏女织了回文绵控诉他们一家的遭遇，皇上御览后，方知卢生冤枉，立即将宇文融处死。卢生当了二十多年的太平宰相，蒙受皇恩，享尽荣华，儿孙满堂。但因纵欲而得病，最后归天而去。崔氏的哭声惊醒了卢生，梦醒后，万物俱空，锅里的黄粱米饭尚未煮熟。卢生此时方知刚才一切全是黄粱一梦。吕洞宾点道："都是妄想游魂，参成世界。"卢生幡然醒悟："人生眷属，亦犹是耳，岂有真实相乎？其间宠辱之数，得丧之理，生死之情，尽知之矣！"卢生就随吕洞宾去蓬莱仙山做桃花苑的扫花使者去了。《邯郸记》通过卢生在黄粱梦中的官宦生涯，由布衣而登青紫，历宦海而几度沉浮，终拜相而享福寿，真是梦中世界，枕里乾坤。

木匠皇帝

泰昌元年九月初一日，刚刚当了16天皇帝的光宗朱常洛暴亡。皇长子朱由校登上皇位，成为大明帝国的第十五位皇帝，就是我们通常所说的天启皇帝。

坐在皇帝宝座上的皇帝已经16岁了，看上去已经是一个少年，但他的文化水平还比不上如今八九岁的小学生。这实在是个不幸的孩子，一生下来，就处于宫廷阴谋的暗影之中，他的父亲朱常洛好不容易被立为太子，战战兢兢地过日子；他则像一个木偶，在野心勃勃的养母李选侍的手中揉来捏去；一帮大臣把他抢到了手，最后总算登上了皇位。他名义上统治大明帝国整整7年，实际上权力却掌握在宦官魏忠贤的手上，他甚至不知道如何保护他的女人和孩子；最后总算保护了他的妻子和弟弟，使得大明江山没有彻底葬送在他的手上。

朱由校是一个很聪明的人，但他一直是个没有长大的孩子，他这一辈子不好女色，不贪权力，不爱出游，就喜欢待在宫里干木匠活。如果他不是一个皇帝的话，那他一定是个出类拔萃的木匠。这实在是一个不该生在帝王家的孩子！

宫廷里的阴谋和斗争似乎和这个默默无闻的人从来都没有什么关系。

他就喜欢玩，喜欢草木鱼虫，不论文的武的雅的俗的，他都爱玩。他是一名不错的木匠、油漆工。他做的东西非常精致，有的堪称艺术佳品。有一次他做了个花园，里面的人会动，鸟会唱歌，水能流动。他可以一天到晚摆弄那些刨凿斧锯，废寝忘食，连奏章也不看不批。

他的作品完成后，就让身边的太监做他的助手，为雕刻完成的作品涂漆上色。久而久之，他身边的太监也都受到他的影响，一个个变成了能工巧匠。他最得意的作品是一整套的护灯小屏。在长不盈尺的天地里，他用一双巧手雕刻出生动逼真的花鸟鱼虫、人物走兽，例如《寒雀登梅图》之类，可以说是巧夺天工。这套作品他让太监拿到市场上去卖，要价就是十万两，可是仍然有人抢着购买。小皇帝更加高兴了，又常常精雕细琢地做一些精美玉章，赐给身边的大臣、太监。

皇帝的创新能力也非常强。史书上记载：天启年间，匠人所造的床，极其笨重，十几个人才能移动，用料多，样式也极普通。天启皇帝就自己琢磨，设计图样，亲自锯木钉板，一年多工夫便造出一张床来，床板可以折叠，携带移动都很方便。床架上还雕刻着各种花纹，美观大方，令当时的专业工匠都非常叹服。

要说小皇帝只会做些小玩意，那可低估他的才能了。事实上，他还是一个出色的建筑师。凡是他看过一眼的木器用具、亭台楼阁，都能照原样制作出来。他曾经在宫中仿照乾清宫的样式，做了一座微缩模型宫殿，高不过三四尺，但曲折微妙，巧夺天工。后来他终于在现实中过了一把建筑师的瘾。天启五六年间，朝廷对紫禁城的三座主殿太和殿、中和殿、保和殿进行了大规模的重建工程。天启皇帝大显身手，从起柱到上梁，再到外部装饰，他都亲临现场，认真指导，还经常和工匠们一起大干一场。有时他心血来潮，还在宫中建一些小巧别致的房屋，周围环绕着小桥流水，诗意盎然。

朱由校

不过，皇帝对自己的作品总是不太满意，他总是建了拆、拆了建。要知道，他玩这些建筑是要花费很多钱的，不过他并不关心这些。按照他的设想，如果需要在门上安装一颗宝石做门环，他也毫不犹豫地照样去做，力求做到完美无缺。等到房子被拆掉的时候，这些贵重的材料就和其他的一些建筑垃圾一起被废弃了，宫中不少太监都借此发了大财。

天启帝还喜欢看一种水傀儡戏。当时的梨园子弟用木头雕刻成海外四夷、仙人仙山、将军士兵等各种形象，用这些雕出来的人物演戏。天启帝喜欢看戏，可是对人物形象总是不太满意，于是，就自己亲自动手做一些小木雕，在演戏时用，其中男女不一，形象各异，上面全涂上五彩油漆，一个个栩栩如生。演戏时，在水池周围围上布帘，旁边的艺人在暗处操纵机关。木人在水面上移动，再随着动作配上声音，就成了一台精彩绝伦的好戏。天启帝常常看得如痴如醉。

那时，他最喜欢看的是《孙悟空大闹天宫》《八仙过海》《东方朔偷桃》《三保太监下西洋》，等等，都是传统剧，活泼、热闹。宫里面常常是一连几日好戏连台。

后世的人们看过天启帝的作品，无不为之感叹。如果他不是生在帝王之家，而是一个普通的百姓，以他出众的手艺，一定会成为当时的名匠，说不定还会得到"鲁班"之类的称号。可惜，他是个皇帝，要主宰一个庞大帝国，他在技术上发明创作，对治理国家没有什么帮助，反倒荒废了朝政。天启帝身边的魏忠贤之流趁机篡取了管理国家的权力，给国家造成了空前严重的灾难。他统治的7年，明王朝急剧地陷入了崩溃的边缘。他死后十几年，明朝就灭亡了。

东林党人

党争是明朝末年一大顽疾。那时，出于维护自身利益的需要，一些热衷利禄、贪恋权势的官僚，也逐渐形成团体。他们以地缘关系攀结而成，按籍贯而划分，势力也不均匀，最主要的有：山东人的齐党，湖北人的楚党，安徽宣城人的宣党，江苏昆山人的昆党，以及势力最大的浙江人的浙党。各党派之间为了各自的利益，相互倾轧，专门在一些细枝末节上做文章，往往置国家利益于不顾。

党争的激化，始于神宗万历年间。这个在位 48 年、一辈子都对官僚政治极度厌恶的皇帝，前 10 年在张居正的辅佐下，推行新政，取得了可喜的成就。张居正死后，此皇帝逆反心理日益增强，几十年不理朝政，荒废政事，对党争更是不闻不问，放任自流。

万历末年以后，浙党首领沈一贯、方从哲先后出任内阁首辅，他们结党营私，依附皇室、勋戚，交结宦官，不断排斥清廉正直的官员。齐、楚、浙、宣、昆等党的重要人物，纷纷占据要津，为了保持自己的权位，不以国事为重，反依附于浙党，以攻击东林党为首务。东林党人则一再抓住对方的弊端加以参劾，于是出现了历史上有名的明末党争。

东林党与对立各派之间的斗争，正如史书所载："以立储为主脑，三案为余波，察典特报复之具"。就是指围绕着是否立朱常洛（神宗长子）为皇太子这条主线，在"梃击""红丸""移宫"三案中展开激烈的斗争，其间双方都利用当时的京察制度作为打击对方的手段。首先是万历年间的"争国本"，这是明末党争的肇始。

万历皇帝宠爱郑贵妃，对皇后极为冷淡，因此，皇后一直未能生育。万历十年八月，王恭妃生下一子，即皇长子朱常洛。万历帝对王恭妃感情冷漠，对皇长子朱常洛自然心怀厌恶。就在皇长子朱常洛出生 3 年多以后，宠妃郑氏生下一子，即皇三子朱常洵。万历皇帝极其高兴，立即册封郑氏为贵妃，还打算把皇三子朱常洵立为太子。

消息传出，大臣纷纷上疏反对。按照中国传统，有嫡立嫡，无嫡立长。所以祖制是应名正言顺地依制立长，也就是立皇长子朱常洛为太子。但是，万历皇帝就是从心里不愿意立长。于是，群情激昂。大臣们认为，确保皇长子继承，是维护祖宗法度，捍卫朝廷立国之本，决不能让步。万历帝则采取拖延的策略。因为皇后身体不好，想等着皇后一死，立郑贵妃为后，皇三子朱常洵自然就可以成为太子了。

可是廷臣不依不饶，眼睛盯着皇宫，捕风捉影，宫内一有风吹草动，便立刻上疏力争，纷纷表现了视死如归的气概。

这时，一个叫顾宪成的官员就是其中力主立长的廷臣之一，让万历皇帝很恼火。万历二十二年（1594），顾宪成又极力推举因拥立朱常洛为太子而被免职的前首辅王家屏，激怒了皇帝，随即被罢免。

顾宪成被罢官，正直的大臣纷纷上疏申救顾宪成，奏疏共达几百封。不料，神宗一意孤行，将有些上疏申救的官员外放、降调、削职，顾宪成则被革职为民。从此，顾宪成结束了十几年的官场生涯，以"忤旨"罪回到原籍无锡。

顾宪成孜孜国事，反而获罪罢官，朝野许多人士为朝中失去这样一位正直无私的官员扼腕叹息，也对顾宪成的品格十分钦佩，顾宪成的名望反而更高了。

顾宪成回到家乡无锡以后，与好友高攀龙、钱一本、顾允成、安希范等开始了讲学活动。由于顾宪成在学界和政界都有很高的声望，所以慕名来请教他的人很多。顾宪成的家乡泾溪南北，昼则书声琅琅，夜则烛火辉煌，一派夜以继日奋发攻读的景象。许多已有功名、才学亦高的学者也争相前来求教。

万历三十二年（1604），在常州知府的支持下，他们重新修复了无锡城东的东林书院，在里面定期讲学，每月一小会，每年一大会。定有《东林会约》，顾宪成首任东林书院的主讲。东林书院还挂着顾宪成亲自撰写的对联：

风声雨声读书声声声入耳，家事国事天下事事事关心。

这些读书人一直以国事为重。在讲学之余，他们往往"裁量人物，訾议国政"，抨击当权派，一些在朝的官员遥相呼应，一时声名鹊起。反对派便把他们

称为"东林党"。

东林党人的倾向是要求改良政治，反对宦官专权肆恶，反对矿监税使掠夺城市工商业者，反对宗室贵戚无限占田。如万历皇帝要赐给福王庄田4万顷，东林党人礼部侍郎孙慎行即起而谏阻，说祖宗朝赐田没有过千顷者，并"拼一死"力争。又如东林党人凤阳巡抚李三才一再上疏，责备万历皇帝派遣矿监税使害民，言辞非常激烈，说："陛下爱珠玉，小民也慕温饱；陛下爱孙子，小民也恋妻子。为何陛下欲聚财货，而不使小民享升斗之需！"批评是很激烈的。

万历三十九年（1611）是六年一度的京察之年，也就是对朝廷官员进行考察调整。主持此事的东林官员叶向高等，积极设法解除以往纷争，秉公办事，澄清吏治，使朝廷政局焕然更新。不料其他派别的官员联合起来栽赃陷害，把目标集中在东林官员身上。徐兆奎更是将朝廷纷争的全部责任推到东林官员头上，说国家吏治、人品、学术都因顾宪成的东林讲学而弄得败坏，不可收拾；污蔑东林借讲学之名，行结党营私之实，将功名利禄与学术研究混为一谈，弄得吏治人心大坏。万历皇帝看了徐兆奎的奏疏后，对东林官员的提议不予采纳。结果是，北京京察中，齐、楚、浙、宣、昆诸党多被驱逐。而南京京察为齐、楚、浙把持，东林党人大受排斥。

一帮奸党因祸得福，都纷纷挤到各要津重地，不遗余力地捏造借口打击排挤朝中正人。被指控为"讲学东林，遥执朝政"的顾宪成处境艰危，东林书院的境况也开始走下坡路。

第二年，一生忧国忧民的顾宪成走完了他62年的人生历程。

东林党人是因"争国本"而崛起的。万历二十九年，在万历皇帝的母亲慈圣皇太后的支持下，皇帝万分无奈地册立年届二十的皇长子朱常洛为太子。可是又接连发生了明末著名的宫廷三案：梃击案、红丸案、移宫案。

万历四十三年（1615）三月的一天，一陌生男子手持枣木棍，从东华门直奔内廷，一直闯入太子朱常洛住的慈宁宫，见人就打。后被太监捉住。这就是有名的梃击谜案。

此事震惊宫廷，万历皇帝严查。外间纷纷传言此事与郑贵妃有关。主持案

件审理工作的是浙党人，初审、复审结果都是案犯张差与郑贵妃无关，引起东林党人和其他大臣的不满。东林党人、刑部主事王之寀单独提审张差，张差供出是受人指使。王之寀随即上报皇帝，朝臣纷纷要求会审。十三司会审结果，张差供出太监庞保、刘保，这二人都是郑贵妃宫中的太监。这一下，舆论大哗，矛头直指郑贵妃。

郑贵妃只好哭着央求太子朱常洛。五月二十八日，20多年没上朝的万历皇帝在慈宁宫召见群臣，拉着太子的手，说："此儿极孝，朕极爱惜。朕把他抚养成人，如果想更立太子，何不早更？何况福王已经就藩，相距千里，无诏不敢返京，廷臣还有什么可顾虑的？"张差、庞保、刘保被处死。东林党人王之寀遭到浙党人物的攻击而被削职。梃击案草草结束。

万历四十五年（1617），又是京察之年，奸党趁机报复，东林党人被逐一空。

万历四十八年（1620）七月，神宗皇帝病死，八月一日，太子朱常洛即位，是为光宗。此时，光宗已病得很重。有人认为这与郑贵妃有关。据说，梃击案后，郑贵妃为讨好太子，特意送上八名美女，光宗照单全收，日夜沉迷女色，身体很快就垮了。

八月十二日，一心想做一个好皇帝的朱常洛拖着病体接见大臣。大臣们见到皇帝形容憔悴，"圣容顿减"。十四日，便发生了崔文升进药事件。

崔文升本是郑贵妃宫中的亲信太监。朱常洛患病后，郑贵妃指使崔文升以掌御药房太监的身份向皇帝进"通利药"，朱常洛服药后一昼夜就连泻三四十次，身体极度虚弱，处于衰竭状态。廷臣得知，立即对崔文升进行猛烈的抨击。东林党人杨涟说："贼臣崔文升不知医……妄为尝试；如其知医，则医家有余者泄之，不足者补之。皇上哀毁之余，一日万机，于法正宜清补，文升反投相伐之剂。"八月二十二日，朱常洛召见首辅方从哲等大臣，六品的给事中杨涟也在召见之列。朱常洛看了杨涟很久，说："国家事重，卿等尽心。朕自加意调理。"之后，朱常洛下令，将崔文升逐出皇宫。

八月二十九日，鸿胪寺丞李可灼说有仙丹要呈献给皇上。太监们不敢做主，将事情禀告内阁大臣方从哲。方从哲说："彼称仙丹，便不敢信。"随后，廷臣听取朱常洛对后事的安排。

朱常洛问："有鸿胪寺官进药，何在？"方从哲说："鸿胪丞李可灼自云仙丹，臣等未敢轻信。"朱常洛命李可灼入宫献药。到中午时分，李可灼调制好一颗红色药丸，让皇帝服用。朱常洛服完红丸后，感觉还好，以后，又接连服用两粒红丸，九月初一五更，朱常洛便驾崩。

光宗突然驾崩，群臣纷纷追问：李可灼给皇帝的红丸到底是什么药？背后是否有人主使？应该怎样处置他？

东林党人更是奋起责难，骨干高攀龙、杨涟、惠世扬等先后上书，要求将崔文升、李可灼处以极刑，又说崔文升本是郑贵妃心腹，李可灼是由首辅方从哲引入宫中，方从哲又依附郑贵妃。矛头指向方从哲和郑贵妃。方从哲极力为自己辩护，东林诸人不依不饶，指斥崔文升、李可灼罪该万死，方从哲徇私包庇，无视国法，甚至指责方从哲有十大罪，可斩三次。方从哲最终辞官而去。红丸案不了了之。

光宗殁后，应由16岁的长子朱由校继位。光宗生前宠爱李选侍，光宗在世时，她就与郑贵妃相勾结，逼光宗立自己为皇后、郑贵妃为皇太后。光宗死后，李选侍在郑贵妃支持下控制了乾清宫，阻止朱由校与廷臣见面，企图达到挟皇长子以自重的目的。

第一个站出来反对的大臣是杨涟，他愤然地说："天下岂可托妇人？"随后，东林党人大学士刘一璟、给事中杨涟等与司礼太监王安等设计将朱由校从乾清宫中接出，摆脱了郑贵妃、李选侍的挟制。接着，以李选侍占住乾清宫有违祖制为由，多次上疏要求李选侍搬出乾清宫。九月初五日，李选侍抱着皇八女，徒步从乾清宫走向宫中宫妃养老处仁寿殿哕鸾宫。

第二天，东林党人就拥立朱由校登基。东林党人因扶立熹宗有功，颇受朝廷重用，一时朝中出现了东林独盛的局面。

在这一时期，东林党的部分主张也开始得到施行。除撤除矿监、税使之外，还在北京、天津、保定等地兴屯田，修水利，种植水稻，加强东北军事。并在北京宣武门内创设首善书院，鼓吹尚德业，重气节，倡导一代士风。

但是局面不久便翻了过来，变作阉党的天下。宦官魏忠贤与熹宗乳母客氏互相勾结，二人甚得熹宗信任，客氏被封为奉圣夫人，魏忠贤则为司礼秉笔太监，并且提督东厂，魏忠贤的爪牙田尔耕掌锦衣卫事，许显纯掌北镇抚司狱。熹宗深居宫中，整天忙着做木匠活，政事一听魏忠贤所为。魏忠贤为首的阉党，则对东林党人进行残酷打击。

这时，许多东林党的反对派，为了对付东林党人，也纷纷依附于魏。以至于形成内外大权，一归忠贤的局面。所以《明史》阉党传中就有如下感叹："明代阉宦之祸酷矣，然非诸党人附丽之，羽翼之，张其势而助之攻，虐焰不若是其烈也。"

天启四年六月一日，杨涟写了一本《劾魏忠贤疏》，用辛辣的语言揭露这个以"九千九百岁"自诩的太监头目的无耻嘴脸和卑劣行径。他在奏疏开头就以口诛笔伐的声势，指斥魏忠贤"怙势作威，专权乱政，无日无天，大负圣恩，大干祖制"，希望皇上"立赐究问"，开门见山地把弹劾魏忠贤的政治目的和盘托出——毫无私利或门户之见地为国除奸。为此，他列举魏忠贤二十四条罪状，其中每一条都足以置魏忠贤于死地，而且死有余辜。比如第一条指出："祖宗之制，以票拟托重阁臣……责无它卸。自忠贤专擅，旨意多出传奉……甚至有径自内批，不相照会者。假若半夜出片纸杀人，皇上不得知，阁臣不及问，害岂渺小！"再如第五条指出："国家最重无如枚卜，忠贤一手握定……是真欲门生宰相乎！妄预金瓯之覆宇，窃作貂座之私情。"而第九条与第十条，揭露魏忠贤勾结奉圣夫人客氏，联手害死皇后所生的皇长子，又对怀孕的裕妃"矫旨勒令自尽"，故意造成明熹宗无嗣绝后。对于这种令人发指的罪行，按照当时的法律，是要株连九族的。杨涟在奏疏的最后说："掖廷之内知有忠贤不知有皇上，都城之内知有忠贤不知有皇上；即大小臣工积重之所移，积势之所趋，亦不觉其不知有皇上，而只知有忠贤。"杨涟希望皇帝立即将魏忠贤就地正法，客氏驱逐出宫。

杨涟奏疏一出，举朝响应，继杨涟上疏者风起云涌，短短两天，疏奏不下百余份。奏疏都落到魏忠贤手中。魏忠贤见雪片似的奏疏，句句指责自己的罪状和恶行，怒火中烧，气急败坏。

六月中旬开始，魏忠贤开始报复，他首先派人包围首辅叶向高的住宅，大肆搜捕，叶向高被迫上疏请辞。叶向高一去，东林党失去了在朝廷的有力支柱。

随后，魏忠贤指使手下制定东林党人名单，准备按名单逐一捕杀。魏忠贤的养子崔呈秀作了《东林同志录》，凡是不依附阉党的人，全被收了进去。又列出朝中与东林党人有矛盾者的名单，编为《天鉴录》，对他们加以重用。

魏忠贤为诬陷东林党人，指使手下大翻"梃击""红丸""移宫"三案，指斥东林党人挟私报复，以达到消灭东林党人的目的。这时，阉党骨干、大理寺丞徐大化提醒魏忠贤，以移宫罪杀人，难以服众，说："但坐移宫罪，则无赃可指，若坐纳杨镐、熊廷弼贿，则封疆事重，杀之有名。"

此时，辽东经略熊廷弼已经被迫害致死，阉党便诬陷东林党人在他那里受贿，说杨涟、左光斗受贿两万两银子，魏大中受贿三千两银子，御史袁化中受贿六千两银子，太仆寺少卿周朝瑞受贿一万两银子，陕西副使顾大章受贿四万两银子……命令严刑拷打东林党人，六人很快惨死狱中，这就是历史上著名的"东林六君子"，乃是后世忠臣烈士的典范。

"东林六君子"既死，给东林党人以沉重的打击，阉党出了口恶气，欢呼雀跃。但魏忠贤并没有就此放下屠刀，另一起冤案正在阴谋之中。

天启五年十二月，魏忠贤以朝廷的名义，把东林党人姓名榜示全国，凡309人。天启六年正月，魏忠贤使人编《三朝要典》一书，借"梃击""红丸""移宫"三案为题，歪曲事实经过，进一步打击东林党人，于是，王之寀、孙慎行、杨涟分别成为梃击、红丸、移宫案的罪魁祸首。于是，一场大杀戮随之而来，东林党人的势力几乎被一网打尽。

天启七年八月，熹宗病死，其弟朱由检继位，改元崇祯。明思宗即位后，着手逮治魏忠贤，将大批阉党定为逆案，除首逆魏忠贤和熹宗乳母客氏二人外，追随阉党200多人，分六等罪，处以斩首、充军、徒刑、革职等。东林党人的冤案先后得到了平反，一些东林党人被启用。但崇祯帝刚愎自用，憎恶臣下结党，

所以对敢于评议朝政的东林党人并不抱有好感，不久东林党人就失去了在中枢机构内阁中的地位。

东林党人成为了历史，他们的精神流传了下来，正如东林书院主讲之一高攀龙所咏叹：

蕞尔东林万古心，道南祠畔白云深。

纵令伐尽林间木，一片平芜也号林。

吴承恩神魔小说《西游记》

吴承恩，明朝弘治十三年生于淮安县山阴一个颇有文化素养的小商人家庭。晚年考场失意后，对社会现实的腐朽黑暗，对人生遭遇的悲惨不幸，不仅良多感慨，而且怨愤填膺。他一方面过着"神仙可学无它术，店里提壶陌上眠"的放荡不羁的生活；另一方面他又投入了那种"怪墨涂墙舞乱鸦，醉中一字任横斜"的专事创作的笔耕生涯。也就是他在词中所说的，"漫说些痴话"，写作一些情节离奇、内容惊险的文字以自娱，萌动了创作《西游记》的强烈欲望。吴承恩晚年，历经数十年的构想写作，终于完成被世人称为明代四大奇书之一的中国古典文学中神魔小说的杰作《西游记》。

吴承恩

长篇巨著《西游记》中，吴承恩以非凡卓越的艺术才能，自由丰富的艺术想象，为我们塑造了大闹天宫、斩邪平妖的天国英雄孙悟空，逼人发笑、性格憨厚的猪八戒，还有甘冒万死、决心取经而又耳软心善、具有佛性气质的唐玄奘，以及许多性格各异、来历习性不同

的诸神形象，从而揭示了正义战胜邪恶、光明取代黑暗、英雄扫荡群魔的深刻主题。与此同时，通过作者所描绘的那些瑰丽多彩、情节离奇、妙趣横生的神话故事，表现了吴承恩对封建社会中邪恶势力的无情揭露、辛辣讽刺和深刻批判，表现了作者同邪恶势力进行不懈斗争的人格和精神。《西游记》自问世以来四百余年，受到了千百万人的喜爱，广泛流传，家喻户晓，成为我国古典文学特别是古典小说中的一部奇书。

蒲松龄科举失意著《聊斋》

蒲松龄（1640—1715）字留仙，一字剑臣，别号柳泉居士，世称聊斋先生，自称异史氏，现山东省淄博市淄川区洪山镇蒲家庄人。出生于一个逐渐败落的中小地主兼商人家庭。19岁应童子试，接连考取县、府、道三个第一，名震一时。补博士弟子员。以后屡试不第，直至71岁时才成岁贡生。

已是半世老人的蒲松龄，在人生的艰辛跋涉中，尽管是饥寒交迫，穷愁潦倒，屡试不第，仕进毫无进展，但是在他的心中，中举求仕的希望之火仍然未灭，从40岁开始写作巨著《聊斋志异》，直至晚年他不辍写作。康熙二十六年（1687）和1690年，年已50，再次科场失意，真是"三年复三年，所望尽虚悬"。蒲松龄历经几十年的不懈追求和艰苦奋斗，科举仕进终成泡影，从此再不去参加考场中这种无谓的挣扎与竞争。他怀着满腔孤愤，一肚牢骚，用笔奋击抗争，全身心地投入了他从40岁就开始的《聊斋志异》的创作，进行修改、补充、完善等繁重工作。

《聊斋志异》是蒲松龄在对社会现实的深刻认识，对人生经历的痛苦体验的基础上进行创作的，是凝聚着他毕生心血、人生痛苦的力作，共收入作者用文言写成的500余篇短篇小说，其创作时间从40岁到作者的晚年，前后历时30余年；直至蒲松龄去世50年之后，《聊斋志异》才有刻本刊行于世，并且很快流传开来，以至达到了"家有其书"的破天荒程度，这在中国的出版史、图书流播史上是空前并蔚为盛况的。

在《聊斋》中，收有 500 多个短篇，其中控诉科举名利之害，感叹士人身世之悲，寄寓作者内心之愤的精彩篇章，最为出色和感人的有：《褚生》《憎术》《考弊司》《贾奉雉》《何仙》《司文郎》《三生》《素秋》，等等。可以说，这些无不是《聊斋》中一篇篇声讨封建科举制度的檄文，也是《聊斋》中一颗颗璀璨夺目、熠熠生辉的艺术明珠，它们共同构成并解读着作者蒲松龄设置于《聊斋》中的一个难解的情结——"科举情结"或"功名情结"。

蒲松龄

从这些故事中，我们也不难目睹满怀一腔孤愤的作者蒲松龄那蹭蹬科场的人生之旅和步履艰难的生命足迹。

王世贞为杀严嵩著《金瓶梅》

小说《金瓶梅》向来被称为天下第一淫书，而列入"另册"，禁人阅读。小说作者王世贞是明末清初的大文豪。他为什么要写这么一部小说呢？说起来也挺有趣的。

在姚乎仲的《纲鉴絜要》中，有这么一段记载："忬有古画，严嵩索之，忬不与，易以摹本，有识画者，为辨其赝。嵩怒，诬以失误军机，杀之……"

原来，王世贞的父亲王忬，藏有一幅《清明上河图》的古画，严嵩父子知道后，就仗势派人向王忬索取，王忬不愿意给，不得已，便叫人复制一张，派人送去。后被内行人识破，报告了严嵩，因面严嵩大怒，诬王忬泄漏军机而把王忬杀害了。

王世贞牢记这一杀父之仇，千方百计要杀掉严家父子。怎样杀呢？经了解，

严嵩昏淫而好读小说，且读时，爱用指头蘸唾沫翻书页。因此，王世贞就选取《水浒传》中西门庆与潘金莲的艳事做骨子，补充大量的世俗生活情节，加以种种复杂的描写和一些色情的渲染，写成百回《金瓶梅》，并在每一页的纸角上，染置毒药，送去给严嵩阅读。严嵩如获至宝，一页一页地用指头点口水翻阅，一口气把它读完。但由于毒水放得轻，没有使他中毒而死。

王世贞想借小说以报杀父之仇，没有达到目的，但《金瓶梅》因其艺术价值而成为世人皆知的传世之作。

"三言"与"二拍"

三言""二拍"是指明代五本著名传奇小说集的合称，包括冯梦龙创作的《喻世明言》《警世通言》和《醒世恒言》以及凌濛初创作的《初刻拍案惊奇》和《二刻拍案惊奇》。以一回一个世俗小故事成就了中国古典短篇白话小说的巅峰之作。由于"三言"和"二拍"编著年代相近，内容形式类似，后人将其合称为"三言二拍"，成为我国古代短篇小说集的代表作，在中国古代文学史上占有重要地位，并且很早就传入日本和欧洲，是具有世界性影响的优秀文学遗产。

"三言"的编著者为我国文学史上最有成就的通俗文学作家、理论家冯梦龙。冯梦龙（1574—1646），字犹龙，终身致力于通俗文艺的改编、整理和创作。"三言"共收宋元以来话本小说120篇，每集40篇。其中有三分之一的作品，是宋元旧篇，三分之二是明代的话本和拟话本，里面也有冯梦龙本人的作品。

冯梦龙编著"三言"，有明确的警世劝诫目的。这一方面充分表明冯梦龙对通俗小说的社会作用认识深刻；另一方面，作为一个封建文人，冯梦龙所要发挥的"警世"作用，还是以封建道德观念为基础的。因此，"三言"的很多篇章，不同程度地存在着封建的世俗说教和低级趣味。但是，作为中国古代白话短篇小说的宝库，"三言"的思想意义和艺术价值都是不可低估的。

"三言"的内容很庞杂，有通过动人的爱情故事，描写被压迫妇女追求幸福生活的愿望，抨击封建制度对妇女的压迫的《杜十娘怒沉百宝箱》《卖油郎独占花魁》《王娇鸾百年长恨》《玉堂春落难逢夫》；也有描写封建统治阶级内部斗争，表现人民对封建统治者罪恶愤怒谴责的《沈小霞相会出师表》《卢太学诗酒傲王侯》《灌园叟晚逢仙女》；也有歌颂友谊，斥责背信弃义行为的《施润泽滩阙遇友》《桂员外穷途忏悔》《吴保安弃家赎友》等。

"二拍"的作者为凌濛初。"初刻"和"二刻"各为 40 卷 40 篇，惟二刻第二十三卷《大姊魂游完凤愿小姨病起续前缘》与初刻重复，第 40 卷为杂剧《宋公明闹元宵》，所以"两拍"实际共收小说 78 篇。每篇篇目不同于"三言"的单句篇目，而是采用了章回小说的骈句形式。这 78 篇小说中大部分是凌濛初自己的创作。凌濛初所做的"二拍"大多有事实依据，但事实在作者的作品中只是一个创作的因由，作者凭借这点因由，充分发挥了艺术创作的才能。这种作品，在重视史实的中国读者看来，因为它有事实作根据，更具有可读性。

"二拍"主要取材于《太平广记》《剪灯新话》《夷坚志》《齐东野话》等书，所本故事按时代来分，"初刻"含唐 9 种，宋 7 种，元 6 种，明 13 种，时代不明者 5 种。"二刻"含春秋 1 种，宋 14 种，明 19 种，时代不明者 2 种。"二拍"中描写爱情婚姻家庭的有《通闺闼坚心灯火》《姚滴珠避羞惹羞》《同窗友认假作真》等，描写晚明商人经商生活的有《转运汉巧遇洞庭红》《乌将军一饭必酬》《叠居奇程客得助》等，描写官场黑暗和吏治腐败的有《恶船家计赚假尸银》等。

总之，"三言二拍"在通俗文学界占有极为重要的历史地位，是反映明代生活的最著名的作品。它的语言通俗易懂，故事曲折生动，描写准确有力，是思想性和艺术性最完美结合，在古今中外备受瞩目。

风流人题风流诗

唐寅（1470—1523），字伯虎，一字子畏，号六如居士、桃花庵主、鲁国唐生、逃禅仙吏等，汉族，南直隶苏州吴县人。明代著名画家、文学家。据传他

于明宪宗成化六年庚寅年寅月寅日寅时生。他玩世不恭而又才气横溢，诗文擅名，与祝允明、文征明、徐祯卿并称"江南四大才子（吴门四才子）"，画名更著，与沈周、文征明、仇英并称"吴门四家"。

唐寅一生中有不少风流趣事，最动人的还是那些与他的诗词、文章相伴随的故事。

有一次，唐伯虎家乡吴县县令派衙役到虎丘去收茶叶。那时的租税很重，连和尚都不放过。这次就有一个和尚既没缴够茶，又没有钱抵税，衙役将他带回县衙，对县令讲他如何如何不好的坏话。县令大怒，下令打和尚三十大板，并戴枷游街示众。和尚托人请唐寅为他求情，唐寅并未直接答应。一天，唐寅路过和尚被示众的地方，就在枷上题了一首诗：

> 官差皂隶去收茶，只要纹银不肯赊。
>
> 县里捉来三十板，方盘托出大西瓜。

诗的意思是说：县役去收茶，但却只要现银而不肯赊欠。和尚交不出钱来，便被打三十大板，还要戴枷示众。因为枷板像一个方盘，中间夹着和尚又圆又秃的脑袋，活像一只大西瓜。

县令一打听是唐伯虎所做，知道他又在取笑自己而为和尚求情，便立刻下令将和尚放了。

唐伯虎作诗更绝的是，常常先写一两句甚至一两字，让你根本摸不着头脑，然后才一笔一笔地添，渐渐露出全诗的意思。

有一天，他穿着一身破旧的衣服，扮作乞丐模样，到一座山上去游玩。他看到几个书生正在山上饮酒赋诗，就想跟他们开开玩笑，试试他们的深浅。

于是，他跑上前去，笑嘻嘻地说："诸位，能不能让我也来凑凑热闹，胡诌几句？"

那些书生听了，大笑说："乞丐也能作诗？真是少见，你就来试试吧。"

唐伯虎向他们讨了纸笔，只写了"一上"两字，就转身走了。一个书生跑过来拦住他说："只有两个字，算什么诗呀！"唐伯虎走回来，又写了"一上"两字，说："这下可以了吧？"另一个书生冷笑一声说："我早知道乞丐只会出丑，决不会作诗。"唐伯虎并不生气，仍笑着说："我喝了酒才能写诗，能不能让我先喝酒？"

听到这，有一个书生就斟了满满一杯，放在唐伯虎面前，对他说："你要是真能做诗，我们会让你喝个够；要是做不出来，就别怪我们不客气了。"唐伯虎还是不作声，端过酒杯，一饮而尽，然后提起笔来，刷刷刷地写起来，那些书生凑上去看，只见他写道"又一上一上上"，便哄堂大笑起来，觉得这乞丐完全是一个骗酒喝的蠢材，便不再管他，各自端起酒杯自己吟起诗来。

但不一会儿，唐伯虎又写完了几行，然后搁下笔来请书生们再仔细看看。书生们将这几行与前面已写的几个字连起来一读，却再也笑不出来，只是啧啧称赞不已，原来先前的一上一上与后面几行组成了一首绝妙的《登山诗》：

一上一上又一上，一上上到高山上。

举头红日白云低，四海五湖皆一望。

这首诗竟然就用口语般的字眼组成了大气磅礴的登山感受，书生们立刻改变态度，恭请唐伯虎入席，与他们同欢共饮。可是到酒阑人散，他们都还不知道这个很会作诗的乞丐就是大名鼎鼎的唐伯虎。

唐伯虎写《登山诗》显得有趣，他写《祝寿诗》则更加离奇。他的对门有一家富豪，为了给母亲过七十大寿，特请唐伯虎给作首祝寿诗。唐伯虎答应得很痛快，只见他提起笔来就写道："对门老妇不是人"，那富豪一看大惊失色：怎么自己的母亲会不是人呢？唐伯虎又写道："好似南山观世音"，富豪一看这句脸上露出了笑容。紧接着第三句又成了"两个儿子都是贼"，富豪脸上的笑容马上不见了。唐伯虎这时故意放下笔来，呷了一盅酒，盯了盯富豪一会儿紫一会儿红的脸色，才又不紧不慢地补完了最后一句："偷得蟠桃献母亲"，然后交给富豪。

唐伯虎平生最恨那些财大气粗、横行霸道的富豪们，他这首诗一句嘲骂戏弄富豪，又一句把嘲骂戏弄变得委婉动听，就像格律诗，一句"拗"来一句"救"，骂得入木三分，读起来又韵味十足，不愧是风流才子大手笔。

祝枝山题画戏贪官

人都说："江南自古多才子"，这话确实不假。仅明代苏州及其周围地区，就涌现了一大批才华横溢、风流倜傥的名士。除唐寅（唐伯虎）是大家所熟知的外，与唐伯虎同乡齐名的祝枝山也颇具传奇色彩。

祝枝山本名祝允明，长洲（今江苏苏州）人，生于明英宗天顺四年（1460年），死于明世宗嘉靖五年（1526年）。他出生时，有一只手长了六个指头，因此就自号枝指，又号枝山。他五岁就能写一尺见方的大字，九岁便会作作诗。再大些以后，又博览群书，诗文书画与唐伯虎不相上下。再加上他生活狂诞放达，所以关于他的传奇故事也和唐伯虎一样的多。

祝枝山诗好字佳，求他写诗题字的人特别多，但除了有人乘他喝醉酒而偷他的墨宝外，能得到的人并不多。尽管如此，仍然有人想尽一切办法去达到自己的目的。

有一次，祝枝山约他的好友唐伯虎一道去游杭州。杭州太守早就风闻祝枝山的大名，很想得到他的一幅字，挂在自家屋里，好让别人知道自己也懂诗文字画，但一直没有机会。这次听说祝枝山与唐伯虎一同前来，自己又曾和唐伯虎有过一面之交，于是便厚着脸皮拿出一幅古画，请求唐伯虎交给祝枝山，让祝枝山在上面题首诗。

可是这位太守表面上装得很高雅，内心里却俗不可耐，他爱字画更爱钱财。他原以为以自己的太守职位，再凭借唐伯虎的人情，会分文不损地得到祝枝山的题诗，或者最多象征性地给一点。哪知道，祝枝山平生不爱财但也决不同情爱财的人。他答应了给太守题诗的请求，同时又开了一个很高的要价，一口咬定没有二百两银子，便别想要诗。这嗜财如命的太守哪里舍得，抓耳挠腮、左掐右算地折腾了好几天，才勉强派人送来一百两银子。

祝枝山看到太守并未如数送来银子，心里十分气愤，就一面端详着眼前的古画，一面琢磨着对付太守的办法。这幅古画画的是河岸上有几棵大柳树，树

上有几只鹧鸪和杜鹃，河岸柳树下停泊着一只小船，一个青年男子站在船头，好像是要动身远行的样子；岸边伫立着一个青年女子，显出依依不舍、含情脉脉的样子。祝枝山看完画，拍案大叫一声："有了!"提起笔来写道：

> 东边一棵大柳树，
>
> 西边一棵大柳树，
>
> 南边一棵大柳树，
>
> 北边一棵大柳树。

然后，祝枝山就把画交给了唐伯虎。唐伯虎打开一看，愣住了："怎么只写了一半?"

祝枝山说："这个贪财的东西，既然他只给一半钱，我也就只题一半诗。"

唐伯虎会心地点点头，把画送给了太守。这太守也算是略知诗文的人，他一看祝枝山的四句诗，顿时火冒三丈，怒气冲冲地说："这也算诗吗? 这不是故意毁坏我的画吗?"

唐伯虎笑着说："你别发怒。祝枝山说，你只要把银子补齐，他也把诗续完。"

太守心疼银子，也心疼那幅名画，只好忍痛答应。他对唐伯虎说："我可以补齐银子，不过，明天请你们二位到府中喝酒，然后让祝枝山当场续诗。"

唐伯虎心想：别说是明天喝一会儿酒，就是大饮三日，祝枝山也依然可以写出好诗，就满口答应了。

第二天，祝枝山跟着唐伯虎到了太守府。饮了一会儿酒后，太守命人拿出画，让祝枝山续诗。祝枝山打开画卷，在原来的四句诗后接着写道：

> 任你东南西北，
>
> 千丝万缕，
>
> 总系不得郎舟住。
>
> 这边啼鹧鸪，
>
> 那边唤杜宇，
>
> 一声声："行不得也，哥哥!"
>
> 一声声："不如归去!"

诗的大意是：尽管东西南北都有大柳树，但千丝万缕的柳条，总也不能把心上人的船留住。这边的鹧鸪好像在叫："别走呀，哥哥！"那边的杜鹃也似在喊："咱们还是回家吧！"

祝枝山最先写的那四句诗与这几句一结合，一下子就把画中男女青年依依惜别的气氛给渲染出来了。参加宴会的宾客们看了连声称赞，杭州太守也笑得像莲花一样，立刻吩咐仆人给祝枝山又端上了一百两银子。

祝枝山毫不客气地装起了银子，挽起唐伯虎，头也不回地走了。

那太守对着画和诗又看了一遍，才发现祝枝山原来也借题诗嘲骂了他：那丝丝缕缕的柳条和男女青年的依依不舍，难道不也正像自己对钱财的贪婪和爱惜吗？他真想痛骂祝枝山一顿，可祝枝山早已游完杭州的山山水水，回家去了。

茹太素挨四十大板

明朝有一个叫茹太素的刑部主事，此人举人出身，爱弄文舞墨。有一回，他写一篇陈说时务的奏章，竟达一万七千字，真是洋洋大观。这篇奏章呈送到明太祖那里，明太祖叫人拿来读给自己听，读了六千三百七十字，还没有谈及具体的事实，只是空洞地说什么朝廷目前用人多是一些迂儒、俗吏。太祖大怒道："把茹太素叫来！"

茹太素来了以后，太祖问道："刑部有两百多人，谁是迂儒？谁是俗吏？"

茹太素说："请陛下再往下阅……"

明太祖越发生气了，拍桌说："你花了六千多字的笔墨，谁是迂儒，谁是俗吏也说不清，拉下去打四十大板！"茹太素被打得屁股出血，被人抬回家去了。

第二天晚上，明太祖又叫人继续读那又长又臭的"奏章"，一直读到一万六千五百字以后，才讲到本题：建议五件事。这五件事一共才五百字。明太祖一听，有四件可行，一件暂时办不到。第二天一大早，明太祖就派人将那四件事办了。然后，传旨下去叫茹太素来，说："你建议五件事，有四件行得通，很好。特赏你银子百两，锦缎百匹。但五百字可以讲清楚的事，你用一万七千字来写，这是繁文之过，打你四十板是应该的。今后要禁绝空话，作文要力求精练！"

为了以后改掉这种毛病，后来，明太祖朱元璋还规定了"建言格式"和字数，并公布全国施行。

两袖清风来送礼

于谦是个廉洁的官员，敢于为民请命，严惩作奸犯科权贵，却往往会受到那些奸险小人的排挤打击、污蔑陷害，于谦也因为这个而差点被处死。

有一年，于谦要到京城去汇报政务，临行前，有些平时很要好的朋友对他说："你去京城可要小心。现在朝廷里都是奸臣王振说了算，许多胆小怕事或者卑鄙无耻的官吏，每次进京的时候，都带着大包小包的礼物，去进献给王振。如果谁不送礼，王振就会找这人的麻烦，甚至可能把命都丢在京里。你最好也带点东西去，虽然我们知道你不愿去巴结这种小人，但也能省去许多麻烦。"

于谦听了好朋友们的告诫，笑着摇了摇头，说："别人害怕他王振，我可不怕他。我一生为官清廉，也没有什么财物好送给他，让他中饱私囊。"

这些人还是很替于谦担心，就劝他说："你即使不送贵重的礼物，至少也要带些手帕、蘑菇、线香等土特产啊！"

于谦一听，仍是摇摇头，说："老百姓生产这些东西是多么的不容易啊，我怎能用人民的血汗去满足小人的私心呢。如果实在要带，我自有好东西带给他。"

大家见于谦终于同意给王振送礼，都松了一口气。但是，第二天出发的时候，大家见于谦也没准备什么，就又上前问：

"你究竟带了什么东西呢？"

于谦笑了一笑，举起两手说："你们看，我这不是带了吗，这叫两袖清风。"

大家一听，才明白他们的劝说全都白费劲了，只能朝于谦苦笑。

于谦说完，就提起笔来，写了一首《入京诗》：

手帕蘑菇与线香，本资民用反为殃。

清风两袖朝天去，免得闾阎话短长。

这首诗的意思是：手帕、蘑菇和线香之类的东西本来就是人民生产了自己用的，如果用这些东西去贿赂权贵，那就会给人民带来灾殃。为此我只带两袖清风去朝见天子，也省得民间说长道短。

大家见了于谦的诗，都从心底里佩服他是个清廉正直的好官。

"满城弦管尽开花"

明朝一个大官叫袁太冲，他的女婿平时夸夸其谈，但不学无术，提起笔来写文章，常常写错别字。

有一天，逢他岳父生日，因他岳父生来爱吃枇杷果，他便备了一筐枇杷作为礼品送去，礼帖上写着："敬奉琵琶"。

这时袁太冲的老朋友莫延韩在旁边。这人书生出身，平时爱弄点诗文，他一见"敬奉琵琶"的礼帖，以为是袁之女婿赠送琵琶，可是揭开一看，是一筐枇杷果，真使人啼笑皆非，莫延韩就随手拿起笔，在礼帖上写了几句打油诗：

琵琶不是这枇杷，只因主人识字差。

若是琵琶能结果，满城弦管尽开花。

这个女婿看到这首打油诗后，面红耳赤，感到万分羞惭，连酒也不喝，就跑回家去了。

题诗退黄金

明朝的时候，常熟人吴讷因为很有才学，就被人推荐担任负责监察各级官吏的监察御史。

监察御史既然是监察各级官吏，因此就要经常出京巡查地方，狠狠地整治各种官场坏风气。他制裁严厉，当地的老百姓都异口同声地说："吴御史可真是

个少见的好官啊！"

一次，吴讷整治贪官后，要离开贵州了，临行前，贵州的一些地方官相约前来送行，他们知道吴讷是一个清廉之官，大家一商量，就决定派人拿着一百两黄金追赶上去，那样也许吴讷会收下。

几天以后，送金的人赶到夔州（今四川奉节），终于追上了吴讷。吴讷正准备乘船过长江三峡，这人对吴讷说："贵州的几位大人一定要我将这点黄金送来，给您作路费。您在贵州虽然时间不长，但却为我们老百姓做了不少的好事。这也算我们的一点心意吧，请您务必收下。"

吴讷见贵州的人民这样信任自己，心里很高兴，但他想，既然老百姓这样对待自己，那就更不能接受他们的钱财了。他心中这样想着，忙对送金的人说："我只是一个小小的监察御史，这段时间内虽然做了一些事，但这都是我的分内之责，当官就要为民做主，我不能为此接受老百姓的东西。再说，如果我接受了这些黄金，那不是和那些贪官污吏一样了吗？所以，你把这些黄金还是拿回去，也请你顺便替我向贵州的老百姓们表示感谢。"

这人见吴讷不肯接受，就说："您不收下，我回去不好交代啊，您还是收下吧！"

吴讷见这人为难的样子，就说："那好吧，我给你写首诗，你带回去给大家，他们就不会怪你了。"说着，吴讷就提起笔来，在包黄金的纸包上写了这样一首诗：

> 萧萧行李向东行，要过前途最险滩。
>
> 若有赃私并土物，任教沉在碧波间。

这首诗的大意是：我带着简单的行李向东回去了，马上就要经过前面长江上最险的三峡。如果我身上带着老百姓送我的土特产和赃物的话，就让这些东西都沉没在那碧波之中吧！

祸福皆由诗

明代初年，有个著名的诗人叫高启（1336—1374），他字季迪，号槎轩，江苏长洲（今江苏苏州）人。高启从小就很有诗才，在当地很有名气。许多人都想和他结交，交流写诗的心得，这就更扩大了他的影响。

高启好写诗，但不愿出去做官。十六岁的时候，江西有个大诗人叫饶介之，很仰慕高启的诗才，就大老远地从江西来到苏州，想一方面见识一下高启的写诗水平，一方面推荐他出去做官。

饶介之一到苏州，就派人去叫高启来，说有事和他商量，但他没想到，年轻的高启根本就不理他这一套。饶介之想，我就不相信你不来。于是他让人拿出随身带来的元代大画家倪云林所画的《竹木图》，叫人送给高启去鉴玩。

高启接到饶介之派人送来的画，也很喜欢，爱不释手。但是，第二天，饶介之却突然派人来将画要回去了，并说，如果想继续欣赏这幅画，就请到饶介之住的地方来，这样一来，高启没办法，只能亲自到饶介之那儿去了。

高启到了饶介之住的地方，饶介之亲自出来迎接他，两个人一见面，都感到相见恨晚，越谈越投机。最后，饶介之又拿出倪云林的《竹木图》来一起品赏，同时请高启给这幅画题首诗。高启正谈到兴头上，于是欣然命笔，在这幅名画上题了这样一首诗：

> 主人原非段干木，一瓢倒泻潇湘绿。
>
> 逾垣为惜酒在樽，饮余自鼓无弦曲。

这首诗里提到的段干木是春秋时人，他一生不愿做官，是有名的高士。无弦曲是指晋朝的陶渊明，据陶渊明自己说，他自家藏有一把根本就没琴弦的琴。这琴虽然不能演奏，但整天挂在墙上，陶渊明却可以体会出它的韵律。这些都是说明这些人志向高远，不同世俗。高启在这里用这些典故，也是要借它们来表达他不愿出去做官的思想。饶介之一看这首诗，立即明白了高启的心思，也就不再勉强他了，只是为他的才学而可惜，但也没有办法。

过了两年，高启十八岁了。有一天，他去探望生病的周仲建。周仲建也早就听说过高启的诗才，就拿出家藏的《芦雁图》请高启给这幅画题首诗。高启看着画上那西风萧萧、芦荻飘飘的景色，不禁思绪纷飞，凝神提笔，一气写下了这样一首诗：

西风吹折荻花枝，好鸟飞来羽翮垂。

沙阔水寒鱼不见，满身风露立多时。

这首诗的意思是说：萧萧的西风吹折了河边的芦苇，那上面的芦花正随风飘飞，一些识时的鸟儿停立在晃动不停地芦秆上，正扇动着它们的翅膀。抬头远望，只见平沙直铺到很远的天边，水面上笼罩着一片寒气，看不见一条鱼儿在游动，而欣赏这美景的人也因站立多时，身上都披满了风霜。诗虽只有四句，但却非常契合原画的意境，本身就是一首意境优美的好诗，而且还暗含着高启希望得到伴侣的意思。周仲建见高启一时间能写出这样既贴题又有意思的诗来，很是高兴，就把自己的女儿嫁给了高启。高启可说是因有诗才得娇妻。

高启的诗写得好，这为他带来了名气，甚至还为他找到了娇妻。但是，写诗也给他带来了不少的麻烦。甚至最后连命也搭上了。据说高启写有一首《宫女图》的诗。该诗写道：

女奴扶醉踏苍苔，明月西园侍宴回。

小犬隔花空吠影，夜深宫禁有谁来。

这是一首反映宫女生活的诗。诗的意思是：宫女们扶着那沉醉的君王、踏着满地的苍苔向宫中走去，他们是刚刚从西园侍宴回来的。这时，在满园鲜花的花影之中，有一只小狗正对着这批人的影子叫个不停，但它哪里知道，夜已如此之深，还会有谁再到这深宫中来呢？高启这首诗显然是一首讽刺诗。是讽刺皇上整天不理朝政，只知道饮酒作乐，时间都已是深夜了，他才扶着宫女回宫，搞得宫中的狗还以为是有谁偷偷地进了宫中呢。据说朱元璋看了这首诗后，心中很不高兴，只是一时找不到有说服力的理由。

后来，机会终于给朱元璋等到了。洪武五年（1372 年）十月，朝廷派一个叫魏观的人到苏州担任知府。因为知府衙门比较狭窄，魏观就想在元代的旧址上重新修建一下。竣工后，魏观请高启帮忙写一篇《上梁文》。高启和魏观当年在京师的时候是好朋友，推脱不过，就给写了。但后来有人告发说魏观图谋不轨，高启也被牵连进去，这正好给朱元璋找到了借口。原来，元代的苏州知府衙门旧址也就是朱元璋的对手张士诚的王府旧址，魏观在这儿修建衙门，当然就很容易被奸臣们抓住把柄。朱元璋得到报告后，马上派了一个叫张度的人下来调查，张度心怀叵测，咬住了魏观的罪名。于是魏观被斩首，高启被腰斩，那一年高启才三十六岁。事后不久，朱元璋也感到做得有些过分，就为魏观恢复了名誉，许其家族将他的灵柩归葬家乡。但对高启却没有宽恕，一代文豪就这样夭折在暴君的魔掌之下。

状元郎的偶然吟

明朝永乐皇帝的时候，江西泰和出了个状元，叫曾鹤龄。他为人谦虚，从不与人争强好胜。他有一首诗，叫《偶然吟》，就可反映出这一特点。

这首诗是曾鹤龄有一年进京赶考时写的。那一年，他刚考中了举人，要到京城去参加进士考试。但因家中不太富有，个人租不起船，于是只好搭乘了一条便船。

在这条船上，有几个浙江来的举人，因为都刚刚中了举，心里很高兴，所以他们有些自以为了不起。他们在船上整天高谈阔论，指手画脚，吹牛说大话。但曾鹤龄不一样，他不愿浪费大好时光，便独自一人，默默地坐在船舱里看书。

几个浙江举人压根儿就没把曾鹤龄放在眼里，看他那一副穷兮兮的样子，肚子里肯定没多少学问，他整天看书，不过是临时抱佛脚，这样的人到了京城，肯定考不取。

一天，这几个人又在乱发议论，曾鹤龄仍在一旁默默地读书。突然，中间有个人说："这个穷哥儿整天装着很认真读书的样子，好像他真有多少学问似的，我们今天不妨就来试试他。我们弄几个问题考考他，他要是答不出来，那正好可以出他个大大的洋相。"

其他几个人一听，都连声称赞说："真是个好主意，好主意。"

几个人商量好了，就见一个家伙笑嘻嘻地走上前去，对曾鹤龄说："仁兄哪，看你整天都在读书，一定读了不少书，我们都很佩服你的这种用功精神，只是有几个问题始终弄不大明白，不知仁兄能否给指教一下？"

　　曾鹤龄知道他们心里在想什么，本想给他们点颜色看看，但一想，又何必呢，大家都是进京赶考的，还是不要闹出不愉快吧。心里这样一想，曾鹤龄就客客气气地对这人说："这位仁兄，实在对不起得很，在下脑子很笨，平时读的书也少，有许多问题，我还没能好好领会，一时还答不上来，以后有机会了，我一定向各位请教。"

　　几个人听曾鹤龄如此说法，都信以为真，心里不禁暗暗发笑，都跑到船头，又议论开了。

　　有个人有意大声说："我早就看出他肚子里没货，果不其然吧。"

　　另一个举人接口说道："像他这号人，不知怎么能考中的，如不是营私舞弊，就是碰巧了。"

　　第三个人一听"碰巧"二字，立即说道："对，你讲得真对，他很可能就是偶然才考中了举人的，那我们就叫他曾偶然吧！"说完还得意地笑了笑。

　　以后的几天里，他们在船上遇到曾鹤龄，都不叫他的名字，而是叫他"曾偶然"。曾鹤龄听了，也没什么反应，还是默默地读他的书。

　　十几天以后，大家一起到了京城。不几天，又都去参加进士考试。那几个浙江来的举人遇到曾鹤龄的时候仍然叫他"曾偶然"，曾鹤龄却还是不动怒，只是继续温习他的书。

　　又过了十几天，考试的结果出来了。一大早，大家相约去看榜，只见曾鹤龄仍是不紧不慢的，几个浙江举人又在暗暗发笑，说他肯定是心虚，所以不着急。于是他们也就不等他了，急匆匆地去了。

　　哪知不看还好，一看却吓人一跳，曾鹤龄不但考得很好，而且得了个头名状元，而那几个浙江举人却一个也没考中。

　　几个人灰溜溜地向回走去，半路上遇到了来看榜的曾鹤龄，几个人马上换了一副嘴脸，都热情地走上去，拉着他的手，说着亲热的话。其中有一个反应最快，还恭恭敬敬地请曾鹤龄写诗，说也好留作以后的纪念。

　　曾鹤龄仍是不紧不慢的，他看了看那个提议让他写诗的人，见就是上次提议叫他"曾偶然"的家伙，于是，计上心头，说："好！承蒙大家看得起我，也不枉和大家相识一场，我就献丑了。"

说着，曾鹤龄就随口朗诵了一首诗：

捧领乡书谒九天，偶然得乘浙江船。

世间因有偶然事，岂意偶然又偶然。

这首诗的大意是：因为我在乡试中考取了举人，要到京城去考进士，路上偶然搭乘了一条浙江人的船。世间确实有许多偶然的事情，但又有谁会想到我偶然之后却又来了个偶然，竟考中了今年的状元。

几个浙江举人听了曾鹤龄做的这首诗，知道他是在用诗歌讽刺他们，一个个都感到非常惭愧，脸也不知不觉地红了起来。

左光斗入狱

明神宗后期，有个官员名叫顾宪成，因为正直敢谏，得罪了明神宗，被撤了职。他回到无锡（今江苏无锡）老家后，约了几个志同道合的朋友在东门外东林书院讲学。附近一些读书人听到顾宪成学问好，都赶到无锡来听他讲学，把一所本来就不大的东林书院挤得满满的。顾宪成痛恨朝廷黑暗，在讲学的时候，免不了议论起朝政，还批评一些当政的大臣。听过讲学的人都说顾宪成议论得对，京城里也有大臣支持他。东林书院名声越来越大。一些被批评的官僚权贵却对顾宪成恨得要命，把支持东林书院的人称做"东林党人"。

明熹宗刚即位的时候，一些支持东林党的大臣掌了权，其中最有名望的要数杨涟和左光斗。

有一次，朝廷派左光斗到京城附近视察，还负责那里的科举考试。

一天，北风刮得很紧，天上飘起了大雪。左光斗在官署里喝了几盅酒，忽然起了游兴。他带着几个随从，骑着马到郊外去踏雪。他们走着走着，见到一座古寺，环境十分幽静，左光斗决定到里面去休息一下。

他们下了马，推开虚掩的寺门，进了古寺，只见左边走廊边的小房间里，有个书生伏在桌上打瞌睡，桌上还放着几卷文稿。左光斗走近前去，拿起桌上的文稿细细看了起来。那文稿不但字迹清秀，而且文辞精彩，左光斗看了不禁暗暗赞赏。他放下文稿，正想转身回去，忽然想到，外面正下大雪，天气严寒，那书生穿得那样单薄，睡着了岂不要受凉，就毫不犹豫地把自己身上披的那件貂皮披风解下来，轻轻地盖在书生身上。

左光斗退出门外，把门掩上，他打发随从到寺里和尚那里去一打听，才知道那书生名叫史可法，是新到京城来应考的。左光斗把这个名字暗暗记住。

到了考试那天，左光斗进了厅堂。堂上的小吏高唱着考生的名字。当小吏唱到史可法的名字时，左光斗注意看那

左光斗

个送试卷上来的考生，果然是那天寺里见到的书生。左光斗接过试卷，当场把史可法评为第一名。

考试以后，左光斗在他的官府接见史可法，勉励了一番，又把他带到后堂，见过左夫人。他当着左夫人的面夸奖说："我家几个孩子都没有才能，将来继承我的事业，全靠这个小伙子了。"

打那以后，左光斗和史可法建立了亲密的师生关系。史可法家里贫穷，左光斗要他住进官府，亲自指点他读书。有时候，左光斗处理公事到深更半夜，还跑到史可法的房间里，两人兴高采烈地讨论起学问来，简直不想睡觉。

左光斗和杨涟一心一意想整顿朝政，但是明熹宗是个昏庸透顶的人。他宠信一个很坏的宦官魏忠贤，让魏忠贤掌握特务机构东厂。魏忠贤凭借手中的特权，结党营私，卖官受贿，干尽了坏事。一些反对东林党的官僚就投靠魏忠贤，结成一伙，历史上把他们称作"阉党"。杨涟对阉党的胡作非为气愤不过，大胆

上了一份奏章，揭发魏忠贤二十四条罪状。左光斗也大力支持他。

这一来可捅了篓子。公元 1625 年，魏忠贤和他的阉党勾结起来攻击杨涟、左光斗是东林党，罗织罪状，把他们打进大牢，严刑逼供。

左光斗被捕以后，史可法急得不知怎么办才好。他每天从早到晚，在牢门外转来转去，想找机会探望老师。可阉党把左光斗看管得很严密，不让人探望。

左光斗在牢里，任凭阉党怎样拷打，始终不肯屈服。史可法听说左光斗被折磨得快要死了，不顾自己的危险，拿了五十两银子去向狱卒苦苦哀求，只求见老师最后一面。

狱卒终于被史可法的诚意感动了，想办法给史可法一个探监的机会。当天晚上，史可法换上一件破烂的短衣，扮着捡粪人的样子，穿着草鞋，背着竹筐，手拿长铲，由狱卒带领着进了牢监。

史可法找到左光斗的牢房，只见左光斗坐在角落里，遍体鳞伤，脸已经被烧得认不清，左腿腐烂得露出骨头来。史可法见了，一阵心酸，走近前去，跪了下来，抱住左光斗的腿，不断地抽泣。

左光斗满脸是伤，睁不开眼，但是他从哭泣声里听出史可法来了。他举起手，用尽力气拨开眼皮，愤怒的眼光像要喷出火来。他骂着说："蠢材！这是什么地方，你还来干什么！国家的事糟到这步田地。我已经完了，你还不顾死活地跑进来，万一被他们发现，将来的事靠谁干？"

史可法还是抽泣着没完。左光斗狠狠地说："再不走，我现在就干脆收拾了你，省得奸人动手。"说着，他真的摸起身边的镣铐，做出要砸过来的样子。

史可法不敢再说话，只好忍住悲痛，从牢里退了出来。

过了几天，左光斗和杨涟等终于被魏忠贤杀害。史可法又花了一笔钱买通狱卒，把左光斗的尸体埋葬好了。他想起牢里的情景，总是情不自禁落下眼泪，说："我老师的心肠，真是铁石铸成的啊！"

"富"贵无顶

李东阳（1447—1516 年），官至吏部尚书、大学士，并形成了以他为首的茶

陵诗派。一次，他到山东曲阜巡视，给衍圣公（孔子后裔封号）府写了一副对联。联云：

与国咸休，安富尊荣公府第；

同天并老，文章道德圣人家。

孔府占地二百多亩，有厅、堂、楼、殿 463 间，雕梁画栋，极尽华美，是一座历代不衰的贵族府第。孔庙占地三百多亩，古树参天，碑碣如林。孔林方圆十余里，是我国最大的人造园林，孔子及其几世后代就埋葬在这里。历代封建统治者都给孔府子孙封官赐爵，故孔府有"天下第一家"之称。

几年以后，李东阳再到曲阜孔府，见自己当年写作的对联已刻制悬挂，字体遒劲，漆底镀金，甚是光耀气派。令他不解的是：那"富"字少了一点。起始，他以为是误写或误刻，本想问问当时的衍圣公先生，一转念，还是把话咽下去了。心想，这么大的字，挂在门外，绝对不会是无意的差错。那么，又为什么呢？

第二天，在酒席桌上，衍圣公主动地跟李东阳说起了对联的事。

李东阳说："那'富'字缺一点，不知出于何经何典？"这位进士出身的饱学之士，少不了有点文人的迂腐酸味。

衍圣公说："当初仓颉造字，这'富'字本就不该用个盖头。'率土之滨，莫非王土'，只有天子才富有天下，谁的'富'能到顶呀！我们孔府荷蒙浩荡皇恩，极尽荣华富贵，享受了许多特权，然而，那'富'，不但从数量上看没有止境，就是从时间上来讲也不能到顶。因此，在制作楹联时，特地把'富'字上头的那一点去掉了，以示'富贵无顶'，警戒子孙，代代相传。"

听了这一番解说，李东阳连连"嗯"了几声。

孔府为了永葆富贵，甚至在字形写法上做起手脚来了。

人们为了讨吉利，喜欢在形式上做文章。如：过年时，故意把"福"字倒着贴。"'福'倒了"谐"'福'到了"。又如贴个"寻人启事"，故意把"人"字倒写，使之与"人到了"相谐。这样，仿佛失落的那个"人"真的已经"到"了。

袁崇焕大战宁远

当魏忠贤的阉党把明朝朝政闹得乌烟瘴气的时候，后金大汗努尔哈赤正不断在辽东进攻明军。萨尔浒大战以后，明王朝派了一位老将熊廷弼出关指挥辽东军事。熊廷弼是个很有才能的将领，可是担任广宁（今辽宁北镇）巡抚的王化贞却认为熊廷弼出关，影响了他的地位，千方百计阻挠熊廷弼的指挥。公元1622年，努尔哈赤向广宁进攻，王化贞带头逃进关内。熊廷弼无法抵御，只好保护一些百姓退到山海关内。

袁崇焕

广宁失守，明王朝不分青红皂白，把熊廷弼和王化贞一起打进大牢。魏忠贤趁机向熊廷弼敲诈勒索，要熊廷弼拿出四万两银子，才免他死罪。熊廷弼是个正派人，哪来这些钱，当然拒绝。阉党就诬陷熊廷弼贪污军饷，把他处死。

明王朝杀了熊廷弼，派谁去抵抗后金军呢？掌管军事的兵部衙门正在着急。恰恰在这个时候，主事（官名）袁崇焕忽然失踪。衙门里的人找到他家里，家里的人也不知道他的去向。过了几天，袁崇焕才回来，原来他看到国事危急，单独一个人骑着马到山海关外视察去了。

袁崇焕详细研究了关内外的形势，回来向兵部尚书孙承宗报告，并且说："只要给我人马军饷，我能负责守住辽东。"

一些朝廷大臣正被后金的攻势吓破了胆，听袁崇焕自告奋勇，也都赞成让袁崇焕去试一试。明熹宗批准给他二十万饷银，要他负责督率关外的明军。

关外经过几年战争，一片荒凉，遍地都是死亡兵士的尸骨，加上冰天雪地，野兽横行，环境十分艰苦。袁崇焕出关后，带着几个随从兵士，连夜在荒野上

骑马奔驰，天没亮就到了宁远（今辽宁兴城）的前屯。他在那里收容难民，修筑工事。那里的将士对袁崇焕的勇气和毅力，没有一个不钦佩的。

袁崇焕在关外，经过一番实地考察，决心派兵进驻宁远，在那里修筑防守工事，他把他的主张报告朝廷后，立刻得到孙承宗的支持。

袁崇焕在宁远筑起三丈二尺高、二丈宽的城墙，装备了各种火器、火炮。孙承宗还派了几支人马分驻在宁远附近的锦州、松山等地方，声援宁远。

袁崇焕号令严明，受到军民的爱戴。关外各地的商人听说宁远防守巩固，从四面八方拥到宁远来。辽东的危急局面很快扭转过来。

正当孙承宗、袁崇焕守卫辽东有了进展的时候，却遭到魏忠贤的猜忌。魏忠贤唆使阉党说了孙承宗不少坏话，孙承宗被迫离职。

魏忠贤排挤了孙承宗，派了他们的同党高第指挥辽东军事。高第是个庸碌无能的家伙，他一到山海关，就召集将领开会，说后金军太厉害，关外没法防守，要各路明军全部撤进山海关内。

袁崇焕坚决反对撤兵，他说："我们好容易在关外站稳脚跟，哪能轻易放弃！"

高第硬要袁崇焕放弃宁远。袁崇焕气愤地说："我的职守是防守宁远，要死也死在那里，决不后撤。"

高第说不服袁崇焕，只好答应袁崇焕带领一部分明军留在宁远，却下命令要关外其他地区的明军，限期撤退到关内。这道命令下得十分突然，各地守军毫无准备，匆匆忙忙地退兵，把储存在关外的十几万担军粮丢得精光。

努尔哈赤看到明军撤退的狼狈相，认为明朝容易对付，公元1626年，他亲自率领十三万大军，渡过辽河，进攻宁远。

那时候，守在宁远周围几个据点的明军都已经撤走，宁远城只剩下一万多兵士，处境十分孤立。但是袁崇焕并不气馁。他咬破指头，写了一份誓死抗金的血书，给将士们看，并且说了一番激励大家的话。将士们听了，都感动得热血沸腾，纷纷表示一定跟着袁将军一起死守宁远。

接着，袁崇焕就命令城外百姓全部带了粮食、用具撤进城里，把城外的民房烧掉，叫后金军队来了没有粮食和掩体。他向城里的官员分派了任务，有的管军粮供应，有的清查内奸。他还发信给山海关的明军守将，如果发现宁远逃回关内的官兵，要他们就地处斩。这几道命令一下，宁远的人心都安定下来，大家除了一心一意守城杀敌之外，没有别的念头。

过了二十来天，努尔哈赤带领后金军气势汹汹地到了宁远城下。大批后金兵士头顶盾牌，冒着明军的箭石、炮火，猛烈攻城。明军虽然英勇抵抗，但是后金兵倒下一批，又来一批。在这紧急的关头，袁崇焕下令动用早就准备好的大炮，向后金军发射。炮声响处，只见一团火焰，后金兵士被轰得血肉横飞，留下的也被迫后撤。

第二天，努尔哈赤亲自督战，集中大股兵力攻城。袁崇焕登上城楼瞭望台，沉着地监视后金军的行动。直等到后金军冲到逼近城墙的地方，他才命令炮手瞄准敌人密集的地方发炮。这一炮使后金军受到更大伤亡。正在后面督战的努尔哈赤也受了重伤，不得不下令撤退。

袁崇焕听到敌人退兵，就乘胜杀出城去，一直追赶了三十里，才得胜回城。

努尔哈赤受了重伤，回到沈阳，跟他的部下说："我从二十五岁以来，战无不胜，攻无不克，没想小小的宁远城攻不下来。"他又气又伤心，加上伤势越来越重，拖了几天，就咽了气。他的第八个儿子皇太极接替他做了后金大汗。

徐霞客远游探险

当明王朝闹得乌烟瘴气的时候，在江阴地方有个青年，不满朝政腐败，不愿应科举考试、谋求做官，却立志游历祖国的名山大川，探索自然的奥秘。他就是我国历史上杰出的地理学家徐霞客。

徐霞客名叫徐弘祖，霞客是他的别号。他从小爱读历史、地理一类书籍、图册。在私塾读书的时候，老师督促他读儒家经书，他往往背着老师，把地理书放在经书下面偷看，看到出神的时候，禁不住眉飞色舞。

十几岁那年，他的父亲去世后，他决心亲自到名山大川去游历考察一番。

但是他想到母亲年纪老了，家里没人照顾，就没敢提这件事。

他的心事被母亲觉察到了。当母亲了解到他有这样的愿望，跟他说："男儿志在四方，哪能为了我留在家里，做篱笆下的小鸡、马圈里的小马呢！"母亲为他准备行装，还给他缝制了一顶远游冠。有了母亲的热情支持，徐霞客远游的决心更坚定了。

徐霞客在他二十二岁那年，开始离家外出游历。他先后游历了太湖、洞庭山、天台山、雁荡山、泰山、武夷山和北方的五台山、恒山等名山。每次游历

徐霞客塑像

回家，他跟亲友谈起各地的奇风异俗和游历中的惊险情景，别人都吓得说不出话来，他母亲却听得津津有味。

后来，老母亲死了，徐霞客就把他全部精力扑在游历考察的事业上。在他五十岁那年，他开始了一次路程漫长的旅行。他花了整整四年时间，游历了湖南、广西、贵州、云南四省，一直到我国边境腾冲。他跋山涉水，到过许多人迹不到的地方，攀登悬崖峭壁，考察奇峰异洞。有一次他经过一座高耸的山峰，发现悬崖上有一个岩洞，根本没路可通。他冒着生命危险，像猿猴一样爬上了悬崖，终于到达了洞口。

又有一次，他在湖南茶陵，听说当地有个麻叶洞，洞里有神龙或者精怪，不是有法术的人，都不敢进洞。徐霞客不信神怪，他出了高价雇个当地人当向导，进洞考察。正要进洞的时候，向导问他是什么人，当他知道徐霞客是个普通读书人的时候，吓得直往后退，说："我以为您是什么法师，才敢跟您一起进洞，原来是个读书人，我才不冒这个险呢。"

徐霞客并不罢休，带着他的仆人举起火把进洞。村里的百姓听到有人进洞，

都拥到洞口来看热闹。徐霞客在洞里考察了很久，一直到火把快烧完才出来。围在洞口的百姓看他们安全出洞，都十分惊奇，说："我们等了好久，以为你们一定给妖精吃了呢。"

徐霞客漫游西南的时候，除了随身的一个仆人外，还有一个名叫静闻的和尚和他们做伴。有一次，他们在湘江乘船的时候，遇到了强盗，他们的行李财物被抢劫一空，静闻和尚因为受伤，在半路上死去。到最后，连他随身的仆人也离开他逃走了。但是这些挫折都没有动摇他探索自然的决心。

徐霞客在旅途中，每天晚上休息之前，把当天见到的听到的都详细记录，即使在荒山野林里露宿的日子，也总是在篝火旁，伏在包袱上坚持写日记。公元 1641 年徐霞客去世后，留下了大量日记，这实际上是他的地理考察记录。经过他的实地考察，纠正了过去地理书上记载的错误，发现了过去没人记载过的地理现象。像古代地理书上说岷江是长江的上游，徐霞客经过考察，弄清楚长江上游不是岷江而是金沙江。又像他在云南腾冲打鹰山考察的时候，发现了那里曾经发生火山爆发的遗迹。他在游历中考察最多的是岩溶现象，在桂林七星岩，他对那里千姿百态的石钟乳、石笋、石乳等地形，进行详细的记载。这是世界上最早研究岩溶现象的记录。后来，人们把他的日记编成一本《徐霞客游记》。这部书不仅是我国古代地理学上的宝贵文献，还称得上一部优秀的文学著作呢！

宋应星及其《天工开物》

宋应星（1587—1661），字长庚，江西奉新人，出身于没落的官僚地主家庭，曾在江西、福建、安徽为官，明亡后，弃官回乡。崇祯十年（1637 年）四月，写成《天工开物》。

《天工开物》是一部总结我国明末以前农业和手工业技术成就的百科全书，分上、中、下 3 部，原有 20 卷，只刊刻 18 卷，分别叙述了有关我国古代农业、纺织、制糖、冶铸、造船、酿酒以及制造火药、兵器等物品的生产过程。从生活资料到生产资料，从民用机械到国防武器，当时有关国计民生的部门，应有尽有，内容广博，文字简洁，插图生动，别具一格，堪称我国古代不朽的科技巨著。宋应星因此被英国科学史家李约瑟博士称为"中国的阿格里科拉"和"中国的狄德罗"。

《天工开物》于崇祯十年（1637 年）由友人涂绍煃（kui）资助刊刻。《天工开物》所述几乎包括了社会全部生产领域，各卷先后顺序的安排依据"贵五谷而贱金玉"的原则。宋应星把与人民衣食有关的农业各卷置于全书之首，其次是有关工业各卷，而以不切国计民生的珠玉一卷殿后，体现了作者重农、重工和注重实学的思想。尤其可贵的是，书中附图 123 幅，包括提花机、钻井设备、轧蔗机、大型浇注锤锻千斤锚、阶梯式磁窑、玉石加工磨床等。所绘内容，结构准确，比例恰当，立体感强，依其图样与数据，即可将所绘的各种机械设备重新制造出来。

《天工开物》详细地记载了有关炼锌技术，其中介绍了密封加热法，解决了锌极易氧化的难题，也记载了铁矿石变成钢的生产过程，完全符合现代钢铁生产原理。书中还介绍了防治稻田八大灾害的方法，至今仍然在农村中广泛流传和应用。《天工开物》中记载的冷浸田使用骨灰蘸秧根，是我国使用磷肥的最早记录；利用不同品种蚕蛾杂交而生出"嘉种"，是我国利用杂交技术改良蚕种的最早记录。书中记载的精巧复杂的提花机是当时世界上最先进的，记载的锌的冶炼技术在世界上是最早的。

《天工开物》是一部有关农业和手工业生产技术的百科全书，是对中国古代农业和工业生产技术系统而全面的总结，其所述范围之广为以往任何著作所不及，是保留我国科技史料最丰富的一部书，它更多地着眼于手工业，反映了我国明末出现资本主义萌芽时期的生产力状况。其中还记录了不少在当时居于世界前列的工艺措施和科学创见，在世界科学史中占有重要地位。

张溥抄读

张溥（1602—1641），明代文学家。初字乾度，后字天如，号西铭。直隶太

仓（今属江苏）人。崇祯进士，选庶吉士，自幼发奋读书，明史上记有他"七录七焚"的佳话，著名的《五人墓碑记》，就是他的作品。他的一生，除了创作不少诗文外，还做了大量的编辑工作，《汉魏六朝百三名家集》，就是他编辑的。他博览群书，从小就养成一种抄读的习惯。他的刻苦勤奋是惊人的，他的读书方法，也是与众不同，别具一格。

他的书房叫"七焚斋"（也叫"七录斋"），反映了他独特的读书方法。据说，他每读一篇文章，总是一面读，一面动手抄录下来。他认为光读，在脑子里印象不深，动手抄，目的在于加深印象。读一遍，抄一遍，然后，又烧去，烧了又再读，再抄，这样连续七次，所以叫作"七焚""七录"。经过这样多次抄读以后，就把所读的书背熟了、记牢了。

由于张溥每天不停地抄读，致使握笔的手指生了老茧。有时抄的手都发麻了，他还在坚持。张溥的学问，就是这样勤学苦练得来的。

惺惺相惜成至交

袁枚（1716—1797）清代诗人、散文家。字子才，号简斋，晚年自号仓山居士、随园主人、随园老人。汉族，钱塘（今浙江杭州）人。乾隆四年进士，历任溧水、江宁等县知县，有政绩，四十岁即告归。在江宁小仓山下筑筑随园，吟咏其中。广收诗弟子，女弟子尤众。袁枚是乾嘉时期代表诗人之一，与赵翼、蒋士铨合称"乾隆三大家"。袁枚是清代较有影响的大诗人，作诗别具一种清新灵巧的风格，特别是他主张作诗要独抒性情，写出赤子之心，给清代中叶充满考据和模拟风气的诗坛注入了一股清新的空气。当时的文坛，还有一些像袁枚一样厌恶枯燥刻板的生活、追求人生真性情诗人，他们惺惺相惜，之间结下了深厚的友谊。袁枚与蒋士铨之间便有一段难得的诗缘。

蒋士铨是清代中叶的戏曲家和文学家，同袁枚一样，也是乾隆年间的进士。他们的相识与相交，都可说是得缘于诗。

乾隆十七年，三十七岁的袁枚，在隐居三年之后，迫于生活和各方面的压力，不得不再次离乡，返回官场。可是，到任不久，便得知了父亲去世的噩耗。因为远在陕西，他竟来不及回家奔丧，袁枚不禁对这次复出的举动深为懊悔。第二次的仕途生涯，使他对官场的黑暗有了更深的认识，因而，他下定决心彻底离开这个是非之地。

袁枚回乡后，心情并不是很好。虽然有一种隐居的恬淡平静，但是，年轻时"兼济天下"的理想却就此画上了句号。他想出去走走，排遣一下心中的郁闷。

一天，袁枚偶然听到了宏济寺的钟声，便信步来到了这里。那一天，来宏济寺烧香拜佛的人很多，寺院比往常显得热闹得多。他避开人流，向后面走去。那里几乎没有什么人，走在空空落落的佛家圣殿里，袁枚的心中不觉有几分失落。他随意地走着，偶尔也看一看周围的景致。

突然间，他发现佛寺的墙壁上有一些文字，急忙走过去看，原来是一首题壁诗。"谁有兴致在这里题诗？"袁枚心中想着，便看了下去。只见诗是这样写的：

随着钟声入梵宫，凭谁一喝耳双聋。

梁椤不解无言旨，孤负拈花一笑中。

下面还有四句：

山水争留文字缘，脚跟犹带九州烟。

现身莫问三生事，我到人间廿四年。

"好诗。"袁枚心中暗叹。他自己本是性情中人，因此，对能写出真性情的诗句也特别喜爱。这首诗写得很大气，毫无矫揉造作之情，颇合袁枚的口味和他现在的心情。诗后署名"苕生"，袁枚猜了半天，也想不出这苕生是谁。于是便问寺里的和尚，这诗究竟是谁写的。

但问了很多人都没有答案。袁枚只得将诗抄录下来，打算日后慢慢寻访。

回家后，一有人来随园做客，袁枚便拿出诗来，向他们讨问作者。功夫不负有心人，最后，他终于从一个朋友口中得知，苕生即是当时文坛上颇有才气的作家蒋士铨。心中不禁非常惊喜。他平时就很喜欢蒋士铨的文章，看来，苕生果然是和自己一类的人，心中暗暗将他引为知己。

后来，蒋士铨得知了袁枚四处寻觅"茗生"的事，很为袁枚引自己为知己而感动。于是，特地给他寄去了一首诗，诗是这样写的：

鸿爪春泥迹偶存，三生文字系精魂。

神交岂但同倾盖，知己从来胜感恩。

蒋士铨是在向袁枚抒发自己的知己之情。是诗将他们二人连在了一起，这种精神的默契是世上最难得的。后来，他们二人果然因诗结缘，成为最好的朋友。有一年除夕，蒋士铨梦见自己登清凉山作诗，身边还有袁枚为伴，袁、蒋二人的友谊由此可见一斑。

闯王李自成

崇祯帝即位的第二年，公元1628年，陕西闹了一场大饥荒。老百姓没粮吃，连草根树皮也掘光了，只好吃山上的泥土。但是一些地方官吏，照样催租逼税，叫老百姓没法忍受下去。陕西各地爆发了农民起义。

这年冬天，明王朝从甘肃调了一支军队到北京去。这支军队开到金县（今陕西榆林），兵士们领不到饷，闹到县衙门去。带兵的将官出来弹压，有个年轻兵士气愤地站出来，带领兵士们把将官和县官杀了。这个兵士就是李自成。

闯王李自成

李自成是陕西米脂人，出生在一个农民家庭，少年时候，就喜欢骑马射箭，练得一身好武艺。后来，父亲死了，家境穷困，李自成到银川驿站里去当马夫。他待人热情，驿卒们都挺爱戴他。

　　李自成的家一向担负代官府收租税的差使。米脂连年收成不好，农民拿不出租税。当地有个姓艾的大地主，乘机放高利贷，想在农民身上盘剥。李自成看大家交不起租税，就自己一个人借了债把税交了。过了一段时间，姓艾的地主逼李自成还债，李自成还不起，姓艾的就唆使官府把他抓起来打得半死，还锁上镣铐，把他放在太阳底下晒，不让吃东西。百姓和驿卒向县官恳求把李自成放在树荫下，让他吃点东西，县官也不答应。这一下把群众激怒了，大家一哄而上，砸开李自成身上的镣铐，带着李自成一起逃出米脂，到甘肃当了兵。

　　这一回，李自成在金县杀了将官，带着几十个兵士一起投奔王左挂领导的农民军，当上一名头领。

　　明王朝派出的总督杨鹤看到起义军越来越多，十分害怕。他一面派兵镇压，一面采用高官厚禄招降农民军将领。王左挂禁不住诱惑，动摇投降了。李自成不得不另找队伍。后来，他打听到高迎祥领导一支队伍起义，自称"闯王"，就决心投奔高迎祥。

　　高迎祥听到李自成带兵来投奔，十分高兴，马上叫他担任一个队的将官，大家把他叫作闯将。

　　高迎祥和别的起义军联合起来，转战山西、河北等五个省，声势越来越大。官军到处围剿，遭到失败。最后，崇祯帝恼羞成怒，调动了各省官军，想把各路起义军全部包围，一口吃掉。

　　为了对付官军围剿，高迎祥约了十三家起义军的大小头领在荥阳开会，商量对策。

　　荥阳大会上，大家议论纷纷。有的认为敌人兵力太强，不如打回陕西老家避一避再说；有的不同意，但是也拿不出更好的主意。这时候，李自成站了起来说："一个兵士肯拼命，也能奋战一下；我们有十万大军，敌人能拿我们怎么样？"

　　高迎祥赞许地说："依你的意思，该怎么办？"

　　李自成提出自己的主张。他认为起义军应该分成几路，分头出击，打破敌人的围剿。大家听了，都觉得李自成说得有理。经过一番商量，十三家起义军分成六路。有的拖住敌军，有的流动作战。高迎祥、李自成和另一支由张献忠领导的起义军向东打出包围圈，直取江淮地区的凤阳。

凤阳是明太祖朱元璋的老家。明太祖死后，那里成为明朝的中都。农民军出击凤阳，就是要打击明王朝的气焰。

高迎祥、张献忠领导的起义军一路进军，势如破竹，不到十天，就打下了凤阳，把明朝皇帝的祖坟和朱元璋做过和尚的皇觉寺一把火烧了。这一着真的震动了明王朝朝廷，崇祯帝听到这消息，又急又气，下令把凤阳巡抚处死。

高迎祥和李自成又带兵回到陕西，来回打击官军，叫明朝的官员手忙脚乱，狼狈不堪。崇祯帝和地方大臣都把高迎祥的队伍看成眼中钉，千方百计要消灭他们。有一次，高迎祥带兵进攻西安。陕西巡抚孙传庭在盩厔（今陕西周至）的山谷里埋下伏兵拦击。高迎祥没有防备，经过一场激战，被捕牺牲。

李自成带领留下的队伍杀了出来。将士们失去了主帅，心里十分沉痛。大伙认为闯将李自成是高迎祥最信任的将领，加上他的武艺高强，打仗勇敢，就拥戴他接替高迎祥，做了闯王。打那以后，李闯王的名声就在远近传开了。

李闯王的威名越高，越引起明王朝的害怕和仇恨。崇祯帝命令总督洪承畴、巡抚孙传庭专门围剿李自成。李自成的处境越来越困难。但凭着起义军将士的英勇作战和李自成的足智多谋，多次冲破官军的包围圈，活跃在四川、甘肃、陕西一带，打击官军。

在这个困难的时刻，另两支起义军的首领张献忠、罗汝才都接受明朝招降，李自成手下的将领也有人叛变。这使李自成的处境增添了困难。

公元 1638 年，李自成从甘肃转移到陕西，准备打出潼关去。洪承畴、孙传庭事先探听到起义军的动向，在潼关附近的崇山峻岭中，布置了三道埋伏线，故意让开通向潼关的大路，引诱李自成进入他们的包围圈。

李自成中了敌人的计。当他带领起义军浩浩荡荡开到靠近潼关的山谷地带的时候，两面高山里杀出了大批明军。他们依仗人多和地势有利，向起义军发起一次次冲击。起义军经过几天几夜的搏斗，几万名战士在战斗中牺牲，队伍被打散了。

李自成和他的部将刘宗敏等十八个人打退了大批敌人才冲出重重包围。他们翻山越岭，克服了重重困难，到了陕西东南的商洛山区，隐蔽起来。

明军占领了潼关，派出大批侦骑，搜捕李自成，搜了几个月，毫无信息。后来听有人传说，李自成在战斗中受了重伤，已经死去，明军才放松了搜捕。

卢象昇战死巨鹿

当李自成等十八人正在商洛山区休整的时候，明朝东北边境的形势越来越紧张。自从熊廷弼、袁崇焕被冤杀以后，明朝在东北没有得力将才。后金军曾一再派兵进关，掠杀人口和牲畜。公元 1638 年，清太宗派亲王多尔衮等率领大军第四次远征。清军直达北京外围，京城形势危急。明王朝内部意见分歧，有的主张抵抗，有的主张讲和。崇祯帝也拿不定主意，一面号召全国兵马援救京师；一面又让兵部尚书杨嗣昌和宦官高起潜秘密派人去东北找清朝试探求和。他听说总督宣府大同地区军事的卢象昇是个将才，就把卢象昇召到京城，命令他总督全国援兵。

卢象昇到了北京，崇祯帝立刻召见，问他该怎样对付清军进攻。卢象昇早就听说朝廷正在秘密议和，他直截了当对崇祯帝说："陛下要臣督师，臣只知道打仗，不知道别的。"

崇祯帝听得话里有刺，很不高兴地说："议和是一些大臣的议论。朝廷从没讲过要和。"他要卢象昇跟杨嗣昌去商量对付清军的办法。

杨嗣昌对卢象昇阻挠他的和议，心里恼恨，让高起潜担任总监，把各路来的四万援兵分成两半，一半由高起潜指挥。

这样，卢象昇名义上是统帅，实际上只掌管两万兵马。

清军分八路进军，长驱直入。一路打到高阳，原来支持袁崇焕的兵部尚书孙承宗已经告老在家，听到清军打来，带领全家十几口上城抵抗。高阳城被清兵攻破，孙承宗全家都壮烈牺牲。

卢象昇带兵开到保定，正在抵抗清兵，崇祯帝却听信杨嗣昌的诬告，责备卢象昇指挥不当，撤了他的职，要他戴罪立功。杨嗣昌还把卢象异仅有的二万人马又分出一半给别的将领管辖。卢象昇到了巨鹿，兵力只留下五千。那时候，高起潜带领的人马就驻在离巨鹿只有五十里的地方，卢象昇派人向高起潜求援，却遭到高起潜的拒绝。

卢象昇孤军作战，十分困难，由于杨嗣昌的破坏，粮饷也接济不上，将士们饿得发慌。一天早晨，卢象昇走出营门，向四周将士作揖说："我们受国家的恩，只怕不能为国牺牲，不要怕活不了。"将士们听了，个个感动得掉泪。

卢象昇把五千残兵分成三路，命令将军虎大威、杨国柱分别率领左右军，他自己带领中军，和清兵激战了一阵，杀退了一批清兵。

到了那天半夜，明营四周响起了鼗篥声，几万清军骑兵把明军围得水泄不通。虎大威带兵突围，被清兵压了回来。卢象昇大声喊道："虎将军，我们为国尽忠的时刻到了！"

将士们齐声响应，喊杀声震天动地，战斗从早上一直到晚上，卢象昇身上中了四箭，受了三处刀伤，杀得像血人儿一样。他还拼命格斗，杀了十几名清兵，终于倒下。

高起潜没等卢象昇那边战斗结束，早就拔营逃走。多尔衮率领清军一直打到山东济南，带了大批战利品，才撤回关外。

清太宗几次伐明，每次都打了胜仗，但没有在中原立足，主要是宁远、锦州等关外重镇还在明军手里，怕孤军深入，后路有被切断的危险。在第四次退兵以后，清太宗才决心先攻锦州。

公元 1641 年，清军围攻锦州，崇祯帝派蓟辽总督洪承畴，带领十三万人马援救锦州。明军才到松山，清太宗又亲自率领大军包围松山，断绝明军的粮道。到了第二年，松山城被攻破，洪承畴被俘，锦州守将听到松山失陷，也投降了。

洪承畴被押解到了盛京，清太宗派人劝降。一开始，洪承畴表现得很坚决，不管怎么劝说，他都不搭理。过了几天，清太宗亲自去看望，还向洪承畴问寒问暖，把自己的貂皮大氅解下，披在他的身上。洪承畴腿一软，跪下投降了。

清太宗收服了洪承畴，十分高兴，赏了金银财宝不算，还演戏奏乐，表示庆贺。清军将领对太宗这样重视洪承畴，想不通，清太宗对将领们说："大家风里来雨里去，天天打仗，为的是什么？"

将领们说："还不是为了想夺取中原？"

清太宗笑着说："我们要进中原，好比瞎子走路，现在找到个带路人，我怎么不高兴。"

松锦大战以后，山海关以北，全被清军控制。清兵要进中原，只差宁远和山海关大门了。正当清太宗雄心勃勃，想攻打山海关的时候，他突然得病死去。他的年才六岁的儿子福临即位，这就是清世祖，又称顺治帝。顺治帝年幼，由他的叔父、亲王多尔衮和济尔哈朗辅政。几乎在同一个时候，关内的形势发生了急转直下的变化。

张献忠奇袭襄阳

公元1639年五月，张献忠在湖北谷城再一次起义。原来，张献忠曾经在谷城接受明朝的招安，并不是真心投降，而是暗暗积蓄兵力，准备再起。明朝将领发现张献忠的意图，准备派兵镇压。张献忠先发制人，在谷城杀掉明朝县令，焚毁了官衙，重新打起了起义的旗号。不久，罗汝才也起兵响应。

明朝总兵左良玉派兵进攻，被张献忠打得一败涂地，只留下几百残兵败将逃回，气得崇祯帝把主帅熊文灿和总兵左良玉都革了职务，另派兵部尚书杨嗣昌到湖广围攻张献忠。

杨嗣昌带了崇祯帝的尚方宝剑，率领了十万人马，耀武扬威到了襄阳。他派左良玉等将领把起义军四面包围起来。张献忠转移到玛瑙山的时候，由于起义军队伍里混进了奸细，起义军陷入敌人包围圈里，被左良玉军打败，损失了大量金银、战马。张献忠的妻子、儿子也被俘虏。

张献忠带了一千名骑兵，从湖北转移到四川。杨嗣昌跟踪追击，把他的行辕迁到重庆，准备在四川消灭起义军。

杨嗣昌在四川到处张榜，说有谁能抓住张献忠，赏给黄金万两，还封他侯爵。哪知道第二天，在杨嗣昌的行辕里，发现了许多标语，上面写着："有能斩杨嗣昌头的，赏银三钱。"

杨嗣昌派出大批官军到处追剿起义军，张献忠起义军却是忽东忽西，叫官军捉摸不定，一直到第二年正月，官军才在开县追上起义军。当明军将领猛如虎、刘士杰拖着疲劳不堪的兵士赶到，张献忠的起义军绕到背后，从山上呐喊着冲了下来，明军全部崩溃，刘士杰被杀，猛如虎好容易逃脱。起义军杀退敌人，在营里拍手唱歌："前有邵巡抚（指四川巡抚邵捷春），常来团转舞；后有廖参军（指监军廖大亨），不战随我行；好个杨阁部（指杨嗣昌），离我三尺路。"

这支歌谣传到明军那里，使杨嗣昌听了哭笑不得。公元 1641 年，张献忠发现杨嗣昌把重兵都放到四川，襄阳兵力空虚，就摆脱明军，突然带兵离开四川，往东转移，一天一夜急行三四百里，把杨嗣昌大军远远甩在后边。到了湖北当阳，遇到另一支明军堵截，张献忠把罗汝才留在当阳，亲自率领精锐部队直奔襄阳。

杨嗣昌在重庆得到消息，连忙派使者赶到襄阳，命令襄阳明军严密防守。哪里知道使者走在半路上，被起义军发现抓了起来。起义军在使者身上搜到了令牌、文书，上面盖着杨嗣昌行辕的大印。张献忠把他的义子李定国叫来，叫他打扮为杨嗣昌使者，带了几名"随从"和令牌、文书，混进襄阳城去。

李定国带了公文、令牌，来到襄阳城边，正是夜色朦胧的时候。他在城门外向守军喊话，守城明兵听说是杨阁部派来的使者，验过令牌、文书，也没有怀疑，把李定国和随从兵士放进了城。

当天晚上，混进襄阳的起义军兵士在城里好几处放火，全城的百姓从睡梦里惊醒，发现到处火光冲天，全城大乱。在混乱中，起义军打开城门，大队人马赶到，官军要想抵抗也来不及了。

起义军进城以后，一面派人打开监狱，救出被俘的起义兵士和家属；一面直奔襄王府，活捉了襄王朱翊铭。

张献忠坐在襄王府大堂，派兵士把朱翊铭押上堂来。朱翊铭吓得直打哆嗦，

跪在地上求饶。

张献忠说："我不要别的，只要借你的头派个用场。"

朱翊铭听说要杀他，吓得捣蒜似的磕头，说："我宫里有金银宝器，听凭千岁搬用，只求饶命。"

张献忠哈哈大笑，说："我进了襄阳，你的金银财宝有什么法子叫我不搬？不过，你不把头借给我，那杨嗣昌还死不了呢！"

说着，吆喝一声，把朱翊铭拉下堂去杀了。

张献忠占领了襄阳，缴获了杨嗣昌储存在那里的大批粮饷、兵器，又把襄王府金库里的十几万两银子分发给当地的饥民，百姓听说处决了罪恶累累的襄王，高兴劲儿就不用提了。

张献忠攻破襄阳的消息传到了四川，把杨嗣昌惊呆了。他处心积虑布置的围攻起义军的计划全部破产，特别是张献忠在他眼皮底下，来个突然袭击，使一个藩王丧了命，怎么向崇祯帝交代？

杨嗣昌丧魂落魄地从四川窜到湖北，刚到沙市，又听到一个消息，李自成率领的起义军离开商洛山区，重整旗鼓，趁河南兵力空虚的时候，攻破洛阳，杀死福王朱常洵。这一来，杨嗣昌更是又惊又害怕，他想来想去，没有出路，只好自杀。

李岩和红娘子

李自成离开商洛，到河南的时候，河南正发生一场大旱灾，成千上万饥民到处流亡。李自成一到河南，饥民听到李闯王出山的消息，纷纷前来投奔。

有一天，一群饥民拥着一个读书人模样的青年来找闯王。李自成询问来历，知道那青年名叫李岩（又名李信），刚被大家从河南杞县牢里救出来。

李岩本来是杞县地方一户富户人家的儿子。前几年，当地灾荒闹得凶，好多农民断了粮。李岩拿出家里的一些粮食，接济断粮的穷人。对于一个富户子弟来说，这样做是少见的。

所以，穷人们觉得李岩为人不错，称呼他"李公子"。

杞县连年灾荒，穷人已经苦得过不了日子。但是，县官照样派差役向穷人逼税逼债。李岩怕逼出事来，去见姓宋的县官，劝他暂时停止征税，还希望他拨出一部分官粮借给饥民。

县官对李岩说："上司向地方派军饷，催得紧。我不问他们要税要租，拿什么交账。再说，官仓里的粮食早就空了，拿什么借给饥民。要借，只有请你们几家富户人家出粮了。"

李岩见县官不答应，回到家，打开自家的粮仓，把二百多石粮食拿出来让饥民分了。

闹饥荒的百姓见李公子肯捐粮，很高兴。但是受灾的百姓多，光李家捐粮也不顶事。有人想个主意，聚集几十个人到别的富户人家去请愿，要他们学李家的样儿。

那些富户人家不但不同意，反而向上门的饥民瞪白眼，说家里根本没粮。饥民一气之下，闹了起来，冲进一个富户的粮仓，把他家的粮食分了。

富户们发了慌，纷纷向县官哭诉。县官说："这不是反了吗？"立刻派了几名差役拿着他的令牌前去制止，还扬言说，如果再聚众要挟，一定要重办。饥民们正在气头上，哪怕你县官硬压。他们揪住差役，把令牌扔在地上，砸得粉碎，还拥到县衙门前，嚷嚷说："我们没有粮，早晚得饿死，不如跟你们拼了吧。"

县官一听饥民要暴动，吓得躲在县衙里不敢出来。他一想，还是李岩跟饥民有点来往，就赶快派人把李岩找来，请他想个办法。

李岩说："你要想不出乱子，只有赶快停止逼债，劝富户人家捐粮。"

县官没办法，只好勉强答应。聚集在县衙外的饥民听说李岩已经说服县官捐粮，才平息了气愤。有人说："大伙先回去吧。要是过几天还不见他们拿出粮来，再找他们算账！"

哪料饥民一散，县令就反悔了。他想，不向饥民逼税，虽然解了眼前的急，可上司催起来怎么办，自己的乌纱帽还保得住？他左思右想，就恨起李岩来，

认为现在饥民闹得这样凶，全是那姓李的惹出来的。他立刻叫个办案的师爷写了一份公文给上司，诬告李岩收买民心，想要造反。

这消息泄漏了出来，人们都替李岩担心。附近林子里，有一支农民起义队伍，带头的青年女子，是江湖上卖艺的，人们叫她红娘子。红娘子平时听到李岩捐粮救灾的事，十分钦佩，现在听说李岩有遭害的危险，就到李岩家里，把李岩带到林子里躲避。

李岩开始并没弄清红娘子的本意，后来一听红娘子要把他留下，参加起义队伍，就不愿意。没多久，从红娘子那里偷偷地跑了回来。

李岩一回家，那如狼似虎的差役早就戴着脚镣手铐等着他，一见李岩，就七手八脚把他铐了起来，带回县衙审问。

杞县的百姓听到李岩被捕，说："李公子坐牢，咱们难道能眼睁睁看他受苦不去救他？"

红娘子听到消息，也带着队伍来了。一大群饥民跟着她，拿刀的拿刀，使棒的使棒，一起攻打县衙门。

县官和差役一看起义队伍人多势大，料想抵挡不住，都溜走了。红娘子和饥民一起，打开牢监，把李岩救了出来。

到了这步田地，李岩觉得回家也没有出路，便听从红娘子的劝告，跟起义的饥民一起投奔李闯王。

李自成弄清了李岩的情况，知道李岩虽然是富户人家出身的读书人，也是个受迫害的；再说，起义军正需要找个谋士，就把李岩留在营里。李岩也早就知道李自成是个很有抱负的英雄，就一心一意帮李自成推翻明王朝。

起义军队伍壮大以后，李自成着手整顿部队，严肃纪律，还接受李岩的建议，提出"均田免赋"（"赋"就是税收）的口号。李岩派出一批起义兵士打扮成商人模样，混进官军占领的城里，逢人就宣传："李闯王带的队伍是讲纪律的，不杀人也不抢东西。"人们对官军的杀人抢劫，早就恨透了。现在听说李闯王的队伍纪律严明，自然向着李闯王了。当地的农民还传唱着一些歌谣，也是李岩编的：

吃他娘，穿他娘，开了大门迎闯王。闯王来时不纳粮。

朝求升，暮求合（一升的十分之一），近来贫汉难求活。

早早开门拜闯王，管教大家都欢悦。

李自成的起义军受到人民的支持，在杀死福王朱常洵之后，又在河南接连打了几个大胜仗。公元1643年，李自成攻破潼关，打死明朝督师、兵部尚书孙传庭，没多久就占领了西安。

吴三桂借清兵

公元1644年，李自成在西安正式建立了政权，国号大顺。接着，李自成率领一百万起义将士，渡过黄河，分两路进攻北京。两路大军势如破竹，到了这年三月，就在北京城下会师。城外驻守的明军最精锐的三大营全部投降。

起义军猛攻北京城。第二天晚上，崇祯帝登上煤山（在皇宫的后面，今北京景山）上往四周一望，只见火光映天，知道形势危急，跑回宫里，拼命敲钟，想召集官员们来保护他。等了好久，连个人影儿都没有。这时候，他才知道末日到来，又回到煤山，在寿皇亭边一棵槐树下上吊自杀。统治中国二百七十七年的明王朝，宣告灭亡。

大顺起义军攻破北京，大将刘宗敏首先率领队伍进城，接着，大顺王李自成头戴笠帽，身穿青布衣，跨着骏马，缓缓地进了紫禁城。北京的百姓像过节一样，张灯结彩欢迎起义军。

吴三桂

大顺政权一面出榜安民，叫大家安居乐业；一面严惩明王朝的皇亲国戚、

贪官污吏。李自成派刘宗敏和李过，勒令那些权贵交出平时从百姓身上搜刮来的赃款，充当起义军的军饷，拒绝交付的处重刑。少数民愤大的皇亲国戚被起义军抓起来杀头。

有个大官僚吴襄，也被刘宗敏抄了家产，并且逮捕起来追赃。有人告诉李自成说，吴襄的儿子吴三桂是明朝的山海关总兵，手下还有几十万大军。如果把吴三桂招降了，岂不是解除了大顺政权一个威胁。

李自成觉得这个主意很有道理，就叫吴襄给他儿子写信，劝说他向起义军投降。

吴三桂原来是明朝派到关外抗清的，驻扎在宁远一带防守。起义军逼近北京的时候，崇祯帝接连下命令要吴三桂带兵进关，对付起义军。吴三桂赶到山海关，北京已被起义军攻破。过了几天，吴三桂收到吴襄的劝降信，倒犹豫起来。向起义军投降吧，当然是他不愿意的；不投降吧，起义军勇猛善战，兵力强大，自己不是他们的对手。再说，北京还有他的家属财产，也舍不得丢掉。既然李自成来招降，不如到北京去看看情况再说。

吴三桂带兵到了滦州，离北京越来越近，就遇到一些从北京逃出来的人。吴三桂找来一问，开始，听说他父亲吴襄被抓，家产被抄，已经恨得咬牙切齿；接着，又听说他最宠爱的歌姬陈圆圆也被起义军抓走，更是怒气冲天，立刻下令退回山海关，并且要将士们一律换上白盔白甲，说是要给死去的崇祯帝报仇。

李自成得知吴三桂拒绝投降，决定亲自带二十多万大军，进攻山海关。吴三桂本来就害怕农民军，听到这消息，吓得灵魂出窍。他也顾不了什么民族气节，写了一封信，派人飞马出关，请求清朝帮助他镇压起义军。

清朝辅政的亲王多尔衮接到吴三桂的求救信，觉得机会来到，立刻回信同意。接着，他亲自带着十几万清兵，日夜不停地向山海关进兵。

清军到了山海关下，吴三桂已经迫不及待地带着五百个亲兵出关迎接多尔衮。他见了多尔衮，卑躬屈膝地哀求多尔衮帮他报仇。多尔衮自然顺水推舟地答应。吴三桂把多尔衮请进关里，大摆酒宴，杀了白马乌牛，祭拜天地，订立了同盟。

李自成大军从南面开到山海关边。二十多万起义军，依山靠海，摆开浩浩荡荡的一字阵，一眼望不到边。老奸巨猾的多尔衮从城头望见起义军阵容坚强，料想不容易对付，就让吴三桂打先锋，叫清军埋伏起来，自己和几名清将远远躲在后面的山头观战。

战斗开始了，李自成骑着马登上西山指挥作战。吴三桂带兵一出城，起义军的左右两翼合围包抄，把吴三桂和他的队伍团团围住。明兵东窜西突，冲不出重围；起义军个个血战，喊杀声震天动地。

正在双方激烈战斗的时候，不料海边一阵狂风，把地面上的尘沙刮起，一霎时，天昏地黑，对面见不到人。多尔衮看准时机，命令埋伏在阵后的几万清兵一起出动，向起义军突然袭击。起义军毫无防备，也弄不清是哪儿来的敌人，心里一慌张，阵势也就乱了。直到风定下来，天色转晴，才看清楚对手是留着辫子的清兵。

李自成在西山上发现清兵已经进关，想稳住阵脚，指挥抵抗，已经来不及了，只好传令后撤。多尔衮和吴三桂的队伍里外夹击，起义军遭到惨重失败。

李自成带领将士边战边退。吴三桂仗着清兵的势，在后面紧紧追赶。起义军回到北京，兵力已经大大削弱。

李自成回北京后，在皇宫大殿里举行即位典礼，接受官员的朝见。第二天一清早就率领起义军，离开北京，向西安撤退。

李自成离开北京的第三天，多尔衮带领清兵，耀武扬威地开进北京城。公元1644年十月，多尔衮把顺治帝从沈阳接到北京，把北京作为清朝国都。打那时候起，清王朝就开始在中国建立了它的统治。

第二年，清朝分兵两路攻打西安。一路由阿济格和吴三桂、尚可喜率领，一路由多铎和孔有德率领。李自成率领农民军在潼关抗击清军，经过激烈战斗，终于被迫放弃西安，向襄阳转移。过了几个月，农民军在湖北通山县九宫山，遭到当地地主武装袭击，李自成战败牺牲。

李自成退出北京后，张献忠在四川称帝，国号大西，继续抗击清军。到公元1647年，清军进四川，张献忠在川北西充的凤凰山的一场战斗中，中箭死去。

明朝末年的两支主要起义军都失败了。

"友""有""酉"难逃厄运

崇祯十七年（1644 年），在闯王兵临城下之时，皇帝朱由检却忧心忡忡，平素一直相信江湖术士的他，派出内臣掌印太监王德化出宫探听一下民间消息。

李自成的军师宋献策本是个占卜出身，他为了刺探城内情报，正装扮成测字先生混入北京皇城，挂起"鬼谷为师，管辂为友"的白幡招牌，重操旧业。

王德化看到宋献策的测字摊，便连忙走了去。宋献策看来人白白净净，近 40 岁的年纪，却没有胡须，声音近似女人，已判定是个太监，便主动与客官搭讪："客官，测个字吧！"

王德化说："我家主人是做官的，如今这个局势，不知国事如何？特派我来问问神仙。"

宋献策递上一支笔，说："请客官写个字来算算。"

王德化说："不要写字了，顺手指了指测字摊边挂的白幡招牌'管辂为友'的'友'字"，说："就测这个字吧！"

宋献策端端正正地把"友"字写在纸上，有时摸须，有时掐指，一阵卖卦人的花样玩过以后，就说："客官若问他事，或有另外的说法，若问国事，就恐怕有些不妙呵。"

王德化见测字先生有些迟疑，便催促他说："既来测字，主人已有吩咐，先生但说无妨。"

宋献策说："你看这'友'字，遮去上边那半撇，就是一个'反'字。客官测的是'友'字，恰恰是'反'字出了头。若从字形来看，恐怕是'反贼'要出头了。"

王德化急忙改口说："不是这个'友'字，是'有无'的'有'。"

宋献策写下"有"字，更神秘地说："这个'有'字更为不祥呵！你看这'有'，上面是'大'字，可缺一捺；下面是'明'字却已无'日'。这就是说，

'大明'的江山已经去了一半。缺'捺'就是'无奈',拿了没有办法;无'日'就是没有日子了呵!"

王德化听了,头上冷汗直冒,可他仍想讨个吉利,又改口说:"不是这个'有',是'申酉'的'酉'字。"

宋献策说:"此字更不佳呀!"

王德化说:"前面的话,都是不佳。先生不必隐讳了。"

宋献策说:"天机不好泄露呵!"

王德化说:"先生不过民间测字,又有何妨!"

宋献策眼看到了火候,就说:"客官恕我真言,这'酉'字太恶,它是'尊'字的中心,'至尊'就是皇上,可这个'酉'字,上无头,下无脚。根据字形,岂不是'至尊'的皇上要斩头截脚吗?"

王德化听了,吓得魂飞魄散,高一脚低一脚地回到宫里。朱由检问他测字的情况,他说"奴才不敢讲"。在一再催逼之下,他只好照实做了汇报。朱由检听完,顿时瘫痪在地。

就是这年3月19日黎明,朱由检一剑砍杀爱女之后,和王德化一起,在景山的一棵大树下自缢身亡。李自成率领起义大军浩浩荡荡入城,登皇极殿。明朝就这么亡了!

皇家特务机关:锦衣卫与东西厂

明朝政治的一个显著特点就是恐怖政治,而恐怖政治的代言人就是锦衣卫与东西厂,合称"厂卫"。在皇帝的直接指挥下,厂卫特务无所不至,上起公侯贵戚,下至民间百姓,都是他们刺探的对象。厂卫特务依仗权势,无恶不作,所用的刑具有特制的大枷、夹棍,刑罚有断脊、堕指、刺心、红绣鞋(以烧红的铁烙脚)等,惨无人道。

锦衣卫是明朝专有军政搜集情报机构,前身为明太祖朱元璋设立的"拱卫司",后改称"亲军都尉府",统辖仪鸾司,掌管皇帝仪仗和侍卫。洪武十五年

（1382 年），裁撤亲军都尉府与仪鸾司，改置锦衣卫。

锦衣卫下设南镇抚司和北镇抚司，南镇抚司掌管本卫的法纪、军纪，北镇抚司"专理诏狱"，直接奉皇帝之命查办各种案件，是锦衣卫的核心。南北镇抚司下设五个卫所，其统领官称为千户、百户、总旗、小旗，普通军士称为校尉、力士。校尉和力士在执行缉盗拿奸任务时，被称为"缇骑"。缇骑的数量，最少时上千人，最多时达六万之众。

锦衣卫使用特务手段任意缉捕、审讯臣民，在严刑逼供下制造了许多冤假错案。

据史书记载，明初大臣钱宰罢朝之后回到家中，因为当天起早去赶早朝，便即兴吟诗："四鼓咚咚起着衣，午门朝见尚嫌迟。何时遂得田园乐，睡到人间饭熟时。"第二天上朝时，明太祖就对他说："昨天作得好诗，不过我并没有'嫌'你迟呀！为什么不用'忧'字呢！"钱宰一听，顿时一身冷汗，磕头如捣蒜。大学士宋濂有一次在家宴请宾客。

宋濂

朱元璋随即就知道客人是谁、吃了什么菜、喝了什么酒，甚至主客的位置都一清二楚。

锦衣卫的一项著名的职能是"执掌廷杖"。受杖的人被扒去官服，反绑双手，押至午门。在那里，司礼监掌印太监和锦衣卫指挥使一左一右早已严阵以待。受刑者被裹在一块大布里，随着一声令下，棍棒就雨点般落在他身上。行刑者为锦衣卫校尉，他们都受过严格训练，技艺纯熟，能够准确地根据司礼太监和锦衣卫指挥使的暗示掌握受刑人的生死。如果这两人两脚像八字形张开，表示可留杖下人一条活命；如果脚尖向内靠拢，则杖下人就要一命呜呼了。杖

完之后，还要提起裹着受刑人的布的四角，抬起后再重重摔下，此时布中人即使不死，也丢了半条命。廷杖之刑对士大夫的肉体和心灵都是极大的伤害。

比锦衣卫更可恶的是东厂和西厂，它们是明朝迁都北京以后设置的特务机关。东厂、西厂由皇帝的亲信太监担任提督，直接向皇帝报告，地位更高。

东厂设置于永乐十八年（1420 年）。当时虽然已经有锦衣卫，但因由外官掌管，皇帝仍然放心不下。为了更便于控制监视百官，需要另设一个特务机关，由于其地址位于东安门北侧，因此被命名为东厂。东厂起初直接受明成祖指挥，后来统辖权转移到宦官手中，成为由宦官控制的特务机构。东厂的首领称掌印太监，是宦官中仅次于司礼监掌印太监的第二号人物。除此以外，东厂中设千户一名，百户一名，掌班、领班、司房若干。东厂的职责为缉访谋逆妖言、大奸恶事，采用特务手段，在全国组成了恐怖的特务统治网。东厂的下属吏员由锦衣卫内拨给，其权势在锦衣卫之上。锦衣卫有权侦查一切官民，而东厂除此以外还可侦查锦衣卫。在东厂的堂上，挂着"朝廷心腹"的大匾，充分表明了东厂的重要地位和深受皇帝宠信的程度。

东厂的设置集中反映了朱棣对宦官的依赖心理。因为朱棣是篡得天下的，建文帝朝的大臣与朱棣之间各自都怀有戒心，但朱棣又不能尽杀建文时的大臣，便在永乐十八年（1420 年）设立东厂，来侦察百官动向。东厂的性质很明确，第一，和其他宦官机构一样，是皇帝的"家臣"；第二，和其他宦官机构不同，从一开始职掌就在宫闱之外。值得一提的是，在朱棣的世系已被接受为正统，已经取得了"政治合法性"之后，作为特务机关的东厂不但没有被取消，其权限反而不断扩大。

东厂的权势不断扩展，不但在一般百姓中，即使在文武官僚中，也形成了一股威慑力量。据说，远州僻壤的官民，看到衣着豪华，骑优良马匹，操京师口音者，争相躲避。明朝的宦官专权，在一定程度上依靠了东厂的威慑力量。

西厂设立于宪宗成化十三年（1477 年），西厂的权力和人数都超过东厂，活动范围自京城至全国各地。太监汪直任西厂提督。西厂成立，本来只是为了替皇帝刺探消息，但汪直为了升官发财，拼命地罗织大案、要案，其办案数量之

多、速度之快、牵扯人员之多远远超过了东厂和锦衣卫。汪直趁机陷害朝中的正直之士，培植同党，并用锦衣卫百户韦瑛为心腹，屡兴大狱。汪直每次外出，皆前呼后拥，随从众多，公卿大夫都要绕道回避。三品以上的京官大臣，汪直都敢擅自抄家审问。对一般百姓，其一言一行只要稍有不慎，就会被西厂以妖言罪从重处置。在这种情况下，西厂仅仅成立 5 个月，就弄得朝野上下人心惶惶，以大学士商辂为首的辅臣集体上书，向宪宗痛陈西厂之危害，并将汪直办下的不法之事一一举报。宪宗收到奏章后为之一震，于是撤销西厂。成化十三年（1477 年）六月，宪宗又下诏恢复西厂，汪直从此更为嚣张，手下缇骑人数超过东厂一倍，势力远在东厂之上。而此时，从前弹劾汪直的兵部尚书项忠被革官为民，大学士商辂害怕西厂打击报复，请求告老还乡，宪宗给予批准。从此，西厂的势力更大，缇骑校尉遍布大江南北，连民间斗鸡骂狗之琐屑小事，也常被牵连重罚，弄得民心惶惶，连皇亲国戚都不敢得罪西厂。成化十八年（1782 年）三月，宪宗以东、西二厂不宜并立为由，关闭了西厂，遣散了西厂的人员。

　　明武宗时，宦官刘瑾专权，恢复了西厂，又设内行厂，由他直接指挥，以监视其他的官员为业，连锦衣卫、东厂、西厂也在内行厂监视之列。刘瑾被诛之后，内行厂撤销。

清朝

清朝帝系表

1616—1911

太祖（爱新觉罗·努尔哈赤）	天命（11）	1616
太宗（爱新觉罗·皇太极）	天聪（10）	1627
	崇德（8）	1636
世祖（爱新觉罗·福临）	顺治（18）	1644
圣祖（爱新觉罗·玄烨）	康熙（61）	1662
世宗（爱新觉罗·胤禛）	雍正（13）	1723
高宗（爱新觉罗·弘历）	乾隆（60）	1736
仁宗（爱新觉罗·颙琰）	嘉庆（25）	1796
宣宗（爱新觉罗·旻宁）	道光（30）	1821
文宗（爱新觉罗·奕詝）	咸丰（11）	1851
穆宗（爱新觉罗·载淳）	同治（13）	1862
德宗（爱新觉罗·载湉）	光绪（34）	1875
爱新觉罗·溥仪	宣统（3）	1909

十三副遗甲起兵

明万历十一年（1583），建州女真一个小部落的酋长努尔哈赤以祖、父遗留的十三副遗甲，率领不足百人的部众起兵，经过30年艰苦卓绝的斗争，结束了女真族长期分裂混战的局面，为后来清朝的统一奠定了重要基础。然而，努尔哈赤起兵，最直接的原因则是要为祖、父之死报仇，最初并没有想到要统一女真各部，进而取代明朝。

明末，建州诸部中以王杲势力最强，他与明朝的冲突不断。万历二年（1574），王杲以明绝贡市，部众坐困，遂大举进犯辽、沈，为明军所败。王杲投奔海西女真哈达部王台，结果被王台绑缚后献给明廷处死。王杲死后，其子阿台为报父仇，返回古勒寨（今辽宁新宾上夹河镇古楼村）。万历十一年二月，辽东总兵李成梁认为"阿台未擒，终为祸本"，督兵攻打古勒寨。

当时，建州女真苏克苏浒河部图伦城的城主尼堪外兰，受到明朝的扶植，辽东总兵李成梁也一直利用他，企图通过他加强对建州女真各部的统治。尼堪外兰也想借助明朝的力量，扩充自己的势力。于是，为讨好李成梁，尼堪外兰决定引明军至古勒寨，攻打阿台。

本来，这场战争与努尔哈赤的祖、父没有直接的关系，但由于阿台之妻，却被牵连其中。

原来，阿台之妻是觉昌安（努尔哈赤之祖）的孙女。觉昌安见古勒寨被围日久，想救出孙女，就同他的儿子塔克世（努尔哈赤之父）前往古勒寨。到了以后，觉昌安让塔克世留在外面等候，独自一人进入寨中。时间过了很久，觉昌安还是没有出来，塔克世感觉不妙，就进入寨中。这时明军攻破古勒寨，觉昌安和塔克世都被困在寨中。阿台部下尽遭屠戮；努尔哈赤的祖父觉昌安和父亲塔克世，也在尼堪外兰的唆使下被明军杀死。努尔哈赤听到噩耗后悲痛欲绝，责问明边官："祖、父无罪，何故杀之？"明边官辩称误杀，将其祖、父遗体归还，并下敕书二十道，令努尔哈赤承袭祖职，任努尔哈赤为建州左卫都指挥。

毫无疑问，努尔哈赤祖、父死于明军之手。但由于当时努尔哈赤的力量弱小，根本不足以与明朝对抗。而明朝一面安抚努尔哈赤，一面又扶植尼堪外兰。努尔哈赤对明朝扶持尼堪外兰极为不满，便借祖、父被杀之愤，把矛头首先对准了尼堪外兰。努尔哈赤曾经向明军提出要求，说自己的祖、父是由于尼堪外兰的挑唆才遭遇劫难的，希望明军抓住尼堪外兰，交给他来处置，但遭到了明军的拒绝。悲愤之下，努尔哈赤决定起兵报仇。

为了对付尼堪外兰，努尔哈赤首先把那些对尼堪外兰不满的人拉拢到自己的身边。万历十一年五月，努尔哈赤以祖、父遗甲十三副，兵不满百，攻打图伦城的尼堪外兰。尼堪外兰预知消息后，携妻子逃离。努尔哈赤攻克图伦城，凯旋而归。是为征服女真诸部之始，努尔哈赤时年25岁。

努尔哈赤刚入世时．只是建州女真中一支弱小的力量。在建州内外，有许许多多强大的敌人。但他运用正确的策略，征剿并用，采取各个击破的方法，仅用短短几年的时间，就把周围各部统一起来，建立八旗，为后来清朝的繁荣兴起奠定了良好的基础。

萨尔浒之战

萨尔浒战役是1619年（明万历四十七年，后金天命四年）二到三月间，在明朝与后金的战争中，努尔哈赤在萨尔浒（今辽宁抚顺东大伙房水库附近），以及萨尔浒附近地区大败明军四路进攻的反击战，是明朝与后金辽东战争中的战略决战。

努尔哈赤攻陷抚顺、清河等地后，明廷震动。为巩固在辽东的统治，尽快把后金势力镇压下去，明廷决定发动一场大规模的反击战。于是，从全国调兵遣将，筹饷集粮，以杨镐为总指挥，坐镇沈阳，兵分四路，号称40万人马，进攻后金都城赫图阿拉。明四路大军原商定二月二十四日共同行动，但因"大雪迷途"，都比商定时间晚。杜松等率兵于二月二十八日由沈阳进军，"攻其西"；李如柏等于三月一日出清河鸦鹘关口，"攻其南"；马林等于二月二十八日出三

岔口，"攻其北"；刘綎等于二月二十五日出宽甸口，"攻其东"。由于兵分四路，缺乏统一的灵活指挥，互不协同，加之山地交通阻塞、消息迟滞，暴露了明显的弱点。

三月初一日早，努尔哈赤接到探哨飞报，得知明军杜松部已经出抚顺关，便立即召集诸贝勒大臣共同商讨对策。那时候，后金八旗军兵力，合起来不过6万多。一些后金将士听说明军来势汹汹，不免有点害怕，要努尔哈赤拿主意。努尔哈赤沉着冷静，根据消息判断，他确信明军不会很快集中，就采取"凭尔几路来，我只一路去"的策略。

正如努尔哈赤所料，担任这次主攻任务的杜松出抚顺关后，就在萨尔浒山上安营扎寨。杜松乃陕西榆林大汉，出身将门，以骁勇著称，久经沙场，战功累累。他出发前脱去上衣，以满布刀瘢箭痕的躯体裸示众将士，说："某不识字武夫，惟不学读书人贪财害人耳！"众将士无不咨嗟挥涕。但是杜松性燥气盛、有勇少谋、酗酒贪功，并非帅才。从抚顺出发的时候，天正下着大雪，杜松想抢头功，不管气候恶劣，急急忙忙冒雪行军。他先攻占了萨尔浒山口；接着兵分两路，把一半兵力留在萨尔浒扎营，自己带了另一半精兵攻打后金的界藩城。杜松率明军赶到浑河岸边时，天色已黑，他仍驱军连夜渡河。

努尔哈赤一看杜松分散兵力，心里暗暗高兴，集中八旗的兵力，一口气攻下萨尔浒明军大营，截断了杜松后路。接着，又急行军援救界藩。努尔哈赤早已命人在上游壅沙阻水，乘明军渡河之际，上游便掘沙放水。河水猛涨，水深没肩，明军溺死千余人，辎重及大炮火器均被大水所阻而未渡。紧接着，驻守在界藩的后金军从山上居高临下地压下来，把明军杀得七零八落。努尔哈赤率领大军赶到，把明军团团围住。杜松左右冲杀想要突围，突然一箭飞来，正射中他的头部，杜松从马上栽下来死去。他所率明军被杀得尸横遍野，血流成河。这一路人马首先覆灭了。

此时北路的马林从开原（今辽宁开原）出兵，刚刚到离萨尔浒四十里的地方，得到杜松兵败的消息，吓得急忙转攻为守，摆出了"牛头阵"。他亲自率兵驻尚间崖，依山结成方阵，四面深挖三道壕沟，布置红衣大炮等火器。努尔哈赤消灭了西路明军后，便挥师北上，因天已昏黑，宿于巴尔达岗；大贝勒代善领兵宿于哈克山；其他诸贝勒大臣率军沿土木河警戒。三月初二日清晨，努尔哈赤先与四贝勒皇太极率一千人马进攻斡珲鄂漠，杀龚念遂、李希泌等人，全歼其部众。随后率亲军迅速进抵尚间崖，命八旗兵下马步战。大贝勒代善直入明军阵，二贝勒阿敏、三贝勒莽古尔泰与诸大臣等，亦率旗冲阵。两军激战，明兵大败。与此同时，未参战的八旗兵不待布列行阵，便纵马飞驰，直冲马林大营。顷刻之间，明军溃败，副将麻岩及大小将士皆阵亡，总兵马林仅以身免，逃回开原城。

坐镇沈阳的杨镐，正在等待各路明军的捷报，哪想到一连两天接到的竟是两路人马覆灭的坏消息，把他惊得目瞪口呆。他这才知道努尔哈赤的厉害，连忙派快马传令另外两路明军立刻停止进军。中路右翼的辽东总兵李如柏本来胆小，行动也特别迟缓，接到杨镐命令后，急忙撤退。山上巡逻的二十来名后金哨兵远远望见明军撤退，大声鼓噪，明军兵士以为后面有大批追兵，争先恐后地逃跑，自相践踏，死伤不少。

剩下的一路是南路军刘綎。杨镐发出停止进军命令的时候，刘綎军已经深入到后金军阵地，各路明军失败的情况，他一点也不知道。刘綎是明军中出名的猛将，能使用一把120斤重的大刀，运转如飞，外号叫"刘大刀"。刘綎军军令严明，武器火药也多，进人后金阵地以后，连破几个营寨。

努尔哈赤知道刘綎骁勇，不能光靠拼硬仗。他选了一个投降过来的明兵，叫他冒充杜松部下，送信给刘綎，说杜松军已经到赫图阿拉城下，只等刘綎军去会师攻城。刘綎还没接到杨镐的命令，不知道杜松军已经覆灭，信以为真。他怕让杜松独得头功，便下令火速进军。这一带道路险狭，兵马不能够并列，只好改为单列进军。刘綎带兵走了一阵，忽然杀声四起，漫山遍谷都是后金伏兵，向明军杀来。刘綎正在着急，努尔哈赤又派一支后金兵穿着明军衣甲，打着明军旗帜，装扮成杜松军前来接应。刘綎毫不怀疑，人马被带进后金军的包围圈里。后金军里应外合，四面夹击，明军阵势大乱。刘綎虽然勇敢，挥舞大刀，杀退了一些后金兵，但是毕竟寡不敌众，他左右两臂都受了重伤，终于倒下。

　　杨镐在得知三路大军都已溃败的消息后，急忙撤兵。后来，杨镐回京后被劾革职，下狱处死。

　　萨尔浒之战，是明与后金争夺辽东的关键性一战。此战后，后金政权更加稳固，而且夺取了辽东地区攻防的主动权；明军则惨遭失败，完全陷入被动，辽东形势陷入危局。从此，后金军由战略防御转入进攻，明军则由进攻转为防御。

皇太极与诸贝勒

　　皇太极是努尔哈赤的第八个儿子，最初，他与大贝勒代善、二贝勒阿敏、三贝勒莽古尔泰合称"四大贝勒"。天命十一年（1626），努尔哈赤死后，他被诸贝勒推为后金汗。

　　可是，皇太极名义上是后金国汗，实际上与几个大贝勒的权势区别不大。在处理政务时执行努尔哈赤天命六年（1621）的规定，四大贝勒每人轮流执政一个月，在朝会、宴会接见群臣时，皇太极与三大贝勒代善、阿敏、莽古尔泰并排而坐，俨然四汗。这种局面既不利于后金政权的巩固，也不利于与明朝做最后的决战。

　　皇太极为了加强以汗为首的中央集权，削弱八旗贝勒的权势，逐步废除反映氏族社会军事民主落后的八和硕贝勒共治国政制度。他采取各种办法，毫不留情地打击与自己争权的三大贝勒的势力。

皇太极

当时，后金的决策机构议政会议被八旗贝勒所控制，而三大贝勒又是其中能左右的力量，因此，极大地束缚着汗权。早在天命十一年（1626）九月，皇太极即汗位后，沿袭旧制，仍在每旗设总旗务大臣一名（即固山额真），但是扩大了他们的权限，规定"凡议国政，与诸贝勒偕坐共议之，出猎行师，各领本旗兵行，凡事务皆听稽察"。同时又在每旗设佐管旗务大臣二员，调遣大臣二员，前者"佐理国政，审断状讼"，后者"出兵驻防，以时调遣，所属词讼，仍令审理"。这在一定程度上削弱了诸贝勒掌管旗务的权力，而且使他们处在众多人员的监督和制约之中。天聪三年（1629）正月，皇太极以关心三大贝勒身体健康为由，"向因值月之故，一切机务，辄烦诸兄经理，多有未便。嗣后，可令以下诸贝勒代之，倘有疏失，罪坐诸贝勒"，于是"以诸贝勒代理值月之事"。这不仅削去三大贝勒每月轮流执政的大权，而且拉拢和团结其他贝勒为己用，从而提高了皇太极的地位。

天聪四年（1630）六月，皇太极以二大贝勒阿敏"弃滦州、永平、迁安、遵化四城"败归为口实，召集诸贝勒大臣会议，定阿敏罪状十六条，以"俨若国君""心怀不轨""丧失城池""扰害汉人"等罪名，将阿敏"革去爵号，抄没家私，送高墙禁锢，永不叙用"，后来，阿敏"病卒于狱"。天聪五年（1631）八月，在大凌河战役中，皇太极与三大贝勒莽古尔泰发生口角，莽古尔泰拔剑相向，皇太极因此治罪莽古尔泰，革去大贝勒名号，降为一般的贝勒，夺其五牛录的属员，罚银万两及马匹若干。第二年，莽古尔泰因气愤"以暴疾卒"。

至此，三大贝勒只剩下大贝勒代善一人，是年十二月，当诸贝勒提出莽古尔泰"不当与上并坐"时，代善立即说："我等奉上居大位，又与上并列而坐，甚非此心所安。自今以后，上南面居中坐，我与莽古尔泰侍坐于侧。"他主动请求退出并坐，得到皇太极允准。天聪六年（1632）正月，皇太极废除"与三大贝勒俱南坐受"，改为自己"南面独坐"，这标志着汗权的确立。天聪九年（1635）九月，皇太极召开诸贝勒大臣会议，指责代善对己不恭，众议代善"与皇上相左"，列了四条罪状，拟革去大贝勒名号，削除和硕贝勒职务，剥夺十牛录所属人口，罚雕鞍马十匹，甲胄十副，银万两。但是皇太极心中有数，这不

过是借题发挥，提高汗权而已，所以只罚银马甲胄。从此，威胁汗权的三大贝勒势力皆除，皇太极实力大增，其余贝勒无力和他抗衡，汗权得以加强和巩固。

松锦战役

松锦之战是明崇祯十三年（清崇德五年，1640年）到崇祯十五年（崇德七年，1642年）间清帝皇太极发动的旨在消灭明朝关外最后一支劲旅，打通关宁锦防线的战役。

1641年，皇太极派出精锐部队围困了锦州。明朝蓟辽总督洪承畴闻讯，亲率吴三桂等八个总兵，13万人马驰援。鉴于清军的凶悍，洪承畴采取了稳攻稳救、步步为营的作战方针。他把粮草留在宁远、杏山及塔山外的笔架岗一带，只率了6万兵马前行，抵达锦州城外后没有立即与清军开战。

皇太极听说洪承畴增援锦州后，也马上亲率援军从盛京（今沈阳）南下赶来，陈兵于松山、杏山之间。根据明军部署的态势及战法，皇太极认为，如果照原计划攻打锦州，自己就会受到锦州守军和援军的两面攻击，不仅达不到全歼明军的目的，而且容易使自己陷于被动的局面。可是如果改为先打明朝援军的话，情况要好得多，一则被围困在锦州城内的明守军难于增援，不会造成两面受敌之势；二则明援军的部署有许多弱点可以利用，取胜的把握比较大。他决定采取"围锦打援"的作战方针，除了留下少数部队牵制锦州城里的明军外，把其余部队都集中起来，打击洪承畴带来的明援军。

明朝的援军人数虽多，但部署得很分散。洪承畴把步兵部署在杏山和松山城外的乳峰山，骑兵则环松山三面围驻。笔架山则为粮草大本营，但守备部队不多。皇太极计划首先派精兵攻打笔架山，切断明军粮道，动摇明军军心，同时在沟通明军各部的通道预先设了伏兵，企图断绝明军归路，达到全歼明军的目的。

一切准备停当后，皇太极派阿济格率军直向笔架山扑来。由于防守薄弱，驻扎在塔山保卫粮饷的明军抵挡不住敌人的攻势，纷纷溃散，笔架山囤积的大批粮草物资全都落入清军之手。笔架山的陷落，给洪承畴打击很大，引起了明援军军心的动摇。为了避免被清军各个击破，洪承畴命令驻守在乳峰山的明军撤到松山，保持兵力的相对集中。皇太极料到明军粮道被切断，必然难以长期坚守，于是在乳峰山和松山之间设下伏兵。等到夜晚，驻守在乳峰山的明军果然匆匆地向松山撤退，不想走到半路遇到清军的埋伏。黑暗之中，明军猝不及防，阵脚大乱，急忙向海边退缩，恰值海水涨潮，落水而死者不计其数。

明军在这一仗中，只有吴三桂、王朴等少数人突围出去，可以说遭到歼灭性的打击。接着，皇太极又在松山和杏山之间的高桥设伏，截杀了从容山撤退的明军。吴三桂和王朴仅以身免，逃回宁远。至此，皇太极"围锦打援"的作战计划取得决定性的成功。

这一战役，清军歼灭明军53000余人，获马7400余匹，甲胄9300余件及大批粮草。洪承畴只剩下1万多残兵败将，被围困在松山城内，他曾组织5次突围，都没有成功。到1642年3月，松山城粮尽援绝，被清军用里应外合之计攻破，洪承畴当了清军的俘虏。至此，明朝在关外，除了宁远一个孤城外，全部都落到清军的手中。明朝力量受到极大的削弱，而主动权则完全掌握在清军之手。

多尔衮挥师入关

崇德八年（1643）八月，皇太极在沈阳暴逝，宗室中很多人倾向于支持多尔衮争夺皇位，九贝勒多尔衮为了谋求内部的统一，顾全大局，采取折中方案，立皇太极第三子年仅6岁的福临继位，自己和济尔哈朗共同摄政，负责实际政务。

多尔衮率领清军入关，以及入关后的统一大业，是与范文程的襄助分不开的。范文程祖籍沈阳，其祖父官至明朝兵部尚书。崇德初年，皇太极任命范文程为内秘书院大学士，进世职二等甲喇章京，参与机密。范文程虽然是汉人，但属于清朝元老，他头脑清醒，极其善于谋略，清朝统治者非常信任他。

顺治元年（1644）四月初四，当多尔衮即将率师伐明时，范文程曾向他提出如下几点看法和建议：

第一，明朝腹背受敌，进军关内的时机已经到来。

第二，中原地区可一举平定；

第三，农民军将是角逐的对手；

第四，进取内地时，应注意军纪；

第五，应据守关内据点，稳扎稳打。

范文程的建议，对当时执政的多尔衮影响极大。事实上，多尔衮入关前后的行动，均依照范文程的奏疏拟议，没有做大的修改。

多尔衮

顺治元年（1644）四月初九日，多尔衮以大将军名义率领大军浩浩荡荡地由沈阳出发了。

就在这时，明朝大将吴三桂投降清军，使形势发生了极大的逆转。吴三桂为辽东世将，实力雄厚，对清的多次诱降都置之不理，明廷对他也很器重。

李自成军攻破北京时，吴三桂原本投降农民军的可能性应大于降清，但是，由于李自成军在北京对降官进行残酷的追赃索饷，特别是吴三桂的父亲吴襄在北京也被拷掠追赃，消息传到了吴三桂的耳中，这对吴三桂的政治态度产生了很坏的影响。同时，吴三桂的爱妾陈圆圆被农民军掳去，加深了吴三桂对农民军的不满，"冲冠一怒为红颜"，吴三桂很快投降了清军。

1644年四月十一日，多尔衮所率清军到达辽河。十四日，到达翁后（广宁附近）。由于行经之地一面有山，素称多兽，多尔衮约定次日与朝鲜世子行猎。但十五日卯时，清兵刚刚行军五里许，忽闻镇守山海关的明军统帅平西伯吴三桂突然派人前来洽降。他们除了约降事宜之外，同时也把农民军攻占北京及崇祯皇帝身死之事一一报告。这对清军的入关提供了难得的方便。多尔衮立即召开军事会议，决定迅速向关内进军。

在这次军事会议上，洪承畴起了重要的作用，由于多年参与镇压农民军的活动，他对农民军的情况一清二楚。他根据吴三桂使者的报告，马上在会上提出下列意见：

第一，应首先发布命令，说明清朝这次出师的目的系"扫除乱逆"（指农民军）；

第二，应当整顿纪律，强调"不屠人民，不焚庐舍，不掠财物；其开门归降及为内应立大功者，破格封赏"；

第三，农民军惯于"遇弱则攻，遇强则走"，因此，清军"宜从蓟州、密云疾行而前。若贼走，则以精骑追之"，如果农民军"仍据京城以拒我，则破之更易"；

第四，清军抵京之日，要"连营城外"以断西路诸援兵，这样"则贼可一战而歼矣"；

第五，行军中为了防止埋伏，宜改骑兵为步兵先行，"俾步前马后"；兵入关后则改"步卒皆马兵也"。

洪承畴的这些意见都是针对当时关内的政治形势，特别是农民军的具体情况而发的，所以，深得多尔衮的赏识。

随后，吴三桂的军队与清联军在山海关与李自成亲自指挥的农民军接战，李自成败退，撤回北京，清军随后紧追，势如破竹，五月二日，清军进入北京，李自成军已节节败退，撤回陕西。

九月十九日，顺治帝到达北京。十月一日，顺治帝举行定鼎登基大典，清定都北京，标志着清王朝在全国的政权建立。

史可法死守扬州

崇祯帝在煤山上吊自杀的消息传到明朝陪都南京，南京的大臣们一片慌乱。

他们立了一个逃到南方的皇族、福王朱由崧做皇帝，在南京建立了一个政权，历史上把它叫作南明，把朱由崧称为弘光帝。

弘光帝朱由崧是个迷恋酒色、极端荒唐的人。凤阳总督马士英和一批魏忠贤的余党利用弘光帝昏庸，操纵了南明政权。弘光帝和马士英根本没想抵抗清兵，却过起荒淫作乐的生活来。

南明政权的兵部尚书史可法，本来不赞成让朱由崧做皇帝，为了避免引起内部冲突，才勉强同意。弘光帝即位以后，史可法主动要求到前方去统率军队。

那时候，长江北岸有四支明军，叫作四镇。四镇的将领都是骄横跋扈的人。他们割据地盘，互相争夺，放纵兵士残杀百姓。史可法在南方将士中威信高，他到了扬州，那些将领不得不听他的号令。史可法亲自去找那些将领，劝他们不要自相残杀；接着，又把他们分配在扬州周围驻守，自己坐镇扬州指挥。大家就称呼他史督师。

史可法做了督师，以身作则，跟兵士同甘共苦，受到将士们的爱戴。这年大年夜，史可法把将士都打发去休息，独自留在官府里批阅公文。到了深夜，他感到精神疲劳，把值班的厨子叫了来，要点酒菜。

厨子回报说："遵照您的命令，今天厨房里的肉都分给将士去过节，下酒的菜一点也没有了。"

史可法说："那就拿点盐和酱下酒吧。"

厨子送上了酒，史可法就靠着几案喝起酒来。史可法的酒量本来很大，来到扬州督师后，就戒酒了。这一天，为了提提精神，才破例喝了点。一拿起酒杯，他想到国难临头，又想到朝廷这样腐败，心里愁闷，边喝酒边掉热泪，不知不觉多喝了几盅，带着几分醉意伏在几案上睡着了。

第二天一清早，扬州文武官员依照惯例到督师衙门议事，只见大门还紧紧地关着。大家不禁奇怪，因为督师平常都是起得极早的。后来，有个兵士出来，告诉大家说："督师昨晚喝了酒，还没醒来。"

扬州知府任民育说："督师平日操劳过度，昨夜睡得这么好，真是难得的事。大家别去惊动他，让他再好好休息一会儿吧。"他还把打更的人找来，要他重复打四更的鼓（打四更鼓，表示天还没亮）。

史可法一觉醒来，天已经大亮，侧耳一听，打更人还在打四更，不禁勃然大怒，把兵士叫了进来说："是谁在那里乱打更鼓，违反我的军令。"兵士把任民育吩咐的话说了，史可法才没话说，赶快接见官员，处理公事。

打那天起，史可法下决心不再喝酒了。

没多久，清军在多铎带领下，大举南下。史可法指挥四镇将领抵抗，打了一些胜仗。可是南明政权内部却起了内讧。驻守武昌的明军将领左良玉为了跟马士英争权，起兵进攻南京。马士英害怕得要命，急忙将江北四镇军队撤回，对付左良玉，还用弘光帝名义要史可法带兵回南京保护他。

史可法明知道清军压境，不该离开。但是为了平息内争，不得不带兵回南京，刚过长江，知道左良玉已经兵败。他急忙回江北，清兵已经逼近扬州。

史可法发出紧急檄文，要各镇将领集中到扬州守卫。但是过了几天，竟没有一个发兵来救。史可法知道，只有依靠扬州军民，孤军奋战了。

清军到了扬州城下，多铎先派人到城里向史可法劝降，一连派了五个人，都被史可法拒绝。多铎恼羞成怒，下令把扬州城紧紧包围起来。

扬州城危急万分，城里一些胆小的将领害怕了。第二天，就有一个总兵和一个监军背着史可法，带着本部人马，出城向清军投降。这一来，城里的守卫力量就更薄弱了。

史可法把全城官员召集起来，勉励他们同心协力，抵抗清兵，并且分派了守城的任务。他分析一下形势，认为西门是最重要的防线，就亲自带兵防守西门。将士们见史可法坚定沉着，都很感动，表示一定要和督师一起，誓死抵抗。

多铎命令清兵没日没夜地轮番攻城。扬州军民奋勇作战，把清兵的进攻一次次打回去。清兵死了一批，又来了一批，形势越来越危急了。

多铎下了狠心，开始用大炮攻城。他探听到西门防守最严，又是史可法亲自防守，就下令炮手专向西北角轰击。炮弹一颗颗在西门口落下来，城墙渐渐塌下，终于被轰开了缺口。

史可法正在指挥军民堵缺口，大批清军已经蜂拥着冲进城来。史可法眼看城已经没法再守，拔出佩刀往自己脖子上抹。随从的将领们抢上前去抱住史可法，把他手里的刀夺了下来。史可法还不愿走，部将们连拉带劝地把他保护出小东门。这时候，有一批清兵过来，看见史可法穿着明朝官员的装束，就吆喝着问他是谁。

史可法怕伤害别人，就高声说："我就是史督师，你们快杀我吧！"

公元 1645 年四月，扬州城陷落，史可法被害。

多铎因为攻城的清军遭到很大伤亡，心里恼恨，竟灭绝人性地下令屠杀扬州百姓。大屠杀延续了十天才结束。历史上把这件惨案称作"扬州十日"。

大屠杀之后，史可法的养子史德威进城寻找史可法的遗体。因为尸体太多，天热又都腐烂了，怎么也认不出来，只好把史可法生前穿过的袍子和用过的笏板，埋葬在扬州城外的梅花岭上。这就是到现在还保存的史可法"衣冠墓"。

扬州失守后几天，清军攻破南京。南明政权的官员投降的投降，逃跑的逃跑，弘光政权被消灭了。

清兵继续南下，还颁布一道剃发令，强迫百姓在十天之内，改依清人的习惯，一律剃掉前半部头发，留下一条辫子，违抗命令的处死，实行"留头不留发，留发不留头"。这一来，更加激起了江南百姓的反抗情绪。江阴军民在典史（县衙里一种小官）阎应元的率领下，顶住二十多万清兵的重重包围，坚守了八十多天。城里男女老少，没有一个投降。清军死伤惨重。嘉定军民坚持抗清斗争三个月，被清军屠城三次，牺牲两万多人。历史上把这次惨案称作"嘉定三屠"。

嘉定三屠

顺治二年（1645）五月，清军进入南京，南明弘光政权灭亡。不久，统帅清军南下的豫亲王多铎发布通告，要求江南各地军民士绅人等一律剃发，引起了江南各地民众的强烈反抗。剃发对当时的汉人而言，心理上是难以承受的。"身体发肤受之父母，不可损伤"，这是千年以来的伦理观，也是一种根深蒂固的思维方式。剃发不仅有违传统，也是一种侮辱。因此，这项政策不仅遭到了传统知识分子的抵制，也激怒了下层民众。清军为镇压江南人民的反抗，制造了一系列的惨案，其中最惨烈的当属"嘉定三屠"。

本来清军攻占嘉定时，嘉定曾像南京等地一样"结彩于路，出城迎之"。但由于后来清朝开始下达剃发令，结果导致当地人民的不满。顺治二年闰六月二十四日开始，各地相继发生骚乱，地方官和民众纷纷揭竿而起。嘉定总兵官吴志葵响应，逐走清政府派来的县令，占据嘉定城。投降清朝的原明朝将领李成栋闻讯，开始进行镇压。七月初三日，李成栋集结能够动用的清军，向嘉定城发起攻击。起初以猛烈的炮火轰击城墙，后来蜂拥攻城，清军头顶木板或门窗，直冲城下，准备掘毁城墙。

战斗持续至傍晚时分，天空下起了大雨，倾泻如注，狂风骤起，雨水很快灌满了嘉定城下的护城河。这虽然阻碍了清军的攻势，但已经被炮火损坏的城墙也危在旦夕。果然，有一处城角在大雨的冲刷下坍塌，于是守城的嘉定人用巨木支撑，堵塞缺口。当时风雨大作，城上不能点灯照明，城下也是漆黑一片。清军利用这个机会，潜伏在城下，准备将城墙刨开几个洞，因为有暴雨和狂风的掩饰，城上根本听不到城下的动静，也看不到人影的晃动。结果，清军在城下顺利地刨开几个洞，将火炮安置在其中，准备炸城。

大雨下了一夜，到第二天拂晓时分依然没有停歇的迹象。天刚一亮，李成栋便命令将已经在城洞中埋好的炸药点燃，顿时发出惊天动地的轰鸣。随着巨响，城墙轰然倒塌，土石四处飞扬，出现了几个巨大的豁口。李成栋迅速发令，命令早已准备好的骑兵发起冲锋。几股骑兵顶着大雨，如离弦之箭冲入城内。嘉定城中守民已经失去了最后的防线。

清军以骑兵开路，步兵跟进。在激战之后，全城指挥侯峒曾投水自尽，举人张锡眉等抗清守城的组织者也都自杀身亡。李成栋不解恨，将侯峒曾尸体找到后，又斩其首。另两位守城的指挥黄淳耀、黄渊耀也死得从容而悲壮。城破时，黄淳耀正在城内一个寺庙中，黄渊耀赶到寺中告知其兄清军已经入城，两人平静地整理了袍服和儒冠，一同自缢于寺中。死前，黄淳耀还在墙壁上题写

了一段文字："呜呼！进不能宣力王朝，退不能洁身自隐；读书寡益，学道无成！耿耿不昧，此心而已。异日虏气复靖，中华士庶再见天日，论其世者，尚知予心。"

南门守将张锡眉得知城破后，偕妾投水而死。临死前写绝命诗一首："我生不辰，侨居兹里。路远宗亲，邈隔同气。与城存亡，死亦为义。后之君子，不我遐弃。"守城将领龚用圆、龚用广兄弟则拥抱恸哭："我祖父清白自矢，已历三世。今日苟且图存，何面目见祖宗于地下？"说罢双双自溺而死。还有一些仁人志士不肯投降，或一人自杀，或全家就义。

清军在扬州屠杀

李成栋撤出嘉定后，四散逃亡的民众又再度聚集，一位名叫朱瑛的反清义士率 50 人进城，纠集民众，又一次控制了嘉定。李成栋又遣部将徐元吉镇压。清军到处搜寻，不问缘由，见人就杀。三天后，自西关至葛隆镇，浮尸满河，惨不忍睹。

后来，嘉定绿营把总吴之藩反清，不久被镇压，结果嘉定再遭浩劫。

自闰六月初至八月，嘉定人民自发起义抗清，先后有 10 余万人，而被杀害的人约有 2 万，史称"嘉定三屠"。

夏完淳怒斥洪承畴

弘光政权瓦解以后，东南沿海一带的抗清力量继续战斗。1645 年六月，明

朝官员黄道周、郑子龙在福州另立明朝宗室，唐王朱聿键即位，历史上称为隆武帝。另一部分官员张国维、张煌言在绍兴拥戴鲁王朱以海监国。这样，就同时出现了两个南明政权。

为了对付抗清力量，清朝廷派了在松山战役中投降清朝的洪承畴总督军事，招抚江南。

这时候，在松江（在今上海市）有一批读书人也在酝酿抗清，领头的是夏允彝和陈子龙。夏允彝有个年才十五岁的儿子叫夏完淳，又是陈子龙的学生。夏完淳自小就读了不少书籍，能诗善文，在他的父亲、老师影响下，也参加了抗清斗争。

靠几个读书人要组织义军是不行的。夏允彝有个学生吴志葵，是吴淞总兵，手下还有一些兵力。他们说服吴志葵一起抗清，吴志葵答应了，派出一支人马担任先锋队攻打苏州。一开始打得挺顺利，先锋队攻进了苏州城，但是吴志葵临阵犹豫，没有及时增援，结果进城的义军被围牺牲，吴志葵的主力在城外也被击败。

不久，清军围攻松江，夏允彝父子和陈子龙冲出清兵包围，到乡下隐蔽起来。清兵到处搜捕，还想引诱夏允彝出来自首。夏允彝不愿落在清兵手里，投到河塘里自杀。他留下遗嘱，要夏完淳继承他的抗清遗志。

父亲的牺牲引起夏完淳万分悲痛，也激起他对清朝的仇恨。他和陈子龙秘密回到松江，准备再组织起义军。这时候，他们打听到太湖长白荡有一支由吴易领导的抗清义军，正在重整旗鼓。夏完淳把家产全变卖了，捐献给义军做军饷，在吴易手下当了参谋。他还写了一道奏章，派人到绍兴送给鲁王，请鲁王坚持抗清。鲁王听说上书的是个少年，十分赞赏，封给夏完淳一个中书舍人的官衔。

吴易的水军在太湖边出没，把清军打得晕头转向。但是后来由于叛徒的出卖，义军失败，吴易也牺牲了。

过了一年，陈子龙又秘密策动清朝的松江提督吴胜兆反清，这次兵变不幸又失败了，吴胜兆被杀害，陈子龙也被清军逮捕。陈子龙不愿受辱，在被押解到南京的船上，挣脱绳索，跳河自杀。

夏完淳正在为失去他的老师而悲痛，因为叛徒告密，他自己也被捕了。清军派重兵把他押到南京。

夏完淳在监狱里被关押了八十天。他给他的亲友写了许多可歌可泣的诗篇和书信。死亡的威胁并没有使他恐惧，他感到伤心的就是没有实现他保卫民族、恢复中原的壮志。

对夏完淳的审讯开始了，主持审讯的正是招抚江南的洪承畴。洪承畴知道夏完淳是江南出名的"神童"，想用软化的手段使夏完淳屈服。他问夏完淳说："听说你给鲁王写过奏章，有这事吗？"

夏完淳昂着头回答："正是我的手笔。"

洪承畴装出一副温和的神气说："我看你小小年纪，未必会起兵造反，想必是受人指使。只要你肯回头归顺大清，我给你官做。"

夏完淳假装不知道上面坐的是洪承畴，厉声说："我听说我朝有个洪亨九（洪承畴的字）先生，是个豪杰人物，当年松山一战，他以身殉国，震惊中外。我钦佩他的忠烈。我年纪虽然小，但是杀身报国，怎能落在他的后面。"

这番话把洪承畴说得啼笑皆非，满头是汗。旁边的兵士以为夏完淳真的不认识洪承畴，提醒他说："别胡说，上面坐的就是洪大人。"

夏完淳"呸"了一声说："洪先生为国牺牲，天下人谁不知道。崇祯帝曾经亲自设祭，满朝官员为他痛哭哀悼。你们这些叛徒，怎敢冒充先烈，污辱忠魂！"

说完，他指着洪承畴骂个不停。洪承畴被骂得脸色像死灰一样，不敢再审问下去，一拍惊堂木，喝令兵士把夏完淳拉出去。

公元 1647 年九月，这位年才十七岁的少年英雄在南京西市被害。他的朋友把他的尸体运回松江，葬在他父亲的墓旁。到现在，在松江城西，还留着夏允彝、夏完淳英雄父子的合墓。

郑成功收复台湾

隆武帝在福州建立政权之后，他手下大臣黄道周是个真心抗清的人，一心想帮助隆武帝出师北伐。但是掌握兵权的郑芝龙，只想保存自己的实力，不愿出兵。过了一年，清军进军福建的时候，派人向他劝降。郑芝龙贪图富贵，就抛弃了隆武帝，向清朝投降，隆武政权也灭亡了。

郑芝龙有个儿子叫郑成功（福建南安人，初名森，字大木。郑芝龙子。唐王赐姓朱，改名成功，号"国姓爷"），当时是个才二十二岁的青年将领。郑芝龙投降清朝的时候，郑成功苦苦劝阻他父亲。后来，他眼见父亲执迷不悟，气愤之下，就单独跑到南澳岛，招募了几千人马，坚决抗清。清王朝知道郑成功是个能干的将才，几次三番派人诱降，都被郑成功拒绝。清将又派他弟弟带了郑芝龙的信劝他投降。他弟弟说："你如果再不投降，只怕父亲的性命难保。"

郑成功坚决不动摇，写了一封回信，跟郑芝龙决绝。

郑成功兵力渐渐强大起来，在厦门

郑成功雕像

建立了一支水师。他跟抗清将领张煌言联合起来，乘海船率领水军十七万人开进长江，分水陆两路进攻南京，一直打到南京城下。但是清军用假投降的手段欺骗他。郑成功中了清军的计，最后打了败仗，又退回厦门。

郑成功回到厦门，清军已经占领福建大部分地方，他们用封锁的办法，要福建、广东沿海百姓后撤四十里，断绝对郑军的供应，想困死郑成功。郑成功在那里招兵筹饷，都遇到困难，就决定向台湾发展。

台湾自古以来就是我国的领土。明朝末年，欧洲的荷兰人趁明王朝腐败无能，霸占了台湾的海岸，修建城堡，向台湾人民勒索苛捐杂税。台湾人民不断反抗，遭到了荷兰侵略军的镇压。

郑成功少年时期就跟随他父亲到过台湾，亲眼看到台湾人民遭受的苦难，早就想收复台湾。这一回，他下决心赶走侵略军，就下命令要他的将士修造船只，收集粮草，准备渡海。

恰好在这时候，有一个在荷兰军队里当过翻译的何廷斌，赶到厦门见郑成功，劝郑成功收复台湾。他说，台湾人民受侵略军欺侮压迫，早就想反抗了。只要大军一到，一定能够把敌人赶走。何廷斌还送给郑成功一张台湾地图，把荷兰侵略军的军事布置都告诉了郑成功。郑成功有了这个可靠的情报，进攻台湾的信心就更足了。

公元 1661 年三月，郑成功要他儿子郑经带领一部分军队留守厦门，自己亲率二万五千名将士，分乘几百艘战船，浩浩荡荡从金门出发。他们冒着风浪，越过台湾海峡，在澎湖休整几天，准备直取台湾。这时候，有些将士听说西洋人的大炮厉害，有点害怕。郑成功把自己乘坐的战船排在前面，鼓励将士说："荷兰人的红毛火炮没什么可怕，你们只要跟着我的船前进就是。"

荷兰侵略军听说郑军要进攻台湾，十分惊慌。他们把军队集中在台湾（在今台湾东平地区）和赤嵌（在今台南地区）两座城堡，还在港口沉了好多破船，想阻挡郑成功的船队登岸。

郑成功叫何廷斌领航，利用海水涨潮的时机，驶进了鹿耳门，登上台湾岛。

台湾人民听到郑军来到，成群结队推着小车，提水端茶，迎接亲人。躲在城堡里的荷兰侵略军头目气急败坏地派了一百多个兵士冲来，郑成功一声号令，把敌军紧紧围住，杀了一个敌将，敌兵也溃散了。

侵略军又调动一艘最大的军舰赫克托号，张牙舞爪地开了过来，阻止郑军的船只继续登岸。郑成功沉着镇定，指挥他的六十艘战船把赫克托号围住。郑军的战船小，行动灵活。郑成功号令一下，六十多只战船一齐发炮，把赫克托号打中起了火。大火熊熊燃烧，把海面照得通红。赫克托号渐渐沉没下去，还有三艘荷兰船一看形势不妙，吓得掉头就逃。

荷兰侵略军遭到惨败，龟缩在两座城里不敢应战。他们一面偷偷派人到巴达维亚（今爪哇）去搬救兵，一面派使者到郑军大营求和，说只要郑军肯退出台湾，他们宁愿献上十万两白银慰劳。

郑成功扬起眉毛，威严地说："台湾本来是我国的领土，我们收回这地方，是理所当然的事，你们如果赖着不走，就把你们赶出去！"

郑成功喝退荷兰使者，派兵猛攻赤嵌。赤嵌的敌军还在顽抗，一时攻不下来。有个当地人给郑军出主意说，赤嵌城的水都是从城外高地流下来的，只要切断水源，敌人就不战自乱。郑成功照这个办法做了，不出三天，赤嵌的荷兰人果然乖乖地投降。

盘踞台湾城的侵略军企图顽抗，等待救兵。郑成功决定采取长期围困的办法逼他们投降。在围困八个月之后，郑成功下令向台湾城发起强攻。荷兰侵略军走投无路，只好扯起白旗投降。公元 1662 年初，侵略军头目被迫到郑成功大营，在投降书上签了字后，灰溜溜地离开了台湾。

郑成功从荷兰侵略者手里收复了我国神圣领土台湾，成为我国历史上杰出的民族英雄。

李定国转战西南

隆武、鲁王两个南明政权先后覆灭之后，清军分三路向西南进攻，驻守在两广的明朝官员瞿式耜等在肇庆拥立桂王朱由榔即位，年号永历，历史上称他永历帝。公元 1647 年十一月，明朝将领何腾蛟，依靠大顺军余部的力量，在全州大败清军；瞿式耜在桂林，也打退了清军的进攻。南明军声势大振。但是，由于桂王政权内部的不团结，湖广和广西又被清军占领。过了两年，何腾蛟在湘潭被俘杀害，瞿式耜也在桂林城被清兵攻陷后就义。在桂王政权面临覆灭的时刻，李定国领导的大西农民军，担负起抗清的重任，在西南一带又继续战斗了十多年。

李定国是张献忠手下四名勇将之一，又是他的义子，最大的是孙可望，李定国是老二。张献忠牺牲以后，留下五六万起义军由孙可望、李定国率领，南下贵州、云南。他们派人向永历帝建议，愿意和他们联合抗清。经过一番周折，永历帝看到形势危急，只好依靠大西军，封孙可望为秦王。

孙可望是个野心家，他把永历帝控制在手里，在贵阳作威作福，独断专横，不把抗清放在心里；李定国却一心抗清，他在云南花了一年时间，训练了三万精兵，加紧制造武器盔甲；他还找了一批驯象的人，组成一支象队。在做好准备之后，决定出兵进攻清军。

李定国领导的军队士气高涨，军纪严明。他们从云南、贵州一直打到湖南，连战连胜，收复了几座重镇，接着，又三路进攻桂林。驻守桂林的清军主帅孔有德几次派兵迎战，没有交战兵士就逃散了。孔有德不得不亲自带兵到严关，和明军对垒。李定国大军一到，前面是高大的象队，后面是雄赳赳的兵士。大象一上阵吼叫起来，清军的战马吓得到处乱窜。那时，天忽然下起大雨，电闪雷鸣，象群趁势一冲，清兵大败，明军奋勇追击，杀得清军一败涂地。

孔有德急忙把兵士撤进桂林城，把城门关住。李定国把桂林城紧紧包围，日夜猛攻。孔有德亲自登城防守，明军的乱箭射去，正中孔有德的前额。这时候，他又得到城北山头已被李定国攻占的消息，就放起一把火，投到火里自杀了。

李定国攻进桂林，一面分兵继续肃清残敌，一面安定百姓，把逃到山里的南明官员接回城里。有一天，李定国在七星岩边摆了酒宴宴请官员，他跟官员们说："现在的局势，就像南宋末年一样。你们不是敬佩文天祥、陆秀夫、张世杰诸公吗？他们的精忠浩气，固然是名留青史，但是我们尽忠国家，毕竟不希望有这样的结局啊。"

大家听了，都深深佩服李定国的豪迈气概。

永历帝得到捷报，封李定国为西宁王。接着李定国又带兵打下永州、衡阳、长沙，逼近岳州。清朝廷大为震惊，连忙派亲王尼堪带兵十万反攻长沙。李定国得到消息，知道敌人来势很猛，就主动从长沙撤出，却在退到衡阳的路上设下伏兵。尼堪亲自率兵追击，中了明军的埋伏，尼堪当场被砍死了。

李定国的胜利，引起秦王孙可望的妒忌，孙可望假意邀请李定国商量国事，实想暗害李定国；李定国发现他的诡计，只好带兵离开湖南，回到云南。孙可望想提高自己的威望，亲自到湖南进攻清军，却打了个大败仗。

孙可望野心勃勃，想逼迫永历帝让位。他知道要达到这个目的，一定要除掉李定国，就亲自带兵十四万进攻云南。哪里想到，他手下的将士们恨透了他的分裂活动，在双方交战的时候，纷纷倒戈奔向李定国一边，孙军全部瓦解。孙可望狼狈逃回贵阳，又遭到留守贵阳的将士的反对。孙可望走投无路，就逃到长沙向清军投降。

南明政权经过孙可望叛乱，力量已经削弱。公元1658年，清兵由降将吴三桂、洪承畴等率领，分三路进攻云南、贵州。李定国分三路阻击，都遭到失败，不得不退回昆明。永历帝和他的几个亲信官员惊慌失措，逃往缅甸。

永历帝逃往缅甸后，李定国继续在云南边境上收集人马，打击清军，准备恢复。他接连十三次派人去接永历帝回国，永历帝都不敢回来。

公元1661年十二月，吴三桂带领十万清兵开进缅甸，逼迫缅甸交出永历帝将其带回昆明。一到昆明，永历帝被吴三桂勒死，最后一个南明政权到这时候彻底灭亡。

李定国艰苦抗清十多年，没有实现他的愿望，他心情忧愤，终于得病死去。临死时候，他对他的儿子和部将说："宁可死在荒野，可不能投降啊！"李定国死后，部下有数千人不降，聚于阿瓦河东百里，称为"桂家"。勐腊各族人民亦奉李定国为神，过晋王墓均膜拜。并于后山复建"汉王庙"，每年春节进行隆重祭祀。

"矣""乎"与"貌——帽"

钱谦益（1582—1664），字受之，号牧斋，晚号蒙叟，东涧老人。学者称虞山先生。清初诗坛的盟主之一。常熟人。崇祯初年官至礼部侍郎。清兵入关以后，屈膝降清，当上了礼部侍郎兼《明史》副总裁等要职。民间很多有关他的故事，都是嘲讽钱谦益身为明朝重臣，却投降事清。

据说钱谦益降清以后，曾在自家门前贴出一副对联：

君恩深似海；

臣节重如山。

有人在联下添上"矣"和"乎"，就变成了这个样子：

君恩深似海矣！

臣节重如山乎？

在这副对联分别加上"矣""乎"以后，语气变化，语意亦随之变化。"矣""乎"都是语气词，"矣"表示对于"君恩深似海"这一事实做出明确有力的肯定；"乎"则表示对于"臣节重于山"这一情况的疑问和反诘。

所谓"君恩深似海"，钱谦益原本是对他的"当今"天子说的，添字讥讽他的人无疑把时代推到了明朝。加上一个"矣"字，给予突出强调。意思是：明朝皇帝待你钱谦益一如你自己所说，其恩德有如大海一样深厚。

紧接下联，钱谦益本想自我标榜"臣节重如山"，他很重气节的，像"山"那样坚定不移。可是加上一个"乎"字，就是对他的行为提出了质问，意思是：你明明变节投降清廷，却还能厚着脸皮放出狂言吗？"不知羞耻"的谩骂乃隐藏其间。

一次，钱谦益按照满族的习俗戴帽着装，俨然成了旗人，大摇大摆，显得非常神气。他大概想穿着这身服装去朝觐新投靠的主子——清朝皇帝，显示忠诚，希望邀取宠幸，谋取更高的官爵、更多的荣耀。正在钱谦益一路思忖、想入非非、自鸣得意之际，没有想到竟和一个老头子撞了个满怀。

那老头好像先就有气一样，举起手杖就在钱谦益戴的满族帽子上敲了一下，仿佛怒火不从一处冒似的，骂道："我是个多愁多病身，打你这倾国倾城帽！"

钱谦益顿时傻着眼看了这老头一下，那趾高气扬的神气真的遭到了当头一棒。他知道老头的用意是借《西厢记》的词语嘲讽他的变节行为，能有什么脸面辩解、计较，只得低着头悻悻然地走了。

老头"窜易《西厢》"，不仅只是借"貌"与"帽"的同音关系讽刺钱谦益，而且咒骂他是"倾国倾城"的罪人。

那老头骂钱谦益"倾国倾城"，使用的无疑是这一词语的原本含义，意思是明朝汉人统治的天下，就是他们这一帮人弄得"倾覆"的。

豪格的命运

明末风起云涌的农民起义军，经过几年的发展，最后渐渐地并成了两支强大的力量，即李自成在北京建立的大顺政权和张献忠在四川成都建立的大西政权。虽然李自成和张献忠之间也有矛盾，但两个政权也有遥相呼应，互为支援的关系。吴三桂引清兵入关后，李自成义军被迫撤出北京，李自成最后不知所终（一说牺牲于九宫山）。再下一步，清兵就要征讨张献忠了，多尔衮把这个任务交给了豪格，以便让他"戴罪立功"。

豪格是皇太极的长子，1643 年，52 岁的皇太极突然死去，没有来得及交代皇位继承问题，满族皇族内部围绕着皇位继承问题展开了争论，有人赞成由多尔衮继位，因为 17 年前，多尔衮已被遗命继承王位；也有人主张"兄终弟及"，这是在先皇无子的情况下的权宜之计，而皇太极不仅多子，而且长子豪格已经成人，战功显赫，由他继统更符合法统。

这时，孝庄皇后提出由 5 岁的福临继位，多尔衮摄政。此时，当事人三位：小福临不懂事；多尔衮不好争执；豪格有意见，但也只好无奈地表示同意。就这样，豪格失去了做皇帝的机会。

多尔衮率领清军以破竹之势入主北京后，随即派豪格统兵攻打四川的大西政权。

豪格领兵由河北经河南，直插陕西，将李自成在陕西的残部消火，然后挥戈西指，进入四川。

豪格征战多年，是一个比较成熟的军事统帅。他带领大军穿过人烟稀少的

黄土高原，翻过只有羊肠小道的秦岭，经过艰苦的行军，进入四川。

张献忠听说清军入川，意识到形势对自己极为不利。李自成已经失败，如果自己不积极应变，失败也将是不可避免。于是，张献忠将自己金碧辉煌的王府付之一炬，然后撤出成都，采取以前的游动作战方式，率军进入川北。

这时，张献忠部队的川籍将士对战争已经厌倦了，不愿进入川北后再入陕西，加之，张献忠一向残暴，军中便谣言四起，说张献忠要杀尽川军。在这种情况下，川军将领带领川军投降了尾随而至的豪格。

豪格追至川北，不战先胜。他安抚了降将降兵，接着层层包围了张献忠的驻地西充。他充分发挥他的指挥才能，把包围圈故意留出一个缺口，让张献忠从"缺口"突围，预先在盐亭界这个不为人注目的小地方布下伏兵，准备在这里消灭张献忠的主力。

一切如豪格所料，张献忠从西充突围而出，继续采用游动作战的方式。张献忠预料到，清军"网开一面"一定有所企图，但他考虑到天气因素，突围时大雾迷漫，对面不见人影，他只要组织好队伍，急速行进，不管在什么地方遇到伏击都可以猛冲过去。在长期的游击作战中，他经常从敌人的夹缝中寻得机会，成功突围。

豪格生活在东北，即使在狂风暴雪中，他照样能行军作战。此时，他没有看到人影，只是伏地听声，听得蹄声敲击地面，知道张献忠的部队来了，忙命令士兵严阵以待，准备阻击。

张献忠深知这是关键的时刻，只要冲过这一难关，他就可以再次转战东西，灵活地开展游击战争，所以内心非常焦急。由于大雾，道路难走，行军速度很慢。他不由得连声催促"快，快！"谁知这一催促声要了他的命。

豪格根据多年作战经验判断，敢于在行军中吆喝快慢的不是主帅，也是副将，"擒龙擒首"，他当机立断，从背上拿过硬弓，从胯上抽出一支利箭，拉弓搭箭，循声射去，豪格是个神射手，这一箭不偏不倚，正好射中张献忠的咽喉要害，张献忠翻身落马。

义军将士见主帅落马，惊恐万状地来抢救，可是张献忠已经死了。豪格命

令士兵杀入义军阵地，义军群龙无首，丧失了斗志，非死即伤，全线崩溃。不久，雾散见天，从西充连夜追赶过来的清军也于此时赶到，两下夹攻，大西军损伤惨重，从此一蹶不振。

在此后的两年里，豪格又在西南数省扫荡张献忠的余部。

豪格靠一箭射死张献忠，又消灭了大西军的主力，功劳卓著。可是，当他满怀胜利的喜悦班师回朝时，等待他的不是嘉奖，而是多尔衮当朝宣读的圣旨："肃亲王豪格曾犯大逆之罪，夺爵削职，朕念其平定中原有功，复任，不意豪格不思悔改，此次西征，竟纵容部下冒功取赏，更有甚者，擢用奸佞，图谋不轨，着刑部羁审。钦此。"

当时坐在龙椅上的顺治皇帝只有 10 岁，这个"圣旨"当然是多尔衮的旨意。豪格这才知道自己被这个掌权的叔叔给算计了，心头有按捺不住的愤怒，可表面只得叩头跪拜"谢主隆恩"。不久，豪格就死在狱中，年仅 38 岁。

豪格死后，他的福晋被多尔衮霸占。6 年后，多尔衮也死了。顺治帝亲政后，为豪格平反，重新封为和硕肃亲王，并立碑。顺治十三年，豪格被追谥，成为清代第一个被追谥的亲王。

顺治治国有方

顺治帝登基时，年仅 6 岁，但聪明过人，而且胸怀大志，皇后又不断地教导他，使小小年纪的顺治帝也颇懂得治国方略。

清军入关时，多尔衮和顺治帝采取了一系列措施，缓和民族矛盾，又是招募旧官吏，又是安葬崇祯帝，这些措施都起到良好的作用。但当时许多人很难接受少数民族统治天下的事实，这些人非常痛恨清军，总想反清复明。

一些文人不肯出来做官，而是躲在深山中讲学，宣传大民族主义，以图唤起人们反清复明。这些人的宣传、鼓动，在社会上起到明显的作用，一些本来接受清军入关现实的百姓，也纷纷萌发了复明的想法。这时，清朝一些大臣主张到深山老林去搜捕这些文人，顺治帝不同意，说道："到深山、古庙中去搜捕这些人，一是浪费很多人力，二是这些人都有一定的影响，一旦他们被抓，不但解决不了问题，反而会增加天下人的仇恨，更不利于我们的统治。现在我们还是把矛头对准农民义军。这些人很顽固，必须消灭掉，否则随时会危及到京都的安全。对南明的小王朝也不能手软，必须用武力解决这一切。"

顺治帝又和母亲孝庄皇后商议，认为李自成的义军虽已不多，但影响不小，如果不及时剿灭，会后患无穷。于是便命吴三桂、阿济格两路人马去追剿李自成的农民义军，多铎带领另一路人马去夺取明朝南方重镇。

顺治

吴三桂、阿济格两路人马围追义军，李自成退到陕西，还没有站稳脚，清军便追去。农民义军连续作战，人困马乏，而且没有援军，一些农民义军开始投降清军。吴三桂、阿济格命令要善待义军，这样一来，又有许多义军投降。李自成的义军力量越来越小，最后战死在湖北九宫山。

李自成领导的农民起义，声势浩大，而且攻破了明朝的都城——北京。但是由于领导阶级是农民，他们受封建小农思想的影响，被胜利冲昏了头脑，虽然推翻了明朝的黑暗统治，但是却没有守住江山，到手的天下，却被入关的清军捡了一个便宜。尽管如此，李自成领导的农民起义沉重地打击了封建统治的基础，给后人留下宝贵的经验和教训，也鼓舞着后人起来反抗。

吴三桂、阿济格用一年多一点的时间，便基本消灭了李自成的农民义军。顺治帝得知消息后，非常高兴，又下旨：火速挥师东进，与多铎的人马会合，剿灭南明的小王朝。

多铎这时已经带领清军攻到了扬州，史可法血战扬州城，宁死不屈，最后壮烈牺牲。攻下扬州后，三路大军一起进攻南京。

弘光帝手无实权，而且只知道吃喝玩乐，纵情享受。马士英虽然手握兵权，但是看到清军压城，吓得胆战心惊。清军没有费多少兵力便消灭了南明弘光小王朝。

清军灭了弘光小王朝，又将大军开到隆武小王朝城下，多铎收买了隆武小王朝手下的兵部尚书，此人手握兵权，开城迎接清军入城，隆武小王朝也被消灭。随后又灭掉绍武、永历小王朝。与此同时，也灭掉了南方反清复明的义军。

经过几年的征杀，南明的残余势力基本被消灭，大清的江山得到巩固。

南方得到巩固，北方反清斗争也很激烈，顺治帝派清军去镇压。但他知道，仅用武力不会得人心，便又下令禁止圈地。原来清军刚一入关时，强行在北方各省圈地，使得大批农民失去了土地。土地是农民的根本，他们没有了土地就要造反。顺治帝看到这种情况后，立即取消圈地，让农民有田种。农民手中有了土地，便安下心来耕种，反清的斗争逐渐减少。这样一来，北方的反清斗争也很快平息下去了。

全国得到了统一，顺治帝知道反清复明的思想仍然存在，特别是那些正统思想浓厚的文人的讲学，仍然有很大的煽动性。顺治帝深知，思想上的反抗，用武力很难解决问题，他便想出了一条妙计，同母后一商议，母亲孝庄皇后连连赞同，原来顺治帝想祭拜孔子。

祭拜孔子说明大清国尊重孔子，孔子被大汉民族视为圣人。

8月27日是孔子的诞辰，大汉民族都在这一天祭拜孔子，顺治帝也想在这一天祭拜孔子。

为了达到一种轰动效应，扩大影响，顺治帝接受了母后的意见，派人去请孔子的后代。孔子的65世孙孔允植被接到了北京城，准备参加祭典仪式。孔允植早已被顺治帝封为衍圣公，他被接到北京城，引起全国轰动，特别是一些老儒生和受封建正统思想影响很深的人，得知孔子的后代受到清朝的礼遇，非常高兴，这些人认为清朝统治者已接受了大汉民族正统思想。

8月27日转眼就到了，顺治帝率领文武百官来到国子监广场。顺治帝恭恭敬敬地在孔夫子神位前拜了三拜，然后敬酒三次，其他文武百官也都神情严肃，对孔子显然十分尊敬，也十分虔诚。

这次祭祀孔子大典，圆满结束，在全国各地引起强烈的反响。顺治帝一看达到了预期的目的，非常高兴。他接见孔子的 65 世孙孔允植，又接见了孔、孟、颜、曾四姓子孙和五经博士。顺治帝了解到孔、孟、颜、曾都是儒家学派的代表人物，在中原，特别是大汉民族的眼中，这四家被统称为一家——儒家。后人所说的天下孔孟颜曾是一家，指的都是儒家学派。顺治帝接见五经博士，也是为了告诉天下人，我们大清王朝依然推行儒家思想。

孔、孟、颜、曾的后代在当时社会上很有影响，他们纷纷表示拥护清朝的统治。这些人一提出拥护清王朝，其他一些老书生也纷纷效仿，在他们眼里，如果再坚持反对清王朝的统治，就是反对孔圣人。

那些隐居深山、古庙讲学的文人，得知顺治帝祭孔的事之后，对顺治帝也很佩服，开始接受了清王朝的统治。这些人渐渐地转变了对清统治者的看法，逐渐宣扬他们的好处，这样一来，反清复明的思想在大多数人的头脑中便渐渐淡化了。

顺治帝没有费一兵一卒，在思想上基本统一了全国。

随着年龄的增长，顺治帝的治国才能更加突出。为了更好地统治大汉民族，他开始学习汉族文化，改变生活习惯。对汉族的文化历史，也都认真学习。他十分喜欢以前朝代的史书，从中了解汉族的风土人情，还学到许多治国之道。

顺治帝为招揽天下人才，继续仿效明朝，进行八股取士，而且各民族一律平等。这样一来，许多贤才都来到顺治帝手下。

清军入关之后，到处都是烂摊子，年少有为的顺治帝把国家治理得井井有条。但是顺治帝 23 岁时就病逝了。顺治帝的统治，为后代打下了良好的基础。

弹劾冯铨案

清军入关后，迅速统一南中国，在这个过程中，收纳和重用原明官僚和将官为清廷服务是其成功的一个重要因素。但也正因为此，明末士人党争的问题也被带到了清初政局中。顺治二年（1645）七月，朝廷众多汉人官僚纷纷弹劾曾经是明末阉党的冯铨。虽然时过境迁，但这时明末遗留下来的南北党争的幽灵再次出现在清廷之上，而且给多尔衮如何对待汉人问题出了个难题。冯铨何许人？多尔衮又是如何处理这起案件的呢？

冯铨（1595—1672），顺天府涿州（今属河北）人，明万历四十七年（1619）进士。因依附魏忠贤，官至东阁大学士。崇祯初，魏忠贤伏诛，冯铨论杖徒，赎为民。顺治元年（1644），清定都北京后，摄政王多尔衮以书征召冯铨，恢复其大学士职衔，令其入清廷内院协理机务。冯铨不仅为多尔衮稳定国内局面出了不少力，而且在他援引下，原来很多依附阉党的人都得到了重用，同时不失时机地打击了陈名夏等南方士人。在投清的旧明官僚中，除了像冯铨这样曾经依附阉党的人之外，还有很多原来东林党的人。结果，旧怨未了，又添新仇，双方的斗争又摆上了桌面。

顺治二年七月，浙江道御史吴达上疏说，如今所用之人，都是明末官员，其中有不少逆党党羽、贪墨败类，应该罢黜不用，矛头直指冯铨。多尔衮的答复模棱两可，一方面说重用忠诚贤良之人是国家要务，另一方面又说不能因无罪而罢黜，而且告诫说，弹劾必须要有证据。不料，吴达再次上疏，列举冯铨五大罪状，说他结党营私，贪婪索贿。紧接着，给事中杜立德、御史李森先等十余人也纷纷上疏弹劾冯铨，要求将冯铨父子斩首。

这种局面，一下子让主政的多尔衮处于两难的境地——如果不处理冯铨，不足以服人心，因为朝中汉官反对冯铨的占大多数；如果处理冯铨，则会打击那些死心塌地为满洲贵族效劳的汉人，从而失去很多人的支持。再进一步，如果打击了冯铨一派，南方汉人就会得势，朝中就会为他们所左右。在江南还没有平定之际，如果南方汉人得势，是否会危害清廷的统治？会不会出现里应外合的情况？

面对这种情势，多尔衮不得不左右思量。十天过去了，还是没有表态。户科给事中杜立德以为多尔衮没有了主意，便再次上疏，请求尽快将冯铨治罪。

其实，此时多尔衮不是没有主意，而是已经决定支持冯铨了。因为，不处理冯铨，不过是驳回了几个科道官的上奏而已；而处理冯铨，则意味着牵一发而动全身，可能会导致难以预料的后果。

于是，多尔衮召集内院大学士、刑部、科道等官，批评他们的做法是沿袭明末党争恶习，陷害无辜。当时，龚鼎孳听了心里不服气，说："冯铨在明朝时依附魏忠贤，是个作恶的人。"冯铨则辩解说："魏忠贤作恶，我也曾上疏反对。如果我是魏党，怎么没有杀我？"接着又反击说："你龚鼎孳也不正，不仅投降了李自成，而且做了他的北城御史。"多尔衮明知故问："这是真的吗？"龚鼎孳被冯铨抓住了把柄，只得硬着头皮回答："是真的。但当时不止我一人如此。魏征还归顺唐太宗呢。"多尔衮听了，笑着说："如果自己处处端正，才能要求别人，己身不正，怎能苛求他人？"接着又训斥龚鼎孳："你自比魏徵，把李自成比作唐太宗，真是大胆！"当然，多尔衮如此指责龚鼎孳并没有想真治他的罪，而是为了彻底堵上他的嘴。

多尔衮虽然支持冯铨等人，但他也没有将那些上疏弹劾的南方汉官治罪，龚鼎孳虽然当众挨了一顿羞辱，但不久却升职为太常寺少卿。只有后来的李森先再次上奏，言辞过激，被革职罢官。冯铨等人经过这次教训后，也大大收敛了自己的行为。

在整个多尔衮摄政时期，他既宠信冯铨、李若琳、党崇雅等北方汉人，同时又重用陈名夏、金之俊等南方汉官，使双方势力保持了很好的平衡。党争虽然存在，但始终未酿成大祸。

吴兆骞远戍宁古塔

清初满族统治者笼络汉官为其稳固政权服务，但与此同时并未放松对汉族士人的打击。因科场案而被流亡东北的吴兆骞就是清廷这一举措的受害者。

吴兆骞 1631—1684）清江南吴江人，字汉槎。吴兆宽弟。少有才名，与华亭彭师度、宜兴陈维崧有"江左三凤凰"之号。吴兆骞自幼聪明，少年时就才

华过人，写过《胆赋》等诗赋，大受时人赞赏。青年时参加江南著名学术团体"慎交社"，因才干过人受到文坛领袖吴伟业、陈之遴、陈名夏等人青睐。吴伟业称赞他与后来成为杰出诗人的陈维崧、彭师度为"江左三凤凰"。吴兆骞从小随父游历，傲岸自负。及长，更是锋芒毕露。如他曾对友人、另一位才子汪琬说："江东无我，卿当独步。"言下之意即有他吴兆骞在，汪琬就不可能独领风骚。

顺治十四年（1657），吴兆骞参加江南科考。就在他以为仕途即将开始的时候，一场意想不到的灾难迎面而来。

这年十一月，南闱科场案爆发。江南主考官方猷等取中的举人方章钺，系少詹事方拱乾第五子。此事令顺治帝非常气愤。因为不久前在顺天举行的乡试中，刚刚发生了主考官收取贿赂的事情。方章钺的父亲方拱乾时任詹事府少詹事，尽管他再三向顺治帝声明与方猷不是同宗，更不可能乘机作弊，但盛怒之下的顺治帝并不相信。第二年三月，顺治帝亲自命题复试这些江南举人，并且每名举子身后都设有两名武士持刀而立，戒备森严。吴兆骞交了白卷，被革除举人名。顺治帝亲自定案，吴兆骞家产籍没入官，父母兄弟等一并流放宁古塔（今黑龙江省海林市长汀镇古城村）。

顺治十六年（1659）春，他与方拱乾父子等难友离京出关。经过长达半载的艰苦跋涉，于初秋抵达宁古塔，开始了长达23年之久的流放生活。

得知吴兆骞的厄运，其师友吴伟业写下撼人心魄的《悲歌赠吴季子》："人生千里与万里，黯然销魂别而已。君独何为至于此？山非山兮水非水，生非生兮死非死。……生男聪明慎莫喜，仓颉夜哭良有以。受患只从读书始，君不见，吴季子！"

宁古塔气候严寒，人烟稀少，号称"荒徼"。吴兆骞在书信中说："宁古寒苦天下所无，自春初到四月中旬，大风如雷鸣电激咫尺皆迷，五月至七月阴雨接连，八月中旬即下大雪，九月初河水尽冻。雪才到地即成坚冰，虽白日熠灼竟不消化，一望千里皆茫茫白雪。"

吴兆骞虽有文才，但不会耕作，又无生存之道，初到之时意气消沉。康熙二年（1663），吴兆骞的妻子葛采真和妹妹吴文柔从苏州千里迢迢来到关外，"携来二三婢仆，并小有资斧"，吴兆骞的生活才有了明显的改善。后来，他的文采被官方和同去的流人所看重，吴兆骞就利用自己的长处开馆授徒。最先教的是宁古塔第一个流人陈嘉猷的长子陈光召，他也是吴兆骞最钟爱的弟子。

吴兆骞是流人，但在宁古塔受到了将军巴海、副都统安珠瑚、萨布素等人的优待。康熙十三年（1674）秋，巴海聘请吴兆骞为书记兼家庭教师，教其两子读书。巴海"待师之礼甚隆，馆金三十两"，而且"每赠裘御寒"。

尽管如此，吴兆骞仍然看不到归还的希望。后来由于好友顾贞观的援救，才得以重生。

顾贞观与吴兆骞私交甚厚，情同手足。吴兆骞被遣送到黑龙江戍边时，顾贞观为好友蒙受不白之冤感到怨痛，立下"必归季子"的誓言。有一年，顾贞观接到吴兆骞从戍边寄来的信，读后凄伤流泪，深知身居绝塞的好友再也经不起风霜雨雪的摧残，救友生还已到刻不容缓之时。

康熙十五年（1676）冬，顾贞观在康熙帝红人明珠家课馆，两人成为交契笃深的挚友。一次，明珠大宴宾客，席间，明珠端起一大杯酒，笑着对顾贞观说："你能把这杯酒一饮而尽，我就为你设法营救吴兆骞。"顾贞观本不胜酒力，听此话后，端起酒杯，一饮而尽。明珠哈哈大笑，说："我只不过同你开个玩笑而已。你是重义的人，即使不饮此酒，我也会为你营救吴兆骞的。"顾贞观听了，忙向明珠跪谢。

功夫不负有心人，经好友顾贞观的鼎力营救，又有明珠及其子纳兰性德，徐乾学等人在朝中斡旋，机会终于来了。康熙十七年（1678），康熙皇帝两次派人到宁古塔封祀其皇祖发祥之地长白山。吴兆骞不失时机地献上了1800字的《长白山赋》和律诗《封祀长白山二十韵》，受到康熙帝的赞赏。康熙二十年（1681）秋，吴兆骞终获赦免，离开宁古塔。

吴兆骞获释后，特地到明珠府第拜谢。拜谢后，纳兰性德领他到那一次明珠要顾贞观饮酒的地方，让他看壁间一行文字——"顾梁汾为松陵才子吴汉槎屈膝处"。他这才知道，顾贞观为他的生还费尽了心力。三年后，吴兆骞在北京病逝。

想出家的皇帝

作为清朝入关后的第一个皇帝，顺治帝本来应该大有作为，但他却一度想出家为僧。皇帝当得好好的，为何想要出家？结局又如何呢？这事还得从董鄂妃说起。

董鄂氏，内大臣鄂硕之女。董鄂氏是如何被顺治帝选中的？她又是怎样入宫的？这些清朝官方史书都秘而不书。其实，董鄂氏在入宫之前，已经是襄亲王博穆博果尔的妻子。襄亲王是清太宗皇太极第十一子，顺治帝排行第九，两人是同父异母兄弟。按说，哥哥娶了弟弟的妻子，这在清入关前，依据满洲旧俗，并不是什么问题。但由于到了顺治朝，随着满俗汉化，此举已经不合礼俗，为君者讳，因此实录中不载一字。

据耶稣会教士汤若望记载，顺治十三年（1656）二月，按照惯例，董鄂妃作为襄亲王博穆博果尔的命妇入侍宫中。顺治帝见到她后，被其亭亭玉立的身材、高雅的气质所震慑，激起了狂热的爱慕之情。此后，顺治帝以各种理由不断召董鄂氏入宫，借机与她见面。后来此事被博穆博果尔得知，他一脸愤怒地冲进宫中，质问顺治帝。顺治帝不能忍受弟弟的"犯上"，竟狠狠地打了他一记耳光。

孝庄太后知道此事后，感觉事要闹大，就立即准备为儿子册立东西宫嫔妃。由于顺治帝执意要娶董鄂氏，皇太后为此烦恼不已，但也无可奈何。她认为是命妇例行的"入侍"给了他们相识相恋的机会，于是，命令此后永远停止命妇"入侍"之例。再说博穆博果尔，因自己的妻子被皇帝夺走，又被打了一耳光，实在咽不下这口气，不久便怨愤而死，年仅16岁。

博穆博果尔死后，顺治帝便迫不及待地将董鄂氏纳入宫中，册为贤妃。按照惯例，后妃的等级也是逐步提升的，董鄂妃则直接越过"嫔"位而册立为"妃"，不仅如此，仅过了一个月，又册封为皇贵妃，这是仅次于皇后的地位。

由此可见顺治帝对董鄂氏的爱恋之情。

顺治虽然贵为皇帝，其个人感情却不顺利。他的第一个皇后姓博尔济吉特氏，蒙古人，是科尔沁部亲王吴克善之女、孝庄皇太后的亲侄女、福临的亲表妹。由于这个"亲上加亲"是多尔衮所定，多尔衮死后，顺治十年（1653）八月，顺治帝以感情不和、皇后失德等借口将其皇后身份废除。之后，礼部官员立即着手为顺治帝物色新的皇后。经过严格复杂的选妃过程，于次年四月，选定科尔沁部镇国公绰尔济之女。论辈分，此女是孝庄皇太后的侄孙女，同样也是亲上加亲。然而，这个皇后也不幸。她册立为后时，就遇到了刚刚得到宠幸的贵妃董鄂氏。

与董鄂氏成婚后，顺治帝便把他的爱全部给了董鄂妃。他不仅疏远第二任皇后，而且故意挑茬，处分皇后。由于孝庄皇太后的阻挠，顺治帝准备再次废后、立董鄂妃为后的想法始终没有实现。

顺治帝与董鄂妃的感情很快有了果实，他们的儿子于顺治十四年（1657）十月初七日诞生。对于此子的降生，顺治帝如获至宝，无比高兴。但天有不测风云，当他们还沉浸在欢乐之中时，不幸的事情发生了。顺治十五年（1658）正月二十四日，这个排行皇四子的儿子，还不到4个月就夭折了。突如其来的不幸，使他们陷入了极度的痛苦之中。不久，顺治帝以超越常规的做法，追封这个儿子为和硕荣亲王，还为其大办丧事。

丧子虽然痛苦，但他们还年轻，顺治帝不过20岁，董鄂妃还不足20岁，以后再诞育皇子也不是没有可能。然而，好景不长，董鄂妃突然病倒，顺治帝虽然为其指定最好的御医医治，但无力回天。顺治十七年（1660）八月十九日，董鄂妃香消玉殒。顺治帝传谕亲王以下、满汉四品官以上，并公主、王妃以下命妇，都到景运门内外集体哭临，还决定辍朝五天。接着，又追封董鄂妃为皇后。

在短短两年的时间里，顺治帝连遭打击，而失去董鄂妃的痛苦远甚于失子之痛。自董鄂妃死后，顺治帝情绪低落，似乎看破红尘，万念俱灰，还产生了一个不可思议的想法——放弃皇位，出家当和尚。据说，由于顺治帝敬重的高僧玉林琇的极力劝解，他才放弃了出家的念头。然而，这时顺治帝的生命也即将走到尽头，就在董鄂妃死去 4 个月后，顺治十八年（1661）正月初七日，顺治皇帝因染天花，死于养心殿，终年 24 岁。庙号世祖，谥号体天隆运定统建极英睿钦文显武大德弘功至仁纯孝章皇帝，葬于清东陵之孝陵，遗诏传位第三子玄烨。

谋略家范文程

范文程（1597—1666），字宪斗，号辉岳，辽东沈阳（今沈阳）人。北宋名相范仲淹十七世孙。曾事清太祖、清太宗、清世祖、清圣祖四代帝王，是清初一代重臣，清朝开国时的规制大多出自其手，更被视为文臣之首。万历四十六年（1618 年），后金八旗军攻下抚顺，范文程与兄范文寀主动求见努尔哈赤，太祖努尔哈赤欣赏范文程的风雅气度，在谈话中得知他的曾祖曾做过明朝的兵部尚书，高兴地对身边的诸王贝勒说："此人是名臣之后，你们都要好好地对待他。"对他十分器重。努尔哈赤攻打辽阳、四平、广宁，范文程一直跟随左右。

皇太极即位后，范文程依旧受到重用。天聪三年（1629），范文程跟随皇太极攻打明朝。进入蓟门，攻克遵化。范文程率领军队配合作战，进攻潘家口、马兰峪、三屯营、马栏关、大安口，先后攻克了这五座城。后来，皇太极率兵进攻永平，留范文程守遵化。明朝派大军攻打，范文程力战退敌，以此被授予游击世职。

范文程跟随皇太极南征北战，数次为后金军事活动献策，深得后金统治者的信任。

崇德元年（1636），后金改文馆为内三院，范文程担任内秘书院大学士。范文程所管是机密要务，皇太极每有机要大事，必召范文程入宫问计，一谈就是几个时辰。有时范文程还没来得及吃饭就被召入宫内议事。皇太极让大家推举固山额真（旗主），有人推举范文程，皇太极说："范章京才识过人，但固山额真只管一旗之事。我正把他作为我的左右手，将另有重用，你们考虑其他

人吧。"

有时，皇太极和别的满族大臣讨论问题，他也会问一句："这件事范章京知道了吗?"他非常重视范文程的意见，如果范文程病了，他宁可拖延时日，也要等和范文程商量后再做决定。

顺治帝即位后，范文程因为是两朝老臣被提升入镶黄旗。这时，形势发生了急剧变化，李自成农民军开始进军北京，明朝统治危在旦夕，范文程知道后，立即建议多尔衮进军北京夺取天下。他在上书中说："中原百姓久经战乱，备受摧残，都渴望明主出现，过上安稳日子。以前我们进攻明朝边境，曾经屠城，或者抢掠子女财帛，让他们以为我们没有大志向。这次出兵，我们必须严明纪律，对明朝百姓要秋毫无犯。要讲清楚，明朝的官员仍可以居其职，百姓仍安其业。如果这样，黄河以北，可传檄而定。"

很快，李自成农民军进入北京，崇祯皇帝自缢而死的消息传来。这时，范文程正在外地养病，多尔衮立即命快马把他召回。范文程一到，立即提出明朝腹背受敌，进军关内的时机已到，中原地区可一举平定。他特别提出："我们这次进军，不是跟明朝争天下的，而是和农民军争天下的；农民军逼死皇帝，抢掠人财，杀人放火，引起民怨。我们出兵北京是为拯救老百姓的，我们占着理。"他说："保护百姓是天之德也，从古至今没有滥杀而得天下的。如果我们只想在关外当个小皇帝也就算了。要想一统天下，非安抚百姓不可。"

顺治元年四月四日，多尔衮率军大举南下，很快攻入北京城。

第二天，范文程到军营起草晓谕明朝吏民文告，写上他的姓名并注明他的官阶。文告把清军进入关内夺取全国政权说成是"为尔复君父仇，非杀尔百姓。今所诛者为闯贼"，并一再表明"师行以律，必不害汝"，要他们见清军时能安下心来并给予支持，共同对付农民军。下面就是要吏民归附的话："吏来归复其位，民来归复其业。"

范文程的公告等于给京城官民吃了一颗定心丸，有效地稳定了当时的人心。

清军入北京后，百业待兴。范文程为多尔衮提出了一系列建议，如，为崇祯帝发丧，安抚遗民，任用明官，定律令，征求赋税册籍，减少赋税，减轻人民负担；开乡试、会试，笼络地主阶级知识分子，等等。

清军入关以及建国，多尔衮都是按照范文程的意见行事，清朝在中原的统治很快稳定下来。

为奖赏他的功劳，朝廷为他加官晋爵。他成为多尔衮最信任的幕僚。

顺治八年（1651），多尔衮去世，被控告"图谋不轨"，范文程受牵连被革职留任。第二年，范文程又被复职，再授世职，赐一等精奇尼哈番，授议政大臣，监修太宗实录。

范文程仍然尽心竭力地做好本职工作。一年的端午节，诸大臣都回家了，只范文程一人没走。顺治感动地说："节日里安乐一番，人之常情。卿攻读不休，以国事为重，真是国家的重臣啊！"范文程说："君明臣良，相互督促，始能承天意，尽国事。"顺治说："从今以后，朕有错要改，卿也应勤加提醒，毋忘其责。"

顺治十一年（1654）八月，顺治帝加范文程"少保兼太子太保"，范文程以病辞谢。九月，顺治帝封他太傅太师，允许他的退休要求，派人给他画像。顺治赏给范文程的御用之物更是数不胜数。

康熙五年（1666年），范文程去世，终年70岁。康熙亲撰祭文，赐葬于怀柔区之红螺山。康熙皇帝亲笔书写"元辅高风"四个字，作为对他的最高评价。

陈名夏被杀

清朝无论其成功与失败之处，背后都有一套政治文化制度作支撑。有些制度明显带有满族统治者的特色，剃发易服即是其中之一。顺治十一年（1654），翰林院大学士陈名夏被杀，就因为当时他说了这样一句话："只需留头发，复衣冠，天下即太平矣！"而这触动了清统治者的根本利益。

陈名夏（1601—1654）明末清初江南溧阳人，字百史。明崇祯十六年进士，官修撰。先在北京降李自成。清兵入关，又降清，复原官，历任吏部尚书、秘书院大学士。以倡言"留发复衣冠，天下即太平"，又有结党舞弊等事，被劾处死。有《石云居士集》。李自成入京后，他投降了大顺政权；清军入关之际，他又逃亡南京，准备投奔南明政权。正当清政权竭尽一切可能扩大统一战线的时候，南明却在窝里斗，阮大铖、马士英等人挑起"顺案"，追究那些投降李自成的明朝官员的罪责，尴尬之下的陈名夏又返回北京，索性归顺了清朝。此后，陈名夏官场顺遂，顺治五年（1648）官至吏部尚书，顺治八年（1651）为内翰林弘文院大学士。

多尔衮死后，顺治帝尽翻旧案，但在打击多尔衮势力的同时，议政王济尔哈朗及满洲贵族的权势又日益增强，真是按下葫芦浮起瓢。这显然不是顺治帝本意。为抑制议政王大臣会议的力量，巩固皇帝的威权，顺治帝决定利用汉官进行平衡。

本来，清初汉官志气委顿，颇受压抑，在朝廷奏事时噤若寒蝉，往往只有聆听满官发言的份，随声附和而已。顺治十年（1653）正月，顺治帝降谕，要求满汉侍郎都要"参酌公同"，进奏本章，要改变过去只有满臣奏事的弊病。显然，顺治帝是在激励汉官奏事，鼓励汉官直言时弊，以稍稍平抑满洲权贵对皇权的过多干涉。

这一做法自然很受汉官的响应。但汉官们似乎并没有完全领会皇帝的意图，只是接二连三地奏请皇帝习经书、读《通鉴》、开经筵、设记注官等等，目的是促使皇帝提高对汉文化的认同，进而提高汉官的政治文化地位。更没想到的是，这年二月詹事府少詹事李呈祥甚至上疏请部院衙门裁去满官，专用汉人。这一奏疏激起了满臣的众怒，连顺治帝也认为："李呈祥此疏太不合理。"当时满汉矛盾非常敏感，顺治帝虽然想削弱议政王大臣会议，维护皇权，但他的理想是"满汉一体"，并不想汉官与满官作对，更不是彻底打压满洲贵族。结果，李呈祥被革职免死，遣戍东北。

可以说，当时的情形很复杂，朝廷中既有满汉矛盾，又有皇权与满洲贵族的权力斗争；既有满洲贵族内部的矛盾，又有汉官南北党的矛盾。作为南党领袖的陈名夏正是当时复杂矛盾的牺牲品。

九月，陈名夏卷入任珍案，差点被杀头。任珍是明朝降将，为西安镇总兵，

因为妻妾与人通奸，私自将人杀死，后被革职。居家无聊，任珍大发怨言，又被家仆告发。在朝廷审议这个案件时，陈名夏、陈之遴等28位汉官的意见与满官相左，认为处死任珍没有实据。顺治帝大怒，怒斥陈名夏等人结党。见此情形，诸位满臣欣喜万分，趁机奏请皇帝处死陈名夏，将其他二十几位汉官或徙或革职，几乎要将汉臣中的能臣一网打尽。顺治帝当然知道这些满臣的意图，而且陈名夏等人的意见只是就事论事，并没有严重到结党欺君的地步，于是拒绝了议政王大臣会议的意见，从宽处理了陈名夏等人，只是削去官衔二级，罚俸一年。

陈名夏此次虽侥幸免死，但注定在劫难逃。顺治十一年（1654）三月，当宁完我弹劾陈名夏时，他的劫难便到来了，因为这一次他触动了清统治者的根本利益。

根据宁完我揭发，有一天，陈名夏与宁完我等人在朝中议事，说起如何能让天下太平时，陈名夏说："如要天下太平，在我看来做到两件事就唾手可得。"宁完我问："到底是哪两件事呢？"陈名夏先是微笑着摸摸头，然后整整衣冠，接着说："就是这两件事。"宁完我一脸茫然，还是不明白。陈名夏笑着说："只需留头发，复衣冠，天下即太平矣。"对陈名夏的这句话，宁完我添油加醋对顺治帝说："陈名夏居心叵测，痛恨我大清剃发之举，鄙陋我大清衣冠，蛊惑人心，号召南党，私通东林，实是布局行私，藏祸倡乱！他之所倡留发变服，实是变清为明，弱化我大清！"为了加深顺治帝的恶感，宁完我又列举了陈名夏种种"罪行"，包括陈氏父子在江南私占公产，横行不法，甚至敢"鞭打满洲"，让满人"破面流血"等。最终，宁完我给陈名夏的案子定性为："怀奸结党，阴谋潜移，祸关宗社。"说到底，就是说他要"谋反"。

顺治帝虽然倾心汉化，希望通过汉官来加强皇权，稍稍打压满洲权贵对皇帝的威胁，但对入关以来就实行的剃发易服等政策是深信不疑的。因为，剃发易服、国语骑射，这是清朝立国之本，是满洲统治者的底线。宁完我不愧是三朝老臣，他身在满洲30年，自己尽管也说不好满语，但对皇帝和满洲贵族的最大担忧之处了如指掌。他选取了陈名夏的致命处和皇上最痛恨的地方，即坚决

镇压汉人反清复明的倾向。因此，当顺治帝看到宁完我的弹劾奏章后，立即命令内三院、九卿会审，要严惩陈名夏。结果，经大臣会审，陈名夏论斩。顺治帝特旨开恩，改成绞刑。陈名夏之子则被遣送东北苦寒之地。从此以后，清廷再无人敢有"留头发，复衣冠"之议。

熊赐履嚼签

熊赐履（1635—1709）湖北孝感人，字敬修，一字青岳，号素九、愚斋。顺治十五年进士。授检讨，迁国子监司业，进弘文院侍读。康熙初，以直言为鳌拜所嫉。鳌拜败后，任翰林院掌院学士，为经筵讲官，深受器重。超授武英殿大学士，旋以故罢官，后又再起为东阁大学士。四十二年，以年老解机务。四十五年去官。卒谥文端。生平潜心理学，有《闲道录》《经义斋集》等。

康熙十五年（1676），清朝内阁发生了一件稀奇古怪的事。陕西总督哈占向朝廷奏报一件题本，时任武英殿大学士的熊赐履在代拟批旨时，一不小心，把这个题本批错了：原本应该批往吏部核办的，却错批给三法司核拟。熊赐履回家后，猛然明白过来，这可是个严重错误，立刻心急如焚；第二天还没等天亮，他便匆忙赶往内阁，找出自己草拟票签的原稿，嚼碎吞进肚里。

清初，朝廷对臣下奏章的处理办法延续了明朝的制度，凡是中央、地方各衙门及臣僚呈送皇帝的章奏，要先送内阁，由阁臣代拟初步处理意见，以备皇帝裁决时参考。如果内阁代拟的意见与皇帝意见不符，还会打回内阁重拟，称"改票"。

熊赐履信奉程朱理学，办事谨小慎微，他天真地认为只要将自己草拟的票签销毁，查无证据，一切就好办了。不仅如此，他还自作聪明地搞了一个伪装：将一位同僚杜立德的另外一本票签原字裁去，然后以小字将错批写在上面，自己则换过杜立德的本子，另批几句，以充其数。

等杜立德和众位同僚都来上班时，熊赐履便迎上去说："您老又批错了。"没想到杜立德对昨天自己批过的事记得很清楚，坚称这一题本自己从来就没看

过，这时又发现签纸短了一截，遂叫来中书，说他作弊，要拿他责问。中书不承认，内阁中遂吵成一团。闻讯赶到的首辅、保和殿大学士索额图站在一边，一时也不能分辨。正吵得厉害的时候，一个满族学士过来揭发，说他头晚在亲戚家因丧事守夜，今天过来得早，在南炕上躺着，亲眼看见熊大人进来闷头检本，还口嚼了一张票签。

这一下，熊赐履立刻哑口无言，满脸尴尬。索额图本来就对熊赐履心怀不满，就与杜立德一起将此事上奏皇帝。康熙帝正在为三藩战争前线吃紧而着急上火，便让吏部核查此事。问口供时，熊赐履一语不发。索额图说："这本来也不是什么大事，就是审贼，也毕竟要他自己亲供，才能定罪，老先生不说话，如何了结此案？"见熊赐履还是不说，索额图又道："老先生不要担心，就是如今平西王吴三桂、靖南王耿精忠自己说出真情来降，皇上也只得歇了，赦了他，何苦不言？"熊赐履窘辱备至，只好说："罢了，就是如此罢了！"于是吏部议："熊赐履票拟错误，欲诿咎同官杜立德，改写草签，复私取嚼毁，失大臣体，坐夺官，归里。"

熊赐履本是康熙帝颇为重用的一位理学大臣。早在康熙六年（1667）时，皇帝下求直言诏。熊赐履便应诏上万言疏，海内传诵；康熙七年（1668），被升为内秘书院侍读学士。由于当时鳌拜当政，擅作威福，天下没人敢惹，只有熊赐履以侍读词臣的身份，连续上疏论事，一时间以勇敢直言而扬名天下。康熙十年（1671），熊赐履被任命为经筵讲官，作为日讲官每天在弘德殿给皇帝讲解经义、为君之道。有一天，康熙帝问他有什么关于理学的著作，他便以自著的《闲道录》进呈。康熙帝命取回宫中拜读，第二天，康熙帝见熊赐履时龙颜大悦，说："朕已批阅了你的《闲道录》，正大精醇，真是斯文一派呀！"还亲自题了书名——《熊学士闲道录》，放在自己的御用书桌上。

这样一位道学名臣，竟然发生了嚼签事件，真是脸面丢尽，假道学之名声不胫而走。

熊赐履被革职后，没有回老家，而是奉母择居在金陵（今南京），后又迁居溪西之清凉台。康熙二十三年（1682），康熙帝南巡到江宁，熊赐履随众接驾，康熙帝召他到行宫，亲自慰问垂询。康熙二十七年（1688）秋，康熙帝打算重新起用熊赐履为礼部尚书。但人算不如天算，他入都才两月，老母便病逝了。无奈之下，熊赐履只得回金陵守孝。康熙三十年（1690），熊赐履结束了三年的孝期，立即赶赴北京，补任礼部尚书，仍充经筵讲官，后又改任吏部尚书。但终其一生，"嚼签案"的阴影都没有摆脱。

康熙四十八年（1709）八月，75 岁的熊赐履死于金陵。

康熙帝"木兰秋狝"

"木兰秋狝"是清代皇帝每年秋天到木兰围场（在今河北省围场县境）巡视习武，行围狩猎。是清代帝王演练骑射的一种方式，类似于我们今天的军事演习。

据统计，自康熙十六年（1677）至嘉庆二十五年（1820），康、乾、嘉三帝共出塞北巡 124 次，行猎木兰 92 次，其中康熙帝北巡 56 次，行猎 41 次；乾隆帝北巡 49 次，行猎 40 次；嘉庆帝北巡 19 次，行猎 11 次。

每次"木兰秋狝"的规模都很大，扈从者有宗室子弟、文武大臣、八旗禁卫军、蒙古贵族及其本部骑兵等，康熙时就已有四五千人，乾隆时人数渐多，往往在 6000 人以上，最多时达 3 万人；而且除驻京师八旗兵外，各省驻防八旗也要派人参加。

康熙十六年（1677），康熙帝第一次到木兰行围。当时，清军对"三藩"作战已经占据主动并逐渐取得优势，康熙帝抓住机会出塞北巡，祭遵化孝陵后，出喜峰口，首次来到承德一带，驻跸喀喇河屯；而后会合当地蒙古贵族，长驱北上。当他们来到地处蒙古高原东北角的塞罕坝时，不禁为这里得天独厚的环境所深深吸引：这一带地势北高南低，高原、草甸、丘陵、山地兼而有之，川流纵横，水草丰美，森林茂盛，禽兽群集，无论是行猎习武还是避暑养性，都是难得的上佳之所。这里地处内蒙古的中心地带，为关内通向关外的重要通道，有"据天下之脊，控华夏之防"之誉，自古为兵家必争之地。

康熙帝敏锐地觉察到这里对大清王朝的重要，若在此地建立一座行猎习武的常备基地，既承续了先祖之遗风，又可整军习武练兵；既可俯控蒙古诸部，又可屏藩京师及祖宗陵寝，兼顾东北发祥地，可谓有百利而无一弊。

于是，康熙二十年（1681）四月康熙帝再次出巡塞外，边行猎边勘测，以漠南蒙古喀喇沁、敖汉、翁牛特、克什克腾诸部贵族敬献牧地的名义，在塞罕坝一带建立了木兰围场。

自此以后，行猎木兰被列为清朝祖制，垂为家法，又称为"木兰秋狝""木兰习武"或"秋狝大典"。

每次行围都是一次严格的军事演习，提倡勇敢尚武精神，对行军路线、安营、出哨、布围、合围、射猎、罢围等具体活动有着严格规定。

进行秋猎的大批人马从北京出发，经怀柔、密云，出古北口，经两间房、喀喇河屯、小营，至波罗河屯（今隆化境）集结准备入围，内蒙古四十八旗王公照例于此迎驾，清帝赐宴同娱。

合围是木兰围猎的高潮。事前选择好一个四面皆山、中间较平的地方作为围场。在高冈处搭好供康熙皇帝检阅和休息之用的看城。看城由黄幔围成一圈，中间有一个大蒙古包和几顶帐篷。在天未明之前，满、蒙管围大臣率领满洲八旗、蒙古骑兵、虎枪营士卒、各部落射手齐出营地，纡道绕出围场之后，根据围场大小，走二三十里或四五十里不等。然后以看城为中心，由"围墙"四面合围，逐渐缩小包围圈，将围中的野兽向看城集中。合围后由皇帝首先射猎，护驾及随从牵狗、架鹰、递箭，皇帝尽兴后回看城，观看皇子皇孙、王公大臣及八旗射手们或射猎，或聚歼，或追杀，各显身手；如遇虎、豹之类猛兽仍须驰报看城，惟皇帝取之。整个行围较之真正的两军对垒还要激烈。

一年一度的"木兰秋狝"也是康熙帝加强与蒙古王公贵族联系的重要手段。蒙古各部居于高寒地带，多数人没有出痘，到内地后，往往因为天热突然出痘死亡。因此，蒙古王公大多害怕到内地。为了加强和蒙古各部的联系，同时也为了照顾各部王公贵族的"畏热"情绪，康熙帝特地规定了蒙古王公定期朝见的"年班"和"围班"制度。凡已出痘的蒙古王公，有免疫能力的，每年年末轮流进京朝见皇帝，这叫"年班"。没有出痘、缺乏免疫能力的蒙古王公，则在塞外轮流陪同皇帝打猎，叫"围班"。康熙帝每年在"木兰秋狝"时接见蒙古王公，并在结束秋狝时宴请各部蒙古王公贵族，赏赐大批绫罗茶布、金银瓷器等。通过这些活动，既展现了清朝政府的武力，又密切了与蒙古王公的联系，对安抚蒙古、巩固边防起到了很大作用。

额驸策凌

策棱（1672—1750），清代前期蒙古族重要将领。博尔济吉特氏，成吉思汗嫡裔，蒙古喀尔喀部人，喀尔喀台吉。康熙三十一年（1692），年仅 19 岁的策凌在祖母的带领下来到北京，康熙帝不仅赐居京师，而且将策凌安排在内廷进行教养。康熙四十五年（1706），与六公主结婚，封为贝子。不幸的是，六公主在康熙四十九年（1710）三月二十四日便去世了，时年 26 岁。

然而，身为额驸的策凌在后来清统一准噶尔的战争中却立下了汗马功劳。康熙五十六年（1717），为了阻止准噶尔部侵扰西北，康熙帝派策凌为北路先锋，牵制准噶尔的军队。尽管这是策凌参加的第一次大规模的战事，但策凌在与准部军队遭遇后，接连取得胜利，先是在格尔额尔格击败一支准军——杀伤数百、生擒百余，紧接着又在乌兰济尔焚毁准军存储的军粮，并在哈达青吉勒击退准部的增援军队。在同准噶尔的战争中，策凌脱颖而出。

与此同时，策凌以军法管理自己的部众，每当游牧扎营时，均用行军布阵的方法进行约束。经过严格训练，他所管辖的赛音诺颜面貌焕然一新。策凌还从部属中选拔猛士千人，严格进行军事训练，作为帐下亲兵。他所管辖的赛音诺颜及其所训练的亲军在喀尔喀三部中纪律最严明，战斗力最强。

雍正元年（1723），策凌被封为多罗郡王。雍正三年（1725），又分得土谢图汗部西面的 21 个旗，建立赛音诺颜部，成为遏制准噶尔向东侵扰的中流砥柱。

雍正九年（1731），准噶尔部首领噶尔丹策零在和通泊大败清军后，遣部将

大、小策零敦多布率兵东攻喀尔喀蒙古。形势紧急，清廷立即派遣喀尔喀亲王丹津多尔济偕额附策凌率兵迎击。在额尔德尼昭（光显寺），策凌兵分两路，一路隔鄂尔坤河与准军对峙，摆出佯攻的架势；另一路在夜色的掩护下抄小路绕到山后攀登山路，从背后逼近准军营地，攻其不备。酣睡中的准噶尔士兵来不及披甲备鞍，仓促迎战，在腹背受敌的情况下，被歼万余，小策零敦多布率领残兵败将沿河西窜。

额尔德尼昭战役后，雍正帝立即加封策凌为"超勇亲王"，并赐其宗室成员系用的"黄带子"，且令其担任喀尔喀四部的盟长。作为额驸，策凌所立的功绩、所得到的爵位与荣誉都是空前的。

乾隆十五年（1750），策凌去世。乾隆皇帝亲临致祭，命配享太庙，他成为配享太庙的第一位蒙古王公。

策凌有八子，在政坛上最有影响的是长子成衮扎布与次子车布登扎布。

自康熙五十九年（1720），成衮扎布就随父出征，并因在雍正十年（1732）的额尔德尼昭之战中功绩卓著被封为贝子。策凌去世后，身为世子的成衮扎布承袭亲王爵位、赛音诺颜部首领及喀尔喀四部盟长。

次子车布登扎布也是从少年时代即随父从军，亲自参加了额尔德尼昭之战，因作战勇敢而受到雍正帝的嘉奖，被赐予双眼花翎及辅国公的爵位。后来车布登扎布还奉命同兆惠一起到天山以南，平定回部大、小和卓及哈萨克锡喇所发动的叛乱，受到乾隆帝的嘉奖。乾隆帝特把策凌的"超勇"封号赐给他，又将其晋升为亲王，父子两代都成为"超勇亲王"。到乾隆二十六年（1761）建成紫光阁时，车布登扎布因杰出功绩而"图形紫光阁"。乾隆帝在御制诗中称赞他："拍马弯弓，所向无敌。不曾读书，如古名将。和落斯霍，少胜众彼。超勇亲王，额驸之子。"

后来，成衮扎布之子拉旺多尔济娶乾隆帝第七女固伦和静公主，官至领侍卫内大臣、都统，亦声名显赫。其后，便逐渐衰微，及至清末第七代亲王那彦图，几近倾家荡产。

噶礼、张伯行互参案

"满汉一体"是清朝初期开始的，确切地说是从康熙帝位巩固之后开始全国推行的，是清朝实现统一和维持稳定的关键一环。但在对待"满汉一体"的问题上，历任皇帝拿捏的分寸却很微妙。康熙年间发生的噶礼、张伯行互参案就着实考验了一番康熙帝。

噶礼，满洲正黄旗人，家庭出身很好，是开国功臣何和礼四世孙。此人有才能，办事干练，颇得康熙帝赏识，不几年即升授山西巡抚。但噶礼为官贪酷，在山西巡抚任内放纵官吏虐待百姓，御史刘若鼎、巡视南城御史袁桥于康熙四十四年（1705）、四十五年先后疏参噶礼贪婪无状、虐吏害民、重征火耗、贪赃数十万两，康熙帝不但未对其做任何处理，还以噶礼辩解的片面之词为据将袁桥褫革，庇护噶礼。

康熙四十八年（1709）七月，噶礼升任两江总督。到任伊始，噶礼即以侵占钱粮为由将江苏巡抚于准、布政使宜思恭、按察使焦映汉等人劾罢，接着又以克扣治河钱粮名目参劾了苏松粮道贾朴、苏州知府陈鹏年、松江府知府朱廷志、江常镇道员徐廷世等。对于噶礼这种做法，康熙帝非但没有像对待赵申乔等汉族清官那样责其"生事""不安静"，反而听之任之，屡次差派张鹏翮等人前往，严审被参官员。

张伯行，字孝先，河南仪封人。康熙四十六年（1707）三月，因居官清廉被康熙帝破格提升为福建巡抚，康熙四十八年继于准任江苏巡抚。贪横的噶礼很快与这位新任巡抚张伯行发生了矛盾。康熙五十年（1711）十月，张伯行疏奏，江南乡试发榜后，数百士子抬着财神入学宫，讽刺科场考试不公，康熙帝令张鹏翮会同噶礼、张伯行等严审具奏。因噶礼与此案有涉，并暗中阻挠案件审理，张伯行遂于康熙五十一年二月疏参噶礼在江南乡试舞弊案中贿卖举人、索要贿银 50 万两。与此同时，噶礼疏劾张伯行七罪，并否认受贿，督抚互参正式拉开序幕。

整个事件从一开始就卷入了一场以噶礼为代表的满洲官员与江南汉族官员之间的争斗，并波及朝中大臣和江南士人。一个自身贪赃纳贿的总督上任数月即以贪污钱粮为名连参道府以上汉人官员，这实际上是以惩治贪官为借口压制和震慑江南汉官。康熙五十年七月噶礼的密奏反映出满汉官之间很深的芥蒂和他将江南汉官作为打击对象的事实："南方汉人甚奸猾，圣主明知者甚是……况且张伯行在属员中见旗人即憎恶之。奴才若为公事派遣汉官及来会奴才者，张伯行即背地里恨曰：伊为汉人，何不与我同心，反与总督同心等语。奴才不知张伯行用心何在。"同样，以张伯行为首的汉官也结成团伙，与噶礼针锋相对。

　　康熙帝在这场满汉官员争斗中所持的态度最值得注意。在噶、张互参之初，出于对本民族的天然情感和对噶礼的偏爱，康熙帝一直站在噶礼一方。

　　在一件密折中，康熙帝叮嘱噶礼要留意"奸诈"的江南官民，并将张伯行推举陈鹏年的事透露给了噶礼："江南省官民奸诈，一时不注意，不防范，则即中其计。现张伯行以陈鹏年廉洁爱民，请补授布政使。等因具折上奏。此即大证据也。尔所参每件事都可畏，当多加谨慎。"不久，康熙帝又把张鹏翮有关噶礼的奏言在密折中透露给了噶礼本人。康熙帝的这种做法无疑是在帮助噶礼搜集证据，甚至是在教唆噶礼倒打一耙。六月，康熙帝根据噶礼密奏中关于张鹏翮庇护门生陈鹏年的指控，严厉斥责了张鹏翮，说他徇私舞弊。又在噶礼奏张伯行迟误漕船情形的密折中批曰："在京城，大臣内谁偏徇张伯行？赵申乔向他何如？南方汉人甚奸猾。"汉人官民成为康熙帝及其亲信共同防范的对象。

　　督抚互参局面出现后，康熙帝派"专讲和平"且其儿子在噶礼辖下任知县的张鹏翮前往审理。在决定派张鹏翮前往审理的当天，康熙帝对九卿发表上谕，讲明了三层意思：一是噶礼、张伯行二人各有所长，也各有所短，之所以出现互参不睦现象，都是陈鹏年怂恿造成的，并且由于噶礼缉拿海贼有功，江南、浙江、福建三省督抚都妒恨他。二是此案是一场满汉官互参事件，察审难度大，弄不好便会激化满汉矛盾，在权衡利弊之后，最终选择以汉官张鹏翮为主前往审理。三是所参内容有虚有实，未必全实，也未必全虚。这无异在告诉张鹏翮：张伯行参噶礼是妒恨和受人挑拨的结果，噶、张二人所参对方的问题可以审为实有，也可审为虚无，但作为汉人大臣，对该案的审理结果必须既要使汉人满意，更要令满人高兴，不可偏徇任何一方。这可以说是康熙帝给该案定的"调子"。善于抹稀泥的张鹏翮不会琢磨不出其中的含义，他所能做的最终只能是"掩饰和解"和"瞻徇定议"。

康熙五十一年（1712）五月二十日，张鹏翮草草结案，结论是：张伯行所参噶礼索银50万两的罪名并不属实，噶礼所参张伯行各款亦皆为虚；建议将张伯行革职，拟徒准赎，噶礼降一级留任。

这一处理本来完全是按照康熙帝的旨意去办的，奇怪的是，康熙帝览奏后竟然大为不悦，斥责张鹏翮。原来，康熙帝业已发现，张鹏翮审事偏颇、"瞻徇定议"的做法已经引起了南北一片哗然，激动的汉族士人情绪很有可能影响到统治秩序的稳定，破坏满汉和谐的大局。原本偏徇噶礼的他不得不就此事做出明确表态，将噶礼革职，以各打二十大板的姿态了结此案。

康熙帝鼓励密奏

康熙朝后期，由于皇上在位日久，一些官员对康熙皇帝的脾气性格已很了解，惯于周旋、应对，因之，吏治问题更为突出。所以除了出巡，康熙在一定的条件下又注意了密奏方式的使用，即除了听那些他十分信任的近臣之外，他也很注意听取非正常途径的启奏，并视之为特别耳目。

康熙帝在位期间共有六次南巡。南巡的主要目的是为了勘察整治黄河的工程进度，但是康熙帝在南巡途中却发现，驻外大臣所奏报的情况与他亲眼所见大有出入，他认识到多设耳目的重要性，于是开始鼓励宠信的大臣写秘密报告，将地方民情及当地官员的动向以密折上奏。

其中，江南织造便是康熙帝搜罗江南情报的站点。无论是雨水、收成、米价、疫病、民情、官吏的名声等信息，都是康熙帝收集的对象。康熙三十二年（1693）夏，淮徐及江南地区天旱，六月中降雨，江南织造李煦奏报收成及米价。康熙帝批曰："闻尔所奏，少解宵旰之劳。秋收之后，还写奏帖奏来。"康熙四十七年（1708），李煦又上一密折，结果被送折的家人在路上弄丢了，李煦惊恐万状。康熙帝朱批说："凡尔所奏，不过密折奏闻之事，比不得地方官。今将尔家人一并宽免了罢。外人听见，亦不甚好。"可见，皇帝派人暗访密奏，并不是一件公开的事，为避免外人知道，也就宽免了李煦。

《红楼梦》作者曹雪芹的祖父曹寅也是康熙帝钦点的有权密报的大臣之一。曹寅年少时曾为康熙帝的伴读，后在朝中做过官，与康熙帝的关系匪浅。后来曹寅外放为两淮御史，康熙帝因此嘱咐他要多写密奏，汇报地方舆情。康熙帝向曹寅说："地方细小之事，必具密折来奏。"于是曹寅将南京考场弊案、退休官员平日的活动等地方动态，都密奏上报给康熙帝。

除了掌握江南情形之外，康熙帝也会在京城中刻意设下耳目。康熙帝曾要求他宠信的京中官吏将京城发生的事，巨细无遗地用密折向他报告。王鸿绪就曾是康熙帝十分亲信的臣子，他在呈给康熙帝的奏折上，只写"密奏，臣王鸿绪谨奏"字样，不写官衔，所有公式套语完全不用。康熙帝派遣亲信探听消息，起初所派的都是大臣，人数极为有限，并一再叮嘱不可让人知道。他在给王鸿绪的亲笔上谕中说："京中地可闻之事，卿密书奏折，与请安封内奏闻，不可令人知道。倘有泄漏，甚有关系，小心，小心。"王鸿绪也多次向皇帝保证绝对不敢泄漏。他在密折中说："臣本是一介儒生，身受圣恩提拔重用，不胜感激惶悚之至。臣唯有竭尽犬马之劳，用一片忠诚之心报效皇上。与皇上所奏之事，绝对三缄其口，即使亲如父子兄弟，也决不相告。"

康熙帝晚年为掌控诸位皇子，也多次利用密折了解情况。康熙四十六年（1707）春南巡之际，当他听说朝中有人在江南购买女子时，立即委托给王鸿绪一项秘密使命：查访买卖江南女子的幕后指使。据王鸿绪密访，"侍卫五哥买女人一名，用价四百五十两；又买一女子，价一百四十两；又一婢，七十两。侍卫迈子现在各处买人。广善库郎中德成格买有妇人，闻现在船上"。这几位买主都是皇帝身边的亲侍，此外，"纷纷买人者甚多. 或自买，或交结要紧人员"。康熙帝对王鸿绪刺探的密报非常警觉，又立即令其进一步弄清背后指使，再行密奏。王鸿绪又密报称，自己奉旨密访之事，外人似乎已有所知。他说："自圣

驾到虎丘，范溥向亲戚程某云：'有汉大臣说我不好，我不去送驾罢！'程某云：'是太监与你的话吗？'范溥云：'不是太监，是御前第一等人与我的信。'"康熙帝立即在王鸿绪密折上批谕："此第一等人是谁？"王鸿绪遵旨再次托人找到程某，问："这第一等人是亲近侍卫们，还是更在上一层的人呢？"程某回答："这不敢说。"王鸿绪仍不罢休，复托人去苏州打听，程某说："这人岂是平等，我万万不敢说的。"王鸿绪将这些情况原原本本向皇帝汇报。聪明的康熙帝立即明白这"第一等人"便是皇太子，由此更增加了他对皇太子为非作歹的警觉。

康熙帝将密折列为澄清吏治、侦查百官的最高机密，因此对密折呈送过程设计了一套周详的保密措施。大臣呈报的密折必须放在盒子里用火漆封牢；如果密折已有被拆开的痕迹，康熙帝就不做批示。康熙帝还将御批的密折一概都发回给报告的大臣，手边从不留底稿，意在警告密奏的大臣：内容如有外泄，责任都在大臣身上。这是他严格要求臣僚保密的手段，可见康熙帝对保密工作的重视。康熙帝不仅在密折上奏过程要求大臣严加保密，他自己对密折的批示也十分慎重。康熙帝批示密折从不假手他人，某次他因为右手病痛不能写字，旋即改用左手批示密折。

密折使清代中央集权达到了顶峰，但也造就了封建集权下的政治黑暗。

康熙铲除鳌拜集团

康熙（1654—1722）清朝第四位皇帝、清定都北京后第二位皇帝。他8岁登基，14岁亲政。在位61年，是中国历史上在位时间最长的皇帝。他是中国统一的多民族国家的捍卫者，奠定了清朝兴盛的根基，开创出康乾盛世的大局面。谥号合天弘运文武睿哲恭俭宽裕孝敬诚信功德大成仁皇帝。

顺治十八年（1661）正月初七，亲政10年、年仅24岁的顺治帝死于北京故宫养心殿，遗诏皇三子玄烨即皇帝位，玄烨即康熙帝。索尼、苏克萨哈、遏必隆、鳌拜四大臣受命辅政。

最初，四大臣能够尽心尽力地辅佐幼君，君臣相安无事。但随着时间的推

移，四大臣中逐渐产生了矛盾，起因是居辅臣之末的鳌拜不满苏克萨哈。

鳌拜是努尔哈赤时开国勋臣费英东之侄，此人骁勇善战，军功卓著，以巴牙喇壮达累升至内大臣，位至公爵，赐号巴图鲁。他先后设计排挤其他三人以后，实现了个人专权，甚至达到了令人无法容忍的地步。一切政务均在家私自议定，他还四处安插其党羽，多次抗旨不遵，一意孤行。

康熙帝意识到鳌拜害君之心暴露无遗，容不得半点迟疑，必须先发制人。康熙帝表面上不动声色，在暗中却加紧行动，先是将索尼之子索额图召回身边任一等侍卫，然后将鳌拜的亲信大都派

康熙

往外地。等到一切安排就绪，康熙八年（1669）五月十六日，康熙一面召索额图、明珠定下智擒鳌拜妙计；一面将鳌拜党羽以各种名义派出京城。而鳌拜同往常一样，昂首阔步地走进乾清门。这时，康熙已经做好周密布置，四周都是化装成宫人杂役的侍卫，门内埋伏了布库少年。康熙看到鳌拜只身前来，便拍案怒斥鳌拜结党营私、陷害贤能、图谋弑君等种种罪行。鳌拜从未受过康熙这等斥责，便疾声厉色、暴跳如雷地反驳。康熙立即命布库少年逮捕鳌拜，把他结结实实地捆绑起来，并不由他求饶，命侍卫立即将他押入大牢，听候审讯。

鳌拜被抓进大牢，康熙帝马上要大臣调查鳌拜的罪行。大臣们认为，鳌拜专横跋扈，擅杀无辜，罪行累累，应该处死。康熙帝从宽发落，把他的官爵革除，他的儿子免去死罪。他的同党多人被处死刑。

不久，鳌拜死于禁所。

康熙从鳌拜集团手中夺回权力以后，立即宣布永停圈地，并着手大力加强

皇权。康熙九年九月恢复内阁制度，作为皇帝的秘书顾问班子，内阁承旨出政，稽查六部。康熙十六年（1677），选翰林入直内廷，设立南书房，书房师友时兼票拟谕旨。康熙十八年（1679），在八旗各旗设都统、副部统管理旗务，剥夺王公干预旗务之权，各都统直接听命于皇帝。削弱议政王大臣的权力，变议政王大臣会议为皇帝操纵下的议事机构。由此，康熙很快将国家大权集中于自己一人之手，并将这种专权形成传统。他说："今天下大小事务皆朕一人亲理，无可旁贷。"

清朝完全意义上的专制体制从此正式开始。

历法之争

清初因历法争论而引发的一起反天主教的教案，史称"历狱"。

清朝编制新的历法，早在入关之初就开始了。明朝使用的是《大统历》，但这个历法在预测天象时多有出入，与此同时，来自欧洲的传教士汤若望极力宣扬西洋新法。顺治元年（1644）八月初一日丙辰发生日食，为清统治者判断哪种历法更加准确提供了机会。关于这次日食，钦天监的官员也采用《大统历》和回回历分别做了预报。到了日食这一天，多尔衮派大学士冯铨和一大批官员到北京古观象台做现场验证。结果，对于日食的初亏、食甚和复圆的时刻分秒，按回回历的预报相差了一小时，按《大统历》预报所食面差了一半，只有汤若望依西洋新法推算出的结果一点不差。孰优孰劣，一验便知。于是多尔衮决定由汤若望来制订顺治二年（1645）的历书。汤若望将历书上呈后不久，清廷正式颁布，定名为《时宪历》。

此后，汤若望备受朝廷器重，特别是顺治帝亲政后，他被封为通议大夫，接着又受封为太仆寺卿和太常寺卿，授三品衔。顺治十五年（1658）又封他为光禄大夫。顺治帝与汤若望的关系也很好，经常到汤若望的住所，或喝茶聊天，或登门求教，无所不谈，还尊称他为"玛法"（满语，对长者的尊称）。然而汤若望在春风得意之时，也为自己埋下了祸根，由于他极力主张依西法制历，受到了钦天监和社会上保守势力的猛烈抨击，代表人物就是杨光先。

顺治十八年（1661），顺治帝死后，8岁的玄烨继位，是为康熙帝。此时，掌握朝政的是辅政大臣鳌拜、苏克萨哈等人。由于鳌拜等人一尊旧制，杨光先看到机会来了，便于康熙三年（1664）七月，向礼部呈上《请诛邪教状》，控告汤若望传造妖书，说他以修订历法之名，四处传播邪教，企图谋反。第二年四月，汤若望被定死罪，革去其所有职位衔号；利类思、安文思和南怀仁被判充军；钦天监的官员李祖白等七人也被定死罪。碰巧的是，判决刚刚宣布，北京地区连日发生强烈地震，屋毁人亡，人们纷纷认为这是上天在示警。在孝庄太后的干预下，汤若望得免死罪，获释回天主教堂，但钦天监的官员李祖白等七人未能幸免，仍被斩首。这就是历史上有名的"康熙历狱"。汤若望获赦后，身患重病，一年多后，在寓所病故。

这起事件后，杨光先被任命为钦天监监正。他就职后的第一件事就是废除汤若望的《时宪历》，恢复《大统历》，但由于旧的历法沿用既久，常常推算错误。杨光先只得于康熙七年（1668）与他的副手吴明烜编制了康熙八年（1669）的历书，取名《七政民历》，颁行天下。

康熙帝不但勤奋好学，而且对西方天文学很感兴趣，他并不信任杨光先等人所编制的历书。于是，就让人把《七政民历》带到传教士的寓所，让南怀仁等人过目。南怀仁发现其中有很多错误，例如当年不该有闰月，历书中却安排了闰十二月，康熙八年这一年中竟出现了两个春分和两个秋分，等等。

为了听取各方意见，辨明优劣，康熙帝决定举行一场辩论，让南怀仁等传教士与杨光先等人就历书进行论辩。

这年十一月，康熙帝下令召集传教士南怀仁、利类思、安文思和钦天监监正杨光先、监副吴明烜及钦天监官员马佑等一起到东华门就康熙八年历书进行辩论。双方各执己见，互不相让。这时，南怀仁提议：双方用各自的方法来检测正午时刻日影的长度，就可以知道哪一种历法准确了。康熙帝同意南怀仁的倡议，命令他们先各自划出日影的界限，从第二天开始，连续三天进行验证，双方共赴北京古观象台预测正午日影。三天之后结果出来了，南怀仁所划的界

线完全符合，而杨光先三天所测均有误差。

　　为了进一步验证南怀仁的方法是否正确，谨慎的康熙帝让和硕康亲王以及众位大臣再来一次检测。于是，康熙八年（1669）正月十七日，内院大学士图海、李尉等20多名重要阁臣又一起赴古观象台观看南怀仁、吴明烜等人进行"立春""雨水"两个节气和月亮、火星、木星躔度（日月星辰运行的度数）的测算。结果，南怀仁的方法屡试不爽，而吴明烜几乎无一正确。杨光先等人虽然极力辩白，但事实胜于雄辩。

　　康熙八年二月，议政王会议认为杨光先所编制历书错误太多，应革职议罪。康熙帝同意将杨光先革职，遣返还乡，只将吴明烜交刑部论处。同时，任命南怀仁为钦天监监副。

　　清初这场杨光先与汤若望、南怀仁的历法之争，已不仅仅是单纯的历法优劣的争斗，它反映了清初中西方文化碰撞后所产生的矛盾冲突以及当时中国人的不同反应。

明珠获宠

　　索额图是康熙帝清除鳌拜集团首功之人，因此得以重用，但由于他的政治见识不高，在撤藩问题上与康熙帝意见不一致，结果失去皇帝信任。代之而起的是力主撤藩的纳兰明珠。

　　纳兰明珠（1635—1708），叶赫那拉氏，字端范，满洲正黄旗人。清代康熙朝重臣，词人纳兰性德父亲。顺治中，选充侍卫。康熙初，因其才干过人升内务府郎中，康熙三年（1664）升总管。后改内院侍读学士，从此进入朝政中枢机构。康熙七年（1668），迁刑部尚书。康熙十年（1671），任兵部尚书。

　　康熙十二年（1673）三月，平南王尚可喜因年老上疏，请求归老辽东，得到康熙帝允许。七月，平西王吴三桂、靖南王耿精忠担心这是朝廷撤藩之始，为试探朝廷旨意，也分别上疏请求撤藩。康熙帝将此事下发给议政王大臣会议。当时索额图说，如果突然撤藩，恐怕会引起吴三桂、耿精忠等人的激烈反抗。

只有明珠和户部尚书米思翰、刑部尚书莫洛主张应将计就计，乘机撤去吴三桂、耿精忠藩王的权力。

康熙帝亲政以后，一直将解决三藩问题视为头等大事，曾经书而悬之宫中柱上。索额图在撤藩问题上违背康熙帝的想法，致使皇帝对其大失所望。而明珠力主撤藩，为康熙帝所欣赏。康熙十三年（1674），平定三藩战争开始后，明珠协助康熙帝运筹帷幄，指挥平叛，发挥了重要作用。康熙十六年（1677），明珠擢为武英殿大学士，跻身辅臣之列。索额图此时仍然居首辅之位，两人开始各结党羽，互相倾轧。由于康熙帝开始器重明珠，因此两人争斗的结果也就不难想象了。康熙十九年（1680），索额图被解除大学士职任，明珠得以正式总揽朝政。

为避免明珠重蹈权臣结党营私的覆辙，康熙帝在罢黜索额图的时候，曾经告诫明珠要小心谨慎，但显然他并未吸取前车之鉴。明珠官居内阁十余年，"掌仪天下之政"，在议撤三藩、统一台湾、抗御外敌等重大事件中，都扮演了相当关键的角色。同时，作为权臣，他也利用皇帝的宠信，独揽朝政，贪财纳贿，卖官鬻爵，结党营私，打击异己。

例如，康熙二十五年（1686）九月，礼部议题原任广西巡抚郝浴病逝应给予祭葬费用，至于是否赐谥号，应请皇帝裁决。但明珠把持的内阁公然违背帝意，令康熙帝大为恼火。又有一次，灵台郎董汉臣越职言事，大学士、九卿等官纷纷表示董汉臣身份低微，越职条奏，应加议处，明珠的言辞更加激烈。而大学士觉罗勒德洪原本想肯定董汉臣条奏的建议，因碍于明珠的意见，竟然改口，模棱两可。

除了把持内阁，明珠还滥用皇帝的宠信，甚至排斥异己。康熙二十五年，直隶巡抚于成龙向朝廷推荐阜城县知县王焞，明珠没有奏请皇帝便加以否定。第二年，一向反对明珠的德格勒利用康熙帝求雨之机，奏陈明珠之奸。明珠得知后，便立即命令其党人库勒纳参劾德格勒，欲借机置之于死地。后因康熙帝反对才作罢。

康熙二十七年（1688）二月，江南道御史郭琇参劾明珠，列举明珠八大罪状。但在处理明珠问题上，康熙帝采取了宽容的处理方式，仅革去其大学士职务。明珠同党余国柱、科尔坤、佛伦等同时被革职。

明珠之贪渎和跋扈，在某种程度上是康熙帝放任的结果，是康熙帝出于牵制索额图党的需要。也正因为此，在弹劾明珠的过程中，掺杂着复杂的门户之争，因此康熙帝虽然将明珠踢出内阁，却没有治他的罪，不久又授予内大臣之职，不过终其一生未再重用。

康熙帝平定三藩

三藩之乱是清朝初期三个藩镇王发起的反清事件。三藩是指平西王吴三桂、平南王尚可喜、靖南王耿精忠。

康熙帝即位的时候，年纪才八岁。按照顺治帝的遗诏，由四个满族大臣帮助他处理国家大事，叫作辅政大臣。四个辅政大臣中，有个叫鳌拜，仗着自己掌握兵权，又欺负康熙帝年幼，独断专横。别的大臣和他意见不合，就遭到排挤打击。

清王朝进关后，用强迫手段圈了农民大片土地，分给八旗贵族。鳌拜掌权以后，仗势扩大占地，还用差地强换别旗的好地，遭到地方官的反对。鳌拜诬陷这些官员大逆不道，把反对他的三名地方官处死了。

康熙帝满十四岁的时候，亲自执政。这时候，另一个辅政大臣苏克萨哈和鳌拜发生争执。鳌拜怀恨在心，勾结同党诬告苏克萨哈犯了大罪，奏请康熙帝把苏克萨哈处死。康熙帝不肯批准。鳌拜在朝堂上跟康熙帝争了起来，后来竟揎起袖子，拔出拳头，大吵大嚷。康熙帝非常生气，但是一想鳌拜势力不小，只好暂时忍耐，由他把苏克萨哈杀了。

打那以后，康熙帝决心除掉鳌拜。他派人物色了一批十几岁的贵族子弟担任侍卫，这些少年个个长得健壮有力。康熙帝把他们留在身边，天天练摔跤。

鳌拜进宫去，常常看到这些少年吵吵嚷嚷在御花园里摔跤，只当是孩子们闹着玩，一点不在意。

有一天，鳌拜接到康熙帝命令，要他单独进宫商量国事。鳌拜像平常一样

大模大样进宫去。刚跨进内宫的门槛，忽然一群少年拥了上来，围住了鳌拜，有的拧胳膊，有的拖大腿。鳌拜虽然是武将出身，力气也大。可是这些少年人多，又都是练过摔跤的，鳌拜敌不过他们，一下子就被打翻在地。任凭他大声叫喊，也没有人搭救他。

鳌拜被抓进大牢，康熙帝马上要大臣调查鳌拜的罪行。大臣们认为，鳌拜专横跋扈，擅杀无辜，罪行累累，应该处死。

康熙帝从宽发落，把鳌拜的官爵革了。

康熙帝用计除掉了鳌拜，朝廷上下都很高兴。一些原来比较骄横的大臣知道这个年轻皇帝的厉害，也不敢在他面前放肆。

康熙帝亲自执政后，大力整顿朝政，奖励生产，惩办贪污，使新建立的清王朝渐渐强盛起来。当时，南明政权虽然已经灭亡，但是南方有三个藩王却叫康熙帝十分担心。

这三个藩王本来是投降清朝的明军将领，一个是引清兵进关的吴三桂，一个叫尚可喜，一个叫耿仲明。因为他们帮助清朝消灭南明，镇压农民军，清王朝认为他们有功，封吴三桂为平西王，驻防云南、贵州；尚可喜为平南王，驻防广东；耿仲明为靖南王，驻防福建，合起来叫作"三藩"。

三藩之中，又数吴三桂最强。吴三桂当上藩王之后，十分骄横，不但掌握地方兵权，还控制财政，自派官吏，不把清朝廷放在眼里。

康熙帝知道要统一政令，三藩是很大的障碍，一定得找机会削弱他们的势力。正好尚可喜年老，想回辽东老家，上了一道奏章，要求让他儿子尚之信继承王位，留在广东。康熙帝批准尚可喜告老，但是不让他儿子接替平南王爵位。这一来，触动了吴三桂、耿精忠（耿仲明的孙子），他们想试探一下康熙帝的态度，假惺惺地主动提出撤除藩王爵位、回到北方的请求。

这些奏章送到朝廷，康熙帝召集朝巨商议。许多大巨认为吴三桂他们要求撤藩是假的，如果批准他们的请求，吴三桂一定会造反。

康熙帝果断地说："吴三桂早有野心。撤藩，他要反；不撤，他迟早也要反。不如来个先发制人。"接着，就下诏答复吴三桂，同意他撤藩。诏令一下，吴三桂果然暴跳如雷。他自以为是清朝开国老臣，现在年纪轻轻的皇帝居然撤他的权，就非反不可了。

公元 1673 年，吴三桂在云南起兵。为了笼络民心，他脱下清朝王爵的穿戴，换上明朝将军的盔甲，在永历帝的墓前假惺惺地痛哭一番，说是要替明王朝报仇雪恨。但是，人们都记得很清楚，把清兵请进中原来的是吴三桂；最后杀死永历帝的，还是吴三桂。现在他居然打起恢复明朝的旗号来，还能欺骗谁呢？

吴三桂在西南一带势力大，一开始，叛军打得很顺利，一直打到湖南。他又派人跟广东的尚之信和福建的耿精忠联系，约他们一起叛变。这两个藩王有吴三桂撑腰，也反了。历史上把这件事称作"三藩之乱"。

三藩一乱，整个南方都被叛军占领。康熙帝并没有被他们吓倒，一面调兵遣将，集中兵力讨伐吴三桂；一面停止撤销尚之信、耿精忠的藩王称号，把他们稳住。尚之信、耿精忠一看形势对吴三桂不利，又投降了。

吴三桂开始打了一些胜仗，后来清兵越来越多，越打越强，吴三桂的力量渐渐削弱，处境十分孤立。经过八年战争，他自己知道支撑不下去，连悔带恨，生了一场大病断了气。公元 1681 年，清军分三路攻进云南昆明，吴三桂的孙子吴世璠自杀。清军最后平定了叛乱势力，统一了南方。

但是，正在朝廷庆祝平定叛乱胜利的时候，在我国东北边境又传来沙皇俄国侵犯边境的消息，这就使康熙帝不得不把注意力放到北方边境上面去。

终获得用的施琅

康熙帝平定三藩后，为稳固东南海疆，便着手解决台湾问题。康熙二十二年（1683），施琅率清兵平定台湾，终成此业。然而，施琅这个人一生曾经两次降清，先随郑芝龙降清，又随郑成功起兵反清，归而复降，可谓逆将。清廷自入关前后就善用降将，重用洪承畴、吴三桂等人成就了定鼎中原的大业，重用施琅则造就了台湾的最终统一。

施琅（1621—1696），字尊侯，号琢公，福建省泉州府晋江县（今晋江市龙湖镇衙口村）人，祖籍河南固始，明末清初军事家，清朝初期重要将领。施琅早年是郑芝龙的部将，顺治三年（1646）随郑芝龙降清，仍任总兵，表面上颇受重用，但这不过是清政府对归降将士采取的羁縻手段。后来由于郑成功的招揽，他又叛清加入郑成功的抗清队伍，成为郑成功部下的得力猛将。

施琅归顺郑成功之后，被授予左先锋之职，颇受重用。他胸怀韬略，智勇兼备，作战多能获胜，在郑军中以"知兵"著称，为郑军抗击清军、壮大队伍立下了卓著功

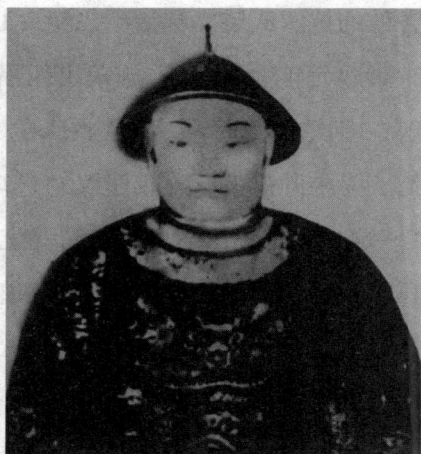

施琅

勋，尤其是为郑成功袭取厦门献计，考虑甚为周密，协助郑成功兵不血刃占据了厦门。此举不仅使郑军建立了抗清基地，而且大大增强了军事力量。然而，随着军事上不断取得胜利，施琅与郑成功之间的裂痕也日渐明显，而且由于两人都颇为自负、性格倔强，导致裂痕愈来愈大，冲突愈演愈烈。

顺治八年（1651）正月，郑成功决定援救南明永历帝政权，施琅却不想勤王，郑成功于是夺其左先锋印信。三月初，清军攻占厦门。施琅带领数十人拼死奋战，夺回厦门。郑成功回师后，并没有大赏施琅，仅赏赐200两纹银了事，也不归还其兵权。施琅颇为不平。恰在此时，施琅的一位亲兵曾德犯了死罪逃匿到了郑成功处，并被提拔为亲随。施琅抓回曾德，准备治罪。郑成功闻讯急派人传达命令，不许施琅杀曾德。施琅说："法令，我是不敢违背的，犯法的人怎能逃脱责任？"接着就下令杀了曾德。由此施、郑矛盾升级，被激怒的郑成功下令逮捕施琅父子三人及其家属。施琅在苏茂等人的保护下得以脱险。

郑成功得知施琅逃跑后，非常懊悔，他知道这样一位干将如果被清廷所用，其后果可想而知。在施琅逃脱一个多月后，郑成功搜捕、暗杀施琅均没有结果，于是先后杀了其弟施显、其父施大宣。父、弟被杀的噩耗传来，施琅肝肠寸断，悲愤难抑。为报仇雪恨，施琅别无选择，毅然踏上西去之路——第二次降清，并将姓名由"施郎"改为"施琅"。

施琅降清后，并未得到重视。顺治十年（1653），施琅随清军入粤，征剿西

南各地的抗清武装。顺治十二年（1655）二月，施琅被解职，闲居于泉州。

康熙元年（1662），施琅出任福建水师提督，造船练兵，凭着他对郑成功的了解，多次击败郑军，而且收降了不少部将。郑成功退出厦门沿海一带，固守台湾。为乘胜追击，施琅建议"进攻澎湖，直捣台湾"，使"四海归一，边民无患"。这一主张提出后，康熙帝马上召施琅到北京，让他面陈收复台湾大计。建议虽然很好，但当时鳌拜专权，朝臣又认为八旗精锐不善海战，海峡"风涛莫测，必难制胜"，不主张武力平台。更重要的是，他们对施琅还不信任，施琅本人前后两次降清，此时还有子侄在台湾，多年攻战又不利，这些都加深了他们对施琅的疑忌。不久，清廷裁撤水师提督，任施琅为内大臣。但施琅并不泄气，在京期间，他一面继续上书征台，争取康熙帝的支持；一面广交朝中大臣，争取他们对统一台湾事业的理解和支持。在内大臣任上，施琅一等就是13年。

成功往往需要天时、地利、人和。康熙十九年（1680），施琅留在台湾的儿子施齐、施亥因被怀疑是清廷"内应"，全家70余口被杀。施琅得知，发誓报仇，朝廷也因此消除了对他的疑虑。康熙二十年（1681），长期主政台湾的郑经去世。郑经死后诸子争位，郑氏家族内部矛盾激化。清政府也在这一年最后平定了"三藩之乱"，能够腾出手来考虑平台的问题。这成为施琅复出的契机，也是清军征台的大好时机。在福建总督姚启圣和施琅的同乡、大学士李光地的极力举荐下，康熙帝再次任命他为福建水师提督。起初两次出海，均遇台风，无功而返，朝内怀疑之声再起，但康熙帝力排众议，仍然对施琅委以军政全权。康熙二十二年（1683），施琅率军取得海战大捷，台湾收归清朝版图。

1696年（康熙三十五年）施琅逝世，赐谥襄庄，赠太子少傅衔。施琅死后与其妻王氏、黄氏合葬。泉州城内有靖海侯府和施氏大宗祠。在同安东郊有绩光铜柱坊，现为福建省文物保护单位。

索要逃人根特木尔

清朝收复台湾后，在江南的统治已基本稳定，开始走向恢复和发展。此后，康熙帝的目光便转向危机日益严重的北部边疆。抵御沙俄入侵，尽快划定边界，已迫在眉睫。而所有这些问题的解决都始终围绕着一个焦点，即索要逃人根特木尔。

早在顺治时期，沙俄就开始了对中国东北边境的侵扰。进入康熙朝，这种侵略日益加剧。康熙六年（1667），在俄国人的策动下，索伦部四品佐领根特木尔率众叛逃俄方，对清朝边疆安全产生了极大的影响。此后二十余年时间里，清朝不断与俄国交涉，要求遣返逃人。直至雅克萨之战后，中俄双方签订《尼布楚条约》，东北边境才逐步得以稳定。

根特木尔到底是什么人呢？他原是达呼尔族的一个酋长，游牧地在尼布楚一带：当俄国人进入贝加尔湖和额尔古纳河上游地区时，根特木尔不堪忍受俄国人的侵掠，曾于顺治十年（1653）率族人越过额尔古纳河向南，进入清廷控制下的索伦部居住下来。清廷对根特木尔的来归非常重视，并将其所属部众编制为三个佐领。而这时沙俄入侵黑龙江流域的步伐日甚一日，康熙四年（1665），在俄国国内犯下大罪的切尔尼戈夫斯基匪帮，逃窜到我国的黑龙江流域，占领了雅克萨。该匪帮以雅克萨为据点，依靠四处劫掠当地居民为生。康熙六年，在其策反下，索伦部首领根特木尔叛逃沙俄。

根特木尔叛逃加剧了清朝东北边疆的严重危机。这与当时的情势有关。因为，当时生活在黑龙江流域的一些部族，如索伦、赫哲、费牙喀等已经归附清廷，成为稳定清朝东北疆域的重要组成部分。而在沙俄加速入侵的局势下，原来经常在这一区域自由迁徙的部族受到挤压。而根特木尔逃向沙俄，并不是一个人的问题，他的出逃不仅意味着他下辖的三个佐领的部众都会追随他而去；尤为严重的是，其游牧之地也将成为沙俄侵占我国领土的突破口。因此清廷对此事件极为重视，而俄国方面拒不遣回根特木尔，并格外予以优待，其用意也昭然若揭。双方为此展开了近二十年的交涉。

康熙八年（1669）冬，清政府派沙拉岱到尼布楚与俄国谈判。次年，再次派沙拉岱等到尼布楚，邀请俄国政府就边界问题派员到北京举行谈判。宁古塔将军巴海派人前往尼布楚投书俄方，再次要求引渡根特木尔等逃人，仍遭拒绝。俄国尼布楚总管派米洛瓦诺夫随同沙拉岱到北京。康熙帝在复信中又要求俄国

遣返根特木尔，并停止对中国领土的侵略挑衅。康熙十年（1671），清政府又派孟格德到尼布楚，催促俄方遣返根特木尔和停止边界挑衅。康熙十四年（1675）二月，以尼古拉为首的沙皇俄国使团离开莫斯科，前往中国。该团150余人，在康熙十五年（1676）初到达齐齐哈尔。途中，尼古拉获悉吴三桂等叛乱，即向沙皇报告：如有正规军2000名，不仅达斡尔地区，甚至中国长城以外的所有土地都能轻易征服。尼古拉在此还特别接见了根特木尔，保证决不将他交与清政府。

康熙十五年五月，尼古拉到京，傲慢无礼，就如何递交国书仪式，同清廷多次争执。其国书中说：因俄国与中国相距遥远，故未能彼此派使往来。至于清政府提出交还根特木尔、不再挑衅边境等要求，俄方未做任何答复。理藩院尚书阿穆瑚琅又就此事询问，尼古拉则谎称沙皇不知根特木尔事。五月十五日，康熙帝在太和殿接受尼古拉一行，以茶款待。次月，理藩院题奏：尼古拉自称奉沙皇旨意，提出12条要求，内有通商贸易、给还被清军逮捕的俄国人、等价交换银4万两和价值数万两的生丝、熟丝、准来使销售随带货物等等，而且蛮横地要求"若按我请求而行，则两国可永相和好"。六月二十日，议政王大臣奉旨议覆，拒绝其无理要求。七月初一日，康熙帝令理藩院传谕俄国使者，要求俄国应首先尽快将根特木尔遣还，只有这一问题解决后，才能建立正常的关系，进行正常贸易。七月二十四日，沙俄尼古拉使团离京回国。索要根特木尔一事，再次没有结果。康熙二十二年（1683）九月，康熙帝谕令理藩院再次行文俄国外交机构，要求俄方遣返根特木尔等逃人。

经过数次与俄方交涉后，索要逃人根特木尔一事没有任何解决的迹象，而康熙帝也逐渐意识到此时俄国侵略步伐逐步加快，要从根本上遏制逃人并稳定边疆，关键之举就是要尽快划定两国的边界。因为逃人与划界是密切相关的，如果边界不能予以划定，则逃人及越界问题就根本无从定性，两国的外交纠纷自然而起。

随着三藩之乱的平定和统一台湾的完成，康熙帝立即将注意力转向东北，着手彻底解决这一问题。康熙二十四年（1685），清政府为表示和平解决争端的诚意，释放俄国俘虏12名。次年，康熙帝致信沙皇，再次要求俄方遣返逃人，撤出中国，不再侵犯边境。在外交谈判手段不能解决问题之后，康熙帝决定用武力收复雅克萨。自康熙二十四年（1685）至二十七年（1688），清军经过两次围歼战，收复雅克萨领土。1689年9月7日，中俄双方举行隆重的签字仪式，索额图和戈洛文先在条约上签字、盖章，然后宣读誓词，相互交换条约。这个条约就是《尼布楚议界条约》。为表示庆贺，双方互赠礼品，还举行了盛大的宴会。

大败沙俄签条约

康熙帝在位期间，既要开创基业，又要守业。因为当时清军入关不久，国家还没有完成统一大业，反清复明的势力还依然存在，所有这些都需要康熙帝亲自来解决。

康熙帝一不慌，二不忙，先是粉碎鳌拜集团，随后平定三藩之乱，接着大军开进台湾，统一祖国大业基本完成了。

然而一波平息，一波又来侵袭。沙俄是欧洲的国家，原来它与中国相距很远，但是后来沙皇俄国强大起来之后，便四处扩张，侵略成性，一看到清军入关，忙于南方的战事，对东北一带无暇顾及，便带领沙俄军队入侵黑龙江一带。

沙俄的统治者对黑龙江一带的百姓十分残酷，不仅强迫他们交纳各种苛捐杂税，而且任意搜刮民财，污辱欺压中国百姓。一些农民忍无可忍，便起来反抗，他们便用武力将农民起义残酷镇压下去，将那些起义的农民活活折磨死。

沙皇侵略者不仅残酷地迫害中国百姓，而且对清廷也提出无理的要求。他们让清朝皇帝向他们称臣，而且每年要进贡4万两白银。

康熙帝岂能受沙俄侵略者的屈辱！他对沙俄侵略者侵占东北，早已不满，只不过当时没有精力对付他们而已，如今沙俄侵略者得寸进尺，猖狂至极，更使康熙帝忍无可忍。

康熙帝严辞拒绝了沙皇的无理要求。俄国侵略者恼羞成怒，他们想趁清朝南方战事尚未结束之时，在北方制造战事，于是便从国内调来大批军队，驻扎

在雅克萨，虎视眈眈地注视着关内的举动。

康熙帝这时一方面要做进军台湾的准备，一方面借回盛京拜谒祖先之机，亲自调查边境的情况，决心一举赶走沙俄侵略者。

1682 年，康熙帝到了盛京，拜完祖先之后，便向黑龙江逃来的百姓打听那里的情况。百姓见到康熙帝，眼含热泪，说道："罗刹（即沙俄）的侵略者根本不把我们当人看，任意打骂污辱，而且强占耕地，烧杀抢掠，奸淫妇女，可以说无恶不作。大家都恨透他们了，就盼着朝廷立即出兵赶走这帮野兽！"康熙帝接连问了好几个从黑龙江逃出来的百姓，反映的情况都差不多。有一个百姓反映道："那里的百姓，无法忍受罗刹的欺压和搜刮，便纷纷外逃，可罗刹非常残忍，一旦发现有外逃的，抓回去，就残酷地杀掉。"

康熙了解到边境百姓生活的情况，非常内疚，他想：我堂堂一个国君，却使自己的臣民受外国人欺辱，还有什么颜面面对天下臣民啊！康熙帝的心情很沉重，他决心回到京城立即派兵，赶走这些可恶的侵略者，让大清臣民过上安定的生活。

康熙帝回到京城之后，召集满朝文武商议此事，大臣们意见一致，都主张赶走沙俄侵略者。郎坦说道："陛下，赶走罗刹，我们应深入此地，了解当地的军事地理环境，这样我们才可以有针对性地用兵。"康熙帝认为郎坦说得非常有道理，便说道："朕就派你带领一部分人马，先去了解那里的地理环境。"

郎坦带领几百清军，化装成百姓，混进雅克萨，通过一个多月的侦察，对那里的情况做到心中有数，并绘制了地图。康熙帝通过地图了解到雅克萨一带的地理环境，便派萨布素带领清军驻守在瑷珲一带，修建军事设备，准备一举消灭侵略者。

康熙帝为了更方便地与东北一带取得联系，又派户部尚书伊桑阿修通水路，扩建陆路。交通方便了，无论走水路，还是走陆路，从北京到东北一带，几天就可以到达。

康熙帝认为时机成熟了。1685 年，康熙帝下令攻打雅克萨。沙俄对清军没有防备，开始之时他们得知康熙帝派清军驻守瑷珲，心里很发慌，但清军一直没有出兵，只是修建防备设施，他们以为清军惧怕他们，所以渐渐放松了警惕。

两三年过去了，清军依然没有出兵，沙俄侵略者彻底放心了。但他们没有想到，清军会突然出兵。沙俄侵略者惊慌失措，仓促应战，可想而知，他们不是清军的对手，节节后退。沙俄侵略者本想死守雅克萨，但是城中的百姓纷纷起义，反对沙俄的残暴统治，沙俄侵略者前后受敌，只好弃城而逃。清军很快就占领了雅克萨。萨布素按照康熙帝的旨意，进城之后，废除各种苛捐杂税，对贫苦的百姓给予适当的救济。康熙帝的措施得到全城百姓的热烈拥护，清军利用闲暇时间，帮助百姓耕种，从不骚扰百姓的生活，清军也受到百姓的一致好评。

康熙帝知道沙俄不会甘心失败，很可能会卷土重回，便命令萨布素做好准备，要让沙俄有来无回。

果然沙俄侵略者在雅克萨被清军打败后，并不甘心，又卷土重来了。而萨布素攻克雅克萨后，不免有些骄傲，放松了警惕，使沙俄偷袭雅克萨取得成功。

康熙帝得知雅克萨失守，非常心痛，又派去几万人马前去援助萨布素，并严令要求必须重新夺回雅克萨。

萨布素大意失城，非常悔恨，接到命令后，立即带领清军与沙俄侵略者展开一场激战。萨布素这次不敢大意，亲自督战，两军伤亡都很惨重。就在这时，清军援军来到，沙俄侵略者被打败，清军又重新夺回雅克萨，城里的百姓用各种方式欢庆胜利。萨布素在城中安排重兵，以防备沙俄的再次偷袭。

为了稳定边疆，康熙帝提出签订边境条约，沙俄统治者知道用武力侵占不了，只好答应谈判，双方在尼布楚签订了《中俄尼布楚条约》。条约在平等的基础上签订，尽管中国两次打败沙俄军队，但没有提出非分要求，沙俄想从签约中捞到好处，但被中国严词拒绝，面对清朝强大的军队，沙俄只好同意中方的要求。条文中规定：格尔必齐河、外兴安岭和额尔古纳河以东的领土全部归中国所有，中国把尼布楚和它以西直到贝加尔湖的领土让给俄国。

《中俄尼布楚条约》签订后，边境稳定，那里的百姓过上安定的生活。《中俄尼布楚条约》对疆界划分与两国人民归属的称谓，使用的是"中国"与"中国人"来称呼。这是以国际条约的形式第一次将"中国"作为主权国家的专称。

三征噶尔丹

沙俄政府在尼布楚条约签订的第二年，又唆使准噶尔部的首领噶尔丹进攻漠北蒙古。

当时，蒙古族分为漠南蒙古、漠北蒙古和漠西蒙古三个部分。除了漠南蒙古早已归属清朝外，其他两部也都臣服了清朝。准噶尔是漠西蒙古的一支，本来在伊犁一带过游牧生活。自从噶尔丹统治准噶尔部以后，他野心勃勃，先兼并了漠西蒙古的其他部落，又向东进攻漠北蒙古。漠北蒙古抵抗一阵失败了，几十万的漠北蒙古人逃到漠南，请求清朝政府保护。康熙帝派使者到噶尔丹那里，叫他把侵占的地方还给漠北蒙古。噶尔丹自以为有沙俄撑腰，十分骄横，不但不肯退兵，还以追击漠北蒙古为名，大举进犯漠南。

康熙帝召集大臣宣布他决定亲征噶尔丹。他认为噶尔丹气势汹汹，野心不小，既然打进来，非反击不可。公元 1690 年，康熙帝分兵两路：左路由抚远大将军福全率领，出古北口；右路由安北大将军常宁率领，出喜峰口，康熙帝亲自带兵在后面指挥。

右路清军先接触噶尔丹军，打了败仗。噶尔丹长驱直入，一直打到离北京只有七百里的乌兰布统（今内蒙古昭乌达盟克什克腾旗）。噶尔丹得意扬扬，还派使者向清军要求交出他们的仇人。

康熙帝命令福全反击。噶尔丹把几万骑兵集中在大红山下，后面有树林掩护，前面又有河流阻挡。他把上万只骆驼，缚住四脚躺在地上，驼背上加上箱子，用湿毡毯裹住，摆成长长的一个驼城。叛军就在那箱垛中间射箭放枪，阻止清军进攻。

清军用火炮火枪对准驼城的一段集中轰击，炮声隆隆，响得震天动地。驼城被打开了缺口。清军的步兵骑兵一起冲杀过去，福全又派兵绕出山后夹击，把叛军杀得七零八落，纷纷丢了营寨逃走。

噶尔丹一看形势不利，赶快派个喇嘛到清营求和。福全一面停止追击，一面派人向康熙帝请示。康熙帝下令说："快进军追击！别中了贼人的诡计。"果然，噶尔丹求和只是缓兵之计，等清军奉命追击的时候，噶尔丹已经带着残兵逃到漠北去了。

噶尔丹回到漠北，表面向清朝政府表示屈服，暗地里重新招兵买马。公元1694年，康熙帝约噶尔丹会见，订立盟约。噶尔丹不但不来，还暗地派人到漠南煽动叛乱。他扬言他们已经向沙俄政府借到鸟枪兵六万，将大举进攻。内蒙古各部亲王纷纷向康熙帝告发。

公元1696年，康熙帝第二次亲征，分三路出击：黑龙江将军萨布素从东路进兵；大将军费扬古率陕西、甘肃的兵，从西路出兵，截击噶尔丹的后路；康熙帝亲自带中路军，从独石口出发。三路大军约定时间夹攻。

康熙帝的中路军到了科图，遇到了敌军前锋，但东西两路还没有到达，这时候，有人传说沙俄将要出兵帮助噶尔丹。随行的一些大臣就有点害怕起来，劝康熙帝班师回北京。康熙帝气愤地说："我这次出征，没有见到叛贼就退兵，怎么向天下人交代；再说，我中路一退，叛军全力对付西路，西路不是危险了吗？"

当下，康熙帝决定继续进兵克鲁伦河，并且派使者去见噶尔丹，告诉他康熙帝亲征的消息。噶尔丹在山头一望，见到康熙帝黄旗飘扬，军容整齐，连夜拔营撤退。

康熙帝一面派兵追击，一面赶快通知西路军大将费扬古，要他们在半路上截击。

噶尔丹带兵奔走了五天五夜，到了昭莫多（在今蒙古人民共和国乌兰巴托东南）正好遇到费扬古军。昭莫多原是一座大树林，前面有一个开阔地带，历来是漠北的战场。费扬古按照康熙帝的部署，在小山的树林茂密地方设下埋伏，先派先锋四百人诱战，边战边退，把叛军引到预先埋伏的地方，清军先下马布战，听到号角声起，就一跃上马，占据了山顶。叛军向山顶进攻，清军从山顶放箭发枪，展开了一场激战。费扬古又派出一支人马在山下袭击叛军辎重，前后夹击。叛军死的死，降的降。最后，噶尔丹只带了几十名骑兵脱逃。

经过两次大战，噶尔丹叛乱集团土崩瓦解，康熙帝要噶尔丹投降，但是噶尔丹继续顽抗。隔了一年，康熙帝又带兵渡过黄河亲征。这时候，噶尔丹原来的根据地伊犁已经被他侄儿策妄阿拉布占领；他的左右亲信听说清军来到，也纷纷投降，愿意做清军的向导。噶尔丹走投无路，就服毒自杀。

打那以后，清政府重新控制了阿尔泰山以东的漠北蒙古，给当地蒙古贵族各种封号和官职。清政府又在乌里雅苏台设立将军，统辖漠北蒙古。

后来，噶尔丹的侄儿策妄阿那布坦攻占西藏。公元 1720 年，康熙帝又派兵远征西藏，驱逐了策妄阿拉布坦，护送达赖喇嘛六世进藏。以后，清政府又在拉萨设置驻藏大臣，代表中央政府同达赖、班禅共同管理西藏，西藏自此已归中央政府管辖。

真假达赖喇嘛

自入关前后，清政府就与西藏建立了直接的联系。顺治十年（1653），五世达赖应清帝之邀来到北京接受册封。可是，康熙二十一年（1682）五世达赖喇嘛阿旺罗桑嘉措圆寂后，却发生了真假达赖喇嘛之争，而且先后出现了三位六世达赖喇嘛。

原来，五世达赖去世后，西藏地方政府首领第巴桑结嘉措秘不发丧，而选择与五世达赖相貌类似的帕崩喀寺的喇嘛江阳扎巴，让他穿起达赖服装，坐在布达拉宫的宝座上，佯装五世达赖，但不与外人接触；宣布达赖要长期静坐，修炼秘法，一切事务由第巴桑结嘉措代达代行，他事实上成了西藏的政教首领。就这样，五世达赖喇嘛去世的消息被第巴桑结嘉错隐瞒了 15 年，一直到康熙三十五年（1696），康熙帝第二次亲征噶尔丹时，才从降人的口中知道达赖身故已久的事。康熙帝对第巴桑结嘉措冒用五世达赖之名行事很不满，致书斥责。

无奈之下，第巴桑结嘉措在康熙三十六年（1697）宣布了五世达赖去世的消息，同时私自宣布转世灵童仓央嘉措已经找到，同年，正式迎仓央嘉措到布达拉宫坐床，是为六世达赖喇嘛。康熙帝虽然对桑结嘉措的做法不满，但当时清朝的主要精力集中在解决准噶尔问题上，仍对桑结嘉措所宣布的六世达赖喇嘛仓央嘉措授予印信、册文，加以承认，并派章嘉呼图克图进藏参加坐床典礼。

然而，这位已经15岁的六世达赖却是一位多情种，更不怎么遵守清规戒律，整日在拉萨城中寻芳猎艳，后来竟然在布达拉宫中身穿绸缎便装，手戴戒指，头蓄长发，醉心于歌舞娱乐。这种放荡不羁的行为自然遭到猛烈批评。对此，他也毫不退让。有一次桑结嘉措前来规劝，他竟然拿出刀和绳子，以死相抗，弄得桑结嘉措也毫无办法，只好听之任之。仓央嘉措非常喜欢作情诗，他曾这样坦白："住在布达拉宫里，是活佛仓央嘉措；进入拉萨民间时，是荡子宕桑旺波。"他这种我行我素的行为不免酿成很多风流韵事，这便为桑结嘉措的政敌提供了口实。

第巴桑结嘉措的政敌、当时控制西藏实权的蒙古和硕特部拉藏汗首先表示反对，不承认仓央嘉措为真达赖喇嘛，并准备宣布新的达赖喇嘛。康熙四十四年（1705），双方矛盾达到白热化，第巴桑结嘉措买通了拉藏汗府中的侍卫，向拉藏汗饮食中下毒，但没有成功。事情泄露后，桑结嘉措集合卫藏军队，准备进行武装叛乱。拉藏汗则秘密调集藏北和青海的蒙古骑兵，于当年七月击溃藏军，逮捕第巴桑结嘉措，并将其处死。

其间，拉藏汗召开三大寺会议，准备废除仓央嘉措六世达赖喇嘛的封号，但会上的很多人为仓央嘉措辩解，大多数的喇嘛仍相信他是真的达赖喇嘛转世，仓央嘉措的放荡行为只是"迷失菩提"。拉藏汗试图宣布新达赖喇嘛的努力没有成功。但他并不甘心，还是借口仓央嘉措举止放荡，沉溺于声色，不遵佛门教义，宣布仓央嘉措是假的达赖喇嘛，应予废黜，并奏请康熙皇帝主持废立。

难题摆到了康熙帝面前。康熙帝本来就对第巴专政、私立达赖的行为不满，于是顺水推舟，下令废除仓央嘉措六世达赖的封号。同时，为慎重起见，避免再有人以六世达赖作为政治筹码，下令将仓央嘉措押解进京。

当仓央嘉措被押解出行时，很多民众为他送行，泪流满面。途经哲蚌寺时，甘丹寺、色拉寺与哲蚌寺等三大寺的僧众奋力把仓央嘉措从押解他的蒙古军队中抢出，迎至甘丹颇章，但又被闻讯赶来的拉藏汗部下围攻，三大寺僧众不敌，仓央嘉措仍旧被解送北上。行至青海湖附近时，仓央嘉措最终被拉藏汗派人杀害，时年24岁。

就在仓央嘉措被解送途中，拉藏汗就立即准备寻找真达赖喇嘛。康熙四十六年（1707），拉藏汗与新上任的第巴隆素，选立伊喜嘉措为六世达赖喇嘛。为依靠拉藏汗维持西藏稳定，康熙帝正式承认伊喜嘉措为六世达赖喇嘛，并于康熙四十九年（1710）三月给予金册、金印。

但真假六世达赖的争斗并没有就此结束。伊喜嘉措在布达拉宫坐床11年之久，始终不被西藏多数僧侣以及青海诸蒙古承认，反而指其为假达赖。不仅如此，康熙五十三年（1714），青海众蒙古台吉又另奉里塘的格桑嘉措为六世达赖喇嘛，在青海坐床，并向清廷奏请册封。面对难题的清廷并未表态。

康熙五十六年（1717），反对拉藏汗的西藏喇嘛向准噶尔部的策妄阿拉布坦求援，于是策零敦多布率军进入西藏，拉藏汗在变乱中被杀。他所立达赖喇嘛伊喜嘉措，也被囚于拉萨药王山。

得知准噶尔部进犯西藏的清廷，此时决定出兵，同时正式承认里塘转世的格桑嘉措为六世达赖喇嘛，并护送入藏。为稳定西藏局势，作为傀儡的伊喜嘉措被送往京师，不久死去。至此，真假达赖喇嘛之争宣告结束。

清初三大思想家

明朝崇祯十七年四月，清军入关，民族矛盾和阶级矛盾均异常尖锐。在这社会激烈动荡的时期，涌现出一批具有唯物主义思想的学者，其中尤以黄宗羲、顾炎武、王夫之三人最为突出，世称清初三大思想家。在他们三人之中，就其哲学成就当首推王夫之，就其政治主张的社会影响则以顾炎武为大。

黄宗羲（1610—1695）明末清初经学家、史学家、思想家、地理学家、天文历算学家、教育家，东林七君子黄尊素长子，汉族，浙江绍兴府余姚县人。字太冲，一字德冰，号南雷，别号梨洲老人、梨洲山人、蓝水渔人、鱼澄洞主、双瀑院长、古藏室史臣等，学者称梨洲先生。黄宗羲学问极博，思想深邃，著作宏富，与顾炎武、王夫之并称明末清初三大思想家（或清初三大儒），亦有"中国思想启蒙之父"之誉。他的父亲是明朝御史黄尊素。黄尊素是有名的东林党人之一，因为他挺身而出弹劾祸国殃民的宦官魏忠贤，被魏忠贤陷害，关进大牢，被活活折磨死了。崇祯初年，黄宗羲到北京城，替父亲鸣冤叫屈，积极参加反对阉党的斗争。后来，在著名的"南都防乱揭"上签名时，他被推为"天启被难诸家"之首。

黄宗羲的忠君爱国思想十分强烈。清军入关后，黄宗羲不顾安危，毅然投入抗清斗争，熊汝霖等人拥戴明朝的宗室鲁王作监国，与清政权对抗时，黄宗羲组织家乡黄竹浦数百名青壮年积极响应，被称为"世忠营"。

在鲁王政权中，黄宗羲先后任职方郎、御史、左副都御史等职，并曾奉鲁王之命，与冯京第一起出使日本。鲁王政权覆灭后，他回家过起了隐居生活。

康熙元年，南明永历政权崩溃，复明化为泡影，黄宗羲转而走向以著述救世的道路。康熙时，地方官员推荐黄宗羲去应博学鸿儒试，他坚决拒绝。清政府还想聘请他入《明史》馆任事，他又坚决推辞。清政府只好下令把他所写的有关史事的书查抄送入北京，直至康熙三十四年去世，他也没在清朝做过一天的官。

黄宗羲具有非常鲜明的反对君主专制的思想，这集中反映在他的《明夷待访录》一书中。所谓"明夷"是《易经》中的一个卦名，意思是"明入地中"，象征着太阳落山的黄昏时刻在西方却光芒犹在，而且第二天太阳还要出来。他用明夷的意思是暗指明朝虽已灭亡，但典章制度依然留存，也还有复兴的可能。

在《明夷待访录》中，黄宗羲认为专制君主给人们带来了莫大的祸害。他提出了"为天下之大害者，君而已矣"的激烈见解，在以"为之天，为万民"的前提下，黄宗羲响亮地提出了"天下之治乱，不在一姓之兴亡，而在万民之忧乐"的主张，他的这些主张是非常有眼光也是极为大胆的。

梁启超对《明夷待访录》有很高的评价。他认为这部书是"刺激青年最有力的兴奋剂"，把它当作"宣传民主主义的工具"。梁启超的评价是十分公正的。

在清初学术发展过程中，同样是一代风气的开启者，如果说黄宗羲的杰出之处，集中地表现为新思想的呐喊，那么，顾炎武的历史贡献，则主要在于倡导务实学风。

顾炎武（1613—1682），汉族，明朝南直隶苏州府昆山（今江苏省昆山市）

千灯镇人，本名绛，乳名藩汉，别名继坤、圭年，字忠清、宁人，亦自署蒋山佣；南都败后，因为仰慕文天祥学生王炎午的为人，改名炎武。因故居旁有亭林湖，学者尊为亭林先生。明末清初的杰出的思想家、经学家、史地学家和音韵学家，他参加过东南一带抗清活动，失败之后他并没有隐居，而是游历四方，一生身涉万里，名满天下。因为"行奇博学，负海内重望"，人们称他为"清代学术的开山祖"。

顾炎武精力过人，自少至老，手不释卷。他外出游览，每到一个地方，用两匹骡两匹马载着书籍。经过边塞关隘之处，他就把戍守的老兵叫来询问当地的详细情况，如果其中有些与他平日所听到的不一致的地方，他就当场翻书，找资料来对照。如果他是在平原或一望无际的宽阔原野上漫游，他就坐在马上默默诵读各种典籍、注释。他的好学使他打下了深厚的基础，功底十分扎实。

顾炎武反对空谈，提倡经世致用，他每到一个地方，都要做仔细的调查，特别注意调查有关国计民生的现实问题。他的主要著作有《日知录》《天下郡国利病书》等。在政治上，他与黄宗羲一样反对君主专制。在学术上，他倡导"博学于文"与"行己有耻"的新学风，也就是说做学问要以"明道救世"为宗旨。因此，他激烈抨击了宋明理学的危害。顾炎武的这种学风，为乾嘉学派所继承，开创了汉学的鼎盛局面。

顾炎武最著名的口号是"天下兴亡，匹夫有责"，这句话在历次民族危亡的关头，都极大地激发了人民大众关心国家大事的爱国热情。

在"清初三先生"中，学术体系最为博大的要算王夫之。

王夫之（1619—1692），字而农，号姜斋、又号夕堂，湖广衡州府衡阳县（今湖南衡阳）人。王夫之自幼跟随自己的父兄读书，青年时期王夫之积极参加反清起义，晚年王夫之隐居于石船山，著书立传，自署船山病叟、南岳遗民，学者遂称之为"船山先生"。清军入关后，积极从事抗清斗争，因大学士瞿式耜的推荐，曾担任明末桂王政权的行人司行人职位。抗清失败后，他隐居在湖南衡阳百船山著书立说，当时的名声远远没有顾炎武那么响亮。

据说，他不论天晴还是下雨，总是戴着斗笠，穿着木屐，有人问他为什么这样，他说："我这是头不顶清朝的天，脚不踏清朝的地！"他所撰的墓志铭中有"抱刘越石之孤忠""希张横渠之正学"两句话，意思是表明他要像晋朝的刘越石（刘辊）那样立志恢复明朝的统治，要像张横渠（张载）那样实事求是地做学问，这是一个符合实际的自我评价。不过，他虽长期参与反清斗争，但不是无前提、无选择的。

康熙年间，吴三桂发动"三藩之乱"，他坚决拒绝参与，他认为吴三桂是个毫无民族气节的奸贼，不愿与吴三桂合作。

王夫之的著作很多，多达一百多种，其中代表哲学思想和政治思想的主要著作有《周易外传》《黄书》《尚书引义》《永历实录》《春秋世论》《噩梦》《读通鉴论》《宋论》等书。

清初"四王"

在清初画坛上，涌现出一大批个性鲜明的画家群体，遗民画家的山水画与"四王"系统的山水画，构成了清代山水画艺术的两大部分。王时敏、王鉴、王翚、王原祁，合称"四王"，他们与吴历、恽寿平一起，又称为"清初六大家"。他们深受董其昌的影响，在清代画坛上占主流地位。"四王"这一体系的山水画，影响了此后画坛达二百年之久。

清初六家之首是王时敏。王时敏（1592—1680），明末清初江南太仓人，字逊之，号烟客，一号西庐老人。明崇祯初以荫官至太常寺少卿。入清后家居不出。善画山水，得元黄公望墨法。与王鉴合称二王，为娄东派画家。又与王鉴、王翚、王原祁合称四王。王时敏出身官僚家庭，祖父在明朝任宰相，父亲是翰林，他本人在明末官至太常寺奉常。因家庭修置园林，富于收藏，王时敏早年就喜弄笔墨，少时与董其昌、陈继儒往来密切，深受董其昌影响，入清后隐居不仕，工诗文书画，致力于山水画实践。他学习各家之长，逐渐创制了笔意圆润、墨法醇厚精深、风格苍秀的独特绘画风格。

《仙山楼阁图》是王时敏山水画的代表作。画家以老道的笔墨、饱满的构图、娴熟的技巧画仙山、丛林、亭阁。林木依山势而列，用笔密集细致，富于空间深度，山石纯净浑厚，相累而上，亭阁茅舍掩映在山林间，布陈有度。这是一幅融各家之法的佳作。

王鉴（1598—1677），字元照，一字圆照，号湘碧，又号香庵主，江南太仓人，明末清初画家，"四王"之一，自称染香庵主，为明代著名文人王世贞孙子。明末官廉州太守，故有"王廉州"之称。入清后隐居不仕。其山水亦多仿古之作，但不偏于黄公望一家，而专心致力于董源、巨然、文徵明、沈周诸家画艺。他早年的作品亦宗法黄公望，与王时敏画风接近。晚年逐渐形成自己的风格特色。他的传世作品有《仿古山水屏》《仿古山水册》《梦境图》《夏日山居图》《长松仙馆图》《溪亭山水图》等。

王翚（1632—1717），字石谷，号耕烟散人、剑门樵客、乌目山人、清晖老人等。江苏常熟人。清代著名画家。被称为清初画圣。出身文人世家，祖上五世均善画。受此耳濡目染，王翚自幼喜爱绘画，曾拜师，学仿古山水之法。后又得到王鉴和王时敏的传授，遍游各地，得以临摹古画真迹，技艺大进，画艺益精，最终成为一代名家，他将笔墨的精神传达与造型结构相结合，体现一种"以元人笔墨，运宋人丘壑，而泽以唐人气韵，乃为大成"的艺术理想。

王翚在60岁时主绘《康熙南巡图》，共十二大卷，深得康熙赏识，康熙为之亲书"山水清晖"相赐。画面自京城永定门开始，至绍兴大禹庙，再经金陵回京城，呈现康熙南巡盛况以及沿途风土人情和山川景色，场面浩繁，内容丰富，实为清代卷画中的鸿篇楷模。《仿巨然夏山图》是王翚40岁时的作品，这一时期是他广集博收的阶段，元人笔墨，宋人丘壑，唐人气韵，在其笔下得以体现。图中虽然景物繁多，但用笔毫无苟简之意，可见其作画的严谨态度。

王原祁（1642—1715），字茂京，号麓台，又号石师道人、西庐后人，江苏太仓人，清代画家，画坛名家王时敏之孙。幼时能作山水小幅，王原祁年纪最小，但成就最高。康熙时中进士，被召供奉内廷，作画并鉴定古画。王原祁曾担任户部左侍郎职位，故人称"王司农"。康熙四十四年（1705）时，任书画谱馆总裁，与孙岳颁、宋骏业、王铨等人共同编写大型书画书籍《佩文斋书画谱》一百卷，三年的时间完成。这本画谱是中国绘画史上的第一部宝典，为书画爱好者提供了珍贵而全面的资料。王原祁因为很受康熙皇帝赏识，所以学生很多，

逐渐形成一支独立的画派。

王原祁在绘画方面得到祖父王时敏和王鉴的传授，喜欢临摹五代至元代时期的绘画名作，绘画风格主要受黄公望影响。他属于生活在具有传承影响关系中的仕宦文人画家，因早期山水画秉承家学，与王时敏画风接近。中期形成自己笔墨秀劲苍润的风格，如《仿黄鹤山樵松溪仙馆图》，景致既有繁密郁茂，又有空疏和留白，多用干笔淡墨，层层皴染绘成。布局用小石堆砌法，脉络清晰。如《仿高尚书云山图》《仿王蒙山水》等作品，布局缜密，显现苍秀高旷的气息。晚期画作笔墨越趋苍劲，色彩平和，色墨之间互不相碍，秀润中渗透浑厚气息，体现他所追求的某种拙朴趣味，如《仿古山水册》《仿黄公望山水图》和《仿梅道人云山图》等。

《仿大痴山水图》是王原祁的传世之作。在这件作品中，已不太容易看到大痴最具代表性的披麻皴法。繁密的皴法变成了层层淡墨渲染和焦墨点苔，而用笔则更显得老练空灵。画中山不算高，林不算密，但布陈得当，疏朗有致，加之几处农舍错落其间，闲逸生活气息扑面而至。

雍正夺位

康熙帝是中国历史上在位时间最长的皇帝。他取得了对三藩、沙俄的战争胜利，消灭台湾的明郑政权，显示了康熙军事指挥才能。另一方面，康熙少年时就挫败了政治对手鳌拜，年老时利用"文字狱"打击汉族异议人士。康熙举行"多伦会盟"取代战争，怀柔蒙古各部；意图以条约确保清朝政府在黑龙江的领土控制。他开创康乾盛世的局面，是一位英明的君主、伟大的政治家，部分人甚至称之为"千古一帝"。

康熙帝是一位好皇帝，但在培养皇子上，则不如顺治帝高明。康熙帝共有35个儿子，长大成人的有24个，女儿20个。

在这些皇子中，康熙帝最喜欢皇后所生的二皇子允礽，后改名为胤礽。胤礽不仅长得一表人才，而且生性聪明，康熙帝便立他为太子。

康熙帝征讨噶尔丹时，突然生病，便下旨把太子胤礽召回来，侍奉他。可是胤礽处处表现出急于登上皇位之意，康熙帝非常不满意。康熙帝康复之后，太子胤礽表现如旧。康熙帝对太子有些不满，但是他的母后早逝，康熙十分心疼他，也就没有责怪他。

其他皇子发现皇帝与太子之间出现了隔膜，便纷纷行动起来，准备争夺皇位。朝中大臣也都想借皇子取得有利地位，纷纷活动，想让自己拥护的皇子登上皇位。

长子胤禔是妃子所生，他不甘心皇位旁落，便拉拢一些朝中大臣，想在康熙死去之后，登上王位。

雍正

四皇子胤禛是在位皇后所生，他很有心计，为争得皇位，他暗中拉拢原皇后的弟弟隆科多，又拉拢权臣年羹尧。四皇子结交的都是实力派人物，这为他夺取王位打下坚实的基础。胤禛从小受过严格的教育，文武全才，而且几次随康熙亲征，受过锻炼，因此朝中许多大臣也都暗中帮助他。

与胤禛相比，八皇子胤禩就显得有些张扬了。胤禛暗中行动，很少有人知道，可胤禩公开活动，他凭着自己才华出众，善于交际，得到许多大臣的拥护，可这些人大多数是拍马屁者，在朝中没有实权。

太子胤礽自从和康熙帝有了隔膜，便派人暗中监视其他皇子的行动。一次康熙帝发现有人偷听他和皇子的谈话，将那人抓获，一审问才知道是太子派遣的，康熙大怒，一气之下废了太子。

过了一段时间，康熙帝觉得自己年事已高，应该立太子了，便和大臣们商议此事，大臣们被八皇子买通，都推荐八皇子。康熙帝多聪明啊，一听，便知道一定是八皇子在暗中搞的鬼，不仅没有答应，反而对八皇子产生了反感。可

是又要立太子，又没有自己满意的人选，只好又重立胤礽为太子。可是太子不改恶习，又被康熙帝得知，康熙帝又下令废太子。

康熙两立两废胤礽，其他皇子自然都跃跃欲试，但朝中大臣都不敢公开插手，只好暗中相助。康熙帝为立太子之事也很苦恼，他不相信大臣的话，因为他们中有许多人都被皇子暗中买通。思前想后，康熙帝决定把皇位传给十四皇子允禵。

十四皇子允禵和四皇子胤禛是一母所生，他知识渊博，为人忠厚，也很正直，对皇位之事不关心。那时，十四皇子被派到甘肃，作为抚远大将军准备征讨准噶尔。

康熙帝决定立允禵为太子，便立即下令，命隆科多召他回京。康熙帝知道自己已69岁，而且身体又不好，所以他想立即立允禵为太子，以免其他皇子再为此事争得头破血流。

隆科多手拿密诏，却迟迟不发，而是找到四皇子胤禛。康熙帝还不知隆科多早已被四皇子买通了。二人经过商议，决定篡改密诏。原来康熙帝下的密诏是："传位十四皇子"。

隆科多和四皇子篡改密诏后，隆科多将密诏藏了起来。

这时候，上了年纪的康熙帝已得重病卧床不起。隆科多以国舅的身份日夜守护康熙帝，不让其他皇子随意进入。

康熙帝知道自己病得很厉害，便问隆科多："十四皇子怎么还没有进京啊？"

隆科多撒谎道："陛下，十四皇子远离京城，我已派人骑快马去召十四皇子回宫了！"

病重的康熙心里踏实了许多，他还想呢，十四皇子一回来，把皇位传给他，我也就心满意足了，免得其他皇子为此事闹得内部不团结，影响我大清国的国势。

1722年11月13日，康熙帝的病越来越重了，经常出现昏迷。这一天，他稍稍清醒点，便想起十四皇子，他知道自己恐怕见不到十四皇子了，他想留下遗旨，让众位皇子做一个见证，也可以让他们退出皇位之争，便强打精神，说道："召诸皇子晋见！"可隆科多故意装成听错的样子，高喊道："皇帝宣四皇子

进见!"康熙本想解释,但是已经没有气力说话了,他意识到四皇子和隆科多早已串通好了,不禁龙颜大怒,一气之下,康熙帝离开了人世。一代伟大的开明君主,为祖国统一大业做出了很大的贡献,但却没有心满意足地闭上眼睛。

隆科多一见康熙帝驾崩,立即让其他皇子进来。隆科多见诸皇子哭得十分伤心,便清清嗓音,高声说道:"诸位皇子,节哀,听我宣读圣上遗诏!"诸皇子一听说父亲有遗诏,都止住哭声,尤其是想夺取皇位的几位皇子,都竖起了耳朵,因为他们最关心皇位的事了。隆科多从袖中拿出早已篡改好的圣旨,高声读道:"朕决定传位于四皇子,着继朕登基。"原来隆科多把"十"字上边加了一横,下边又加了一个勾,便成了"于"字。

八皇子虽然有所猜疑,但他也没有多想,三皇子胤祉和二皇子乃一母所生,但他们为人厚道,文武双全,对皇位也不感兴趣。他一听说父亲有遗旨,让四皇子继位,第一个跪倒叩拜,其他的皇子,心里虽有所不服,也没有办法,只好跟着跪拜。

四皇子胤禛就这样夺取了皇位,改元为雍正。雍正帝知道其他皇子不服气,便开始依靠权力将那些和自己做对的皇子一一处死。八皇子允禩最先被处死。

允禵和雍正是同母所生,不便致死,便夺去他的王位,软禁在宗人府。

雍正帝与康熙帝一样勤于政事。后人收集他在位的 13 年中朱批过的折子就有 360 卷。雍正在位期间,自诩"以勤先天下""朝乾夕惕",其建树之多、政绩之大,不亚于中国历史上的任何名主贤君,所以才会有了"康乾盛世"时期的"方今国家全盛,府库充盈"之局面。

改土归流

雍正帝虽然残酷多疑,但确实是一位治国的好皇帝。他不好声色,不尚奢靡,张廷玉说他每次见到皇上用餐时,从不掉一颗饭粒或饼屑。他经常教育厨师要珍惜粮食,不能浪费粮食。雍正帝日夜勤于国事,很少有人与他在一起。批阅奏折累了,唯一的消闲,就是独自饮酒、赏花或赋诗。雍正帝并不是一个孤家寡人。他也有朋友，其中之一就是张廷玉。张廷玉为人忠厚，文才出众，记忆力又好，皇帝的诏书、谕旨多出于他的手，是雍正的得力大臣，雍正视他为自己的手脚。有一次，张廷玉病了，没有来上朝，雍正帝对群臣说："朕这几天手脚不舒服，干不了大事！"诸臣一听齐声说："陛下龙体欠安，还是静养几日吧！"雍正帝听后，哈哈一笑说："朕的股肱之臣张廷玉有病，岂不是朕的手脚不舒服吗？"群臣这才恍然大悟。

雍正帝的另一个朋友是鄂尔泰。鄂尔泰为内务府郎官时，雍正帝还是四皇子，那时正是诸皇子明争暗斗、争夺太子宝座之际。雍正帝曾多次召见鄂尔泰，但每次都遭到鄂尔泰的拒绝，他说："皇子不可外交大臣，这是祖训。"雍正听了此话，不但没有生气，反而高兴地说："此人竟敢以小小的郎官，遵守法制，拒见皇子，实在难能可贵。"由此，鄂尔泰在雍正记忆中留下深刻的印象。雍正帝继位后，把他升为云贵总督。

云南、贵州、广西一带的苗、瑶、彝等少数民族的土司，历来是世代承袭的。

土司土官制度给少数民族的首领和头人提供了巨大的权力。云南丽江土司沐氏家族，家奴就有两千多人，据地数百里，拥兵十多万，独霸一方。他还四处设立关卡，进出的人都必须持有沐氏签发的"护照"，甚至中央的钦差前来传达皇帝的命令，沐氏也不出境迎接，几乎就是一个独立王国。土司土官实行野蛮、残酷的领主统治。土司的特权至高无上，对土民想杀就杀、想打就打，有的土司为儿子娶个媳妇竟然禁止土民三年之内不准男婚女嫁。土民不准读书识字，永远保持着愚昧状态。土司叫土民去干什么，土民必须无条件服从。稍有反抗或者逃跑，就会遭到剥皮、折骨、挖眼睛、抽脚筋、下水牢等酷刑，直到被活活折磨而死。

土司经常借口向朝廷进贡，而大肆搜刮土民的财产。乌蒙地区的土官、土司，进贡一成，就榨取土民百成，他们杀了土民，还叫其亲属向他们缴纳"垫刀费"几十两！除了每年必交的赋税之外，土民们逢年过节要给土司送鸡送鸭，土司家中如果结婚或者死了人，土民也要送礼，还要无偿帮工。甚至土民养蜂，每年都要上交蜂蜜、王浆、黄蜡。贵州有首民谣说："官占坪、民占坡，苗子倮

倮住山窝。"土民们的生活实在是苦不堪言。

由于土司拥有巨大权势，所以头人首领们为争夺继承权，互相厮杀，一世结仇，九世不休，土民们成了土司争权夺利的器械和工具，伤亡惨重。

云贵总督鄂尔泰刚上任，就给雍正皇帝上疏，要求将原属四川的东川、乌蒙、镇雄三府，划归云南。雍正皇帝很爽快地答应了，把这三块烫手的山芋塞给了鄂尔泰。鄂尔泰并不是一个自讨苦吃的傻瓜，他是一个非常有眼光的人。他上疏的真正目的不是为了扩大自己的地盘，而是要彻底解决长期困扰清政府的西南少数民族问题。有了皇帝的支持，鄂尔泰毫不犹豫地拿土司土官制开刀了，他要切除这个毒瘤，实行一项新的政策——"改土归流"。

鄂尔泰在广阔两三千里的"苗疆"（贵州地区），云南东川、乌蒙、镇雄三土司以及云南西南部与缅甸连界的各边地，大规模施行改土归流。鄂尔泰等对各少数民族的土司采取了招抚和镇压两种办法，先后招降贵州苗、瑶各族二千余寨，又缴纳广西土司的敕印和军器二万余件，并在云南设置了普洱府，以便于对西南各族的镇压。

在改土归流的过程中，由于官吏的暴虐和对各族人民的掠夺屠杀，不断引起苗民起义。雍正十三年（1735），台拱苗寨奋勇抗清，一直到乾隆初年才停止，清廷派兵在"苗疆"前后烧毁了苗寨一千二百二十四座，屠戮苗民达一万七千余人。

因此，改土归流的意义体现在两个方面。首先最直接的是对当时朝廷的贡献，维护了清政府的统治。然后它让祖国更加安定，有利于中原地区先进的文化传播到较为落后的西南地区，取消吐蕃、建立流官也让朝廷对西南地区的管理有很大的加强，开发了边疆，维护了中华民族的团结，促进了民族之间的融合。